湯孝純　注譯
李振興　校閱

新譯

管子讀本

（上）

三民書局

國家圖書館出版品預行編目資料

新譯管子讀本(上)／湯孝純注譯;李振興校閱.——三版三刷.——臺北市：三民，2022
冊；　公分.——(古籍今注新譯叢書)
含索引
ISBN 978-957-14-4291-4 (上冊:平裝)
ISBN 978-957-14-4446-8 (下冊:平裝)
1. 管子—注釋

121.611

古籍今注新譯叢書

新譯管子讀本(上)

注譯者｜湯孝純
校閱者｜李振興

發行人｜劉振強
出版者｜三民書局股份有限公司
地址｜臺北市復興北路386號(復北門市)
臺北市重慶南路一段61號(重南門市)
電話｜(02)25006600
網址｜三民網路書店 https://www.sanmin.com.tw

出版日期｜初版一刷 1995年7月
二版一刷 2006年3月
三版一刷 2014年7月
三版三刷 2022年9月
書籍編號｜S031140
ISBN｜978-957-14-4291-4

刊印古籍今注新譯叢書緣起

劉振強

人類歷史發展，每至偏執一端，往而不返的關頭，總有一股新興的反本運動繼起，要求回顧過往的源頭，從中汲取新生的創造力量。孔子所謂的述而不作，溫故知新，以及西方文藝復興所強調的再生精神，都體現了創造源頭這股日新不竭的力量。古典之所以重要，古籍之所以不可不讀，正在這層尋本與啟示的意義上。處於現代世界而倡言讀古書，並不是迷信傳統，更不是故步自封；而是當我們愈懂得聆聽來自根源的聲音，我們就愈懂得如何向歷史追問，也就愈能夠清醒正對當世的苦厄。要擴大心量，冥契古今心靈，會通宇宙精神，不能不由學會讀古書這一層根本的工夫做起。

基於這樣的想法，本局自草創以來，即懷著注譯傳統重要典籍的理想，由第一部的四書做起，希望藉由文字障礙的掃除，幫助有心的讀者，打開禁錮於古老話語中的豐沛寶藏。我們工作的原則是「兼取諸家，直注明解」。一方面熔鑄眾說，擇善而從；一方面也力求明白可喻，達到學術普及化的要求。叢書自陸續出刊以來，頗受各界的喜愛，使我們得到很大的鼓勵，也有信心繼續推廣這項工作。隨著海峽兩岸的交流，我們注譯的成員，也由臺灣各大學的教授，擴及大陸各有專長的學者。陣容的充實，使我們有更多的資源，整理更多樣化的古籍。兼採經、史、子、集四部的要典，重拾對通才器識的重視，將是我們進一步工作的目標。

古籍的注譯，固然是一件繁難的工作，但其實也只是整個工作的開端而已，最後的完成與意義的賦予，全賴讀者的閱讀與自得自證。我們期望這項工作能有助於為世界文化的未來匯流，注入一股源頭活水；也希望各界博雅君子不吝指正，讓我們的步伐能夠更堅穩地走下去。

新譯管子讀本 目次

上冊

卷二

卷三

卷四

卷五

卷十

卷十一

卷十二

下冊

卷十三

卷十四

卷十五

卷十六

卷十七

卷十八

卷十九

卷二十

卷二十一

導讀

管仲，名夷吾，字仲，又字敬仲，齊桓公尊為仲父，潁上（今安徽潁上）人。約生於西元前七二五年，卒於西元前六四五年。這正是禮崩樂壞、列國紛爭的春秋時代。張守節《史記正義》引韋昭注說，管仲出身於貴族家庭，是「姬姓之後」，其父管莊（或稱管嚴），雖曾作過齊國的大夫，但家道早已衰微，因而青年時代的管仲，便生活在貧困之中。他當過商人，任過小吏，為人作過謀士，也曾上過戰場，後來輔佐公子糾，但都很不得志。幸而他的朋友鮑叔牙十分了解他，使他深受感動。他說：「吾始困時，嘗與鮑叔賈，分財利，多自與，鮑叔不以我為貪，知我貧也。吾嘗為鮑叔謀事而更窮困，鮑叔不以我為愚，知時有利不利也。吾嘗三仕三見逐於君，鮑叔不以我為不肖，知我不遭時也。吾嘗三戰三走，鮑叔不以我為怯，知我有老母也。公子糾敗，召忽死之，吾幽囚受辱，鮑叔不以我為無恥，知我不羞小節而恥功名不顯于天下也。生我者父母，知我者鮑子也。」（《史記・管晏列傳》）

管仲所以能尊顯於齊，確實有賴於鮑叔牙的知賢、薦賢與讓賢。步入仕途之初，管仲輔佐公子糾，鮑叔牙輔佐公子小白（即後來的齊桓公）。西元前六八五年，糾與小白爭為齊君。管仲為公子糾曾一箭射中公子小白的帶鉤。後來公子小白爭得君位，公子糾被殺，管仲被囚。齊桓公擬請鮑叔牙主持齊國政事，鮑叔便主動讓賢，力薦管仲，對桓公說：「君將治齊，即高傒與叔牙足也。君且欲霸王，非管夷吾不可。夷吾所居國國重，不可失也。」（《史記・齊太公世家》）又說：「臣之所不如管夷吾者五：寬惠愛民，臣不如也；治國不失秉，臣不如也；忠信可結於諸侯，臣不如也；制禮義可法於四方，臣不如也；

介冑執枹，立於軍門，使百姓皆加勇，臣不如也。夫管仲，民之父母也。將欲治其子，不可棄其父母。」（《管子・小匡》）而後開導桓公忘卻一箭之仇，親迎管仲於郊，禮之於廟，任為大夫，使之「與鮑叔、隰朋、高傒，修齊國政，連五家之兵，設輕重魚鹽之利，以贍貧窮，祿賢能」（〈齊太公世家〉），深得國人擁護。不久，桓公拜管仲為卿，兼轄文武。位居鮑叔牙之上。

管仲任政相齊四十年，綱舉四維（禮義廉恥），通貨積財，大力推行富國強兵的政策，使桓公終成霸業，使地處海濱的區區之齊，而有泱泱大國之風。

管仲的功績，深得後世景仰。孔子曾稱讚管仲為「仁者」，對子路說：「桓公九合諸侯，不以兵車，管仲之力也。如其仁，如其仁。」又對子貢說：「管仲相桓公，霸諸侯，一匡天下，民到于今受其賜。微管仲，吾其被髮左衽矣。」（《論語・憲問》）司馬遷也說：「九合諸侯，一匡天下，管仲之謀也。」「管仲卒，齊國遵其政，常彊於諸侯。」（〈管晏列傳〉）鞠躬盡瘁於蜀漢的諸葛亮，隱居隆中時，也「每自比於管仲」（《三國志・諸葛亮傳》），對管氏的功績，充溢著景仰之情。總之，管仲實不愧為中國古代的一位政治家、軍事家、思想家，其對後世的影響，是很深遠的。

管仲逝世之後，流傳著一部《管子》，韓非、賈誼、晁錯、司馬遷等人都曾詳研細讀。司馬遷就說過：「吾讀管氏〈牧民〉、〈山高〉、〈乘馬〉、〈輕重〉、〈九府〉。」「詳哉，其言之也！」（〈管晏列傳〉）這時的《管子》不但「世多有之」，而且已有多種版本。漢成帝時，光祿大夫劉向整理《管子》，在其〈校錄序〉中說：「所校讎中管子書三百八十九篇，太中大夫卜圭書二十七篇，臣富參書四十一篇，射聲校尉立書十一篇，太史書九十六篇。凡中外書五百六十四，以校除復重四百八十四篇（按：當為四百七十八篇），定著八十六篇，殺青而書，可繕寫也。」劉向整理後的《管子》，《漢書・藝文志》著錄八十六篇，《隋書・經籍志》著錄十九卷，《舊唐書・經籍志》著錄十八卷，《新唐書・藝文志》著錄十九卷，《宋史・藝文志》著錄二十四卷。今本《管子》，名為八十六篇，但〈王言〉、〈謀失〉、〈正言〉、〈言昭〉、

〈修身〉、〈問霸〉、〈牧民解〉、〈問乘馬〉、〈輕重丙〉、〈輕重庚〉等十篇有目無文，實存七十六篇，而且部分章句，已經駁雜難辨。由此看來，今本《管子》，恐已不是劉向所校編的原貌了。

《管子》一書，究係何人所著？作於何時？歷來爭論甚多。現在，基本上趨於一致的看法是：《管子》並非管仲之作，乃是依託管仲之名而成書，而且既非一人之筆，亦非一時之書。

說《管子》並非管仲所作，最有力的證據便是其中不少篇章，言及管仲死後的史實。比如〈立政〉批評「兼愛」學說，便非管仲時事。「兼愛」是墨翟的主張，墨翟的出生，已在管仲逝世一百七十餘年之後。〈小稱〉說：「毛嬙、西施，天下之美人也，盛怨氣於面，不能以為可好。」毛嬙、西施，是吳、越稱霸時人。其時，管仲早已不在人世。《管子》諸篇，多有「管子」與「桓公」的對話，但「桓公」是公子小白死後的謚號，管仲早死於小白，當然不知「桓公」之稱。又書中多次出現「管子曰」，多存錄「管子〈解〉」，這些，顯然都是後人用語。此類篇章，為後人所作無疑。因此，《管子》其書與管仲其人，在著述關係方面，只能說是既有聯繫，又有區別。所謂聯繫，是全書確實記述了管仲的思想和言行，闡述了管仲的主張；所謂區別，則是這些記述和闡釋，並非出自管仲之手。《管子》的作者，既欲追述管仲的言論與實踐，發揚光大管仲的主張，又欲借助管仲的名號，闡發傳播自己的見解，託名「管子」，文以人傳，也是頗為自然的。

說《管子》並非一時之書，則主要是從諸篇內容所揭示的時代特徵而言。依據這個特徵來辨《管子》，可以斷言，雖然其中也有春秋時代的作品，如牛力達〈管子書各篇斷代瑣談〉中所指出的〈版法〉、〈大匡〉之類〔《管子研究》（第一輯）第二十五頁，山東人民出版社，一九八七年〕，但其大部分作品當成於戰國時代。比如，曾被人認為是「管仲遺著」的「經言」九篇（指〈牧民〉、〈形勢〉、〈權修〉、〈立政〉、〈乘馬〉、〈七法〉、〈版法〉、〈幼官〉、〈幼官圖〉）和「外言」（指〈五輔〉），就大都是戰國時期的作品。因為從現存典籍來看，中國古代的富國主張，出現於戰國中期。而以上所列十篇中，〈立政〉、〈五輔〉，就正面提出了「富國」之說，〈權修〉、〈七法〉，則間接提出了「富國」的問題。又比如，以農為「本」，以商為「末」的思想，也是產生於戰國時期，而以上所列十篇中，〈牧民〉、〈權修〉、〈立政〉、〈幼官〉、〈幼官圖〉及〈五輔〉諸篇，就都提出了「務本飭末」的主張。這是從經濟思想角度而言。若從政治角度而言，則《管子》中不少篇章，可以找出田齊政權的特色。比如，田氏代齊的主要手段，是博取民心。他們的大斗出、小斗進，貸糧濟民一類措施，就曾獲得了齊國百姓「愛之如父母，而歸之如流水」（《左傳・昭公三年》）的極佳效果。〈牧民〉中的如下一段話，就很像是對於這類措施的理論性的概括，〈牧民〉說：「政之所行，在順民心；政之所廢，在逆民心。」這種欲取先予、取予並施的治政經驗，深得司馬遷的讚賞；而這種全面闡述得失取予的精鍊文字，在先秦諸子中，也是很難見到的。田氏代齊的治政實踐，與〈牧民〉的理論概括之間，出現的這種密切聯繫，也很難說只是一種偶然的巧合而已。又比如，田氏代齊的奪權特點，是以臣代君，這在先秦諸子，特別是儒家經典中，是被視為大逆不道的行為。然而《管子》卻說：「君不君，則臣不臣，父不父，則子不子。上失其位，則下踰其節。上下不和，令乃不行。」（〈形勢〉）「地之生財有時，民之用力有倦，而人君之欲無窮。以有時與有倦，養無窮之君，而度量不生於其間，則上下相疾也。是以臣有殺其君、子有殺其父者矣。」（〈權修〉）「天下不患無臣，患無君以使之；天下不患無財，患無人以分之。故知時者，可立以為長，無私者，可置以為政，審於時而察於用，而能備官者，可奉以為君也。」（〈牧民〉）這些言論的傾向很鮮明，對於田氏代齊之舉，顯然持認可和贊同的態度。如果將這類言論，說成是為田氏奪權提供了理論依據，應當說，也是不為牽強的。不少《管子》研究者都已指出，這類篇章，應是戰國時代齊國稷下學宮的學者們的著作。

不但如此，《管子》中的若干篇章，還是秦漢時人之所作。郭沫若謂〈明法〉「必係秦文無疑」，而〈明法解〉「乃不通秦語之漢人所為也」（《郭沫若全集・歷史編》第七卷《管子集校》（三）第一〇二頁）。至於「輕重十九篇」，則王國維《觀堂別集補遺・月氏未西徙大夏時故地考》、郭沫若《管子集校》（四）、馬非百《管子輕重篇新詮》等著，均舉有大量例證，論為西漢時期所作。

就內容而言，《管子》可謂一部百科全書式的學術著作。大凡政治思想、經濟思想、軍事思想、哲學思想、教育思想和自然科學思想等等，無不包容，其中不乏精闢的議論、深邃的見解，對後世有著深遠的影響。

首先談政治思想：

《管子》的作者，十分強調「以民為本」，明確肯定民眾在歷史發展過程中的重大作用。〈霸形〉說：「齊國百姓，公之本也。」〈霸言〉說：「夫霸王之所始也，以人為本。」〈五輔〉說：「人，不可不務也，此天下之極也。」作者認為，民眾就是成就霸王之業的根本；重視民眾的作用，是完全符合最高天道原則的。執政者，不但應該十分重視民力，而且必須十分注重民心。〈牧民〉說：「政之所行，在順民心；政之所廢，在逆民心。」民心向背，可以決定政權興廢。執政者，務必明察民心向背，順乎民心，「民惡憂勞，我佚樂之；民惡貧賤，我富貴之；民惡危墜，我存安之；民惡滅絕，我生育之」。唯其如此，施政才能得到預期效果，「能佚樂之，則民為之憂勞；能富貴之，則民為之貧賤；能存安之，則民為之危墜；能生育之，則民為之滅絕」。若是一味威壓，不但「刑罰不足以畏其意，殺戮不足以服其心」，反而會弄得「令不行」而「上位危矣」。總之，「從其四欲，則遠者自親；行其四惡，則近者叛之」，執政者務必深知：「予之為取者，政之寶也。」這最後一句，說得至為明白，只有順應民心，給予人民以必要的物質利益，才能獲得人民的支持而使之盡心效力。另一方面，取用民財民力，也須「有度」、「有止」，因為「地之生財有時，民之用力有倦」，「取於民有度，用之有止，國雖小必安；取於民無度，用之不止，國雖大必危」（〈權修〉）。君主絕對不應為了滿足一己的無窮之欲，而採取竭澤而漁的愚蠢辦法。《管子》的這些議論，與孟子的「民貴君輕」、賈誼的「民無不為本」、黃宗羲的「民主君客」、王夫之的「民心之大同」等見解，無疑地，在我國歷史發展的過程中，呈現出後先輝映的光芒，同時也構成了中國古代歷史觀中，最富有特色的一部分。

《管子》十分強調君主集權，認為立法、決策及人事任免等大權，君主尤須獨攬，不可須臾旁落。〈立政〉篇中，就頗為具體地論述了君主制定、頒布法律政令的制度：「正月之朔，百吏在朝，君乃出令，布憲於國。五鄉之師，五屬大夫，皆受憲於太史。大朝之日，五鄉之師，五屬大夫，皆身習憲於君前。太史既布憲，入籍於太府，憲籍分於君前。」這種作法，旨在保證法出於一孔，令出於一型，不致中途增損異樣。而後，五鄉之師、五屬大夫，立即出朝，將憲令傳達到鄉官、鄉屬、游宗，一直發布到民眾。留令者、違令者、增令者、虧令者，一律「罪死不赦」。

欲使君令暢通，還需有一個完整的行政體系。「萬乘之國，兵不可以無主」，「百姓殷眾，官不可以無長」（〈權修〉）。「主」，是指軍中統帥，「長」，是指朝廷輔相，二者在國君統領之下，分理軍政大權。至於地方鄉里，則須按行政區劃設置官吏。「土地博大，野不可以無吏」（〈權修〉），「分國以為五鄉，鄉為之師。分鄉以為五州，州為之長。分州以為十里，里為之尉。分里以為十游，游為之宗。十家為什，五家為伍，什伍皆有長焉」（〈立政〉）。從中央朝廷到地方鄉里，建立這樣一個較為嚴密的行政管理系統，此無他，目的就在於加強君主專制。

治政必須注意選拔人才。在這方面，《管子》提出的原則是選賢任能。「備長在乎任賢」（〈版法〉），國君在人事任免方面，必須持審慎的態度，務必使臣下的德義與其爵位相稱，功績與其俸祿相稱，才能與其官職相稱。「大德不至仁，不可以授國柄」，「見賢不能讓，不可與尊位」，「罰避親貴，不可使主兵」，「不好本事（農業），不務地利，而輕賦斂，不可與都邑」（〈立政〉）。很顯然，這個原則的提出，是為實現長治久安、富國強兵而王天下的大目標服務的，對於任人唯親、世卿世祿的用人制度，無疑是一個有力的否定。

什麼是賢？《管子》在這上面的標準，一是「義立」，二是「奉法」。「千里之路，不可扶以繩；萬家之都，不可平以准。言大人之行，不必以先常，義立之謂賢」（〈宙合〉）。這就是說，大人之行，沒有先例常規，合乎義者即為賢。義有七體，「孝悌慈惠，以養親戚；恭敬忠信，以事君上；中正比宜，以行禮節；整齊撙詘，以辟刑僇；纖嗇省用，以備飢饉；敦懞純固，以備禍亂；和協輯睦，以備寇戎」（〈五輔〉）。這些內容，主要是屬於道德方面的要求。「察身能而受官，不誣於上；謹於法令以治，不阿黨；竭能盡力而不尚得；犯難離患而不辭死；受祿不過其功，服位不侈其能，不以毋實虛受者，朝之經臣也」（〈重令〉）。這些內容，主要是屬於行為方面的要求。「經臣」也就是賢臣、法臣。「謹於法令以治，不阿黨」，就是以奉法為賢。兩項標準，前者側重於賢臣的主觀素質，後者側重於賢臣的客觀行為，二者得以兼顧，任人的標準是很全面的。

賢在何處？如何求賢？《管子》的高明處不但在於認識到了「天下不患無臣，患無君以使之」這個客觀事實，也制定了一份頗為完整而縝密的人材普查提綱（見〈問〉），更在於提出了一個「下什伍以徵」（〈君臣下〉）而選拔賢才的嶄新觀點。在《管子》的作者看來，所謂賢才，不但存在於貴冑之中，也同樣存在於平民之中。這正是《管子》求賢理論中閃耀的民主色彩。〈山權數〉中所提出的「民之能明於農事者，置之黃金一斤」，「民之能蕃育六畜者，置之黃金一斤」，「民之能樹瓜瓠、葷菜、百果，使蕃衰者，置之黃金一斤」，「民之能已民疾病者，置之黃金一斤」，「民之知時，曰『歲且阨』，曰『某穀不登』，曰『某穀豐』者，置之黃金一斤」，「民之通於蠶桑，使蠶不疾病者，皆置之黃金一斤」，「此國筴之大者也」，即以獎勵的重點在農事、畜牧、園藝、醫藥、曆法、養殖等方面有貢獻的科技人才，作為一項重大的國策措施，也正是這種指導思想的具體運用。

其次談經濟思想：

《管子》主張經濟治國，認為「民富則易治」（〈治國〉），則國安。「國多財，則遠者來；地辟舉，則民留處」（〈牧民〉），只有加速發展經濟，才能稱霸天下。如何實施經濟治國的方針呢？《管子》認為必須以地為本，以農為本。作者把土地問題，看得至為重要，認為「地者，政之本也」，「地不平均和調，則政不可正也」，因而首先必須採取「正地」措施，激起農民的務農熱情。「正地者，其實必正。長亦正，短亦正，小亦正，大亦正，長短大小盡正」。只有核實了田畝，授田才能「平均和調」。農民知道了耕田多少，繳稅多少，自得多少，「乃知時日之蚤晏，日月之不足，餓寒之至于身也」，才會「夜寢蚤起，父子兄弟不忘其功，為而不倦」，「不憚勞苦」（以上引文，均見〈乘馬〉）而勤勞事農。其次，必須不斷開墾土地，擴大耕地面積，生產才能發展。作者明確指出「地博而國貧者，野不辟也」，「地之不辟者，非吾地也」，「野不辟，民無取，外不可以應敵，內不可以固守」（〈權修〉），「地不辟，則六畜不育；六畜不育，則國貧而用不足；國貧而用不足，則兵弱而士不厲」（〈七法〉），焉能安國而王天下？因此，〈治國〉一文，反覆強調「辟地」、「墾田」是「富國多粟」的前提，一再指出「田墾，則粟多，粟多，則國富，國富者兵彊，兵彊者戰勝，戰勝者地廣」。也正是基於欲實現「國富」、「兵彊」、「戰勝」而王天下這個總目標，因而《管子》重農重地而不輕工商，認為工商之業，可為農事提供資金，可為農產物資找到銷路，認為工商之民，同樣是建設國家的基石。〈小匡〉說得十分明確：「士農工商四民者，國之石民也。」所謂「石民」，即柱石之民，亦即國之基石。將工商業者和農民提到與「士」平列的地位，同稱之為「石民」，正是著眼於他們在經濟生活中的重要作用。

為了實施經濟治國的方針，作者還提出了「務本飭末」的主張。〈幼官〉說：「務本飭末，則富。」「本」，指農事；「末」，指「工事競於刻鏤，女事繁於文章」（〈立政〉）之類的奢侈品生產。「飭末」，即對奢侈品生產加以整頓和限制，其目的是為了集中人力物力財力「務本」，以期促進農業發展。這道理很簡單，因為「上不好本事，則末產不禁；末產不禁，則民緩於時事而輕地利。輕地利而求田野之辟、倉廩之實，不可得也」（〈權修〉）。

《管子》的經濟思想中，最有新意的部分，是「輕重」學說。「輕重」學說的內容，主要反映在「輕重十九篇」之中。「輕重十九篇」中，〈問乘馬〉、〈輕重丙〉、〈輕重庚〉等，已是有目無文，因而實際上現存的只有十六篇。這是一組專門闡釋財政經濟問題的著述。作者已經認識到客觀的價格規律的自發作用，對於民眾生活的重大影響，已經認識到人們的生產勞動與物價之間的密切關係，認為「凡將為國」，不可「不通於輕重」，國君必須認識價格規律，並自覺地運用這一規律來「調通民利」，控制市場，採取「以重射輕，以賤泄平」（〈國蓄〉）的措施來積累資財，平衡物價，穩定民心，鞏固政權。

如何運用價格規律，來獲取高額利潤呢？《管子》認為國君必須注意兩個要點：一是要「執其通施以御其司命」（〈國蓄〉），即掌握黃金刀幣這個流通手段來調動民力，促進五穀食米的生產。生產發展了，理財才好辦。否則，縱有「巧婦」，也難為無米之炊。正如〈輕重己〉所說：「通輕重」固為治國妙術，但若無四時所生之萬物，則雖有妙術，也將無法施展。二是要堅持「利出於一孔」（〈國蓄〉），即實行高度集中。糧食、鹽、鐵是廣大民眾維持生活、擴大生產不可或缺的重要物資，當由國家統一掌握。國家掌握了財利、資源，掌握了貨幣發行，有了一定的經濟實力，才能有效地控制流通樞要，控制市場物價，才能達到避免動亂和「無籍而贍國」的目的。尤其可貴的是，作者的眼光，不但看到了國內，而且看到了國外。在〈地數〉、〈輕重甲〉諸篇中，作者提出善於治國的君主，不僅要善於掌握天財地利，及時調控物價，經營國內流通，而且要借助對外通商手段，善於汲取國外資金，利用國外勞力，使「天下之寶壹為我用」（〈地數〉），並通過加強和各國的貿易往來，以期造成一個友好的國際環境。這種理財見解，是十分可取的。總之，《管子》重視經濟治國的思想，在諸子百家中，確實是獨具特色的。

再其次談軍事思想：

《管子》中談兵的篇幅甚多。〈七法〉、〈幼官〉、〈重令〉、〈法法〉、〈兵法〉、〈地圖〉、〈參患〉、〈制分〉、〈勢〉、〈九變〉、〈小問〉、〈禁藏〉、〈輕重甲〉等，或通篇，或部分，都談了兵事，包涵了豐富的軍事見解。〈參患〉說：「君之所以卑尊，國之所以安危者，莫要於兵。故誅暴國必以兵……兵者外以誅暴，內以禁邪。故兵者尊主安國之經也，不可廢也。」這裡，作者明確指出，正義戰爭不可廢除，它是「尊主安國」、「誅暴」、「禁邪」的必要手段。這段論述，既規定了軍隊的內外職能，又提出了正義戰爭的客觀標準，揭示了當時國君以軍事手段來謀求建立新的生產關係的願望與要求，否定了孔子提倡「去兵」、墨子提倡「弭兵」的主觀臆想，議論是頗為精闢的。另一方面，作者又指出，戰爭手段，必須慎於使用。這是個變化無常的「詭物」，是個耗盡資財的「禍根」，「一期之師，十年之蓄積殫；一戰之費，累代之功盡」（〈參患〉）。因而欲「成功立事，必順於理義」，「不理不勝天下，不義不勝人」（〈七法〉）。「理」，指事物發展的規律；「義」，指順乎民心。不看當時的具體條件，違背「理」、「義」行事，即使一時取勝，終將造成政權危亡。這正是作者總結周王朝由盛而衰的歷史經驗之後，對當時執政者所提出的嚴重警告。

《管子》作者，在探討戰爭制勝的諸因素時，不但指出了戰爭必合於「理」、「義」，必賴於雄厚的經濟實力及隱兵於田、寓兵於政、耕戰合一等一整套相關制度的保證，而且有賴於將士素質及武器裝備。〈參患〉說：「凡兵有大論，必先論其器，論其士，論其將，論其主。」〈重令〉說：「將帥不嚴威，民心不專一，陳士不死制，卒士不輕敵，而求兵之必勝，不可得也。」〈法法〉說：「民不勸勉、不行制、不死節，則戰不勝而守不固。」〈參患〉說：「一器成，往夫具，而天下無戰心；二器成，驚夫具，而天下無守城；三器成，游夫具，而天下無聚眾。」這些論述，從要求兵精、士勇、將賢、主聖眾多方面，通盤論述了制勝的必要條件。重視人的主觀能動作用，而不忽視武器裝備之類的必要的物質條件，強調戰爭的正義性，而不忽視與敵方作人力、物力、財力的全面較量，這正是《管子》軍事思想的高明處。

現在談哲學思想：

《管子》的哲學思想，也是兼融各家，其主體則是道家和法家的思想。其中，關於「道」的論述最為詳盡。比如，〈心術上〉說：「無為之謂道，舍之之謂德，故道之與德無間。」「道在天地之間也，其大無外，其小無內。」〈樞言〉說：「道之在天者，日也；其在人者，心也。」〈內業〉說：「夫道者，所以充形也，而人不能固。其往不復，其來不舍。謀乎莫聞其音，卒乎乃在於心，冥冥乎不見其形，淫淫乎與我俱生。不見其形，不聞其聲，而序其成，謂之道。」〈形勢解〉說：「天之道，滿而不溢，盛而不衰。」這些論述，頗為清楚地說明了《管子》所謂「道」，既源於老子之「道」，又已有別於老子之「道」。《管子》之「道」，已經包含著兩個層次。其一，「道」是「上通於天之上，下泉於地之下，外出於四海之外；合絡天地，以為一裹」（〈宙合〉），且包容著「精氣」的物質實體，是天地萬物的本原。其二，「道」的活動，具有「人不能固」的規律，誰也不能違背。「得天之道，其事若自然；失天之道，雖立不安。」（〈形勢〉）而此中所謂「天道」，就自然觀而言，是指自然界的客觀規律；就社會觀而言，則是指治國治民的基本法則。很明顯，這是對老子之「道」的改造、補充和發展。

《管子》對「法」的論述也頗詳盡。〈七法〉說：「尺寸也、繩墨也、規矩也、衡石也、斗斛也、角量也，謂之『法』。」「治民一眾，不知法不可。」然後將「法」的「準則」這一概念加以擴展，衍為「法令」、「法律」、「法制」。〈法法〉說：「法者，民之父母也。」〈權修〉說：「法者，將立朝廷者也。」〈禁藏〉說：「法者，天下之儀也，所以決疑而明是非也，百姓所縣命也。」〈重令〉說：「治民之本」，「莫要於令」。這些論述，簡明扼要地闡釋了「法」的巨大作用，強調了「法」的極端重要性。國君以之為治民的根本，百姓以之為活命的依憑，都是不可須臾廢離的。〈明法解〉說：「明主者，有術數而不可欺也。」〈七臣七主〉說：「權勢者，人主之所獨守也。」〈心術上〉說：「故事督乎法，法出乎權，權出乎道。」這些論述，進而將法、術、勢融為一體，無疑是對法家思想的綜合與補充。

但《管子》的「重法」思想的特點，並不在於此，而在於通過對老子哲學的改造，為「法」提供了哲學論證，實現了「道」與「法」的結合。〈七法〉說：「根天地之氣，寒暑之和，水土之性，人民鳥獸草木之生，物雖甚多，皆有均焉，而未嘗變也，謂之『則』。」「錯儀畫制，不知則不可。」「不明於則，而欲錯儀畫制，猶立朝夕於運均之上，檐竿而欲定其末。」這些論述，從「常則」的角度，論證了「法」的客觀性。〈版法解〉說：「法者，法天地之位，象四時之行，以治天下。」〈形勢解〉說：「天，覆萬物，制寒暑，行日月，次星辰，天之常也。治之以理，終而復始。主，牧萬民，治天下，蒞百官，主之常也。治之以法，終而復始。」〈形勢〉說：「天不變其常，地不易其則，春秋冬夏不更其節，古今一也。」這些論述，從「天常」、「地則」即「道」的永恒性，論證了「法」的常存性。正因為《管子》既重「道」，又重「法」，視「道」為宇宙之大法，視「法」為社會之大道，因而「道法並重」、建常立儀的思想，成了全書的主線。

《管子》雖重道、法，但並不排斥禮、義。〈牧民〉說：「國有四維」，「一曰禮，二曰義，三曰廉，四曰恥」。「守國之度，在飾四維」，「四維不張，國乃滅亡」。禮義很重要，是為鞏固國家政權所必須堅持的基本準則。那麼，禮、義與道、法的關係怎樣呢？〈心術上〉有一段頗為通盤的解釋：「虛無、無形謂之道。化育萬物謂之德。君臣、父子、人間之事，謂之義。登降揖讓、貴賤有等、親疏之體，謂之禮。簡物小末一道，殺僇禁誅，謂之法。」「無為之謂道，舍之之謂德。」「義者，謂各處其宜也。禮者，因人之情，緣義之理，而為之節文者也。」「禮出乎義，義出乎理，理因乎宜也。」這就是說，萬物稟「道」而生成之後，便各自具有其一定的形狀和性質。體現在社會生活中，就是「義」。將各種不同事物、人事關係制度化，就是「禮」。將這類關係、制度統一起來，用政權的強力加以保證，就是「法」。而仁義禮法的結合點則是「道」，四者都是以「道」為本體的。尊虛靜，尚變化，重道、法，容禮、義，將齊魯之學的旨義熔鑄一爐，這就是《管子》哲學思想的特徵。

下面談談教育思想：

《管子》的治國理論，是既重視法治，又重視德治。而「德治」的成功，其主要措施，是靠灌輸，靠感化，亦即教育。因此，《管子》對教育問題，也多所論及。〈權修〉說：「一年之計，莫如樹穀；十年之計，莫如樹木；終身之計，莫如樹人。一樹一穫者，穀也；一樹十穫者，木也；一樹百穫者，人也。」又說：「凡牧民者，使士無邪行，女無淫事。士無邪行，教也；女無淫事，訓也。教訓成俗而刑罰省，數也。」顯然，《管子》的作者，已經認識到法律和道德是人類社會的兩大支柱。要鞏固政權，要維護社會的正常秩序，單靠法治手段是不夠的，還必須發揮教育這一特殊手段的作用。教育民眾，提高民眾的素質，是百年大計，是治政之本，是「一樹百穫」的美事。

「樹」什麼人？要「樹」明禮義、知榮辱的賢人。「國有四維」，「一曰禮，二曰義，三曰廉，四曰恥。禮不踰節，義不自進，廉不蔽惡，恥不從枉。故不踰節，則上位安；不自進，則民無巧詐；不蔽惡，則行自全；不從枉，則邪事不生」（〈牧民〉）。掌握了教育，造就了明禮義、知榮辱的賢才，養成了明禮義、知榮辱的民風，國家便能長治久安。

如何「樹」人？一是政策誘導。〈五輔〉說得好：「得人之道，莫如利之；利之之道，莫如教之以政。」用政策、政績來教育人們，是最起作用的措施。如果施行「選賢遂材也，舉德以就列，不類無德；舉能以就官，不類無能。以德弇勞，不以傷年。」（〈君臣下〉）論功行賞、不分貴賤的政策，即任人唯賢而不唯親，視德譽為重而不論資排輩，賞功不但及於執法有功之臣、師旅有勞之將、治理有方之官，且施及農工技藝之徒而不計身分尊卑，那麼，這種政策導向，就是最簡明的教科書，必將對整個國家的社會風氣產生良好的影響。二是興辦學校。這是造就人才的主要途徑。〈弟子職〉就是關於學校教育的專論。它是我國古代的一部內容最豐富、篇章最完整、記述最明晰、年代最久遠的學校教育史料。雖然主要篇幅只是記述校規學則，但其中關於進德修業、尊師重教、寓教於行、使習與性成之類的教育觀點與教學方法，至今仍可借鑑。三是優化社會環境。在某種意義上說，環境就是學校，風氣就是教師。《管子》提出「教訓成俗」，即通過引導、教育，形成良好的環境和風氣，亦即「必先順教，萬民鄉風」（〈版法〉），這是很有見地的。「萬民鄉風」的條件之一，是「先順教」，即有人領頭，垂範導向。〈牧民〉說：「御民之轡，在上之所貴；道民之門，在上之所先；召民之路，在上之所好惡。」君主與各級官員，如果能夠「立儀以自正」（〈法法〉），以身垂範，顯示出一種優良作風，對全國民眾，就會有很好的引導作用。「萬民鄉風」的條件之二，是遞相傳導，相互模仿。〈小匡〉說：「士農工商四民者，國之石民也，不可使雜處，雜處則其言哤，其事亂。是故聖王之處士必於閒燕，處農必就田墅（野），處工必就官府，處商必就市井。令夫士，群萃而州處，閒燕則父與父言義，子與子言孝，其事君者言敬，長者言愛，幼者言弟。旦昔從事於此，以教其子弟，少而習焉，其心安焉，不見異物而遷焉。是故其父兄之教不肅而成，其子弟之學不勞而能。」其餘農工商三民，亦復如此。由於群居相染，相沿成習，導向作用也就更加強烈而深入。當然，「萬民鄉風」局面的形成，也還需有一個漸進的過程，即〈七法〉所謂「漸也、順也、靡也、久也、服也、習也，謂之『化』」。在這個過程中，人們將被潛移默化。待到「教訓習俗者眾，則民化變而不自知也」（〈八觀〉）。

但無論政策導向也好，興辦學校也好，優化環境也好，要使教育能發揮其自身的作用，必須以經濟發展作為基礎。「倉廩實，則知禮節；衣食足，則知榮辱」（〈牧民〉），這已成為千古名言。對於這個著名的論斷，韓非在〈五蠹〉中論述得很明確：「饑歲之春，幼弟不餉；穰歲之秋，疏客必食。」王充在《論衡・治期》中也有一段精闢的解說：「夫饑寒並至，而能無為非者寡；然則溫飽並至，而能不為善者希。《傳》曰：『倉廩實，民知禮節；衣食足，民知榮辱。』讓，生於有餘；爭，起於不足。穀足食多，禮義之心生；禮豐義重，平安之基立矣。故饑歲之春，不食親戚；穰歲之秋，召集四鄰。不食親戚，惡行也；召集四鄰，善義也。為善惡之行，不在人之性，在於歲之饑穰。」《管子》的論斷和韓非、王充的解說，在中國思想史上，第一次明確而深刻地揭示了這樣一條真理，即人們的思想意識和文化教育活動，必然要受經濟生活的制約。

此外，無論政策誘導也罷，學校造就也罷，環境陶冶也罷，以教育作為治國的一項措施來說，顯然具有其自身的、任何別的手段所不能替代的特點。對此，〈侈靡〉中有一段極妙的描述：「管子曰：『夫政教相似而殊方。若夫教者，摽然若秋雲之遠，動人心之悲；藹然若夏之靜雲，乃及人之體；窵然若皜月之靜，動人意以怨；蕩蕩若流水，使人思之，人所生往。教之始也，身必備之，辟之若秋雲之始見，賢者不肖者化焉。敬而待之，愛而使之，若樊神山祭之。賢者少，不肖者多，使其賢，不肖惡得不化？……』」這段文字十分精彩，極為形象地說明了教育的作用，在引導人們追求賢，追求善，追求美。特點是感化受教育者，使之潛移默化。教育的過程，就好像秋雲高揚遠翥，能夠激起人們沈思；又好像夏雲含雨，溼潤清涼，能夠浸及人們的肌膚；深幽得像皓月的寧靜，能夠觸發人們的怨慕；悠悠如流水，引人遐思，令人神往。教育的首要因素，必須是在上位者，能夠率先垂範，好比秋雲初現，讓賢者和不肖者，都潛移默化。人皆有向善求賢之心，高山仰止，景行行止，加上教育誘導，不肖者雖多，焉能不化？這段富有詩意的論述文字，真個把教育自身的「隨風潛入夜，潤物細無聲」的這一特點，形容得淋漓盡致。

最後，讓我們來談談自然科學思想：

《管子》中論及自然科學思想的篇幅不少，涉及的問題也比較廣泛。除了天文、曆法、農、林、牧、鹽、礦業之外，還論及了城建、水利、土壤、樂律等方面的內容。

〈乘馬〉說：「凡立國都，非於大山之下，必於廣川之上。高毋近旱而水用足，下毋近水而溝防省。因天材，就地利，故城郭不必中規矩，道路不必中準繩。」〈度地〉說：「故聖人之處國者，必於不傾之地，而擇地形之肥饒者，鄉山，左右經水若澤，內為落渠之寫，因大川而注焉。」又說：「天子中而處，此謂因天之材，歸地之利。內為之城，城外為之郭，郭外為之土閬：地高則溝之，下則堤之。命之曰金城。樹以荊棘，上相穡著者，所以為固也。」這些，是《管子》關於建國立都、抉擇地理的總原則。

這個原則的出發點，是要求凡立都興城，其規劃與布局，要有利於經濟、文化的發展，但首先必須服務於軍事、經濟、文化的需要，必須受軍事的制約。〈八觀〉說：「大城不可以不完，郭周不可以外通，里域不可以橫通，閭閈不可以毋闔，宮垣、關閉不可以不修。」這是對於城建設施的具體要求。這種築城必須堅牢，街道宜少外通，城邑既要是人口聚集的經濟、文化中心，又要近乎是軍事堡壘的理論，反映了古代城市建築的一般規律。這類關於城建的論述，是古代城建科學的總結，也是我們探討、研究古代城建歷史的鑰匙。

〈度地〉則是一篇甚有學術價值的治水專論。全文從都邑建設的地理條件，而言及水、旱、風霧雹霜、厲、蟲「五害」，由「五害」而重點論及治水，提出了一套頗為完整而具體的治水方案。諸如怎樣選拔治水人才，怎樣組織治水勞力，怎樣徵集治水器材，怎樣確定治水季節，怎樣保護壩基堤防等等，皆有所論及。尤可貴者，在於提出了蓄泄並舉、常備不懈的方針。這一方針，一直為後世治水者所沿用。

〈地員〉是一篇關於土壤與物產的專論，全面分析了土壤的優劣、性狀及類別，記述了農產、畜產、果樹、林木與其他物產的品種及產量情況。分土壤為三類六等九十種，記糧食作物為三十六種。記述之完整，分類之細密，實為我國古代農家文獻所罕見。

〈地員〉還提出了「五度相生律」、「三分損益法」。這是關於我國古代樂律學的最早記載。「五度相生律」的數理律學，形成了中華律學的傳統理論，至少早於希臘畢達哥拉斯的「五度循環定律法」一個半世紀。「三分損益法」則是世界上最早的樂律計算法。

綜上所述，《管子》涉及的內容，是相當廣泛的。若就其思想派系而言，則兼容著道家、法家、儒家、兵家、陰陽家、農家、醫家等學派的思想和主張。但細繹起來，卻並不同於典型意義上的各家，而是有所交匯、貫通、變化和創造。可以說是博採百家而形成的一種新的思想派系，成為一個以「道」、「法」思想為核心的綜合體。若命之曰「雜家」，或者「通家」，也許更符合《管子》思想的實際。

另一方面，又正因為《管子》內容紛繁複雜，且不出一人之手，間有抵牾之處，加之詞義古奧，簡篇錯亂，文字奪誤，因而歷來號稱難讀之書。幸自有唐國子博士尹知章為之作注以來，賢者相繼或校勘，或詮釋，篳路藍縷，代有開掘。僅郭沫若《管子集校》開列「所據《管子》宋明版本」，即有宋楊忱本、陸貽典校劉績《補注》本、明抄劉績《補注》本、十行無注古本、朱東光《中都四子》本、趙用賢《管韓合刻》本等十七種；所開列「引用校釋書目提要」，即有豬飼彥博《管子補正》（日本寬政十年刊本）、洪頤煊《管子義證》、王念孫、王引之《讀書雜志》、安井衡《管子纂詁》（日本元治元年刊本）、俞樾《諸子平議》、戴望《管子校正》、王紹蘭《管子說》、何如璋《管子析疑》、孫詒讓《札迻》、張佩綸《管子學》、陶鴻慶《讀管子札記》、姚永概《慎宜軒筆記》、劉師培《管子斠補》、尹桐陽《管子新詮》、李哲明《管本校義》、黃鞏《管子編注》、石一參《管子今詮》、顏昌嶢《管校異義》、于省吾《管子新詮》、馬非百（元材）《管子輕重篇新詮》等四十二種之多。以上所錄著述，為拙作多所引用者。然拙作反覆引用者，尚有許維遹、聞一多、郭沫若諸前輩之論。具瞻前修，霑溉後學，集累代之精華，成今日之巨帙。爰在付梓之前，謹向給予拙作啟迪甚多的戴望（篇目、語譯、注釋均以其《管子校正》作為底本）、石一參、馬非百、郭沫若、趙守正等前賢今哲，表示崇高的敬意。惟恐學識淺陋，執筆倉卒，拾芥遺珠，領會謬誤之處，自所難免。臨深履薄，每懷惴惴，敬祈海內外方家及讀者有以是正。

卷一

牧民 第一

【題解】《管子》一書，西漢末年學者劉向曾經加以整理，定為八十六篇。後來佚失十篇，僅存七十六篇。〈牧民〉即其首篇。標題為「牧民」，意謂治理民眾。「牧」的本義，是牧養牲畜，古代的當政者及思想家，很不恰當地把它引申為對於民眾的管理。「牧民」、「御民」、「畜民」等詞，常常見於古代典籍。本文分為五個專題：「國頌」，論述治國、治民的一般原則；「四維」，論述禮、義、廉、恥這維繫政權存在的四條準繩；「四順」，論述為政必順民心的經驗；「十一經」，論述十一項有關政治、經濟諸方面的政策措施。唯有「六親五法」，題名與內容不甚相合。丁士涵云「六親」與「五法」，當分為二章；聞一多謂「六親」疑為「四觀」之誤。然其內容，仍是論述為君、治民之道，與全文內容首尾一貫，旨義契合。此篇當是政治家管仲治政經驗的精鍊總結。史學家司馬遷十分讚賞其「倉廩實，則知禮節；衣食足，則知榮辱；上服度，則六親固」，「四維不張，國乃滅亡」，「下令於流水之原者，令順民心」等高論，譽之為「論卑而易行」之言（見《史記・管晏列傳》）。其中關於注重糧食生產、注重經濟基礎、注重民心得失、注重教育引導等論述，至今仍有借鑑價值。

凡有❶地牧民者，務❷在四時❸，守❹在倉廩❺。國多財，則遠者❻來；地辟舉，則民留處❼；倉廩實，則知禮節；衣食足，則知榮辱；上服度，則六親固❽；四維❾張，則君令行。故省刑之要❿，在禁文巧⓫；守國之度，在飾⓬四維；順⓭民之經⓮，在明⓯鬼神，祗⓰山川，敬宗廟，恭祖舊。不務天時，則財不生；不務地利，則倉廩不盈；野蕪曠，則民乃荒⓱。上無量，則民乃妄；文巧不禁，則民乃淫；不障⓲兩原⓳，則刑乃繁。不明鬼神，則陋民⓴不悟；不祗山川，則威令不聞；不敬宗廟，則民乃上校㉑；不恭祖舊，則孝㉒悌㉓不備。四維不張，國乃滅亡。

右國頌㉔

【章　旨】此章言治國治民之道，在於不違農時，充實倉廩，倡導四維，注重教化。

【注　釋】❶有　具有；擁有；占有。❷務　致力；盡力。❸四時　指春耕、夏耘、秋收、冬藏四時農事。❹守　堅持；依靠。❺倉廩　指貯藏穀米的庫房。古代穀藏曰倉，米藏曰廩。❻遠者　此指遠在其他諸侯國的人們。❼地辟舉二句　尹知章注云：「舉，盡也。言地盡闢，則人留而安居處也。」辟舉，開墾周遍。舉，全；盡。處，居。❽上服度二句　尹知章注云：「服，行也。上行禮度，則六親各得其所，故能感恩而結固之。」服度，施行禮儀制度。六親固，指父、母、妻、子、兄、弟之間的關係穩固，即君主家族內部團結，較少摩擦與爭奪之意。❾四維　原指繫在網角的四根繩索，借助於此，網才可以舉綱張目。本文將禮、義、廉、恥喻為國之「四維」。❿要　樞要；關鍵。⓫文巧　指奢侈品的生產與製造。文，文飾；裝飾。巧，奇巧；淫巧。⓬飾　通「飭」。整頓；端正。⓭順　通「訓」。訓導。⓮經　常規；常法。此指帶根本性的措施與辦法。⓯明　彰明。即宣傳鬼神的尊卑次序。尹知章注云：「鬼神山川，皆有尊卑之序，故敬明之。」⓰祗　尊敬。此指祭祀。⓱荒意即怠惰放蕩，不務正業。原文為「菅」。豬飼彥博謂：「疑當作『荒』，惰也。」（引見郭沫若《管子集校》。以下引文未注明出處者，均此）⑱障　阻擋；堵塞。原文為「璋」。豬飼彥博謂：「當作『障』，塞也。」⑲兩原　即兩源。尹知章注云：「兩原，謂妄之原，上無量也；淫之原，不禁文巧也。」⑳陋民　指見識膚淺的人。㉑校　較量；抗拒。顏昌嶢謂：「校，亢也」，「此言不敬宗廟，則民不知尊卑上下之分，而與上亢矣」。㉒孝　指孝敬父母、宗親。㉓悌　指順從兄長、友愛故舊。㉔國頌　治民之道；治國之法。張佩綸云：「頌、容通，《廣雅．釋詁》『容，灋也』。此篇乃為國之法。」

【語　譯】凡是擁有國土、治理民眾的君主，必須注重致力於掌握四時農事，注重確保糧食貯備。國家財力豐厚，遠在他國的人們，就會自動遷來；荒地全面開墾，本鄉本土的人民，才能安心留住。國家富裕，人們就知道遵行禮節；衣食豐足，人們就懂得光榮與恥辱。君主施行禮儀制度，六親就會團結；國家的四維得以發揚，君令就能貫徹。因而簡省刑罰的關鍵，在於禁止文飾淫巧；維護國家政權的法度，在於整頓四維。訓導民眾的根本措施，在於宣傳鬼神的尊卑次序，重視祭祀山川，恭敬先祖先妣，尊重宗親故舊。不致力掌握天時，財富就不會產生；不致力開發地利，糧食就不會充足；田野荒蕪棄置，人們就會放蕩怠惰。君主的行為不合法度，人們就會胡作非為；文飾淫巧不加禁止，人們就會放蕩淫亂；不堵塞這兩個引誘犯罪的根源，觸犯刑罰的人就會增多。不宣傳鬼神的尊卑次序，見識淺陋的人，就不能感悟；不莊嚴祭祀山川，君主的威令，就不能遠揚；不敬法先祖傳統，老百姓就會犯上作亂；不尊重宗親故舊，孝悌就不會完備。禮、義、廉、恥不能發揚光大，國家就會覆亡。

以上為「國頌」

國有四維，一維絕則傾，二維絕則危，三維絕則覆，四維絕則滅。傾可正也，危可安也，覆可起也，滅不可復錯❶也。何謂四維？一曰禮，二曰義，三曰廉，四曰恥。禮不踰節❷，義不自進❸，廉不蔽惡❹，恥不從枉❺。故不踰節，則上位安，不自進，則民無巧詐，不蔽惡，則行❻自全，不從枉，則邪事不生。

右四維

【章旨】此章言四維——禮、義、廉、恥，對治國理民的極端重要性。

【注釋】❶錯 通「措」。措置；安置。❷禮不踰節 意即「有禮，則不踰節」。節，法度；規範。下三句言「義」、「廉」、「恥」同此。❸自進 自作薦舉；自行鑽營求進。❹惡 醜陋；過錯。尹知章注云：「隱蔽其惡，非貞廉也。」❺枉 邪曲；不合正道的行為。尹知章注云：「詭隨邪枉，無羞之人。」❻行 操守；品行。

【語譯】立國要依靠四大綱維。一維斷絕，國家就會傾動；二維斷絕，國家就會危險；三維斷絕，國家就會顛覆；四維斷絕，國家就會喪亡。傾動尚可扶正，危險尚可轉為安全，傾覆尚可東山再起；唯獨喪亡了，就不可再怎麼處置了。什麼叫四維呢？一是禮，二是義，三是廉，四是恥。禮，可使人們不會超越應守的行為規範；義，可使人們不會自行鑽營求進；廉，可使人們不會文過飾非；恥，可使人們不會追逐邪惡。人們的行為，都不超越應守的規範，君主的地位就會安穩；不鑽營求進，人們就不會取巧欺詐；不文過飾非，品行就能完美；不追逐歪風醜行，邪惡的事情就不會發生了。

以上為「四維」

政之所行❶，在順民心；政之所廢，在逆民心。民惡❷憂勞，我佚樂之❸；民惡貧賤，我富貴之；民惡危墜，我存安之；民惡滅絕，我生育之。能佚樂之，則民為之憂勞；能富貴之，則民為之貧賤；能存安之，則民為之危墜；能生育之，則民為之滅絕。故刑罰不足以畏其意❹，殺戮不足以服其心❺。故刑罰繁而意不恐，則令不行矣；殺戮眾而心不服，則上位危矣。故從其四欲，則遠者自親；行其四惡，則近者叛之。故知予之為取❻者，政之寶也。

右四順

【章　旨】此章言政令之推行與廢弛，關鍵全在民心順逆。居上位者宜順其「四欲」，避其「四惡」。

【注　釋】❶行　推行；施行。原文為「興」。據王念孫說當改為「行」。❷惡　討厭；憎惡。❸佚樂之　即「使之佚樂」。下文中「富貴之」、「存安之」、「生育之」，均同此例。佚，通「逸」。安逸。❹意　通「臆」。胸臆。❺心　心靈。尹知章注云：「畏意服心，在於順其所欲，不在刑罰殺戮。」❻予之為取　意謂給予就是獲取。尹知章注云：「謂與之生全，取其死難也。」

【語　譯】政令所以能推行，在於順應民心；政令所以廢弛，在於違背民心。人們厭惡憂愁勞苦，我便使他們安逸快樂；人們厭惡貧賤，我便使他們富貴；人們害怕危亡動蕩，我便使他們生存、安定；人們害怕斷絕後嗣，我便使他們生育繁息。因為我能使人民安逸快樂，他們也就願意為我承受憂愁勞苦；我能使人民富貴，他們也就願意為我忍受貧賤；我能使人民生存、安定，他們也就願意為我承受危亡動蕩；我能使人民生育繁息，他們也就願意為我犧牲生命了。所以，刑罰不足以使人民胸懷恐懼，殺戮不足以使人民內心順服。刑罰苛繁而人民胸懷不懼，法令就無法推行；殺戮眾多而民心不服，君主的地位也就危險了。所以順應人民上述的四種願望，疏遠的人，自會親近；實行上述人民所憎惡的四種事情，親近的人，也會叛離。由此可知，「予之於民，就是取之於民」這條原則，是治國行政的法寶。

以上為「四順」

錯國於不傾之地。積於不涸❶之倉。藏於不竭之府❷。下令於流水之原❸。使❹民於不爭之官❺。明必死之路。開必得之門。不為不可成。不求不可得。不處不可久。不行不可復❻。錯國於不傾之地者，授有德也。積於不涸之倉者，務五穀❼也。藏於不竭之府者，養桑麻、育六畜❽也。下令於流水之原者，令順民心也。使民於不爭之官者，使各為其所長也。明必死之路者，嚴刑罰也。開必得之門者，信慶賞也。不為不可成者，量民力也。不求不可得者，不彊民以其所惡也。不處不可久者，不偷取一時❾也。不行不可復者，不欺其民也。故授有德，則國安。務五穀，則食足。養桑麻、育六畜，則民富。令順民心，則威令行。使民各為其所長，則用備。嚴刑罰，則民遠邪。信慶賞，則民輕難。量民力，則事無不成。不彊民以其所惡，則詐偽不生。不偷取一時，則民無怨心。不欺其民，則下親其上。

右十一經❿

【章旨】此章言治國理民十一項常則的具體內容、作法及效用。

【注釋】❶不涸　本言水不枯竭。此喻糧食取之不盡。❷府　府庫。國家貯藏財貨的處所。❸下令於流水之原　意謂把政令下達在流水的源頭處。喻其能順流而下，暢通無阻。其時政令公文，多用竹木之簡，故有此喻。原，「源」的本字。流水的源頭。❹使　指派；安排。❺官　此指職業、行業。❻不可復　不能重複。此指騙人的、「一之為甚，其可再乎」的勾當。❼五穀　《孟子・滕文公上》趙岐注云：「五穀，謂稻、黍、稷、麥、菽也。」❽六畜　指馬、牛、羊、豬、狗、雞六種家畜。❾不偷取一時　即不投機取巧，不貪圖僥倖。一時，原文為「一世」。張佩綸云：「『一世』當作『一時』。『一世』，三十年，不得謂不久矣。『時』作『世』，聲誤。」下文「不偷取一時」，同此。❿十一經　原文為「士經」。顧廣圻云：「『士』字當是『十一』二字並寫之誤。」

【語　譯】把國家建立在堅固不搖的基礎上。把糧食積存在取之不盡的公倉裡。把財貨貯藏在用之不竭的國庫中。把政令下達在流水的源頭處。把人們安排在無所爭議的崗位上。向人民指明犯罪必遭嚴懲的道路。向人民打開有功必得獎賞的大門。不強行不能成功的事情。不追求不可獲得的利益。不立足於不可持久的地位。不去幹不可重複的勾當。所謂把國家建立在堅固不搖的基礎上，就是要將政權交給富有道德的人。所謂把糧食積存在取之不盡的公倉裡，就是要盡力從事糧食生產。所謂把財貨貯藏在用之不竭的國庫中，就是要培植桑麻、繁殖六畜。所謂把政令下達在流水的源頭處，就是要政令符合民心。所謂把人民安排在無所爭議的崗位上，就是要做到各盡所長。所謂向人民指明犯罪必遭嚴懲的道路，就是要嚴刑厲罰。所謂向人民打開有功必得獎賞的大門，就是要獎賞兌現。所謂不強行不可成功的事情，就是要估量民力行事。所謂不貪求不可獲得的利益，就是不強迫民眾去從事他們所憎惡的事情。所謂不立足於不可持久的地位，就是不投機取巧於一時。所謂不幹不可重複的勾當，就是不欺騙愚弄民眾。把政權交給富有道德的人執掌，國家就會安定。致力於種植五穀，糧食就會充裕。大力培植桑麻、繁殖六畜，人民就會富足。政令順應民心，君主的威令，就會暢通無阻。安排民力能使其各盡所長，日常用品就會齊備。嚴刑厲罰，人們就會遠離邪僻。獎賞兌現，人們就會看輕危難。估量民力行事，就可以做到辦事必成。不強迫人們去作他們所憎惡的事，弄虛作假的行為就不會發生。不貪取一時僥倖，人們便沒有抱怨情緒。君主不欺騙下民，下民就會親附君主。

以上為「十一經」

以家❶為鄉❷，鄉不可為也；以鄉為國❸，國不可為也；以國為天下❹，天下不可為也。以家為家，以鄉為鄉，以國為國，以天下為天下。毋❺曰不同生❻，遠者不聽❼；毋曰不同鄉，遠者不行❽；毋曰不同國，遠者不從。如地如天，何私何親？如月如日，唯❾君之節❿！

【章　旨】此章言君主治國應眼光高遠，胸懷廣闊。

【注　釋】❶家　此指古代大夫的家族。❷鄉　行政單位，相傳周時以一萬二千五百戶為鄉。❸國　此指諸侯的封地。❹天下　古時指中國範圍內的全部土地。❺毋　禁止之詞。不要。❻生　通「姓」。❼聽　聽信；信從。❽行　施行；採納。❾唯　語首助詞，無實義。❿節　節操；氣度。

【語　譯】站在家的立場治理鄉，鄉不可能治理好；站在鄉的立場治理國，國不可能治理好；站在國的立場治理天下，天下不可能治理好。應當站在家的立場治理家，站在鄉的立場治理鄉，站在國的立場治理國，站在天下的立場治理天下。不要藉口不同姓氏，外族人的意見就不聽取；不要藉口不同鄉邑，遠鄉人的辦法就不採納；不要藉口不同國度，別國人的主張就不信從。要像天地那樣覆載萬物，有什麼可以偏私偏愛呢？要像日月那樣普照一切，才算是君主的氣度！

御民之轡❶，在上之所貴；道❷民之門，在上之所先❸；召民之路，在上之所好惡。故君求之，則臣得之，君嗜❹之，則臣食之，君好之，則臣服❺之，君惡之，則臣匿❻之。毋蔽汝惡，毋異❼汝度，賢者將不汝助❽。言室滿室❾，言堂滿堂，是謂聖王。城郭⑩溝渠，不足以固守，兵甲彊力，不足以應敵，博地多財，不足以有眾。唯有道者⑪，能備患於未形⑫也，故禍不萌⑬。

【章旨】此章言君主治民，應毋蔽己惡，毋異己度，力爭得道多助，積極防患於未然。

【注釋】❶轡　繮繩。用以控馬行進的速度和方向。❷道　通「導」。引導。❸先　率先。意謂提倡。❹嗜　嗜好；愛吃。❺服　施行。❻匿　躲藏；迴避。❼異　此指任意變更、標新立異。❽不汝助　即「不助汝」。不幫助你。❾言室滿室　即「言於室，則滿室之人皆贊同」。此喻君主說話做事，「毋蔽惡，毋異度」，除惡遷善，開誠布公。❿城郭　泛指城邑。城指內城，郭指外城。⓫有道者　此指掌握治國法則的君主。⓬形　形成；出現。⓭萌　萌芽；發生。

【語譯】駕御人民的動向，在於君主重視什麼；引導人民的行徑，在於君主提倡什麼；召喚人們走什麼道路，在於君主愛憎什麼。所以君主希求的物品，臣下也想得到；君主愛吃的東西，臣下也想嘗嘗；君主喜愛的事情，臣下也想試試；君主憎惡的物事，臣下也想迴避。不要掩飾你的錯誤，不要任意改變你的法度；不然，有才德的人，將不會幫助你。在室內講話，要讓全室的人都贊同；在廳堂講話，要讓滿堂的人都贊同，這才算是聖明的君王。僅有城郭溝渠等防禦設施，不一定可以固守國土；單靠刀兵戰甲和強大武力，不一定就能應付強敵；只憑地大物博，不一定就能擁有民眾。唯有掌握了治國之道的君主，才能防患於未然，因而禍患不會發生。

天下不患無臣，患無君以使之；天下不患無財，患無人以分之。故知時❶者，可立以為長，無私者，可置以為政❷，審❸於時而察❹於用❺，而能備官❻者，可奉以為君也。緩者❼後於事，吝❽於財者失所親❾，信小人❿者失士⓫。

右六親五法⓬

【章　旨】此章言君主宜審度天時，明察用度，任用賢能。

【注　釋】❶時　天時；農時。❷為政　丁士涵云：「『為政』與上『為長』對文。『政』當讀為正。《爾雅・釋詁》『正，長也』」。政，通「正」。指一官之長。❸審　明悉；通曉。❹察　明瞭；細究。❺用　使用財物；財政用度。❻備官　配置任用官吏。❼緩者　指頭腦反應不敏捷、處事遲鈍的人。❽𠫔　同「吝」。吝嗇。❾失所親　指君主慳吝財貨，只顧宮廷，不慮臣民，因而失去臣民親附。❿小人　指品質惡劣、胸襟褊狹之徒。⓫士　指賢能之人。⓬六親五法　丁士涵謂：「『六親』與『五法』當分章。」聞一多以丁說為然，並謂「六親」疑為「四觀」之誤。

【語　譯】不要憂慮天下沒有能臣，只擔心沒有明君去任用他們；不要憂慮天下沒有財富，只擔心沒有人能作公平的分配。所以，明悉農時的人，可以擁立為官長；沒有私心的人，可以委任為官吏；能夠審度天時，明察用度，而且善於安排配備官吏的人，可以奉為君主。見事遲鈍的人，往往落後於形勢；慳吝財物的人，往往沒人親附；偏信小人的人，往往失去賢士。

以上為「六親五法」

形勢 第二

【題解】此為《管子》第二篇，與〈牧民〉一樣，也是談治國理民之道。「形」，指事物存在的外部形態；「勢」，言事物發展的內部趨向。題為「形勢」，旨在藉廣泛列舉事物變化的因果關係，從哲學的角度，來闡明治國理民的規律性。本篇又名〈山高〉，係取開篇「山高而不崩」一句中頭二字為題，用的是「首句標其目」的成法。「太史公曰：『吾讀管氏〈牧民〉、〈山高〉、〈乘馬〉、〈輕重〉、〈九府〉及《晏子春秋》，詳哉，其言之也！』」（《史記・管晏列傳》）其中所言〈山高〉一篇即此。劉向《別錄》也曾指出：「〈九府〉書，民間無有。〈山高〉，亦名〈形勢〉。」

全文可分為六章：首章總言壽夭禍福，皆非偶然而至，萬事萬物各有其規律性；次章言治國者，必須察納雅言，力戒自是；第三章言治民者，應當厚施薄取，懷威相濟；第四章言欲統一天下者，必須放眼宏觀，懂得天道；第五章言順應天道，則可望成功，違逆天道，則無法挽救；第六章結言「道」之運用，貴在慎重。綜觀全文，重點在於「天道」二字。作者認為，所謂「天道」，就自然觀而言，是指自然界的客觀規律；就社會觀而言，則是指治國理民的基本法則。本文不但從哲理的角度，反覆強調了「天道」的積極作用，而且明確要求君主行事，必須嚴格遵循「天道」。這在當時，可謂為執政者提出了一條深刻而精闢的治政經驗。

山高而不崩，則祈羊❶至矣；淵深而不涸，則沈玉❷極❸矣。天不變其常❹，地不易其則❺，春秋冬夏不更其節❻，古今一也。蛟龍得水，而神❼可立也；虎豹託幽❽，而威可載❾也。風雨無鄉❿，而怨怒不及⓫也。貴有以⓬行令，賤有以忘卑。壽夭貧富，無徒歸⓭也。銜命⓮者，君之尊也，受辭⓯者，名⓰之運⓱也。上無事⓲，則民自試⓳，抱蜀⓴不言，而廟堂㉑既循㉒。鴻鵠鏘鏘，唯民歌之㉓；濟濟㉔多士㉕，殷民化之㉖。飛蓬之問㉗，不在所賓㉘；燕雀㉙之集，道行不顧。犧牷㉚圭璧，不足以饗㉛鬼神。主功有素，寶幣奚為？羿㉜之道㉝，非射也；造父㉞之術，非馭也；奚仲㉟之巧，非斲削也。召遠者使㊱無為焉，親近者㊲言無事也。唯夜行者㊳獨有也。

【章　旨】此章言萬事萬物，並非偶然而生，而是各有其固定的規律。人君唯有堅持行德，才能獲得民心。

【注　釋】❶祈羊　即「機祥」。概指鬼神之事。此謂祈求福佑。馬元材云：「『祈羊』亦當讀為『機祥』。」（《管子輕重篇新詮》下冊第四八六頁。以下凡引馬說而未另注出處者，則均引自此書）❷沈玉　用來投水祭神的璧玉。❸極　至；到。❹常　常則；規律。❺則　法則；規律。❻節　節次；順序。❼神　神威；威勢。❽託幽　指存身於僻靜的深山。原文為「得幽」。王念孫謂：「當依明仿宋本及朱東光本作『託幽』。」❾載　通「戴」。尊奉；推崇。❿鄉　通「向」。方向。⓫及　至；涉及。⓬以　因由；緣故。⓭徒歸　憑空無據，徒然而來。⓮銜命　執行命令。《禮記・檀弓上》：「銜君命而使。」⓯受辭　接受指示。⓰名　指君臣之間的名分、地位。⓱運　運用；作用。⓲無事　指清靜無為。〈形勢解〉謂：「明主之治天下也，靜其民而不擾，佚其民而不勞。」⓳試　嘗試；幹事。⓴蜀　祭祀用的器皿。〈形勢解〉謂：「所謂抱蜀者，祠器也。」㉑廟堂　太廟的明堂，為帝王祭祀、議事的地方。此處代指朝廷。㉒既循　已經順從。原文為「既修」。王念孫云：「『脩』（修）當為『循』字之誤也。」㉓鴻鵠鏘鏘二句　〈形勢解〉謂：「將將鴻鵠，貌之美者也。貌美，故民歌之。」鏘鏘，形容展翅高飛的雄姿。㉔濟濟　莊嚴恭敬貌。〈形勢解〉謂：「濟濟者，誠莊事斷也。」㉕多士　指有許多德才兼備的人。〈形勢解〉

謂：「多士者，多長者也。」㉖殷民化之　指殷商的民眾被文王的德政所感化。原文在此句之後，尚有「紂之失也」四字。黃鞏云：「蓋古注文。」故刪。㉗飛蓬之問　比喻沒有根據的論調。〈形勢解〉謂：「無儀法程式，蜚搖而無所定，謂之蜚蓬之問。」㉘賓　服從；聽從。㉙燕雀　小鳥。喻指微小事物。㉚犧牷　古時祭祀宗廟的毛色純一的牲畜（牛、羊、豬）。㉛饗　祭祀；祭獻。㉜羿　指遠古傳說中的射箭能手后羿。㉝道　此指規律、法則。《莊子．養生主》謂：「臣之所好者道也，進乎技矣。」㉞造父　周穆王時，駕車馭馬的能手。㉟奚仲　遠古傳說中造車的巧匠。㊱使　使者。㊲親近者　欲使近者親附。近者，指本國的民眾。㊳夜行者　〈形勢解〉云：「所謂夜行者，心行也。能心行德，則天下莫能與之爭矣。」意謂從內心深處，暗自堅持行道的人。後文有「四方所歸，心行者也」。心行者，意亦同此。

【語譯】山嶺高峻而長期不崩潰，人們就會來祈求佑助；深淵水滿而常年不見枯竭，人們就會投玉來求福。天不會改變它的常規，地不會變換它的常則，春秋冬夏不會更改它的節令，從古到今都是一樣。蛟龍生活在深潭大澤，神威才可以樹立；虎豹憑藉著幽谷深山，威猛才可以使人推崇。風雨沒有既定的偏向，人們的怨怒，也就不會連及到它們。位高的人，有其暢行號令的緣故；位低的人，有其忘卻卑微的因由。長壽、短命、貧窮、富有，都不是平白無故而來的。臣下之所以執行命令，是因為君主地位的尊嚴；臣下之所以接受指示，是因為君臣名分的作用。君主清靜無為，人們便會自動去做事；君主抱持祭器不聲不響，而廟堂之中已經順從。鴻鵠雄姿勃勃，人們自會讚美；文王的百官莊嚴明斷，殷商的民眾因而被感化。沒有根據的論調，明主不必聽從；燕雀聚集一類的小事，行路之人也會不屑一顧。牛羊豬玉器之類，並不足以饗祀鬼神、祈求福佑；只要君主的功業具有「道」的根基，又何必拿出名器重寶來祭獻？后羿射箭的巧妙，不在射箭的外表動作；造父駕車的要訣，不在駕車的操作程式；奚仲造車的功夫，不在砍削木材的方法。召喚遠在異國的民眾來依附，單靠外交大臣是無能為力的；欲使國內的臣民來親近，僅憑言語也會無濟於事。唯有從內心深處，堅持行德的君主，才能夠獨得民心。

平原之陘❶，奚有於高？大山之隈❷，奚有於深？訾讆❸之人，勿與任大❹。譕巨❺者，可以遠舉；顧憂者，可與致道❻。其計也速❼而憂在近者，往而勿召也。舉長❽者，可遠見也；裁大❾者，眾之所比❿也。欲⓫人之懷⓬，定服而勿厭⓭也。必得之事，不足賴也；必諾之言，不足信也。小謹者不大立，訾⓮食者不肥體。有無棄之⓯言者，必參⓰於天地也。墜岸三仞⓱，人之所大難也，而猿猱⓲飲焉⓳。故曰，伐⓴矜㉑好事，舉事之禍也。

【章　旨】此章言明主治國應聽取箴言，力戒驕傲自是。

【注　釋】❶陘　阪；斜坡。原文為「隰」。郭沫若謂：「當作『陘』，形近致訛。」❷隈　彎曲凹落處。❸訾讆　毀賢譽惡，是非混淆。〈形勢解〉云：「毀訾賢者之謂訾，推譽不肖之謂讆。」❹任大　即任之大者。指重要職務。❺譕巨　即「謨巨」。謀略宏遠。巨，原文為「臣」。王引之謂：「當作『巨』，字形相似而誤。」❻致道　致力於道；商討治國之道。❼計也速　指主意出得很快。❽舉長　舉計長遠。〈形勢解〉云：「舉一而為天下長利者，謂之舉長。」❾裁大　即「材大」。材器宏大。〈形勢解〉云：「天之裁大，故能兼覆萬物；地之裁大，故能兼載萬物。」❿比　緊靠；依賴。⓫欲　原文為「美」。因〈形勢解〉中有「欲民之懷樂己者，必服道德而勿厭也」句，故參據以校改。⓬懷　歸向。⓭厭　同「饜」。滿足。⓮訾　厭惡。⓯之　此。⓰參　參配。⓱仞　長度單位。周制以八尺為一仞，漢制以七尺為一仞。⓲猱　猿類，身體便捷，善於攀援。⓳焉　於此；到這裡。⓴伐　自我誇耀。㉑矜　自以為賢能。

【語　譯】平原上的斜坡，怎麼可以算作高呢？大山中的曲凹，怎麼可以算作深呢？誹謗好人、吹捧壞人的人，不能給予重任。謀略宏大的人，可以跟他遠圖天下大業；顧及憂患的人，可以跟他致力商討治國之道。那些主意出得雖快，卻不顧憂患就在眼前的人，讓他離開而不必召他回來。舉計長遠的人，德義的影響必然深遠；

才能器宇宏大的人，必然會得到眾人的信賴。想要人們歸向自己，一定要堅持行德而不知滿足。單是主觀認為一定辦得到的事情，是不值得依靠的；單是嘴說一定能夠兌現的話，是不值得信賴的。謹小慎微的人，不能成就大業，挑肥揀瘦的人，不能使身體健壯。有能不棄以上箴言的君主，功德便可參配天地了。從二丈多高的山崖上跳下來，人是很難辦到的；猿猴卻可以從那裡跳下來喝水。所以說，自我誇耀，自以為賢能，愛好獨斷專行，是辦事的禍患。

不行其野，不違❶其馬。能予而無取者，天地之配也。怠倦者不及，無廣❷者疑神❸；疑神者❹在內，不及者在門；在內者將假❺，在門者將待。曙戒❻勿怠❼，後稚❽逢殃。朝忘其事，夕失其功。邪氣入內，正色乃衰。君不君，則臣不臣，父不父，則子不子。上失其位，則下踰其節。上下不和，令乃不行。衣冠不正，則賓者❾不肅，進退無儀❿，則政令不行。且懷且威，則君道備矣。莫樂之⓫，則莫哀之，莫生之，則莫死之。往者不至⓬，來者不極⓭。

【章旨】此章言君主治民，宜厚施薄取，懷威並用。

【注釋】❶違　拋棄；丟掉。❷無廣　即「無曠」。不荒廢時日。意指勤奮努力。❸疑神　即「擬神」。可比於神明。意指做事神速而富有成效。❹疑神者　原文為「神者」。豬飼彥博謂：「神上脫『疑』字。」❺假　通「暇」。閒暇；悠閒。❻曙戒　指黎明時分。戒，戒鼓；更鼓。❼勿怠　即「忽怠」。玩忽怠惰。❽後稚　與上句「曙戒」對舉。當指日暮時分。後，與「先」相對。指時間較晚。稚，也指晚的意思。❾賓者　即「儐者」。儐相。替主人接引賓客和贊禮的人。❿儀　禮節；程式。

⓫樂之　即「使之樂」。使人們安樂。下文中「哀之」、「生之」、「死之」用法同此例。⓬往者不至　指君主方面而言。至，指最高境界。⓭來者不極　指臣民方面而言。極，意同「至」。

【語譯】即使不到野外趕路，也不應拋開馬兒不加餵養。能樂於給予，卻無所索取的人，便可以跟天地媲美了。懶惰疲沓的人，總是趕不上別人；勤奮努力的人，卻能辦事如有神助。似有神助的人，已經登堂入室；落後於人的人，卻還站在門外。已經登堂入室的人，即將悠閒自在；站在門外的人，卻仍將苦苦等待。黎明時抱著嬉戲懶散態度，日暮時定將遭到禍殃。早晨忘記了一天應幹的事情，晚上便會發現錯失了許多成功的機會。邪惰之氣侵入體內，健康的膚色就要衰退。君主倘若不像君主，臣子也就不像臣子；父親倘若不像父親，兒子也就不像兒子。君主喪失了他的身分，臣子也就會超越他應守的規範。君臣上下不協調，政令就不能推行。君主的衣冠不端正，贊禮迎賓的官吏，就不會莊嚴敬重。君主的舉止行為不合程式，政策法令就難於貫徹施行。既關懷臣民，又維持威嚴，為君之道才算完備。君主不能使臣民安居樂業，臣民就不會為君主分擔憂愁；君主不能使臣民生育繁息，臣民就不會為君主犧牲性命。君主給予臣民的實惠不甚豐厚，臣民對於君主的報償，也就不會盡心盡力。

道之所言者一也，而用之者異。有聞❶道而好為家者，一家之人❷也。有聞道而好為鄉者，一鄉之人也。有聞道而好為國者，一國之人也。有聞道而好為天下者，天下之人也。有聞道而好定❸萬物者，天地之配也。道往者，其人莫來❹；道來者，其人莫往❺。道之所設，身之化❻也。持滿者與❼天，安危❽者與人。失天之度，雖滿必涸；上下不和，雖安必危。欲王天下❾而失天之道，天下不可得而王也。得天之道，其事若自然；失天之道，雖立不安。其道既得，莫知其為之，其功既成，莫知其澤⑩之，藏之無形，天之道也。疑今者察之古，不知來者視之往。萬事之生⑪也，異趣⑫而同歸⑬，古今一也。

【章　旨】此章言想統一天下的人，必須懂得天道。

【注　釋】❶聞　聽到；認識；懂得。❷人　指人才。❸定　安定；支配。❹來　原文為「往」。〈形勢解〉謂：「道往者，其人莫來。」據此而改。❺往　原文為「來」。〈形勢解〉謂：「道來者，其人莫往。」據此而改。❻化　融合；一致。❼與　親附；順應。❽安危　使危轉安。❾王天下　君臨天下；統一天下。❿澤　通「釋」。捨棄；離開。⓫生　通「性」。本性。⓬趣　同「趨」。指發生、發展的形式和過程。⓭歸　歸宿；結局。

【語　譯】「道」所說的基本內容是一致的，但運用起來卻大有差異。有的人認識了「道」而善於用來治理家族，這是一個治家的人才。有的人認識了「道」而善於用來治理鄉邑，這是一個治鄉的人才。有的人認識了「道」而善於用來治理邦國，這是一個治國的人才。有的人認識了「道」而善於用來治理天下，這是一個治理天下的人才。有的人認識了「道」而善於使萬物各得其所，這便是一個可以跟天地媲美的人才了。失「道」的人君，人民不會來投奔；得「道」的人君，人民不願意離去。「道」所存在的地方，君主應當努力與之同化。凡是保持強盛地位的，就是因為順應天道；凡是能夠轉危為安的，就是因為順應民心。背離天道法度，雖然一時強盛，將來必然衰敗；君臣上下不相協調，雖然一時安定，終將走向危亡。想要統一天下卻又背離天道，天下當然不可能由他治理。順應天道，成就王業，好像十分自然；背離天道，雖然建立了王業，也不會安穩。既順天道而行，似乎不知道自己是怎樣來建立王業的；王業已經建成，又似乎不知天道是怎麼離開的，彷彿隱藏在無形無跡之中，這就是「天道」。對當今有疑惑的，可以觀察古代；對未來不瞭解的，可以翻閱歷史。就各種事物的本性而言，它們的發生、發展的形式和過程，雖有千差萬別，但其歸宿卻同於一理。從古到今，都是如此。

生棟覆屋❶，怨怒不及❷。弱子❸下瓦，慈母操箠❹。天道之極❺，遠者自親；人事❻之起❼，近親造怨。萬物之於人也，無私❽近也，無私遠也。巧者有餘，而拙者不足。其功順天者天❾助之，其功逆天者天違之。天之所助，雖小必大；天之所違，雖成必敗。順天者有其功，逆天者懷其凶，不可復振❿也。

【章旨】此章言萬物於人，沒有偏私。順應天道，則助其成功，違背天道，則不可挽救。

【注釋】❶生棟覆屋　指以新近砍伐而未經乾曝的木料作棟梁，日久乾裂，終使房屋倒塌。❷怨怒不及　此指造成房屋倒塌，責任在於工匠，怨怒不會觸及「生棟」。❸弱子　小孩。❹箠　竹鞭。❺極　準則。❻人事　人為。❼起　指一時生發的念頭。❽私　偏袒；偏愛。❾天　此指上天、蒼天。❿振　「賑」的本字。救濟；挽救。

【語譯】用新近砍伐的木料為棟梁，而造成房屋倒塌，怨怒不會觸及棟梁。小孩拆下屋瓦，慈母也會拿起竹鞭責打。順應天道的準則辦事，遠在別國的民眾，也會主動前來親附；單憑主觀意圖辦事，近在本國的親屬也會產生怨怒。萬物對於人們，是沒有遠近親疏分別的。能順應天道的聰明人用起來就有餘，不能順應天道的愚蠢人用起來卻不足。那順應天道的功業，上天就會幫助；那違反天道的事情，上天就會背離。上天所贊助的，即使弱小，必會變得強大；上天所反對的，即使成功了，也必將轉化為失敗。順應天道的，可以保持他的功業；違背天道的，必將蘊藏著災禍而無可挽救。

烏鳥之狡❶，雖善不親；不重❷之結，雖固必解。道之用也，貴其重❸也。毋與❹不可，毋彊不能，毋告不知。與不可，彊不能，告不知，謂之勞而無功。見與❺之友，幾❻於不親；見愛❼之交❽，幾於不結；見施之德，幾於不報❾。四方所歸，心行者也。獨王❿之國，勞而多禍；獨國之君，卑而不威；自媒之女，醜而不信。未之見而親焉，可以往矣；久而不忘焉，可以來矣。日月不明，天不易也；山高而不見，地不易也。言而不可復⓫者，君不言也；行而不可再者，君不行也。凡言而不可復，行而不可再者，有國者⓬之大禁也。

【章旨】此章言道之所用，貴在慎重。君主治國，不應當說不可重複的話，不應當做不可重複的事。

【注釋】❶烏鳥之狡　指烏鴉的交往，乍合乍離，不可信賴。〈形勢解〉作「烏集之交」。狡，通「交」。交往。❷重　重合；重疊。❸重　慎重。❹與　親附；交結。❺見與　即「現與」。顯得親近。❻幾　將近；接近。❼見愛　即「現愛」。故意表現得親愛。原文作「見哀」。據〈形勢解〉改。❽交　交往。原文作「役」。據〈形勢解〉改。❾報　回答；回音。❿獨王　唯我獨尊，獨斷專行。下文「獨國」，亦同此義。⓫復　再；重複。⓬有國者　即治國的君主。有，通「為」。

【語譯】烏鴉般的交誼，看似友善，實際並不親密；不相重疊的繩結，即使一時牢固，最終必然鬆散。對於「道」的運用，貴在慎重。不要交結不可信賴的人，不要強令不能辦事的人，不要告知不懂事理的人。交結不可信賴的人，強令不能辦事的人，告知不懂事理的人，叫做勞而無功。表面上顯得親近的朋友，實際上已接近於不親密了；表面上顯得親愛的交誼，實際上已接近於不牢靠了；表面上顯得慷慨的施予，實際上已接近於得不到回音了。四面八方所歸附的，是只從內心深處堅持行德的君主。唯我獨尊的國家，疲於奔命而禍患多端；這種國家的君主，地位卑微，沒有威望。正如自己為媒尋求夫婿的女子，名聲醜陋而無人信任。未曾見面而自覺仰慕的君主，可以前往歸附；長久闊別而令人難忘的君主，可以主動輔佐。太陽月亮有不明亮的時候，但天是不會改變的；山高有看不見的時候，但地是不會改變的。那種說一次而不可再說的錯話，君主不應該說；那種做一次而不可再做的錯事，君主也不應該做。凡是重複那些不可再說的言論，重複那些不可再做的事情，都是治國之君的最大禁忌。

權修 第三

【題解】此為《管子》第三篇，大旨同於〈牧民〉、〈形勢〉，所論也是治國理民之道。題為「權修」，即指修治權力，意謂執政者，當重視權力，善為運用，鞏固和加強君主的政權。本文內容十分廣泛，歸納起來，有如下幾個要點：

一、君主要高度重視「本業」，提倡開墾土地，控制「末產」，防止工商業與農業「爭民」、「爭貨」、「爭貴」，確保農業生產的發展。

二、君主要愛惜民力、財力。如果一味裝飾舟輿，擴建亭臺樓閣，「取於民無度，用之不止」，勢將造成民窮、兵弱、國危的嚴重後果。

三、君主要嚴格實行法治，這是「立朝廷」、「用民眾」的法寶。只有「申之以憲令，勸之以慶賞，振之以刑罰」，才能防止「暴亂之行」發生。

四、君主要實行「以其所積者食之」、「察能授官，班祿賜予」的用人原則。唯其如此，才是「使民之機」。

五、君主要注重教育民眾。「終身之計，莫如樹人」，這是「一樹百穫」之事，是百年大計，「治之本也」。

總之，全文環繞鞏固君主專政這一中心，提出了許多重要見解。「野不辟，民無取，外不可以應敵，內不可以固守」，「有萬乘之號，而無千乘之用，而求權之無輕，不可得也」這段議論，將國家實力與君主權力的關係聯繫起來，明確闡述了國家實力不強，則君主權力必將削弱、君主政權必難鞏固的道理，這正突出了篇名「權修」二字的本旨。

萬乘❶之國，兵❷不可以無主。土地博大，野❸不可以無吏。百姓殷❹眾，官❺

不可以無長❻。操民之命，朝不可以無政❼。

【章　旨】此章言官吏、政令，對於治民理國、鞏固政權的極端重要性。

【注　釋】❶萬乘　萬輛兵車。古時一車四馬為一乘。❷兵　軍隊。❸野　原野；田野。此指城郊以外的廣大農業地區。❹殷　眾多。❺官　官府。❻長　此指朝廷輔相。❼政　政策；法令。

【語　譯】備有萬輛兵車的大國，軍隊不能沒有主帥。幅員遼闊，農田管理，不能沒有官吏。人口眾多，官府不能沒有輔相。掌握著民眾的命運，朝廷不能沒有政令。

地博而國貧者，野不辟也；民眾而兵弱者，民無取❶也。故末產❷不禁，則野不辟；賞罰不信，則民無取。野不辟，民無取，外不可以應敵，內不可以固守。故曰，有萬乘之號，而無千乘之用❸，而求權之無輕，不可得也。

【章　旨】此章言土地不開闢，民眾無督促，則必然國力衰微、君權薄弱。

【注　釋】❶取　通「趣」。督促；促進。❷末產　即「末業」。古時以農業為「本」，稱工商等業為「末」。❸用　作用；功能。

【語　譯】幅員遼闊而國家貧窮，是因為郊野沒有開墾；人口眾多而兵力薄弱，是因為對民眾缺乏督促。因此，工商業不控制，郊野便不得開墾；賞罰不兌現，民眾便缺乏督促。郊野不開墾，民眾無督促，對外便不能應對敵寇，對內便不能固守國土。所以說，有萬乘之國的名號，而沒有千乘之國的實力，卻企求君主的權位不被輕視，那是不可能的。

地辟而國貧者，舟輿❶飾，臺榭❷廣也；賞罰信而兵弱者，輕用眾，使民勞也。舟輿飾，臺榭廣，則賦斂厚矣；輕用眾，使民勞，則民力竭矣。賦斂厚，則下怨上矣；民力竭，則令不行矣。下怨上，令不行，而求敵之勿謀己，不可得也。

【章旨】此章言賦斂厚，民力竭，則下怨上，令不行，最後必然招致外敵入侵。

【注釋】❶輿　本謂車廂，因代指車。❷臺榭　泛指樓臺亭閣。榭，建築在高土臺上的敞屋。

【語譯】土地已經開墾，而國家依然貧困，那是君主的車船裝飾得過於豪華、樓臺亭閣廣為擴建的緣故；獎賞懲罰已經兌現，而兵力依然薄弱，那是輕易興師動眾，使得民眾過於勞苦的緣故。車船裝飾得過於豪華，樓臺亭閣大肆擴建，就會造成賦稅繁重；輕易興師動眾，使得民眾過於勞苦，就會造成民力枯竭。賦稅繁重，人民就會怨恨君上；民力枯竭，朝廷的政令就不能推行。人民怨恨君上，政令不能推行，卻企求敵寇不來侵犯，那是不可能的。

欲為❶天下者，必重❷用其國；欲為其國者，必重用其民；欲為其民者，必重盡其民力。無以畜❸之，則往❹而不可止也；無以牧之，則處❺而不可使也。遠人至而不去，則有以畜之也；民眾而可一，則有以牧之也。見其可❻也，喜之有徵❼；見其不可也，惡❽之有刑❾。賞罰信於其所見，雖其所不見，其❿敢為之乎？見其可也，喜之無徵；見其不可也，惡之無刑。賞罰不信於其所見，而求其所不見之為之化，不可得也。厚愛利，足以親之，明智禮，足以教之。上身服⓫以先⓬之，審度量以閑⓭之，鄉置師⓮以說道⓯之。然後申⓰之以憲⓱令，勸之以慶賞⓲，振⓳之以刑罰。故百姓皆說⓴為善，則暴亂之行無由至矣。

【章　旨】此章言君主應當賞罰信實，厚愛重利，申明智禮，引導百姓樂於為善，藉以杜絕暴亂之由。

【注　釋】❶為　治理。❷重　器重；慎重。❸畜　飼養；養活。❹往　背離；逃亡。❺處　居住；留處。❻可　合宜；恰好。❼徵　徵驗。令人可以信服的證據。❽惡　厭惡；憎恨。❾刑　通「形」。顯露；表現。❿其　豈；難道。⓫身服　自身遵守。⓬先　先行；作榜樣。⓭閑　防閑；防備。⓮師　指行政長官。〈立政〉云：「分國以為五鄉，鄉為之師。」⓯道　通「導」。引導；教導。⓰申　反覆；重複。⓱憲　法令。⓲慶賞　獎賞。《韓非子・二柄》云：「殺戮之謂刑，慶賞之謂德。」⓳振　通「震」。震懾。⓴說　同「悅」。喜悅。

【語　譯】想要治理好天下的人，必須慎重地運用本國的國力；想要治理好國家的人，必須慎重地使喚本國的人民；想要治理好民眾的人，必須慎重地防止民力耗盡。君主沒有辦法養育人民，人們便會逃離本土而不能阻止；君主沒有辦法管理人民，人們便是留居下來也無法使喚。遠方的人們前來歸附而不肯離去，是因為有辦法養育他們；人口眾多而能夠統一指揮，是因為有辦法管理他們。見到人們的言行合乎規範，君主高興而有明顯的表示；見到人們的言行不合規範，君主惱怒而有實際的體現。君主對於所見到的情況，獎賞懲罰一律信實兌現；那麼，雖然有所不能親見親聞，誰還敢不做好事而幹壞事呢？見到人們的言行合乎規範，空說高興而沒有明顯的表示；見到人們的言行不合規範，徒自惱怒而沒有實際的體現。君主對於親見親聞，賞罰尚且不能兌現，卻希求那些沒有見到的物事，能隨著自己的喜惡而感化，那是不可能的。君主給予厚愛重利，便能夠親近人民；申明知識禮節，便能夠教育人民。進而以身作則而垂範人民，審定法度而防範人民，設置鄉吏來說服誘導人民。然後一再用法令加以約束，用獎賞加以激勵，用刑罰加以威懾。因而百姓便都會樂於做好事，犯上作亂的行為也就不會發生了。

地之生財有時❶，民之用力有倦，而人君之欲無窮。以有時與有倦，養無窮之君，而度量❷不生於其間，則上下相疾❸也。是以臣有殺其君、子有殺其父者矣。故取於民有度，用之有止，國雖小必安；取於民無度，用之不止，國雖大必危。

【章旨】此章言君主必須取用有度，以防民怨。

【注釋】❶時　天時；季節。❷度量　原指計量長短、多少的標準。此指規矩、限度。❸疾　怨恨；仇視。

【語譯】土地生長財富，自有天時、季節的限制；人們使用體力，自有疲勞衰竭的時候；然而君主的欲望卻沒有窮盡。用有季節限制的財富，和有疲勞衰竭之時的民力，來供養欲望無窮的君主，倘這供需二者之間，沒有一個基本限度，那麼，君主與民眾之間，就會互相仇視。因此也就有臣子殺死君主，兒子殺死父親的事端了。所以，對於人民的徵取有限度，君主耗費財富、民力有節制的，國家雖小，必然安定；對於人民的徵取沒有限度，君主耗費財富、民力沒有節制的，國家雖大，必然危殆。

地之不辟者，非吾地也；民之不牧者，非吾民也。凡牧民者，以其所積者❶食❷之，不可不審也。其積多者其食多，其積寡者其食寡，無積者不食。或❸有積而不食者，則民離上❹；有積多而食寡者，則民不力❺；有積寡而食多者，則民多詐；有無積而徒食者，則民偷幸❻。故離上、不力、多詐、偷幸，舉事不成，應敵不用❼。故曰：察能授官，班祿❽賜予，使民之機❾也。

【章 旨】此章言使喚民眾的要道，在於根據才能授予職事，區分等級，給予俸祿賞賜。

【注 釋】❶所積者 指累積起來的功勞成績。❷食 通「飼」。給人東西吃。此指給予俸祿賞賜。❸或 如果；倘或。❹離上 與君主離心；背離君主。❺不力 不努力；不盡心。❻偷幸 指做事不踏實、不厚道而圖取僥倖。❼用 用命；效命。❽班祿 排列等級授予俸祿。❾機 關鍵；要道；祕訣。

【語 譯】有土地不開墾，就不能算是自己的土地；有民眾不治理，不能算是自己的民眾。大凡治理民眾，都應按照人們累積起來的功勞給予俸祿賞賜，不可不慎重對待。累積功勞多的人，得到的俸祿賞賜就應當多；累積功勞少的人，得到的俸祿賞賜就應當少；沒有累積功勞的人，便不應當獲得俸祿賞賜。倘若存在著有累積而得不到俸祿賞賜的現象，人們就會與君主離心離德；存在有累積多而俸祿賞賜少的現象，人們為君主辦事，就不會盡心盡力；存在有累積少而俸祿賞賜多的現象，人們就會多施欺詐；存在有並無累積而可白得俸祿賞賜的現象，人們就會偷薄貪圖僥倖。跟君主離心離德、為君主辦事不盡心盡力、多施欺詐、貪圖僥倖的人，舉辦大事都不會成功，應對敵軍都不會效命。所以說，識察才能而授予官職，區分勞績等級而給予俸祿賞賜，這是使喚民眾的要道。

野❶與市❷爭民，家與府爭貨❸，金❹與粟❺爭貴，鄉❻與朝❼爭治。故野不積草，農事先也；府不積貨，藏於民也；市不成肆❽，家用足也；朝不合眾❾，鄉分治也。故野不積草，府不積貨，市不成肆，朝不合眾，治之至也。

【章旨】此章言治國的最高標準，是農業為先，藏富於民，分鄉而治。

【注釋】❶野　指農田。❷市　市場。❸貨　財貨；財富；財源。❹金　指貨幣。❺粟　穀物；糧食。❻鄉　指地方行政機構。❼朝　指中央朝廷。❽肆　貨攤；商店。❾眾　指百官。

【語譯】農田與市場常常爭奪勞力，民家與官府常常爭奪財源，貨幣與糧食常常爭奪貴賤，地方與朝廷常常爭奪治理權限。農田不積雜草，必然是農事擺到了首位；官府不壟斷財源，必然是財富藏於民間；市場不形成固定的店鋪，必然是家用物資能自給自足；中央朝廷不必召集百官議事，必然是實行了分鄉治理。所以，農田不積雜草，官府不壟斷財源，市場不形成固定的店鋪，朝廷不需召集百官議事，這就是治理國家的最高標準。

人情不二，故民情可得而御也。審其所好惡，則其長短可知也；觀其交游❶，則其賢不肖可察也。二者不失，則民能可得而官❷也。

【章旨】此章言用人貴在瞭解其長處、短處、賢與不肖，然後始可管理使用。

【注釋】❶交游　交往；結交朋友。❷官　通「管」。管理；駕馭。

【語譯】人之常情，不會有什麼兩樣，所以人們的具體情況，也是可以認識和掌握的。詳細瞭解他的愛好與憎惡，他的長處和短處就可以知道了；觀察他結交的朋友，他的賢明與不肖就可以明白了。能掌握住這兩點不出偏差，那民眾便可以得而管理了。

地之守❶在城，城之守在兵，兵之守在人，人之守在粟。故地不辟，則城不固。有身不治，奚待❷於人？有人不治，奚待於家？有家不治，奚待於鄉？有鄉不治，奚待於國？有國不治，奚待於天下？天下者，國之本❸也；國者，鄉之本也；鄉者，家之本也；家者，人之本也；人者，身之本也；身者，治❹之本也。故上不好本事❺，則末產不禁；末產不禁，則民緩於時事❻而輕地利。輕地利而求田野之辟、倉廩之實，不可得也。

【章　旨】此章言治世之道的核心，在於發展農業生產。

【注　釋】❶守　保持；保障。❷待　要求；期望。❸國之本　即其根本在於國家。之，同「是」。結構助詞，起賓語前置的作用。以下五句中「之」字均同此義。❹治　此指治世之道。❺本事　指農業生產。❻時事　指與天時、季節直接相關的農事。

【語　譯】領土的保障在於城池，城池的保障在於軍隊，軍隊的保障在於兵民，兵民的保障在於糧食。所以，土地不開墾，就會使得城池不能固守。對於自身不能治理，怎能希望治理眾人？對於眾人不能治理，怎能希望治理一家？對於一家不能治理，怎能希望治理一鄉？對於一鄉不能治理，怎能希望治理一國？對於一國不能治理，怎能希望治理整個天下？天下的根基在於國家，國家的根基在於鄉邑，鄉邑的根基在於家族，家族的根基在於眾人，眾人的根基在於各人自身，自身的根基在於治世之道。因此，君主如果不重視農業，消費品、奢侈品之類的生產就不會限制；消費品、奢侈品之類的生產不加限制，人們就會延誤農事，而忽視向土地索取財富。人們普遍忽視向土地索取財富，君主卻希求田野廣闢、糧倉充足，這是不可能的。

商賈❶在朝，則貨財上流❷；婦人言事❸，則賞罰不信；男女無別，則民無廉恥。貨財上流，賞罰不信，民無廉恥，而求百姓之安難❹，兵士之死節❺，不可得也。朝廷不肅，貴賤不明，長幼不分，度量不審，衣服無等，上下淩節❻，而求百姓之尊主政令，不可得也。上好詐謀閒❼欺，臣下賦斂競得，使民偷壹❽，則百姓疾怨，而求下之親上，不可得也。有地不務本事，君國❾不能壹民❿，而求宗廟社稷⓫之無危，不可得也。上恃龜筮⓬，好用巫醫，則鬼神驟祟⓭。故功之不立，名之不章⓮，為之患者三：有獨王者，有貧賤者，有日不足者⓯。

【章　旨】此章極言人君治國之忌。

【注　釋】❶商賈　《周禮・天官・太宰》鄭玄注云：「行曰商，處曰賈。」此處是對商人的統稱。❷貨財上流　因賄賂風行而使財富流向朝廷及官吏手中。❸婦人言事　原句作「婦言人事」。洪頤煊云：「當作『婦人言事』。」言事，指干預政事。❹安難　安於危難；甘冒危難。❺死節　死於名節；為國獻身。❻淩節　踰越規矩。❼閒　「間」的本字。離間；背離。❽偷壹　圖取一時快慰而不考慮長遠。❾君國　君臨一國；統治一國。❿壹民　統一指揮民眾。⓫宗廟社稷　代稱王室、國家。宗廟，帝王祭祀祖宗的處所。社稷，帝王祭祀的土神和穀神。⓬龜筮　即卜筮。卜用龜甲，筮用蓍草，以占吉凶。⓭驟祟　屢次作怪。⓮章　通「彰」。顯著；明顯。⓯日不足者　指終日感到時間不足用的人。此處指政務煩冗，終日疲於奔命的庸主。

【語　譯】商人在朝廷執政，賄賂就會風靡上層；女人干預朝政，獎賞處罰就不會準確；男女沒有區別，人們就會沒有廉恥。賄賂風靡上層，賞罰不符實際，人們沒有廉恥，卻要求百姓為君主甘冒危難，兵士為朝廷獻身，是不可能的。朝廷風氣不莊重，貴賤之間無區別，長幼次序不辨明，禮儀制度不明確，服飾穿戴無等級，君臣超越各自應守的規範，卻要求百姓尊重君主的政策法令，是不可能的。君主愛施欺詐離間，官吏爭奪苛捐雜稅，驅使民力只圖一時痛快，弄得百姓疾恨怨怒，卻要求人民親附君主，是不可能的。擁有田地而不注重農事，君臨一國而不能統一指揮人民，卻要求政權不會出現危機，這也是不可能的。君主決策依賴龜筮占卜，辦事好用巫醫之徒，鬼神便會常常作怪。所以，功業不能建立，名聲不能顯揚，必將釀成的禍患有三個：弄得臣下唯我獨尊，弄得國家貧窮、地位卑微，弄得君主自身終日困於政務、疲於奔命。

一年之計，莫如❶樹穀❷；十年之計，莫如樹木；終身之計，莫如樹人。一樹一穫者，穀也；一樹十穫者，木也；一樹百穫者，人也。我苟❸種之❹，如神用之❺。舉事如神，唯王之門❻。

【章　旨】此章極言培育人才之重要。

【注　釋】❶如　及；比得上。❷樹穀　種植五穀。樹，栽種；培育。❸苟　如果。❹之　此。指代人才。❺如神用之　即「用之如神」，亦如下句之「舉事如神」。極言辦事得心應手，富有奇效。❻門　類別；屬類。

【語　譯】如作一年的規劃，沒有什麼事比種植五穀更為重要；作十年規劃，沒有什麼事比栽種樹木更為重要；作終身規劃，沒有什麼事比培育人才更為重要。種一收一的，是五穀；種一收十的，是樹木；種一收百的，是人才。我們如果注重培育人才，辦事便能得心應手，富有奇效。治國能像神靈一般，運用自如，唯有帝王之類的人物才能做到。

凡牧民者，使士無邪行，女無淫事。士無邪行，教也；女無淫事，訓也。教訓成俗而刑罰省，數❶也。凡牧民者，欲民之正❷也。欲民之正，則微邪不可不禁也。微邪者，大邪之所生也。微邪不禁，而求大邪之無傷❸國，不可得也。凡牧民者，欲民之有禮❹也。欲民之有禮，則小禮不可不謹也。小禮不謹於國，而求百姓之行大禮，不可得也。凡牧民者，欲民之有義也。欲民之有義，則小義不可不行。小義不行於國，而求百姓之行大義，不可得也。凡牧民者，欲民之有廉也。欲民之有廉，則小廉不可不修也。小廉不修於國，而求百姓之行大廉，不可得也。凡牧民者，欲民之有恥也。欲民之有恥，則小恥不可不飾❺也。小恥不飾於國，而求百姓之行大恥，不可得也。凡牧民者，欲民之修小禮、行小義、飾小廉、謹小恥、禁微邪，此厲民❻之道也。民之修小禮、行小義、飾小廉、謹小恥、禁微邪，治之本也。

【章旨】此章言君主治民，必須重視教育，使民眾有禮義廉恥而行正道。

【注釋】❶數　此言必然之勢與自然之理。即規律。❷正　品行端正；走正道。❸傷　損害；危害。❹有禮　指在觀念與行為方面有「禮」的修養。❺飾　通「飭」。整治。❻厲民　即「礪民」。磨礪人民；訓練人民。

【語譯】所有治民的君主，應該使男子沒有邪僻行為，女子沒有淫亂現象。男子沒有邪僻行為，要靠教育；女子沒有淫亂現象，要靠訓導。由教育訓導而形成風俗，刑罰就能減省，這是很自然的道理。凡是治理民眾的君主，都希望民眾能走上正道。想要民眾走上正道，細小的邪僻行為，就不可不禁止。小的邪僻行為，是大的邪僻行為產生的根源。小的邪僻行為不制止，而希望大的邪僻行為不會危及國家，是不可能的。凡是治理民眾的君主，都希望民眾有「禮」的修養。想要民眾有「禮」的修養，在「小禮」方面就不可不嚴格要求。如果不嚴格要求民眾對於國事能先行「小禮」，卻希望他們馬上能行「大禮」，是不可能的。凡是治理民眾的君主，都希望民眾有「義」的行為。想要民眾有「義」的行為，在「小義」方面就不可不嚴格要求。如果不嚴格要求民眾對於國事能先行「小義」，卻希望他們馬上能行「大義」，是不可能的。凡是治理民眾的君主，都希望民眾能有「廉」的品德。想要民眾有「廉」的品德，在「小廉」方面就不可不嚴格修治。如果不嚴格要求民眾對於國事能先修「小廉」，卻希望他們馬上能行「大廉」，是不可能的。凡是治理民眾的君主，都希望民眾能有「恥」的意識。想要民眾有「恥」的意識，在「小恥」方面就不可不嚴格整治。如果不嚴格要求民眾對於國事能先整治「小恥」，卻希望他們馬上能有「大恥」，這也是不可能的。凡是治理民眾的君主，要求民眾修養「小禮」，實施「小義」，整飭「小廉」，慎於「小恥」，杜絕細小的邪僻行為，這都是磨礪民眾的措施。而使民眾能夠修養「小禮」，實施「小義」，整飭「小廉」，慎於「小恥」，杜絕細小的邪僻行為，這正是治國的根本。

凡牧民者，欲民之可御也。欲民之可御，則法不可不重❶。法者，將立❷朝廷者也。將立朝廷者，則爵服❸不可不貴也。爵服加❹於不義，則民賤其爵服；民賤其爵服，則人主不尊；人主不尊，則令不行矣。法者，將用民力者也。將用民力者，則祿賞不可不重也。祿賞加於無功，則民輕其祿賞；民輕其祿賞，則上無以勸❺民；上無以勸民，則令不行矣。法者，將用民能者也。將用民能者，則授官不可不審也。授官不審，則民間其治；民間其治，則理❻不上通；理不上通，則下怨其上；下怨其上，則令不行矣。法者，將用民之死命❼者也。用民之死命者，則刑罰不可不審。刑罰不審，則有辟就❽；有辟就，則殺不辜而赦有罪；殺不辜而赦有罪，則國不免於賊臣矣。故夫爵服賤，祿賞輕，民間其治，賊臣首難❾，此謂敗國之教也。

【章　旨】此章言治民必須重法。

【注　釋】❶重　重視。原文為「審」。王念孫云：「『審』本作『重』」，「涉下文兩『不可不審』而誤」。❷立　樹立；維護。❸爵服　爵位。服，職事；職位。❹加　施及；給予。❺勸　勉勵；激勵。❻理　紋路；條理。引申為渠道。❼死命　死亡與活命。❽辟就　即「避就」。迴避與遷就。❾首難　首先發難；帶頭造反。

【語　譯】凡是治理民眾的君主，都希望能夠駕御民眾。想要能夠駕御民眾，法律的作用就不可不加重視。法律，是用來樹立朝廷威嚴的。要樹立朝廷威嚴，對於爵位就不能不看重。把爵位授給行為不合道義的人，人們就會藐視爵位；人們藐視爵位，君主就沒有尊嚴；君主沒有尊嚴，那麼政令就無法推行了。法律，是用來驅使民眾出力的。要驅使民眾出力，對於俸祿賞賜就不能不重視。俸祿賞賜給予沒有功勞的人，那麼民眾就會輕視俸祿賞賜；民眾輕視俸祿賞賜，君主就沒有辦法激勵民眾；君主沒有辦法激勵民眾，政令就不能推行了。法律，是用來促使民眾發揮才能的。要促使民眾發揮才能，委任官職就不能不審慎。委任官職不審慎，民眾就會背離其治理；民眾背離治理，民情的渠道就不會通達君主；民情渠道不能通達君主，民眾就會怨怒朝廷；民眾怨怒朝廷，政令就不能推行了。法律，是用來決定人民死活的。既然決定人民死活，對待刑罰就不能不審慎。對待刑罰不審慎，就會有迴避遷就、舞文弄法之事發生；有迴避遷就、舞文弄法之事發生，就會出現殺戮無辜、赦免有罪的現象；殺戮無辜、赦免有罪，國家政權就難免要被賊臣篡奪。所以，爵位被藐視，祿賞遭輕蔑，民眾背離統治，賊臣首先發難，這些都是導致國家敗亡的政令教化所釀成的。

立政 第四

【題解】此為《管子》第四篇。題為「立政」，聞一多謂當讀為「蒞政」，意猶臨政。全文分別闡述了君主臨政視事所必須關注與解決的九個問題，頗有建樹。

一曰「三本」，從德行、功績、能力三個方面談用人原則。

二曰「四固」，從委任卿相、大臣、主帥、地方行政長官四方面，談具體的用人政策。

三曰「五事」，從發展農、副業生產、利用自然資源、興修水利、管理手工業勞動等五方面，談組織經濟活動的綱領性措施。

四曰「首憲」，談歲首法令的頒布及其嚴肅性。

五曰「首事」，謂君主舉事，必有言在先，先明賞罰之數。

六曰「省官」，談考察官吏職事的標準。

七曰「服制」，談君主及臣民的服飾制度。

八曰「九敗」，揭櫫九項敗政因由，闡明思想領域的鬥爭問題，不容忽視。

九曰「七觀」，提出「立政」所期達到的理想境界，透出作者撰寫此文的終極目的。

所述九項，雖然角度不同，內容各異，但重心卻是十分突出的。作者認為君主臨政視事，欲治亂、安危、富國，求國家長治久安，繁榮興旺，其體國之要，重在用賢；經野之方，首在興業。這是很有借鑑意義的政治學觀點。

國之所以治亂❶者三，殺戮刑罰，不足用也。國之所以安危者四，城郭險阻，不足守也。國之所以富貧者五，輕租稅，薄賦斂，不足恃也。治國有三本❷，而安國有四固❸，而富國有五事❹。五事，五經❺也。

【章　旨】此章總言「三本」、「四固」、「五事」在政治和經濟建設方面的重要作用。

【注　釋】❶治亂　使亂局得到治理。此章中的「治」、「安」、「富」、「輕」、「薄」，都是使動用法。❷三本　指用人的三項根本原則。作者認為，「三者」可以化亂為治，故稱「三本」。❸四固　指授予官爵的四項重要政策。作者認為，「四者」可以轉危為安，故稱「四固」。❹五事　指經濟方面的五項重要工作。❺五經　即五項原則性措施。經，原則；規範。

【語　譯】國家用來治理亂局的措施，主要取決於三項用人原則；僅有殺戮刑罰，是不夠用的。國家用來安定危局的措施，主要取決於四項用人政策；單憑城郭堅固、地勢險阻，是不能守禦的。國家用來化貧為富的措施，主要取決於五項經濟措施；只用減輕租稅、薄省賦斂的辦法，是不足依靠的。要使國家得到治理，有三項根本原則；要使國家局勢安定，有四項重大政策；要使國家變得富裕，有五項重要措施。這五項重要措施，也就是實行五項原則性的政策。

君之所審❶者三：一曰德不當❷其位，二曰功不當其祿，三曰能不當其官。此三本者，治亂之原❸也。故國有德義未明❹於朝❺者，則不可加於尊位；功力未見❻於國者，則不可授以重祿；臨事不信❼於民者，則不可使任大官❽。故德厚而位卑者謂之過❾，德薄而位尊者謂之失❿。寧過於君子，而毋失於小人。過於君子，其為怨淺；失於小人，其為禍深。是故國有德義未明於朝而處尊位者，則良臣不進；有功力未見於國而有重祿者，則勞臣不勸；有臨事不信於民而任大官者，則材臣不用。三本者審，則下不敢求⑪。三本者不審，則邪臣上通，而便辟⑫制威⑬。如此則明塞於上，而治壅⑭於下；正道捐棄，而邪事日長。三本者審，則便辟無威於國，道塗⑮無行禽⑯，疏遠無蔽獄⑰，孤寡無隱治⑱。故曰刑省治寡，朝不合眾。

右三本

【章旨】此章言「三本」的具體內容及意義，告誡君主必須明察。

【注釋】❶審　明察；細究。❷當　相當；相稱。❸原　即「源」。根源。❹明　彰明；顯明。❺朝　朝堂；朝廷。❻見　即「現」。表現。❼信　取信；信任。❽官　職務；職事。❾過　超過限度；過於謹慎。❿失　失誤；失於疏忽。⓫求　求索；妄求。⓬便辟　即「便嬖」。善於阿諛奉承、受君主寵信的人。⓭制威　控制威權；專權。⓮壅　滯塞不通。⓯道塗　即「道途」。道路。⓰禽　即「擒」。指被擒之人。囚徒。⓱蔽獄　指被蒙蔽真相的案件。即冤獄。⓲隱治　藏在內心、無處申訴的冤屈。治，通「辭」。訟詞。

【語譯】君主在用人方面，應當細究的情況有三種：一是大臣的德行與爵位不相稱；二是大臣的功績與俸祿不相稱；三是大臣的才能與官職不相稱。這三個問題，是使治變亂的根源。所以，對於德義在朝堂中沒有顯著聲望的人，就不能授予尊貴的爵位；對於功績在全國沒有突出表現的人，就不能給予優厚的俸祿；對於處理政事在民眾面前沒有取得信譽的人，就不能委任重要的官職。德行厚重而授爵低微，叫做過於謹慎；德行卑微而授爵尊貴，叫做失於疏忽。寧可對君子有過於謹慎，而不可對小人有失於疏忽。對君子有過於謹慎，帶來的怨恨淺；對小人失於疏忽，造成的禍患深。因此，倘若有德義在朝堂中並無顯著聲望而處於尊高爵位的人，賢明的大臣就不能進用；倘若有功績在全國並無突出表現而享有優厚俸祿的人，勳勞卓著的大臣就不能受到激勵；倘若有處理政事在民眾面前並沒有取得信譽而擔任了要職的人，才華出眾的大臣就不會盡心效力。這三項根本原則，君主若能細究，臣下便不敢妄求官祿。這三項根本原則，君主若不細究，奸邪之臣就會與朝廷勾通，君側小臣就會作威專權。這樣便會君主在上面閉目塞聽，政令在下面滯塞不通；正道被拋棄，而邪惡的事情天天增多。這三項根本原則，君主若能明察細究，身邊的親近之徒，便無法在朝中弄威專權，道路上便不會有在押的囚徒，與官府沒有親屬關係的人們，便不會蒙受不白之冤，孤寡無依的人們，便不會有深藏內心的冤屈。所以說，如此即可刑罰減省，政務精簡；朝廷也不必經常聚合百官議事了。

以上是「三本」

君之所慎者四：一曰大❶德不至仁，不可以授國柄❷；二曰見賢不能讓，不可與❸尊位；三曰罰避親貴❹，不可使主兵；四曰不好本事，不務地利，而輕❺賦斂，不可與都邑❻。此四固❼者，安危之本也。故曰卿相不得眾，國之危也；大臣不和同❽，國之危也；兵主不足畏，國之危也；民不懷❾其產，國之危也。故大德至仁，則操❿國得眾；見賢能讓，則大臣和同；罰不避親貴，則威⓫行於鄰敵；好本事，務地利，重⓬賦斂，則民懷其產。

右四固

【章旨】此章言君主必須慎重對待「四固」——用人的四項重要政策。

【注釋】❶大 提倡；注重。❷柄 權力；權柄。❸與 給予。❹親貴 此指王室至親。即所謂皇親國戚。❺輕 輕率；輕易。❻都邑 地方區域名稱。「四鄉命之曰都」（見〈乘馬〉），縣的別稱為邑。此指地方行政中心。❼固 鞏固。原文為「務」。張佩綸云：「『務』當作『固』，聲之誤也。」❽和同 此謂和睦同心，協調一致。〈五輔〉云：「上下交引而不和同，故處不安而動不威。」「和同」二字，亦即此義。❾懷 留戀；關心。❿操 操持；掌握。⓫威 此指國威、軍威。⓬重 慎重。

【語譯】君主在授予官爵方面，應當慎重對待的問題有四個：一是所謂提倡道德而不實行仁術的人，不能授以國家大權；二是見到賢能而不肯謙讓的人，不能給予尊貴的爵位；三是掌管刑罰而避畏皇親國戚的人，不能委派統帥軍隊；四是不重視農事、不注重地利而輕率收取賦稅的人，不能交付都邑行政權力。這四條有關鞏固政權的用人政策，是安定危局的根本。所以說，卿相得不到民眾的擁護，是國家的危險；大臣不協調一致，是國家的危險；軍隊統帥不足以令人敬畏，是國家的危險；民眾不關心自己的產業田園，是國家的危險。所以只有尊重道德並且躬行仁術的人，才能掌握國家大權，得到眾人的擁護；只有見到賢能便肯謙讓的人身居高位，大臣才會和睦同心；只有掌管刑罰而不避畏皇親國戚的人統帥軍隊，軍威才能震懾鄰敵；只有委派重視農事、注重地利、慎重地對待徵收賦稅的人充任地方行政長官，人民才會關心自己的產業田園。

以上是「四固」

君之所務❶者五：一曰山澤不救❷於火，草木不植成❸，國之貧也。二曰溝瀆❹不遂❺於隘❻，鄣❼水不安其藏❽，國之貧也。三曰桑麻不植於野，五穀不宜其地，國之貧也。四曰六畜不育於家，瓜瓠❾葷❿菜百果不備具，國之貧也。五曰工事⓫競於刻鏤⓬，女事⓭繁於文章⓮，國之貧也。故曰山澤救於火，草木植成，國之富也；溝瀆遂於隘，鄣水安其藏，國之富也；桑麻植於野，五穀宜其地，國之富也；六畜育於家，瓜瓠葷菜百果備具，國之富也；工事無刻鏤，女事無文章，國之富也。

右五事

【章　旨】此章言君主必須勉力從事的有關「富國」的五項重要職事。

【注　釋】❶務　勉力從事；亟待解決。❷救　遏止；防止。❸植成　種植成長。❹溝瀆　用以防旱排澇的田間水道。小者曰溝，大者曰瀆、曰洫、曰渠。❺遂　通達。❻隘　狹隘地段。❼鄣　同「障」。阻塞；遮擋。此指擋水的堤岸。❽藏　儲藏。此指蓄水的塘壩。❾瓠　葫蘆瓜之類。❿葷　指蔥蒜一類帶有辛臭氣味的蔬菜。⓫工事　指工匠之事。⓬刻鏤　雕刻。此指奢侈品工藝。⓭女事　指女紅之事。如紡績、刺繡之類。⓮文章　此言文彩、文飾花樣。指女子從事的奢侈品製作而言。

【語　譯】君主在經濟方面，亟待解決的問題有五項：一是山澤無法防止火災，草木不能種植成材，國家就會貧困；二是溝渠不能暢通灌溉，堤壩不能擋住洪水，國家就會貧困；三是田野沒有普遍培育桑麻，種植五穀不能因地制宜，國家就會貧困；四是農家不飼養六畜，不普遍種植蔬菜瓜果，國家就會貧困；五是工匠爭著刻木鏤金，女紅忙於翻新花樣，國家就會貧困。所以說，山澤能夠防止火災，草木能夠種植成材，國家就能富裕；溝渠暢通無阻，堤壩能夠安全蓄水，國家就能富裕；田野廣植桑麻，種植五穀因地制宜，國家就能富裕；農家普遍飼養六畜，普遍種植蔬菜瓜果，國家就能富裕；工匠不比刻木鏤金，女紅不求文彩花飾，國家就能富裕。

以上是「五事」

分國❶以為五鄉，鄉為之師❷。分鄉以為五州，州為之長。分州以為十里，里為之尉。分里以為十游，游為之宗。十家為什，五家為伍，什伍皆有長焉。築障塞匿❸，一❹道路，摶❺出入❻。審閭閈❼，慎筦鍵❽，筦藏於里尉。置閭有司❾，以❿時開閉。閭有司觀出入者，以復於里尉。凡出入不時，衣服不中⓫，圈屬⓬群徒⓭不順於常者，閭有司見之，復無時⓮。若長家⓯子弟、臣妾、屬役、賓客，則里尉以譙⓰於游宗，游宗以譙於什伍，什伍以譙於長家。譙敬⓱而勿復，一再⓲則宥⓳，三則不赦。凡孝悌、忠信、賢良、儁材，若在長家子弟、臣妾、屬役、賓客，則什伍以復於游宗，游宗以復於里尉，里尉以復於州長，州長以計⓴於鄉師，鄉師以著㉑於士師㉒。凡過黨㉓，其㉔在家屬，及於長家；其在長家，及於什伍之長；其在什伍之長，及於游宗；其在游宗，及於里尉；其在里尉，及於州長；其在州長，及於鄉師；其在鄉師，及於士師。三月一復，六月一計，十二月一著。凡上賢㉕不過等㉖，使能不兼官；罰有罪不獨及㉗，賞有功不專與㉘。

【章　旨】此章言治理京都地區的具體措施。

【注　釋】❶國　此指都城城郊以內地區。❷師　鄉師。官名。下文所言州長、里尉、游宗、什長、伍長等，均為官職名稱。❸匿　空虛處；缺口。❹一　專一。❺摶　古「專」字。專一。原文為「博」。王念孫謂：「當為『摶』，字之誤也。」❻出

入　指出口、入口。❼閈　巷門。❽筦鍵　鑰匙。筦，即「管」。指鑰匙。鍵，指門閂、鎖簧。❾閭有司　指看管里巷大門的小吏。❿以　依據；按照。⓫中　合時宜；合規矩。⓬圈屬　即「眷屬」。指下文中的子弟、臣妾等人。⓭群徒　指下文中的屬役、賓客等人。⓮無時　即無時間限制。⓯長家　指大戶之家的家長。⓰譙　通「誚」。誚讓；譴責；訓斥。⓱敬　通「警」。警告。⓲再　二；第二次。⓳宥　寬大；赦罪。⓴計　統計；匯總。㉑著　撰述。此言書面報告、登記備案。㉒士師　執掌刑賞的官吏。㉓過黨　犯有罪過的群夥。㉔其　若；如果。㉕上賢　即「尚賢」。崇尚賢材；拔舉賢材。㉖過等　超過等第。即越級。㉗獨及　僅止連及本人。㉘專與　即「獨與」。僅止給予本人。

【語　譯】將都城地區分成五個鄉，每鄉設置鄉師。將鄉分成五個州，每州設置州長。將州分成十個里，每里設置里尉。將里分成十個游，每游設置游宗。十家劃為一什，五家劃為一伍，每什每伍設置什長、伍長。修築圍牆，堵塞缺口，規定一條道路進出，一個總門出入。審慎管理里巷大門，慎重掌握鎖鑰，鑰匙應由里尉收管。設置守護里巷大門的官吏，按時開關大門。守門官吏要觀察出入情況，向里尉報告。凡是出入不守時間，穿戴不合規矩，家眷親屬及其他人員有反常行跡的，守門官吏一旦發現，就要隨時報告。倘若是在大戶人家的子弟、臣妾、屬役、賓客之中出了問題，那麼，里尉應向游宗進行訓斥，游宗應向什長、伍長進行訓斥，什長、伍長應向大戶之家的家長進行訓斥。訓斥警告之後，不要上報。一次、二次可以原諒，第三次就不能寬容了。凡是孝悌、忠信、賢良和優秀人才，如果出在大戶之家的子弟、臣妾、屬役、賓客之中，那麼，什長、伍長應向游宗報告，游宗應向里尉報告，里尉應向州長報告，州長統計上報給鄉師，鄉師再向士師登記備案。凡是犯有罪過的群夥，如果出在大戶之家所屬成員之中，責罰就要連及到家長；如果是家長本人，就要連及什長、伍長；如果是什長、伍長，就要連及游宗；如果是游宗，就要連及里尉；如果是里尉，就要連及州長；如果是州長，就要連及鄉師；如果是鄉師，就要連及士師。三個月一上報，六個月一匯總，十二個月作一次登記備案。凡是拔舉賢才，都不越級；使用能臣，都不兼職；懲處罪犯，不僅止連及犯罪者自身；獎賞功臣，不僅止給予立功者本人。

孟春❶之朝❷，君自聽朝❸，論❹爵賞，校官❺，終五日。季冬❻之夕❼，君自聽朝，論罰罪刑殺，亦終五日。正月之朔❽，百吏在朝，君乃出令，布憲❾於國。五鄉之師，五屬大夫❿，皆受憲於太史⓫。大朝之日，五鄉之師，五屬大夫，皆身習憲於君前。太史既布憲，入籍⓬於太府⓭，憲籍分於君前。五鄉之師出朝，遂⓮於鄉官⓯，致⓰於鄉屬，及於游宗，皆受憲。憲既布，乃反⓱致⓲令焉，然後敢就舍。憲未布，令未致⓳，不敢就舍；就舍謂之留令⓴，罪死不赦。五屬大夫皆以行車朝，出朝不敢就舍，遂行。至都㉑之日，遂於廟，致屬吏，皆受憲。憲既布，乃發使者致令，以㉒布憲之日，蚤晏㉓之時。憲既布，使者以㉔發，然後敢就舍。憲未布，使者未發，不敢就舍；就舍謂之留令，罪死不赦。憲既布，有不行憲者，謂之不從令，罪死不赦。考㉕憲而有不合於太府之籍者，侈㉖曰專制㉗，不足曰虧令，罪死不赦。首憲㉘既布，然後可以行憲㉙。

右首憲

【章旨】此章言歲首法令的頒布與施行要求。

【注釋】❶孟春　指正月。孟，四季的頭一個月。❷朝　本言早晨，此指開初、初旬。❸聽朝　處理朝政。❹論　議論；評定。❺校官　稽查職事；考核政績。❻季冬　指十二月。季，四季的最末一個月。❼夕　本言傍晚，此指月末、月底。❽朔初一。❾憲　法令；政令。❿五屬大夫　都城城區以外廣大地域分為五屬，每屬立一大夫，統稱五屬大夫。與將都城城區以內地域分為五鄉，每鄉設一鄉師相同。五屬大夫與鄉師，都是地方行政長官。⓫太史　負責掌管典籍、記載史事的官吏。⓬籍　簡冊。此指法令正本。⓭太府　太史辦事的機關。⓮遂　到達。⓯鄉官　鄉師辦公的處所。⓰致　招引；召集。⓱反　通「返」。返回。⓲致　歸還；交還。⓳致　送達。⓴留令　滯留命令；延誤君令。㉑都　都邑。屬的行政中心。㉒以　於；在。㉓蚤晏　即早晚。蚤，通「早」。㉔以　通「已」。已經。㉕考　稽考；檢查。㉖侈　增多；超出。㉗專制　此指擅改君王命令。制，帝王的命令。㉘首憲　年初頒布的法令。㉙行憲　執行法令。原文為「布憲」。丁士涵謂：「當為『行憲』。」

【語　譯】正月初，國君親自處理朝政，核定爵位賞賜，考核官吏政績，連用五天時間。臘月末，國君也親自處理朝政，審議懲罰、定罪、判刑、處死諸事，也是連用五天時間。正月初一，百官聚在朝廷，國君發出命令，向全國頒布法令。五鄉鄉師、五屬大夫都從太史手中領受法令典冊。全體官吏會集上朝的那天，五鄉鄉師、五屬大夫要親自在國君面前學習法令條文。太史宣讀法令之後，把正本存入太府，並在國君面前把副冊分發。五鄉的鄉師出朝以後，直接到達鄉的辦公處所，召集所屬官吏，直至游宗，都來聽取法令。法令傳布以後，鄉師便返回朝廷回復君令，然後才能回到住所。法令沒有傳布，君令沒有送達，不能返回住所；返回住所休息，叫做滯留君令，必處死罪，不容寬赦。五屬大夫，都是乘車入朝；出朝以後，也不能到住所休息，必須立即行動。返回都邑的當天，就在祖廟召集所屬官員，都來聽取法令。法令傳達以後，馬上派遣使者回復君令；就在公布法令的當天，不論時間早晚。法令已經公布，使者已經出發，然後才能回到住所。法令沒有傳達，使者沒有出發，不能返回住所；返回住所休息，叫做滯留君令，必處死罪，不容寬赦。法令已經頒布，倘有不執行法令的，叫做不從君令，必處死罪，不容寬赦。檢查法令實施情況，如有與太府所藏正本不相符合的地方，增加的叫做妄改君令，不足的叫做擅減君令，都是必處死罪，不容寬赦。君主的歲首法令頒布以後，各地就可以遵照執行了。

以上是「首憲」。

凡將舉事，令必先出。曰事將為，其賞罰之數❶，必先明之。立事者❷，謹❸守令以行賞罰；計事致令，復賞罰之所加。有不合於令之所謂者，雖有功利❹，則謂之專制，罪死不赦。首事❺既布，然後可以舉事。

右首事

【章　旨】此章言君主興辦大事，必須先出令，以明賞罰之則。

【注　釋】❶數　術。此指辦法、規定。❷立事者　指主持辦事的人。❸謹　嚴肅；慎重。❹功利　成效；利益。❺首事　事始之事。即君主「舉事」前，發布的有關賞罰法則。

【語　譯】國家凡是將要興辦大事，賞罰的律令，必須先行發出。這就是說事情將要舉辦，有關賞罰的規定，必須先作明示。主持辦事的人，必須嚴守君令施行賞罰。總結辦事情況、交還君主命令的時候，必須上報賞罰律令的施行情況。如有與君令規定不相符合的地方，雖然辦事很有成績效益，也叫作妄改君令，必處死罪，不容寬赦。君主關於舉事的賞罰律令頒布之後，便可以動手辦事了。

以上是「首事」

修火憲，敬❶山澤、林藪❷積草；天財❸之所出，以時禁發焉，使民足於宮室❹之用、薪蒸❺之所積，虞師❻之事也。決水潦❼，通溝瀆，修障防❽，安❾水藏；使時水❿雖過度，無害於五穀，歲雖凶旱，有所秎⓫穫，司空⓬之事也。相⓭高下，視肥墝⑭，觀地宜，明詔期⑮，前後⑯農夫，以時均修⑰焉，使五穀桑麻皆安其處，申田⑱之事也。行鄉里，視宮室，觀樹藝⑲，簡⑳六畜，以時鈞修焉；勸勉百姓，使力作毋偷㉑，懷樂家室，重去鄉里，鄉師之事也。論百工，審時事，辨功苦㉒，上㉓完利，監壹㉔五鄉，以時鈞修焉；使刻鏤文彩，毋敢造於鄉，工師㉕之事也。

右省官

【章　旨】此章言君主須規定、並省察百官職事。

【注　釋】❶敬　同「警」。警戒；管理。❷藪　生長著柴草的沼澤地。❸天財　指自然資源。原文為「夫財」。丁士涵謂：「當為『天財』。」❹宮室　此指平民的房屋。❺薪蒸　泛指燒柴。《周禮・天官・甸師》鄭玄注云：「木大曰薪，小曰蒸。」❻虞師　主管山林湖澤的官吏。❼潦　同「澇」。積水盛漲。❽障防　堤防；堤壩。❾安　使之安定。❿時水　依時而至的水。此指雨季水量。⓫粉　收割。⓬司空　即司工。主管水利及建築工程的官吏。⓭相　度量；觀測。⓮墝　土質瘠薄。⓯詔期　徵召服役的具體時間。⓰前後　指分清先後次序，作出安排。⓱均修　指全面、合理的安排。⓲申田　即司田。指主管農業的官吏。原文為「由田」。劉師培云：「『由』當作『申』。」⓳樹藝　種植。此指林木和農作物生長情況。⓴簡　檢查；挑選。㉑偷　苟且；怠惰。㉒功苦　指器物的優劣。《荀子・王制》注云：「功，謂器之精好者。苦，謂濫惡者。」㉓上　同「尚」。提倡；優先。㉔監壹　監督管理，使之一致。㉕工師　主管手工業的官吏。

【語　譯】制定防火法規，禁止山澤林藪一帶堆積枯草；對自然資源的出產地區，按時封禁和開放，使人們可以採集足夠的房屋建築用材和儲備足夠的燒柴：這是虞師的職責。排除積澇，疏通溝渠，修整堤壩，加固蓄水處的安全設施；即使雨季水量超過了限度，也不會妨害五穀的生長；即使遭到嚴重乾旱，也能保有收穫：這是司空的職責。測量地勢高低，觀測土質肥瘠，查明土壤適宜何種作物生長；確定應徵服役日期，對農夫的生產活動及服役先後次序，根據時令季節，作好全面安排，使五穀、桑麻等農作物的種植，各適其時：這是司田的職責。巡視鄉里，察看房屋，檢查林木、莊稼生產情形，查詢六畜飼養狀況，適時作出合理安排，激勵百姓，使他們努力耕作而不苟且怠惰，懷戀喜愛家室田園而不輕易離開故土：這是鄉師的職責。評定各種工匠的技術高低，明確每個季節的生產項目，檢查產品質量的優劣，倡導產品的完備與堅利，監督管理五鄉，及時作出全面安排，使刻木鏤金、競逐文彩的奢侈品之類，不敢在各鄉製造：這是工師的職責。

以上是「省官」

度❶爵而制❷服，量祿而用財。飲食有量，衣服有制，宮室有度，六畜人徒有數，舟車陳器有禁。生❸則有軒冕、服位、穀祿、田宅之分❹，死則有棺槨❺、絞衾❻、壙壟❼之度。雖有賢身貴體，毋❽其爵，不敢服❾其服；雖有富家多資，毋其祿，不敢用其財。天子服文有章❿，而夫人不敢以燕⓫以⓬饗廟，將軍大夫以朝⓭，官吏以命⓮，士止於帶緣⓯。散民⓰不敢服雜彩，百工商賈不得服長鬈⓱、貂⓲。刑餘⓳戮民⓴，不敢服絻㉑，不敢畜連㉒乘車。

右服制

【章　旨】此章言有關服飾器用的規定。

【注　釋】❶度　度量；按照。❷制　規定。❸生　指活著。原文為「修生」。王念孫云：「『生』上不當有『修』字，此涉上文『鈞修』而衍。」❹分　此指等級區別。❺棺槨　統稱棺材。內棺為棺，外棺為槨。❻絞衾　指死人用的衣被。絞，捆屍衣的帶子。衾，蓋屍體的被子。❼壙壠　墓穴與墳堆。❽毋　通「無」。沒有。❾服　用；穿。❿文有章　即「紋有彰」。言花紋樣式有明文規定。⓫燕　燕服。即在家閒居時穿的衣服。⓬以　句中兩個「以」字，前為「用」，後為「而」。⓭朝　朝服。即君臣朝會或在隆重場合穿的衣服。⓮命　命服。即按官爵等級所應穿的衣服。⓯帶緣　指衣帶和衣服的邊緣。⓰散民　無職務的人。此指平民。⓱長鬈　指羔皮衣。⓲貂　指貂皮衣。⓳刑餘　指受過肉刑，身體傷殘的人。⓴戮民　指正在服刑的人。㉑絻　一本作「絲」，指絲織品製成的衣服。㉒畜連　同「蓄輦」。即備置小車。

【語譯】根據爵位的高低，規定服式的差別；按照俸祿的多少，規定使用財物的數量。飲食有一定的標準，衣著有一定的制度，住房設施有一定的限額，六畜和僕役有一定的數目，乘坐的車船和陳設的器物都有相應的限制。活著的時候，在車帽、職位、俸祿、田宅等方面，都有級別；死了，在棺材、衣被、墳墓等方面，也都有規定。雖然是出身高貴，如沒有一定的爵位，就不敢享用相當的服飾；雖然有萬貫家財，沒有一定的俸祿，也不能作相當的花費。天子服裝的花紋樣式，有明確的規定，夫人不能穿著平常服裝饗祀宗廟，將軍大夫穿朝服，一般官吏穿命服，辦事人員的衣服只在衣帶和衣服的邊緣作出標誌。平民不能穿雜有文彩的服裝，工匠、商販不能穿羔皮衣和貂皮衣；受過刑罰和正在服刑的人，不能穿絲料衣服，也不能備車和坐車。

以上為「服制」

寢兵❶之說勝，則險阻不守。兼愛之說勝，則士卒不戰。全生之說勝，則廉恥不立。私議自貴❷之說勝，則上令不行。群徒比周❸之說勝，則賢不肖不分。金玉貨財之說勝，則爵服下流。觀樂玩好之說勝，則姦民在上位。請謁任舉❹之說勝，則繩墨❺不正。諂諛飾過之說勝，則巧佞者用。

右九敗

【章旨】此章揭指九條敗政因由。

【注釋】❶寢兵　息兵。指解除兵備，不要戰爭。❷私議自貴　私立異說，自視不凡。❸比周　植黨營私。❹請謁任舉　請託拜見，私人保舉。指多方求索官職。❺繩墨　本是木工用以取直的墨線，此處借指用人標準。

【語譯】廢止軍備的主張佔上風，即便險要的地勢也不能固守。人人要相互親愛的主張佔上風，士兵就會不肯作戰。要保全和鍾愛生命的主張佔上風，廉潔知恥的風尚就不能建立。私立異說、各顯高明的主張佔上風，君主的政令就不能推行。拉幫結夥、植黨營私的主張佔上風，好人壞人就不易辨明。追求金玉財貨的主張佔上風，官爵職位就會隨意賞給出身卑微的人。提倡觀賞遊玩、尋歡作樂的主張佔上風，邪惡詐偽之徒就會竊居高位。憑藉請託拜謁、私人保舉可以求官的主張佔上風，用人準則就不會正確。逢迎諂媚、文過飾非的主張佔上風，花言巧語、獻媚取寵之輩，就會得到任用。

以上為「九敗」

期❶而致❷，使❸而往，百姓舍己以上為心者，教之所期也。始於不足見，終於不可及，一人服❹之，萬人從之，訓之所期也。未之令❺而為，未之使而往，上不加勉，而民自盡竭，俗之所期也。好惡形於心，百姓化於下，罰未行而民畏恐，賞未加而民勸勉，誠信之所期也。為而無害，成而不議❻，得而莫之能爭❼。天道❽之所期也。為之而成，求之而得，上之所欲，小大必舉，事之所期也。令則行，禁則止，憲之所及，俗之所被❾，如百體之從心，政之所期也。

右七觀

【章　旨】此章言君主治民、治政所期達到的理想境界，可以從「教」、「訓」、「俗」、「誠信」、「天道」、「事」、「政」等七個方面來加以觀測。

【注　釋】❶期　約集。此指徵召。❷致　招引而至。此指應召。❸使　指使；派遣。❹服　從事；指揮。❺未之令　即「未令之」。沒有命令他們。❻議　傾敗。❼莫之能爭　即「莫能爭之」。沒有誰能夠爭奪它。❽天道　自然規律。❾被　加；及。

【語　譯】聽到徵召就來集合，被派遣就前往；百姓能拋開自我，而把君主的想法作為自己的想法：這是實施教化所期望達到的境界。起初看不出什麼形跡，最終卻出現了不可比及的效果；君主一人指揮，百姓萬人服從：這是進行訓導所期望達到的境界。沒有下令便自動行事，沒有派遣便自動前往；君主不作激勵，百姓主動盡心竭力：這是樹立風尚所期望達到的境界。君主的愛憎還只蘊含在內心，百姓就化為行動；刑罰還沒有施行，百姓已感到畏懼；賞賜還沒有頒發，百姓已受到鼓舞：這是提倡誠信所期望達到的境界。辦事不會妨害他人；動手便成，不會遭到失敗；得到的成果沒人能夠爭奪：這是遵循自然法則所期望達到的境界。辦事則成，有求必得，君主所希望的，不論大小都能實現：這是興辦事業所期望達到的境界。有令便行，有禁便止；凡是法令威力所及和風俗影響所施的地方，百姓服從君主，如同人體的所有器官，服從心靈的支配一樣：這是治理國事所期望達到的境界。

以上為「七觀」

乘馬 第五

【題解】此為《管子》第五篇，題為「乘馬」。乘，指計算、計畫；馬，通「碼」，指籌碼。「乘馬」連文，意謂計畫、運籌。全文分為九個專題，雖思慮不甚嚴密，內容不盡連貫，但大旨都與運籌國家大事有關。

一、「立國」，專從選擇地勢角度，議論營建都城之事，旨在強調「地利」作用。

二、「大數」，備言欲立帝業、王業、霸業的為政方針，以及有關君道、臣道的重要原則，正是治國大計要略。

三、「陰陽」，雖然也談及陰陽的推移、利用及變化，但重心卻是論述土地問題，因而文意與題名不盡相符。

四、「爵位」，論述朝廷確立爵列尊卑的作用及意義。

五、「務市事」，闡述市場在國家經濟生活乃至政治生活中的重要作用。

六、「士農工商」，此題涉及的內容最廣，集中處在論黃金貴賤、軍備規模、因地定賦等項，似非「士農工商」四字所能囊括。唐人尹知章即已指出：「謂之士農工商，不知何說。」

七、「聖人」，讚揚「聖人」之「聖」在明識執政的依靠與歸宿，即「善託業於民」，能「歸之於民」。

八、「失時」，從反面強調農時寶貴。「今日不為，明日亡貨」，此語最為警策。

九、「地里」，從土地質量與面積等因素出發，提出城建規劃，正合運籌之旨。

綜觀全文，作者主要是從經濟角度來談治國施政的原則，其中特別就土地問題和賦稅制度，提出了若干改革主張。作者認為：「地者，政之本」，「市者可以知治亂」、「知多寡」；必須「器」「任」相應、「均地分力」、「與民分貨」、廣闢稅源，積極整頓土地、貨幣、市場、軍賦等經濟制度，才能加強國家的經濟實力，確保政權的鞏固。這在當時，確是十分中肯的議論。

凡立國都❶，非於大山之下，必於廣川之上。高毋近旱而水用足，下毋近水而溝防❷省。因天材❸，就地利❹，故城郭不必中規矩❺，道路不必中準繩❻。

右立國

【章　旨】此章言營建都城，在地理環境上的要求。

【注　釋】❶國都　此指都城與大城鎮。❷溝防　渠道與堤防。❸天材　天然材料；自然資源。❹地利　此指有利於發展農業的地理條件。❺規矩　本指圓規和曲尺，此指關於方圓的規定。❻準繩　本指水平儀和墨線，此指關於平直的標準。

【語　譯】凡是營建都邑和大城鎮，不在大山腳下，必在大河近旁。地勢高的，不要接近乾旱區域，水源才能充足；地勢低的，不要接近積水地段，溝渠堤防便可簡省。要憑藉天然資源，要依靠地利之便。所以，城郭的建造，不必完全符合有關方圓的規定；道路的修築，不必處處合乎有關平直的要求。

以上為「立國」

無為❶者帝❷，為❸而無以為者王，為而不貴❹者霸。不自以為所貴，則君道❺也；貴而不過度❻，則臣道也。

右大數

【章　旨】此章言成就帝業、王業、霸業的「大數」——重要方略。

【注　釋】❶無為　指「無為而治」。即道家所謂順應自然，無須著意操勞。❷帝　成就帝業。下文中的「王」、「霸」二字，同此用法。❸為 指「為政」。即治理國事。❹不貴 不以為貴；不自看重；不自炫耀。❺道 原則；準則。❻度 法度；規矩。此指等級名分。

【語 譯】無為而治的君主，可以成就帝業。施政有道，而無可操勞的君主，可以成就王業。為政盡心竭力，而不自視不凡的君主，可以成就霸業。不自視高貴，是作君主的準則；尊貴而不超越應守的法度，是作臣子的準則。

以上為「大數」

地者，政❶之本也；朝者，義❷之理也；市者，貨之準❸也；黃金者，用之量❹也；諸侯之地、千乘之國者，器❺之制也。五者，其理可知也；為之有道❻。

【章 旨】此章總言土地、朝廷、市肆、黃金、兵車五者的作用。

【注 釋】❶政 政事。❷義 「儀」的本字。儀法。此指貴賤尊卑的等級原則。❸準 水準；標誌。❹量 尺度；標準。❺器 兵器；軍備。❻道 規律；法則。

【語 譯】土地是治理國政的根本，朝廷是等級儀則的條理具體表現，市場是商品流通情況的標誌，黃金是衡量財用的尺度，一個諸侯國擁有千輛兵車，是軍事儲備的規定。這五方面的道理是可以理解的；實施起來，也是有規律可循的。

地者，政之本也。是故地可以正❶政也。地不平均和調❷，則政不可正也。政不正則事❸不可理也。春秋冬夏，陰陽❹之推移也；時之短長，陰陽之利用❺

也；日夜之易，陰陽之化也。然則陰陽正矣。雖❻不正，有餘不可損❼，不足不可益❽。天也❾，莫之能損益也。然則可以正政者，地也，故不可不正也。正地者，其實❿必正。長亦正，短亦正，小亦正，大亦正，長短大小盡正。地不正⓫，則官不理，官不理，則事不治，事不治，則貨不多。是故何以知貨之多也？曰事治；何以知事之治也？曰貨多。貨多事治，則所求於天下者寡矣。為之有道。

右陰陽

【章　旨】此章言「地」為「政之本」，可以用來調整政事。

【注　釋】❶正　端正；調整。❷和調　此指管理和諧協調。❸事　指農業生產及各種經濟活動。❹陰陽　指自然界兩種對立的物質力量。❺利用　相互作用。❻雖　即使。❼損　減少。❽益　增加；補充。❾天也　此指天時。原文為「天地」。郭沫若謂：當為「天也」，「『也』誤益為『地』」。❿實　指土地的實際情況。⓫地不正　原文為「正不正」。王念孫云：「『正不正』當作『地不正』。」

【語　譯】土地是治理國政的根本。因此，土地可以用來調整政事。土地不公平劃一折算、和諧協調管理，政策措施便不可能正確。政策措施不正確，生產活動便無法管理。春秋冬夏的更迭，是陰陽的推移運轉；農時有短有長，是陰陽的相互作用；白天黑夜交替，是陰陽的消長變化。這樣看來，那麼，陰陽的運動是正常的。即使不正常，有餘的部分不可減少，不足的部分也不可增加。這是天時，沒有誰能夠削減或補益。既然如此，那麼，可以用來調整政事的，就是土地。所以對於土地，不能不作正確管理。所謂正確管理土地，即對於它的實際情況必須核準。長的要核準，短的也要核準；小的要核準，大的也要核準。不論長短大小，都要核準。

土地情況不核準，官府不便管理。官府不便管理，農業生產就做不好。農業生產做不好，物資就不會豐富。因此，怎麼知道物資會豐富呢？回答是，農業生產做得好。怎麼看出農業生產做得好呢？回答是，物資豐富。物資豐富，農業生產做得好，那麼，企求於天下的，就會很少了。這事辦理起來，也是有規律的。

以上是「陰陽」

朝者，義之理也。是故爵位正而民不怨，民不怨則不亂，然後義可理。不正則不可以理也❶。故一國之人，不可以皆貴，皆貴則事不成而國不利也。為事之不成、國之不利也，使❷無貴者，則民不能自理也。是故辨於爵列❸之尊卑，則知先後之序、貴賤之義也矣。為之有道。

右爵位

【章　旨】此章言「朝」為「義之理」，可以用來區分貴賤尊卑，使民不怨亂。

【注　釋】❶不正則不可以理也　原文為「理不正則不可以治而不可不理也」。郭沫若云：「上『理』字及『治而不可不』五字當為衍文。」❷使　假使。❸爵列　爵位排列；爵位等級。

【語　譯】朝廷是等級儀則條理的具體表現。因此，官爵職位安排正確，臣民就不會怨恨；臣民不生怨恨，就不會犯上作亂。然後，等級儀則才能夠表現出來。假如官爵職位安排得不正確，等級儀則就不可能體現。因而全國的人不可以都尊貴；全都尊貴了，農事辦不成，對國家也不利。正因為農事辦不成，對國家也不利，假使沒有位處尊貴的人，民眾便不能自行管理，所以，對於爵位級別的高低加以明辨，民眾就可以懂得先後的次序和貴賤的等級儀則了。這事辦理起來，也是有規律的。

以上是「爵位」

市者，貨之準也。是故百貨賤則百利不得，百利不得則百事治，百事治則百用節❶矣。是故事者生於慮❷，成於務❸，失於傲❹。不慮則不生，不務則不成，不傲則不失。故曰，市者可以知治亂，可以知多寡，而不能為❺多寡。為之有道。

右務市事

【章旨】此章言「市」為「貨之準」，經由市場，可以瞭解社會治亂情形和物資生產狀況。

【注釋】❶節　適度；恰到好處。❷慮　思考；計畫。❸務　勉力；盡力。❹傲　驕傲；輕慢。❺為　變為；成為。

【語譯】市場是物資流通情況的標誌。所以，各種物資價格低廉，各項生意就得不到暴利；各項生意得不到暴利，各項生產就能做好；各項生產做得好，各種物資需求，就能獲得適度的解決。因此，各項事業的產生是由於周密考慮，成功是由於盡心竭力，失敗則是由於輕忽怠慢。不謀劃就不會產生，不盡力就不會成功，不輕慢就不會失敗。所以說，經由市場，可以察知社會的治亂，可以瞭解物資的多少，只是不能改變物資的多少而已。這事辦理起來，也是有規律的。

以上為「務市事」

黃金者，用之量也。辨於黃金之理，則知侈儉；知侈儉，則百用節矣。故儉則傷事❶，侈則傷貨❷。儉則金賤❸，金賤則事不成，故傷事。侈則金貴，金貴則貨賤❹，故傷貨。貨盡而後知不足，是不知量也；事已而後知貨之有餘，是不知節也。不知量，不知節，不可。為❺之有道。

【章　旨】此章言「黃金」是「用之量」，掌握得好，可以促進生產發展，防止浪費資源。

【注　釋】❶傷事　此指朝廷用度過少，資金控制過嚴，便會妨礙生產發展，挫傷生產積極性。❷傷貨　浪費物資；損害商品資源。❸金賤　不重視將黃金作為生產投入。❹貨賤　指生產的物資甚多而不被重視，使盡其用。❺為　原文為「調」。郭沫若云：「『調』當為『為』，與上一例。」

【語　譯】黃金是衡量財政用度的尺度。明辨了黃金可以作為財用尺度的道理，就可以用來測知國家是奢侈還是省儉；明白了是奢侈還是省儉，各項用度就能適度調節。國家用度過少，便會挫傷生產；用度過多，便會損害商品資源。用度過少，黃金不被重視作為生產資金投入；不重視黃金投入，生產便做不好。所以，會挫傷生產積極性。用度過多，黃金被重視作為生產資金投入；重視黃金投入，商品大量生產卻不被重視，使盡其用。所以，將嚴重浪費資源。等到商品消耗殆盡，才知道是生產不足，這是不懂得國家用度，需有一個適當數量的緣故。等到生產盲目發展了，才知道商品過剩，這是不懂得國家用度，要有一個適當限額的緣故。不明白適量，不明白適度，都不可以。而要掌握這些原則，也是有規律的。

天下乘馬服牛❶，而任❷之輕重有制。有壹宿之行❸，道之遠近有數矣。是知諸侯之地、千乘之國者，所以知器❹之小大也，所以知任之輕重也。重而後損之，是不知任也；輕而後益之，是不知器也。不知任，不知器，不可。為❺之有道。

【章　旨】此章言「器之大小」與「任之輕重」，即國家的軍備需要，與民眾的承受能力，必相一致。

【注　釋】❶乘馬服牛　駕馭馬車、牛車。乘、服，均指駕馭。❷任　擔負；承受。❸壹宿之行　指三十里路程。宿，驛站。《周禮・地官・遺人》云：「三十里有宿，宿有路室。」❹器　此指軍備規模。原文為「地」。王念孫云：「『地之小大』當作『器之小大』。」❺為　原文為「調」。注見上章。

【語　譯】天下各地，駕駛馬車牛車，裝載輕重，都有一定限度。有了一宿的行程作為參照，一天可行里程的遠近，也就心中有數了。同理，知道了一個諸侯國可以出千輛兵車這個標準，就可以用來計算軍備規模的大小，也可以用來計算軍需負擔的輕重了。軍賦徵收重了，然後再來減輕，這是不瞭解民眾的承受能力；軍賦徵收輕了，然後再來加重，這是不瞭解國家的軍備需要。不瞭解承受能力，不瞭解軍備需要，都不可以。而要掌握這些情況，也是有規律的。

地之不可食❶者，山之無木者，百而當❷一。涸澤，百而當一。地之無草木者，百而當一。楚棘❸雜處，民不得入焉，百而當一。藪❹，鐮纆❺得入焉，十❻而當一。蔓山，其木可以為材，可以為軸，斤斧得入焉，十❼而當一。汎山❽，其木可以為棺，可以為車，斤斧得入焉，十而當一。流水❾，網罟❿得入焉，五而當一。林，其木可以為棺，可以為車，斤斧得入焉，五而當一。澤，網罟得入焉，五而當一。命⓫之曰：地均⓬以實數。

【章　旨】此章言開放山林河澤，然後根據情況，分別等級，徵收租稅。

【注　釋】❶不可食　指不可提供糧食。即不生長五穀。❷當　相當；折合。❸楚棘　荊棘。楚，灌木名，即牡荊。❹藪　此指蘆蕩草澤。❺鐮纆　鐮刀與繩索。原文為「鐮纏」。王念孫云：「『纏』當從宋本作『纆』。」❻十　原文為「九」。❼十　同❻。丁士涵云：「兩『九』字皆當為『十』。」❽汎山　此指高山。汎，同「洀」。古「盤」字。盤旋而上，言其高峻（依于省吾說）。❾流水　即活水。指江河。❿網罟　指漁網。罟，網的總名。⓫命　命名；叫做。⓬均　均平。此處引申為合理衡量、公平折算。

【語　譯】不生五穀的荒地，不長樹木的山丘，百畝折合成一畝可耕地。乾枯的湖沼，也是百畝當一。草木不生的光禿地，也是百畝當一。荊棘叢生，人們不能進去的荒野，也是百畝當一。蘆蕩草澤，人們帶上鐮刀繩索可以進去採伐的，十畝折合成一畝。丘陵，其中樹木可以作用材，可以作車軸，帶上斧頭可以進去採伐的，也是十畝當一。高山，其中樹木可以作棺槨，可以作車轅，帶上刀斧可以進去採伐的，也是十畝當一。江河，能夠下網捕魚的，五畝折合成一畝。森林，其中林木可以作棺槨，可以作車轅，帶上刀斧可以進去採伐的，也是五畝當一。湖泊，能夠下網捕魚的，也是五畝當一。這些可以稱作按照可耕面積的實數，對土地進行公平折算。

方六里❶，命之曰暴❷，五暴命之曰部，五部命之曰聚；聚者有市，無市則民乏；五聚命之曰某鄉，四鄉命之曰方：官制❸也。官成而立邑❹。五家而伍❺，十家而連，五連而暴，五暴而長，命之曰某鄉；四鄉命之曰都：邑制也。邑成而制事❻。四聚為一離❼，五離為一制，五制為一田，二田為一夫，三夫為一家：

事制也。事成而制器❽。方六里為一乘之地也。一乘者，四馬也。一馬，其甲❾七，其蔽❿五。一乘⓫，其甲二十有八，其蔽二十，白徒⓬三十人奉⓭車兩⓮。器制也。

【章旨】此章闡述「官」、「民」、「耕」、「戰」——行政、居民、生產、軍備合一的地方管轄制度。

【注釋】❶方六里　六里見方。亦即六平方里。❷暴　村落。「暴」與下文中的「部」、「聚」、「鄉」、「方」、「都」等，都是行政單位名稱。❸官制　行政管轄制度。❹邑　此指居民組織。❺伍　組編成伍。「伍」與下文中的「連」、「暴」、「長」、「鄉」、「都」等，都是居民組織名稱。❻制事　確立生產組織。❼離　生產組織的最小單位名稱。下文中的「制」、「田」、「夫」、「家」均為生產組織名稱。❽制器　確立軍備制度。❾甲　鎧甲。此指披鎧甲的士兵。❿蔽　車輛防禦風塵的設施。此指防護戰車的盾牌兵。⓫一乘　原文為「四乘」。丁士涵云：「『四乘』乃是『一乘』之譌。」⓬白徒　即「白丁」。指未經軍訓的民伕。多作後勤。⓭奉　跟隨。⓮兩　通「輛」。指一輛兵車。

【語譯】六里見方的地區稱為暴，五暴稱為部，五部稱為聚。「聚」中要有集市，沒有集市，人們便會缺乏日用品。五聚稱為某鄉，四鄉稱為方。這是行政管轄制度。行政管理組織確定以後，便需建立居民組織：五家編為一伍，十家編為一連，五連編為一暴；五暴編為一長，稱為某鄉；四鄉稱為都。這是居民管轄制度。居民組織確定以後，便需建立生產管理組織：四聚組成一離，五離組成一制，五制組成一田，二田組成一夫，三夫組成一家。這是生產管轄制度。生產管理組織確定以後，便需建立軍備制度：六里見方的地區，出一輛兵車。一輛兵車，能備四匹馬。一匹馬，跟隨甲士七人、盾牌兵五人。一輛兵車，共有甲士二十八人，盾牌兵二十人；另備民伕三十人，隨車作後勤。這就是軍備制度。

方六里，一乘之地也；方一里，九夫之田也。黃金一鎰❶，百乘一宿之盡❷也。無金則用其絹❸，季絹❹三十三制❺當一鎰。無絹則用其布❻，絟暴布❼百兩❽當一鎰。一鎰之金，食❾百乘之一宿。則所布之地❿六步⓫一㪷⓬。命之曰中歲⓭。

【章旨】此章言田賦徵收制度。

【注釋】❶鎰　黃金計量單位，二十四兩為一鎰。❷盡　通「賮」。費用。❸絹　生絲織品。❹季絹　細絹。❺制　絲絹計量單位，一丈八尺為一制。❻布　指葛麻織品。❼絟暴布　用荃葛織成的薄布。絟，原文為「經」。張佩綸云：「『經』當作『絟』，字之誤也。」❽兩　匹。❾食　通「飼」。供給食物。❿所布之地　原文為「所市之地」。「布」之於「市」，形近而誤。⓫步　長度單位名稱。周制丈量土地，六尺為一步。⓬㪷　同「斗」。此指徵糧一斗。⓭中歲　中等收成的年分。

【語譯】六平方里，是出一輛兵車的區域；一平方里，是九個農夫的田地。一鎰黃金，是供應百輛兵車的人馬吃住一天的費用。倘無黃金，便可用絲絹代替，三十三制細絹，折合一鎰黃金。倘無絲絹，便可用葛布代替，百匹荃葛薄布，折合一鎰黃金。一鎰黃金，可供百輛兵車的人馬吃住一天。那麼，徵收絲布的數額，便相當於六步見方的田地徵糧一斗。這是中等年成的稅率。

有市，無市則民不乏矣。方六里，名之曰社；有邑焉，名之曰央。亦關市之賦。黃金百鎰為一篋❶，其貨一穀籠❷為十篋，其商苟在市者三十人，其正月、十二月，黃金一鎰。命之曰正❸。分春曰書比❹，立夏曰月程❺，秋曰大稽❻，與❼民數得亡❽。

【章　旨】此章言關市賦稅的徵收制度。

【注　釋】❶篋　小箱子。此指徵收賦稅的計量單位。❷穀籠　貯藏穀物的器物。此指貨物的計量單位。❸正　通「征」。徵收賦稅。❹書比　張榜公布比率。❺月程　按月計量；逐月考核。❻稽　點數；統計。❼與　通「舉」。記錄。❽得亡　即得失。引申為增減。

【語　譯】應有集市；如沒有集市，這表示人們不缺乏日用物品。六里見方的區域，設立的集市稱為「社」；有城鎮的地方，設立的集市稱為「央」。要建立徵收關稅和市場稅的制度。按百鎰黃金為一篋來計算，一穀籠貨物，算為十篋；如果在集市經商的有三十人，從正月到十二月，徵收一鎰黃金。這就叫做徵收賦稅。每年春分張榜公布稅率，立夏之後按月審核，入秋作出統計，並登記經商人數的增減。

三歲修封❶，五歲修界❷，十歲更制❸，經正❹也。一仞見水不大潦❺，五尺見水不大旱。一仞❻見水輕征，十分去一❼，二則去二，三則去三，四則去四，五則去半，比❽之於山。五尺見水，十分去一，四則去二，三則去三，二則去四❾，尺而見水，比之於澤。

【章　旨】此章言應定期修整田地封界，勘察田地狀況，調整租稅。

【注　釋】❶封　疆界。此指田埂。❷界　界限。此指田界。❸更制　調整規模；改變區劃。❹經正　即「經政」。常務；例行公事。❺一仞見水不大潦　深挖七尺才見水，地勢較高，所患不在嚴重積水，而在乾旱。一仞，原文為「十仞」。俞樾云：「『十仞』當為『一仞』。」❻一仞　原文為「十一仞」。「十」字衍。❼十分去一　自此以下數句，原文為「十分去二三，二則去三四，四則去四，五則去半」。王引之云：「十分去一，二則去二，三則去三，四則去四，五則去半。」❽比　比照；按照。❾四則去二三句　原文作「四則去三，三則去二，二則去一」。安井衡云：「當作『四則去二，三則去三，二則去四』，轉寫之誤耳。」

【語　譯】三年大修一次田埂，五年大修一次田界，十年調整一次田地區劃。這是例行政務。深挖一仞才見水的田地，不會發生大水澇；挖掘五尺可見水的田地，不會發生大乾旱。深挖一仞才見水的田地，應減輕地租十分之一；深挖二仞才見水的，則減輕十分之二；深挖三仞才見水的，則減輕十分之三；深挖四仞才見水的，則減輕十分之四；深挖五仞才見水的，則減輕一半，把它跟山地視同一律。挖掘五尺可見水的田地，也應減租十分之一；挖掘四尺可見水的，則減租十分之二；挖掘三尺可見水的，則減輕十分之三；挖掘二尺可見水的，則減輕十分之四；挖掘一尺便見水的，則應比作沼澤地了。

距國門❶以外，窮四竟❷之內，丈夫❸二犁❹，童五尺❺一犁，以為三日之功❻。正月令農始作，服❼於公田❽農耕。及雪釋，耕始焉，芸❾卒焉。士閒見❿、博學、意察⓫，而不為君臣者⓬，與功⓭而不與分⓮焉。賈⓯，知賈⓰之貴賤，日至於市，而不為官賈者，與功而不與分焉。工，治⓱容貌⓲功能，日至於市，而不為官工者，與功而不與分焉。不可使而為工⓳，則視貸離⓴之實，而出夫粟。

【章　旨】此章言服勞役的有關規定。

【注　釋】❶國門　此指國都城門。❷竟　通「境」。❸丈夫　此指成年男子。❹犁　此指一副犁一天所能翻耕的土地面積。❺童五尺　即五尺之童。指未成年男子。❻功　勞事；服役。❼服　從事。❽公田　朝廷的耕地。❾芸　通「耘」。除草。❿閒見　即「嫻見」。熟知多見。原文為「聞見」。孫詒讓云：「『聞』當作『閒』，即『嫻』之假借字。」⓫意察　識斷明察。

⓬不為君臣者　指不是君主的臣吏。即沒有當官的人。⓭與功　參加服役。⓮分　分取收益。⓯賈　商賈。指商人。⓰賈　通「價」。價格。⓱治　講求；研究。⓲容貌　樣式。⓳工　通「功」。⓴貸離　即「忒離」。差距；差別。忒，差失。

【語　譯】從國都城門以外，到全國四方邊境之內，成年男子，按二犁的定額，未成年男子，按一犁的定額，一律為朝廷服勞役三天。正月便指令農夫開始耕作，到公田從事農耕。等到冰雪融化，春耕隨即開始，直到夏耘結束。見多識廣、學問深博、識斷精明的「士」，凡是沒有成為國君的官員的，都要參加服役，但不能參與分取土地的收益。通曉物價高低，每天到集市經商而不是官商的人，也要參加服役，而不能參與分取土地的收益。講求器物樣式功能，每天上集市而不是在官營作坊做事的工匠，也要參加服役，而不能參與分取土地收益。不能派遣直接承擔勞役的人，視其所差的實際數額，交納補償力役的糧食。

是故智者知之，愚者不知，不可以教❶民。巧者能之，拙者不能，不可以教民。非一令而民服之也，不可以為大善❷；非夫人❸能之也，不可以為大功。是故非誠賈❹不得食於賈❺，非誠工不得食於工，非誠農不得食於農，非信士❻不得立於朝。是故官虛❼而莫敢為之請，君有珍車珍甲而莫之敢有，君舉事臣不敢誣❽其所不能。君知臣，臣亦知君知己也。故臣莫敢不竭力，俱操❾其誠以來。

【章　旨】此章言教民誠信，方可實現大治，成就大功。

【注　釋】❶教　使令；要求。❷大善　即大治。指國家的治理達到了盡善的境界。❸夫人　此指眾人、人人。❹誠賈　真正的商人。❺食於賈　依靠經商為生。❻信士　真正的士民。信，真實。❼官虛　職位空缺。❽誣　說謊；欺騙。❾操　操持；懷著。

【語譯】只有聰明人能明白，而愚笨的人不能明白的，不可用來要求人們。只有靈巧的人能做到，而笨拙的人不能做到的，不可用來要求眾人。不是一聲號令，人們都能遵照執行，就不能實現大治；不是人人都能各盡其力，就不能創建大業。因此，不是真正的商人，不許經商；不是真正的工匠，不許開業；不是真正的農民，不許務農；不是真正的士民，不能在朝廷做官。因此，即使朝廷官位空缺，也沒有誰敢為自己請求填補；即使君主享有珍車珍甲，也沒有誰敢於妄自備置；君主要興辦大事，臣子不敢謊報自己力所不能的事情。君主瞭解大臣，大臣也知道君主瞭解自己。因而沒有哪個大臣敢不盡心竭力，人人都懷著真心實意，來為君主效勞。

道❶曰：均地分力❷，使民知時也。民乃知時日之蚤晏❸，日月之不足，餓寒之至于身也。是故夜寢蚤起，父子兄弟不忘其功❹，為而不倦，民不憚❺勞苦。故不均之為惡也，地利不可竭，民力不可殫❻。不告之以時而民不知，不道❼之以事而民不為。與之分貨❽，則民知得正❾矣；審其分，則民盡力矣。是故不使而父子兄弟不忘其功。

右士農工商

【章旨】此章言公平折算地租，實行分戶經營，讓農民掌握農時，均有利於生產積極性。

【注釋】❶道　治理。此指管理經驗。❷均地分力　公平折算地租，分戶盡力農事。❸蚤晏　即「早晏」。早晚。❹功　通「工」。❺憚　害怕。❻殫　竭盡。❼道　通「導」。教導；指導。❽分貨　分取財富。指國家按田畝徵收租稅。❾得正即「得征」。指農家生產所得與國家租稅所徵兩個方面。

【語　譯】管理經驗告訴人們：應當公平折算地租，實行分戶耕種，讓農民掌握農時。農民便會知道季節的早晚，時光的不足，飢寒的切身威脅。因此，他們就會晚睡早起，父子兄弟不忘農事，幹活不知疲倦，人人不怕勞苦。而不公平折算地租的惡果，便是地利不能充分利用，民力不可充分發揮。不告知農時，農民便不知要掌握季節；不指導農事，農民便不會幹得很有成效。實行與農民分取財富的制度，農民便會看到有生產所得、有租稅所徵了；明確了分配比例，農民便會盡心盡力了。因而不用驅使，而父子兄弟也都會不忘生產的。

以上是「士農工商」

聖人之所以為聖人者，善分民❶也。聖人不能分民，則猶❷百姓也。於己不足，安得名聖？是故有事則用❸，無事則歸之於民；唯聖人為善託業於民。民之生❹也，辟❺則愚，閉❻則類❼。上為一，下為二❽。

右聖人

【章　旨】此章言聖人之「聖」在善於分利於民，託業於民。

【注　釋】❶分民　分利於民。❷猶　如同。❸用　徵收財貨；取用於民。❹生　同「性」。本性。❺辟　通「僻」。邪僻不正。❻閉　當為「閒」。作「正」解。❼類　善。見《爾雅》。❽二　相對於「一」而言。加倍的意思。

【語　譯】聖人成為聖人的原因，就在善於把財源分給民眾。聖人若不善於把財源分給民眾，便如同普通老百姓了。對於一己之欲總是不能滿足，怎麼能夠稱為聖人呢？因此，朝廷有事，就從民眾手裡徵取財貨；朝廷無事，就把財貨歸還民眾手中。只有聖人才善於把產業託付給人民。民性入於邪僻，則將愚昧不明；如能導於中正之道，則將善良正行。君主怎麼做，下民便會加倍跟著做。

以上是「聖人」

時之處事精❶矣，不可藏而舍❷也。故曰：今日不為，明日亡貨❸；昔之日已往而不來矣。

右失時

【章旨】此章言時不可失，今天不及時耕耘，明天就沒有收穫。

【注釋】❶精　無微不至。❷舍　停留。❸亡貨　即「無貨」。沒有財富。亡，原文為「忘」，宋本作「亡」。此依宋本。

【語譯】農時，對於農業生產的作用，是無微不至的，不能把它貯存起來，叫它停留等待。所以說：今天不能及時生產，明天就沒有財富。從前的時光已經過去，便不會再來了。

以上是「失時」

上地❶方八十里，萬室之國❷一，千室之都❸四。中地方百里，萬室之國一，千室之都四。下地方百二十里，萬室之國一，千室之都四。以上地方八十里與下地方百二十里，通❹於中地方百里。

右地里

【章　旨】此章言城建規劃原則。

【注　釋】❶上地　上等土地。❷國　本言都城，此指一般城市。❸都　本言大城市，此指城鎮。❹通　通「同」。等同。

【語　譯】上等土地八十里見方的地域，可以設置一座上萬戶人口的城市和四座上千戶人口的城鎮。中等土地百里見方的地域，可以設置一座上萬戶人口的城市和四座上千戶人口的城鎮。下等土地一百二十里見方的地域，可以設置一座上萬戶人口的城市和四座上千戶人口的城鎮。這大體是因為上等土地八十里見方的地域與下等土地一百二十里見方的地域的財政收入，等同於中等土地百里見方地區收入的關係。

以上是「地里」

卷二

七法 第六

【題解】此為《管子》第六篇，題名「七法」。何如璋謂本言「兵法」，「因脫去『兵』字，傳鈔者乃以後標子目『七法』名之」。本文分為四個專題：一名「七法」，總論治國、治軍的基本原則——則、象、法、化、決塞、心術、計數，共為七項，謂為「七法」。二名「四傷」，指出百匿、姦吏、姦民、賊盜是治國、治軍之害，如果國之「四經」——常令、官爵、符籍、刑法遭到破壞，而君主不予重視，不行使權威加以處置，「四傷」就將得逞，國家就將出現危機。三名「為兵之數」，提出了克敵制勝的八項因素，強調、凸顯「明於機數」與「順於理義」，認為這是「成功立事」的關鍵。四名「選陳」，亦即「算陣」，旨在論述謀劃攻戰之事，明確提出治軍要務及統帥職責。

這是一篇有名的軍事論文，不但相當詳盡地論述了用兵作戰之法，而且頗為精當地闡明了戰爭與政治及經濟的密切關係，十分鮮明地提出了以法治軍的觀點。作者為豐富我國古代的軍事學說，提供了可貴的思想資料。

言❶是而不能立❷，言非而不能廢，有功而不能賞，有罪而不能誅；若是而能治民者，未之有也。是必立，非必廢，有功必賞，有罪必誅；若是安❸治矣？未也。是何也？曰形勢❹器械❺未具，猶❻之不治也。形勢器械具，四者❼備，治矣。不能治其民，而能彊其兵者，未之有也。能治其民矣，而不明於為兵❽之數❾，猶之不可。不能彊其兵，而能必勝敵國者，未之有也。能彊其兵，而不明於勝敵國之理❿，猶之不勝也。兵不必勝敵國，而能正⓫天下者，未之有也。兵必勝敵國矣，而不明正天下之分⓬，猶之不可。故曰：治民有器，為兵有數，勝敵國有理，正天下有分。

【章　旨】此章言治理民眾、治理軍隊、戰勝敵國、征服天下的首要條件。

【注　釋】❶言　言論；主張。❷立　採用；堅持。❸安　乃；就；於是。❹形勢　此指軍事形勢、軍事實力。❺器械　軍事裝備。❻猶　仍然；還是。❼四者　指上文所言「立是」、「廢非」、「賞功」、「誅罪」。❽為兵　用兵；治軍。❾數　方法；策略；原則。❿理　法則；條件。⓫正　匡正；統一。⓬分　等級名分。石一參謂：「上下內外名義之辨。」

【語　譯】言論正確而不能採用，言論錯誤而不能廢止，有功勞而不能獎賞，有罪過而不能誅罰；像這樣而能治理好民眾的，不會有這等事。正確的主張一定採納，錯誤的主張一定廢止，有功勞一定獎賞，有罪過一定懲罰；像這樣就能治理得好嗎？還不能。這是為什麼呢？答案是：因為形勢和軍事裝備的條件不具備，仍然不能治理好。形勢和軍事裝備的條件具備，上述四項因素齊全，就可以治理好了。不能治理好他的民眾，而能使他的軍隊強盛，是不會有這等事的。能夠治理好他的民眾，而不明瞭用兵策略，仍然不行。不能使他的軍隊強盛，而能一定戰勝敵國的，不會有這等事。能夠使他的軍隊強盛，而對於戰勝敵國的法則所在不能明瞭，仍然不能戰勝。軍隊不能必定戰勝敵國，而能統一天下的，也不會有這等事。軍隊必定能夠戰勝敵國了，而不明瞭統一天下的名分，仍然不行。所以說：治理民眾要具有軍備，使用軍隊要有策略，戰勝敵國要具有必然的條件，統一天下要有等級名分。

則、象、法、化、決塞、心術❶、計數：根❷天地之氣❸，寒暑之和，水土之性，人民鳥獸草木之生，物雖甚多❹，皆有均❺焉，而未嘗變也，謂之「則」。義❻也、名也、時也、似也、類也、比❼也、狀也，謂之「象」。尺寸也、繩墨也、規矩也、衡石❽也、斗斛❾也、角量❿也，謂之「法」。漸⓫也、順⓬也、靡⓭也、久⓮也、服⓯也、習⓰也，謂之「化」。予奪也、險易⓱也、利害也、難易也、開閉也、殺生也，謂之「決塞」。實也、誠也、厚也、施也、度⓲也、恕⓳也，謂之「心術」。剛柔也、輕重也、大小也、實虛也、遠近也、多少也，謂之「計數」。不明於則，而欲錯儀畫制⓴，猶立朝夕㉑於運均㉒之上，檐竿㉓而欲定其末。不明於象，而欲論材審用，猶絕長以為短，續短以為長。不明於法，而欲治民一眾，猶左書而右息之㉔。不明於化，而欲變俗易㉕教，猶朝揉㉖輪而夕欲乘車。不明於決塞，而欲驅眾移民，猶使水逆流。不明於心術，而欲行令於人，猶倍招㉗而必射㉘之。不明於計數，而欲舉大事㉙，猶無舟檝而欲經於水險也。故曰：錯儀畫制，不知則不可；論材審用，不知象不可；治民一眾，不知法不可；變俗易教，不知化不可；驅眾移民，不知決塞不可；布令必行，不知心術不可；舉事必成，不知計數不可。

右七法

【章旨】此章言「則、象、法、化、決塞、心術、計數」七法的具體內容及重要意義。

【注釋】❶心術　心意的動向與性質；意向。❷根　尋根；探索。❸氣　元氣。此指構成宇宙萬物的本原。❹物雖甚多　原文為「物雖不甚多」。許維遹謂：「『不』字衍。」❺有均　意謂有法度。原文為「均有」。許維遹謂：「當作『有均』。『均』即下文『運均』之均。」❻義　即「儀」。指事物的外部形態。❼比　次序。❽衡石　衡，即秤。石，重量單位。古時一百二十市斤為一石。《漢書・律曆志上》云：「三十斤為鈞，四鈞為石。」❾斗斛　量器名。十升為一斗。古時十斗為一斛，南宋改為五斗，今為二斗五升。❿角量　量穀米時，刮平斗斛的用具。⓫漸　漸近；逐步接近。⓬順　隨順；順應。⓭靡　通「摩」。撫摩；愛撫。⓮久　等待。⓯服　使之適應。⓰習　養成習慣。⓱險易　險阻與平坦。⓲度　度量；容人之度。⓳恕　寬恕；忍讓。⓴錯儀畫制　意謂立定法規。原文為「出號令」。丁士涵謂：「當作『錯儀畫制』。」㉑朝夕　古代計時定方位的工具之一。即測量早晚日影的標杆。尹知章注云：「立朝夕所以正東西也。」㉒均　通「鈞」。製陶器的轉輪。㉓檐竿　荷竿。檐，通「擔」。肩荷。㉔息之　使之停止、休息。㉕易　變換；改變。㉖揉　通「煣」。以火屈木使曲。㉗倍招　即「背招」。指射箭者背對目標。招，箭靶。㉘射　原文為「拘」。王引之云：「『拘』當為『射』字之誤也。」㉙舉大事　此指進行戰爭。《左傳・成公十三年》：「國之大事，在祀與戎。」

【語譯】關於規律、現象、法度、教化、開導與禁止、心理意向、計算等七法的涵義是：考察天地萬物的形成原因，寒來暑往的協調運轉，水土的性質，人類鳥獸草木的繁殖生長，物類雖然極多，但都有一個內在的法度，而且不曾改變，這就稱為「規律」。事物的外部形態、名稱、存在的時間、彼此之間的相似、類屬、先

後次序關係及其所處的狀況，這就稱為「現象」。尺寸、繩墨、規矩、衡石、斗斛、角量，這就稱為「法度」。給予與剝奪、

逐步接近、適當隨順、熱情愛撫、耐心等待、使之適應、促其習慣，這個過程就稱為「教化」。

險阻與平坦、興利與為害、艱難與容易、開放與封閉、殺害生靈與給人活路，這就稱為「開導與禁止」。信實、

誠懇、寬厚、樂於施捨、有容人之度、有忍讓之心，這就稱為「心理意向」。剛柔、輕重、大小、實虛、遠近、

多少，這就稱為「計算」。對於事物規律不甚明瞭，卻想要立定法制，就如同把測定日影的標杆，插在運轉著

的陶鈞上，然後用肩荷著，卻想穩定它一樣。對於具體情況不甚明瞭，卻想依據能力使用人才，就如同把長

材截成短的來用，把短的接成長的來用一樣。對於辦事法度不甚明瞭，卻想管理人民、統一群眾，就如同用

左手寫字，反讓右手休息一樣。對於教育轉化進程不甚明瞭，卻想變更習俗，改造風氣，就如同早晨燒造車

輪，傍晚就想乘車一樣。對於開導和禁塞的方法不甚明瞭，卻想指揮群眾，調遣人民，就如同叫水倒流一樣。

對於心理動向不甚明瞭，卻想對眾人發號施令，就如同背向箭靶，卻希望一發即中一樣。對於運籌謀劃不甚

明瞭，卻想進行戰爭，就如同沒有船和槳，卻想渡過急流險灘一樣。所以說：立定法制，不明瞭規律不行；

依據才能用人，不明瞭具體情況不行；管理人民、統一群眾，不明瞭法度不行；變更習俗、改造風氣，不明

瞭教育轉化工作的特點不行；指揮群眾、調遣人民，不明瞭開導與禁塞的方法不行；發布政令、欲求必行，不明

瞭民眾的心理意向不行；發動戰爭，欲求必勝，不懂得運籌謀劃不行。

以上是「七法」

百匿❶傷上威，姦吏傷官法❷，姦民傷俗教，賊盜傷國眾。威傷，則重在下❸；

法傷，則貨上流❹；教傷，則從令者❺不輯❻；眾傷，則百姓不安其居。重在下，

則令不行；貨上流，則官德❼毀；從令者不輯，則百事無功；百姓不安其居，則

輕民處❽而重民散❾。輕民處，重民散，則地不辟❿；地不辟，則六畜不育；六畜不育，則國貧而用不足；國貧而用不足，則兵弱而士不厲⓫；兵弱而士不厲，則戰不勝而守不固；戰不勝而守不固，則國不安矣。故曰：常令⓬不審⓭，則百匿勝⓮；官爵不審，則姦吏勝；符籍⓯不審，則姦民勝；刑法不審，則盜賊勝。國之四經⓰敗，人君泄⓱，見⓲危。人君泄，則言實之士不進；言實之士不進，則國之情⓳偽不竭於上。

【章旨】此章言國之「四經」——「常令」、「官爵」、「符籍」、「刑法」遭到破壞，而君主不予重視，國家就會出現危機。

【注釋】❶百匿　即各種邪惡勢力。匿，王念孫謂同「慝」。❷官法　官府的法令。❸重在下　君威削弱，大權旁落，形成君輕臣重之勢。❹貨上流　行賄受賂，財富流向上層官吏手中。❺從令者　指臣民。❻輯　和睦。❼官德　官府道德；朝廷風尚。❽輕民處　尹知章注云：「輕民，謂為盜者。用盜致富，故處。」❾重民散　尹注云：「重民，謂務農者，為盜破產，故散。」❿辟　通「闢」。開墾。⓫厲　猛烈；勇猛。⓬常令　即常法。經常管用的法規。⓭審　嚴密。⓮勝　得勝；得勢；得逞。⓯符籍　憑證與檔案簿冊。⓰四經　指上文所謂「常令」、「官爵」、「符籍」、「刑法」。⓱泄　通「媟」。不嚴肅；不重視。⓲見　同「現」。出現。⓳情　誠；真實。

【語譯】朝廷的各種邪惡勢力，會損害君主的權威，姦詐的官吏，會破壞國家的法制，姦邪的人，會傷風敗俗，盜賊之流，會損害民眾的利益。君主權威受到損害，大權就會下移；國家的法制遭到破壞，賄賂現象就會充斥朝廷；風俗教化遭到敗壞，臣民就不能和睦相處；民眾的利益遭到傷害，百姓就不能安居樂業。大權旁落，君令就無法施行；賄賂充斥官府，朝廷風氣必然敗壞；臣民不相和睦，那麼百事必會全然無功；百姓不能安居，就會造成盜賊留處而農民離散。盜賊留處，農民離散，土地就不能開墾；土地不能開墾，六畜就不能繁育；六畜不能繁育，國家就會貧困，財用不足；國家貧困，財用不足，就會兵力薄弱，士卒無勇；兵力薄弱，士卒無勇，就會戰不能勝，守不能固；戰不能勝，守不能固，國家就無法安定了。所以說，朝廷的常法不嚴密，各種邪惡勢力就會得逞；授予的官爵制度不嚴密，姦詐的官吏就會得逞；管理符籍的制度不嚴密，姦邪之徒就會得逞；執行刑法的制度不嚴密，盜賊之流就會得逞。國家的「四經」遭到破壞，君主不予重視，政權就會出現危機。君主對待國事不嚴肅，敢講實話的人就不肯進言；敢講實話的人不肯進言，全國的各種情況，就不能全部上達朝廷了。

世主❶所貴者，寶也；所親者，戚也；所愛者，民也；所重者，爵祿也。明君❷則不然。致❸所貴，非寶也；致所親，非戚也；致所愛，非民也；致所重，非爵祿也。故不為重寶虧其命，故曰：今貴於寶。不為愛親危其社稷，故曰：社稷戚於親。不為愛人❹枉❺其法，故曰：法愛於人。不為重祿爵分其威，故曰：威重於爵祿。不通此四者，則反❻於無有。故曰：治人如治水潦，養人如養六畜，用人如用草木。君❼身論道行❽理，則群臣服教❾，百吏嚴斷❿，莫敢開私⓫焉。論功計勞，未嘗失法律也。便辟⓬、左右、大族、尊貴、大臣，不得增其功焉。疏遠、卑賤、隱不知⓭之人，不忘其勞。故有罪者不怨上，受⓮賞者無貪心，則列陳⑮之士，皆輕其死而安難⑯，以要上事；本兵之極⑰也。

右四傷⑱

【章　旨】此章言明君所重，應是政令、社稷、刑法、權威，這也就是治軍的最重要的原則。

【注　釋】❶世主　指當代平庸的君主。❷明君　聖明的君主。原文為「亡主」。豬飼彥博云：「『亡』當作『明』。」❸致　通「至」。最。下三「致」字同。❹愛人　即「愛民」。下文「法愛於人」、「治人」、「養人」、「用人」句中「人」字，皆同此例。❺枉　彎屈。引申為違背。❻反　同「返」。回歸。❼君　原文為「居」。丁士涵云：「『居』乃『君』之誤字。」❽行　施行。聞一多謂：「疑當為『循』。」錄供參考。❾服教　服從政令。❿嚴斷　嚴肅決斷。⓫開私　打開私路；徇私枉法。⓬便辟　即「便嬖」。君主親近寵愛的人。⓭隱不知　即「隱而不知」。窮困而不為人知。⓮受　原文為「愛」。豬飼彥博云：「『愛』當作『受』。」⓯列陳　即「列陣」。置身戰場。⓰安難　安於危難；不怕犧牲。⓱極　準則。⓲四傷　指百匿、姦吏、姦民、賊盜四種有損治國、治軍的勢力。原文為「四傷百匿」。王念孫云：「朱本無『百匿』字，是也。」

【語　譯】當代平庸的君主，器重的是珍寶，親近的是親屬，愛惜的是臣民，重視的是爵位俸祿。聖明的君主，則不是如此。他所器重的，不是珍寶；最親近的，不是親屬；最愛惜的，不是臣民；最重視的，不是官爵秩祿。存心不為了器重珍寶而損害自己的政令，所以說：政令比珠寶更珍貴。不為了所愛所親而危害自己的國家，所以說：國家比親屬更值得親近。不為了珍愛臣民而違背自己的刑法，所以說：刑法比臣民更值得珍愛。不為了重視俸祿爵位而分散自己的權威，所以說：權威比爵祿更重要。不通曉這四條道理，便會回到一無所有的境地。所以說：治理臣民如同治理水患，養育臣民如同餵養六畜，役使臣民如同使用草木。君主自身能夠依道按理行事，群臣就會服從政令，百官就會嚴肅斷事，沒有誰敢於徇私枉法了。評定事功，計算勞績，不能違背法令規定。君主的寵臣親信、左右侍從、旺家大族、權貴、大臣，不能妄自增功；關係疏遠、地位低微、仕途困窮而沒有名望的人，他們有了功勞，也不會被埋沒。因而有罪受罰的人也就不會抱怨君主；因功受賞的人，也不會妄生貪心；臨陣對敵的將士，便將看輕死亡，安於危難，要求為國立功。這本來就是治軍的準則。

以上為「四傷」

為兵之數：存❶乎聚財，而財無敵❷；存乎論工❸，而工無敵；存乎制❹器，而器無敵；存乎選士，而士無敵；存乎政教，而政教無敵；存乎服習❺，而服習無敵；存乎遍知天下，而遍知天下無敵；存乎明於機數❻，而明於機數無敵。故兵未出境，而無敵者八❼。是以欲正天下，財不蓋❽天下，不能正天下；財蓋天下，而工不蓋天下，不能正天下；工蓋天下，而器不蓋天下，不能正天下；器蓋天下，而士不蓋天下，不能正天下；士蓋天下，而教不蓋天下，不能正天下；教蓋天下，而習不蓋天下，不能正天下；習蓋天下，而不遍知天下，不能正天下；遍知天下，而不明於機數，不能正天下。故明於機數者，用兵之勢❾也。大者時也，小者計也。

【章　旨】此章言克敵制勝的八項因素，強調明於機數，是用兵藝術的必然要求。

【注　釋】❶存　存心。即集中心思。❷無敵　沒有敵手；無可抗衡。❸論工　即「掄工」。挑選工匠。論，通「掄」。選擇；選拔。❹制　即「製」。製造。❺服習　軍事訓練。尹知章注云：「服，便也，謂便習武藝。」❻機數　時機與策略。❼八指上述「聚財」、「論工」、「制器」、「選士」、「政教」、「服習」、「遍知天下」、「明於機數」等八項因素。❽蓋　覆蓋；壓倒。❾勢　情勢；必然要求。

【語譯】治軍的方法，應當著意聚積財富，使財富無可抗衡；應當著意挑選工匠，使工匠技藝無可抗衡；應當著意製造武器裝備，使武器裝備無可抗衡；應當著意選拔士卒，使士卒無可抗衡；應當著意管理教育，使管理教育無可抗衡；應當著意軍事訓練，使軍事訓練無可抗衡；應當著意瞭解各國情況，使瞭解各國信息、掌握各國情報無可抗衡；應當著意明瞭時機策略，使明察戰機、運籌方略無可抗衡。因而軍隊尚未出國作戰，而無可抗衡的八項因素就已具備了。所以，想征服天下，如果財力不能超過天下，就不能征服；財力能超過天下，而工匠技藝不能超過天下，就不能征服；工匠技藝能超過天下，而武器裝備不能超過天下，就不能征服；武器裝備能超過天下，而士卒的素質不能超過天下，就不能征服；士卒的素質能超過天下，而管理教育不能超過天下，就不能征服；管理教育能超過天下，而軍事訓練不能超過天下，就不能征服；軍事訓練能超過天下，而不能全面瞭解各國的情況，就不能征服；能全面瞭解各國的情況，而對於時機和策略不甚明瞭，仍然不能征服天下。因此，明察時機和策略，是用兵的情勢所致。建立大功的，是掌握了天時，建立小功的，是運用了計謀。

王道非廢也，而天下莫敢窺者，王者之正也。衡庫者，天子之禮也❶。

【注釋】❶這段文字，「與上下文義不貫，疑是錯簡」（戴望語），故不作注譯。

是故器成卒選，則士知勝矣。遍知天下，審御機數，則獨行無敵矣。所愛之國，而獨❶利之；所惡之國，而獨害之，則令行禁止。是以聖王貴之❷。勝一而服百，則天下畏之矣；立少而觀多，則天下懷❸之矣；罰有罪，賞有功，則天下從之矣。故聚天下之精財❹，論百工之銳器；春秋角試❺以練❻，精銳為右❼。成器❽不課❾不用，不試不藏。收天下之豪傑❿，有⓫天下之駿雄⓬。故舉之如飛鳥，動之如雷電，發之如風雨；莫當⓭其前，莫害⓮其後；獨出獨入，莫敢禁圉⓯。成功立事，必順於理⓰義。故不理不勝天下，不義不勝人。故賢知⓱之君，必立於勝地，故正天下而莫之敢御也。

右為兵之數

【章　旨】此章強調欲「勝天下」，要在「必順於理義」。

【注　釋】❶獨　唯獨；特殊。❷貴之　即「貴此」。看重這些。❸懷　歸向；歸附。❹財　通「材」。材料。❺角試　通過較量、競爭加以檢驗。❻練　通「揀」。選擇。❼右　上；上等。❽成器　成品。此指製成的武器。❾課　檢驗；考核。❿豪傑　才能出眾的人。⓫有　擁有。⓬駿雄　指勇士。⓭當　遮攔；阻礙。⓮害　妨礙。⓯禁圉　制止；阻擋；限制。⓰理　原文為「禮」。丁士涵云：「宋紹興本、楊忱本『禮』皆作『理』，是也。」下文「不理」，原文亦作「不禮」，亦據改。⓱知　通「智」。

【語　譯】因此，武器造好，兵卒選定，士兵便有了取勝的信心。全面瞭解各國的情況，善於駕御時機、運用策略，便可以任意而行，無可匹敵了。友好的國家，便給予特殊優惠；憎惡的國家，便特意給予打擊。這樣，就會發令必行，施禁必止。因此，高明的君王很看重這些作法。戰勝一個國家，而使眾多的國家屈服，天下各國就會畏懼；幫助少數國家立業，而讓多數國家看到，天下各國就會歸附；懲治罪犯，獎賞功臣，天下各國就會服從。聚集天下精良的材料，挑選眾多的工匠製造的精銳兵器，春秋兩季通過較量加以選擇，精良銳利的列為上等。製成的兵器，不經檢驗，不能使用；不經測試，不能入庫。再蒐羅天下的豪傑，擁有天下的猛士。因而興兵如同飛鳥突起，動兵如同雷電疾馳，發兵如同風雨蓋地；沒有誰敢從前面遮攔，沒有誰敢在後面妨礙；獨往獨來，無人能加限制。但成就功勳，創立事業，必須順應事理和正義。不合事理，不能征服各國；不符正義，不能戰勝他人。所以賢明聰慧的君主，必然立於不敗之地，因此，能夠征服天下，沒有誰敢於阻擋。

以上是「為兵之數」

若夫曲制❶時舉，不失天時，毋壙❷地利。其數多少，其要❸必出於計❹。故凡攻伐之為道也，計必先定於內，然後兵出乎境。計未定於內，而兵出乎境，是則戰之自敗❺，攻之自毀也。是故張軍❻而不能戰，圍邑而不能攻，得地而不能實❼。三者見一焉，則可破毀也。故不明於敵人之政，不可加❽也；不明於敵人之情，不可約❾也；不明於敵人之將，不先軍❿也；不明於敵人之士，不先陳也。是故以眾擊寡，以治擊亂，以富擊貧，以能⓫擊不能，以教卒、練士⓬擊敺眾⓭白徒⓮，故十戰十勝，百戰百勝。

【章　旨】此章言攻戰之道，在明瞭敵情，預作謀劃。

【注　釋】❶曲制　本言軍隊建制。此指軍隊。曲，古時軍隊編制中的較小單位。❷壙　通「曠」。荒廢。❸要　總要；總數。❹計　計算；計畫。原文為「計數」。丁士涵謂：「不當有『數』。」❺敗　原文為「勝」。丁士涵謂：「當作『敗』。」❻張軍　部署兵力；排列陣勢。❼實　堅實。此指堅守。❽加　加兵；發動進攻。❾約　要約。此指宣戰。❿軍　駐紮；結營紮寨。⓫能　勝任；善於。此指善於用兵的將帥。⓬練士　即「揀士」。經過挑選的士兵。⓭敺眾　指被驅趕脅迫而來的兵卒。即所謂「烏合之眾」。⓮白徒　見〈乘馬〉注釋。

【語　譯】至於軍隊伺時出戰的原則，應當是不失天時，不廢地利。人員、裝備、軍需物資的多少，其總數一定要根據計畫。凡是攻伐的原則，都是先在國內作好謀劃，然後發兵出境。若在國內沒有定好作戰計畫，而發兵出境，那麼守禦就會自取敗亡，進攻就會自取毀滅的。因而排列了陣勢而不能出戰，圍住了城邑而不能攻取，奪得了地盤而不能堅守，三種情況出現一種，便可招來毀滅。所以，不明悉敵方的政治情況，不能發動進攻；不明瞭敵方的軍事情況，不能對敵宣戰；不熟悉敵方的指揮將領，不能先結營紮寨；不瞭解敵方的士卒素養，不能先列陣陳兵。因而必須以大支部隊攻擊小股兵力，以安定之國攻擊動亂之國，以軍需富足的部隊攻擊軍需貧弱的部隊，以善於用兵的將帥攻擊不會用兵的將帥，以訓練有素、經過挑選的士卒攻擊未經軍事訓練的烏合之眾，才能十戰十勝，百戰百勝。

故事無備，兵無主，則不蚤知敵❶；野不辟，地無吏，則無蓄積；官無常❷，下怨上，則❸器械不功❹；朝無政，則賞罰不明；賞罰不明，則民幸生。故蚤知敵則獨行❺，有蓄積則久而不匱，器械功則伐而不費❻，賞罰明，則人不幸生❼，人不幸生，則勇士勸矣❽。故兵也者，審於地圖，謀於日官❾，量蓄積，齊❿勇士，徧知天下，審御機數，兵主之事也。

【章 旨】此章言治軍要務及統帥職責。

【注 釋】❶蚤知敵 即「早知敵」。原文為「蚤知」。丁士涵云：「『知』下當脫『敵』字。」❷常 指穩定的規章制度。❸則 原文為「而」。此據古本改。❹功 通「工」。精良。❺蚤知敵則獨行 原文為「蚤知敵人如獨行」。丁士涵云：「衍人字，又誤『則』作『如』。」❻費 損耗；耗費。❼人不幸生 即「民不幸生」。指士卒不會僥倖求生。原文為「人不幸」。豬飼彥博云：「『不幸』下脫『生』字。」下文同。❽矣 原文為「之」。聞一多謂：「為草書『矣』之壞字。」❾謀於日官 原文為「謀十官日」。何如璋云：「『十』乃『于』之壞。『官日』二字倒易。」❿齊 齊一；統一。

【語 譯】所以，倘若戰爭無準備，軍中無統帥，便不能及早瞭解敵情；原野沒有開墾，田地沒有官員管理，便會沒有糧草蓄積；官府沒有穩定的規章制度，工匠埋怨上司，製造的兵器便不會精巧；朝廷沒有政令，賞罰便不會分明；賞罰不分明，民眾就會僥倖偷生。因而預先瞭解敵情，便能任意而行，所向無敵；富有蓄積，便能久戰而不乏困；武器裝備精良，攻打起來就可以減少損耗；賞罰分明，人們便不會僥倖偷生；民眾不僥倖偷生，勇士便能得到激勵了。所以，用兵一事，對於地形地勢要能明悉，要與日官研究氣象天時，要計算糧草儲備，要統一兵士訓練，要全面瞭解天下局勢，要明察、掌握時機與策略。所有這些，都是統帥的職責。

有❶風雨之行，故能不遠道里❷矣。有飛鳥之舉，故能不險山河矣。有雷電之戰，故能獨行無敵矣。有水旱之功❸，故能攻國救邑。有金城❹之守，故能定宗廟❺、育男女矣。有一體之治，故能出號令、明憲法❻矣。風雨之行者，速也。飛鳥之舉者，輕也。雷電之戰者，士不齊❼也。水旱之功者，野不收、耕不穫也。金城之守者，用財貨、設耳目也。一體之治者，去奇說、禁雕俗❽也。不遠道里，故能威❾絕域之民。不險山河，故能服恃固❿之國。獨行無敵，故令行而禁止。攻國拔邑⓫，不恃權與⓬之國，故所指必聽。定宗廟，育男女，天下莫之能傷，然後可以有國。制儀法，出號令，然後可以治民一衆矣。

右選陳⓭

【章旨】此章言「風雨之行」、「飛鳥之舉」、「雷電之戰」、「水旱之功」、「金城之守」、「一體之治」六者的具體要求及其重大作用。

【注釋】❶有　原文為「故有」。張文虎云：「『故』字衍。觀下文自明。」❷不遠道里　不以道里為遠。意即不怕路途遙遠。下文中「不險山河」，同此用法。❸水旱之功　有水旱災害一般的破壞作用。功，功效；作用。❹金城　堅固的城池。金，固若金湯之意。❺定宗廟　使宗廟安定。意即能保守祖業。宗廟，君主祭祀祖先的處所。❻憲法　憲章法令。❼士不齊　士卒來不及擺開陣勢。齊，列；排列成陣。❽雕俗　雕琢修飾的習氣。❾威　威震；威懾。❿恃固　依仗天然險阻和牢固工事。⓫攻國拔邑　原文為「故攻國救邑」。豬飼彥博謂：「『故』字衍。」聞一多謂：「『救』當為『拔』。」⓬權與　盟國。⓭選陳　即「算陣」。意謂謀劃攻戰之事。

【語譯】有像風雨一樣的行進速度，因而能夠不怕路途遙遠；有像飛鳥一樣的靈活舉動，因而能夠不顧山河險阻；有雷電一樣的攻戰威力，因而能夠任意而為、無可阻擋；有像水旱災害一樣的摧毀力量，因而能夠進攻別國、救人城邑；有固若金城一樣的防禦能力，因而能夠安定宗廟、生男育女；有形同一體、得心應手的管理機制，因而能夠施發號令、明布憲章法令。所謂風雨一般的行進，是指神速；飛鳥一般的舉動，是指輕捷；雷電一般的攻戰威力，是指使對方來不及排列行陣；水旱災害一般的摧毀力量，是指使敵方田地無收、耕種無穫；固若金城一般的守禦能力，是指花錢收買敵人、設置間諜；形同一體的管理機制，是指摒棄異端邪說、禁止雕飾浮誇習氣。進軍不怕路途遙遠，因而能使偏遠地區的民眾震懾；行軍不顧山河險阻，因而能使自恃天然險阻和牢固工事而敢於相抗的國家歸附；舉措任意而行、無可阻擋，因而能夠令行禁止；攻伐敵國、拔取敵城，不要依賴盟國的協助，因而旌旗所指，必然聽從。安定宗廟，生男育女，各國不敢傷害，然後可以保有政權。制定儀法，施發號令，沒有誰不作響應，然後便可以治理百姓統一民心了。

以上為「選陳」

版法　第七

【題解】此為《管子》第七篇，題為「版法」。版，指古時書寫用的木片；法，即法典、規章。尹知章云：「選擇政要，載之於版，以為常法。」故名版法。本篇所述「政要」，概括起來，主要有三點：

一是「無私」。作者認為君主應當「法天」，「象地」，「參於日月」，「伍於四時」，「正彼天植」，不私親疏；然後「正法直度」，輔之以教化利導，才能「令往民移」，治理得心應手。

二是「無違」。「風雨無違」一語，歷來論者多謂為「不違農事」、「不違天時」。然綜觀全文，未見涉及「農事」、「天時」之處，卻多言及「民怨」、「禍亂」之意。似是藉風雨之興，自有其客觀規律，來喻指民怨之生、禍亂之始，自有其內在因由。因而示意君主舉事，應當不違背世事規律，而應當「成事以質」，使人民承受得了，活得下去。

三是「合德」，即普施德澤。作者認為君主應當有「悅眾」之心，「兼愛無遺」，與民「同利」，使「遠近高下，各得其嗣（治）」。只有這樣，才能息民怨而絕禍亂。

作者的觀點很明確，理順這「三經」，目的在於「有國」、「安高」，即鞏固政權，鞏固君位。這些，都是頗為重要的政治經驗。其中所強調的「法治」及「民本」思想，在當時更具有明顯的進步意義。

凡將立事❶，正彼天植❷，風雨無違❸，遠近高下，各得其嗣❹。三經❺既飭❻，君乃有國。

【章旨】此章言君主臨政視事，必須理順「三經」，即端正心志、不悖規律、澤被天下。

【注釋】❶立事　即「蒞事」。義同前篇名之「立政」，指君主臨政視事。❷天植　〈版法解〉謂：「天植者，心也。天植正，則不私近親，不孽疏遠。」天植，即指君主心志。下文「植固不動，倚邪乃恐」中的「植」，也同此義。❸風雨無違　即不悖規律。風雨之至，自有其客觀規律，似借以比喻。❹嗣　金文嗣、𤔲通用。「𤔲」古「治」字（依于省吾說）。❺三經　三項經久常行之事。即指上文所言「正彼天植」、「風雨無違」、「遠近高下，各得其嗣」。❻飭　整頓；理順。

【語譯】君主凡是臨政蒞事，就一定要端正心志，不違背規律，使遠近高下、各個地區的民眾，都得到治理。這三項經久常行的事情處理好了，君主便能保有國家政權。

喜無以賞，怒無以殺。喜以賞，怒以殺，怨乃起，令乃廢。驟❶令不行，民心乃外❷。外之有徒，禍乃始牙❸。眾之所忿，寡❹不能圖。舉所美，必觀其所終❺，廢所惡，必計其所窮。慶勉❻敦敬以顯之，富祿有功以勸之，爵貴有名以休之❼。兼愛無遺，是謂君心。必先順教❽，萬民鄉風❾；旦暮❿利之，眾乃勝任⓫。

【章旨】此章言君主對待民眾，應當有「兼愛無遺」的胸懷。

【注釋】❶驟　屢次。❷外　外心；背離君主之心。❸牙　通「芽」。萌發。❹寡　原文作「眾」。劉績云：「當依後〈解〉作『寡不能圖』。」❺觀其所終　與下句中「計其所窮」都有察看、考慮結局及後果的意思。❻慶勉　獎賞勉勵；嘉獎。❼休之　使之有美名。休，美善；美好。❽順教　教訓；教育。順，通「訓」。❾鄉風　即「向風」。趨向好的風尚。❿旦暮　早晚。意指時常、經常。⓫勝任　擔當得起。此指民眾將擔當起應盡的職責。

【語譯】不要因為一時高興便行賞，也不要因為一時憤怒便殺人。一時高興而行賞，一時憤怒而殺人，怨恨便會產生，政令便會廢弛。假如君主屢次下令都不能施行，民心就會背離。懷著背離之心的人，一旦有了同夥，禍患便會發生。民眾產生的忿怒情緒，少數人是不能對付的。興辦自己所讚美的事，一定要察究事情的結局；廢止自己所厭惡的事，一定要考慮事情的後果。獎賞鼓勵敦厚嚴肅的人，使他們得到顯揚；對有功人員給予優厚俸祿，使他們得到激勵；對有名的賢才給予尊高爵位，使他們得到美好的聲望。全面愛撫臣民而沒有遺棄，這就稱為君主的胸懷。一定要先行教訓，使萬民趨向好的風尚；然後經常用實惠加以誘導，民眾便會擔當起應盡的義務。

取人以己❶，成事以質❷。審用財，慎施報，察稱量❸。故用財不可以嗇，用力不可以苦。用財嗇則費❹，用力苦則勞。民不足，令乃辱❺；民苦殃，令不行。施報不得❻，禍乃始昌；禍昌不寤❼，民乃自圖。

【章　旨】此章言君主舉事，用財於民不可太省，取力於民不可太苛。否則，民眾將自謀出路。

【注　釋】❶取人以己　向民眾徵取時，必須設身處地，考慮其承受能力。❷質　實；實際情況。❸稱量　本指計量輕重多少。此指分量、限度。❹用財嗇則費　謂朝廷用財於民太省，生活供應不足，民眾無法盡力從事，反生怨心。費，《釋文》：「本文作拂。」❺辱　此指不被理睬、遭到輕蔑。❻得　得當；適合。❼寤　通「悟」。猛省。

【語　譯】徵取民眾物力人力，必須設身處地；朝廷興辦大事，必須根據實際能力。應審慎斟酌財政用度，慎重對待施予與報償，明察勞力的使用量與限度。所以，用財於民時，不可以吝嗇；使用民力時，不可以太多。用財吝嗇，將生逆反之心；徵用民力太多，民眾將疲勞不堪。民眾不足以生活，政令便將遭到輕慢；民眾苦於勞役之災，政令便不能施行。施予報償不得當，禍患便會開始發生。禍患已經發生，君主仍不猛省，民眾便會自謀出路。

正法直度，罪殺不赦，殺僇❶必信，民畏❷而懼。武❸威既明，令不再❹行。頓卒❺怠倦以辱之，罰罪有過❻以懲之，殺僇犯禁以振❼之。植固不動，倚邪❽乃恐。倚革邪化，令往民移。

【章旨】此章言嚴明法度，強化君威。

【注釋】❶僇　通「戮」。殺戮。❷畏　敬服。❸武　勇猛；英武。❹再　指一而再、再而三。❺頓卒　挫折；斥責。卒，當作「啐」。訓戒；呵斥。❻有過　原文為「宥過」。王念孫云：「當從朱本作『有過』。」❼振　通「震」。震懾。❽倚邪　通「奇邪」。此指乖戾邪僻之人。

【語譯】法度公正，有罪當殺的，不予寬赦；施行殺戮，言出法隨，人們便會敬服恐懼。雄威既已彰明，法令便不必一再頒行。訓斥怠惰的人，使他們受到羞辱、教育；責罰有過的人，使他們受到懲戒、警告；處死罪犯，使觸犯法禁的人受到震懾、威脅。君主厲行法制的心志堅定不移，乖戾邪僻的人便會內心恐懼。乖戾邪僻的人有了改進和變化，一旦法令下達，人們便會遵照執行了。

法天合德❶，象地❷無親❸，參❹於日月，伍❺於四時。悅眾在愛施❻，有眾在廢私，召遠在修近，閉禍在除怨。備長❼在乎任賢，安高❽在乎同利。

【章旨】此章言長治久安之策。

【注釋】❶合德　普施德澤。合，共同；普遍。❷象地　即「像地」。以地為法式、為榜樣。❸親　私親；偏私。❹參　同「叁」。與日月合而為三。❺伍　與春夏秋冬四時合而為五。原文為「佐」。王念孫云：「當從朱本作『伍』，字之誤也。」

❻悅眾在愛施　原文為「悅在施」。劉績云：「當作『悅眾在愛施』，脫一『眾』字。」❼備長　準備長久；設計長遠。原文為「修長」。此據〈版法解〉文改。❽安高　使居高位者安穩。意即鞏固君權。

【語　譯】效法上天，普施德澤；模仿厚地，大公無私。與日月匹配為三，與春夏秋冬四時相並為五。欲使民眾喜悅，在於愛心與實惠；擁有民眾，在於廢棄偏私。召喚諸侯各國歸附，在於修治國內政事；禁絕禍亂，在於消除民眾怨怒。設計長遠，在於任用賢才；鞏固君主地位，在於與民同利。

卷三

幼官 第八

【題解】此為《管子》第八篇，題為「幼官」，意義極為費解。對此，學者考索甚多。或從意義論說，或從文字考證，各有說辭。現在，漸趨一致的結論是：二字均係形近而誤，當作「玄宮」。玄宮，即指明堂，是天子宣明政教的處所。大凡朝會、祭祀、慶賞、選士、養老、教學等隆重儀典，一般都在這裡舉行。明堂方位，自有定規。本篇文字即按中、東、南、西、北為序，反覆排列，五區構成一體。郭沫若在《管子集校》中據此加以標識，復原為「玄宮圖」，附於該書〈幼官圖〉之後（誤訂在〈五輔〉中），甚為明晰，可供參讀。今人李勉，就本篇內容所及，以為「幼官」當為「五官」之誤，甚有見地，值得參考。

全文共十段，其內容可以概括為兩方面：第一至五段根據「五行」之說，以季夏、春、夏、秋、冬為序，闡述君主日常調養事宜及應行政事，強調了處虛守靜，順應自然的調養、治政原則；第六至十段依據「五行」之理，闡明軍陣中的中、東、南、西、北五方所用旗物、兵器、刑罰及用兵之道，突出論述了理想的用兵宗旨，不是為了索取土地，不是為了統治別人，而在「因民所利」，以求萬物服從。通篇依時序論養、論政、論兵，生動地反映了其時人們極力效法自然、欲備自然規範人事的思想觀點。就其形式而言，則可謂已啟「月令」之濫觴。因而《通典》有呂氏「〈月令〉出於《管子》」之說。

若因❶處虛守靜❷，人人物物❸則皇❹。五和時節❺，君服黃色，味甘味，聽宮聲❻，治和氣。用❼五數❽，飲於黃后之井❾，以倮獸之火❿爨⓫。藏溫濡⓬，行敺養⓭。坦氣修通，凡物開靜，形生理。

【章旨】此章言季夏時節，君主在日常生活方面，所應遵行的調養原則。

【注釋】❶若因　順應；遵循。劉師培謂此二字「疑『若圖』之訛」。錄供參考。❷處虛守靜　指順應自然的生活態度。虛，原文為「夜」，當是形近而誤。丁士涵云此句與下句當置於下章之首，「下當接下文『常至命』云云」。❸人人物物　意謂人人事事。原文為「人物人物」。郭沫若云：「『人物』二字當重，原文當為『人人物物』，可讀為『人物人物』（古文雙字以上重文，均在每一字下著重文符），亦可讀為『人人物物』。此處當以後讀為是。」❹皇　通「遑」。閒暇。❺五和時節　指季夏之月。即夏季最後一個月。古時盛行五行之說，人們常把五行（木、火、金、水、土）、五方（東、南、西、北、中）與四季相配。但季節只四，而「行」、「方」有五，故「土中」沒有季節相配，只好將它放在季夏之月，大體上屬於一年之正中。而「土中」又恰是「行」、「方」第五之和，因稱季夏之月為「五和時節」。❻宮聲　古時音樂，分宮、商、角、徵、羽五個音階，宮聲為第一音級。❼用　即「因」。遵循。❽數　規律；要求。❾黃后之井　中央之井。黃后，即黃帝。居中央。❿倮獸之火　依下文諸例，當即中央之火。倮獸，即「裸獸」。淺毛之獸，謂虎豹之類。⓫爨　炊煮。⓬溫濡　指溫和濡緩的心境。⓭敺養　指樂觀、達觀的態度。

【語譯】遵循順應自然的原則，人人物物，便可各得閒適。季夏時節，君主應當穿戴黃色服飾，品嘗甘味，聆聽宮聲，調理「五和」之氣；按照「五和時節」的要求，飲用中央井水，用「裸獸之火」炊煮；保持溫和濡緩心情，堅持愉悅達觀態度。坦然之氣修養通暢，凡事開朗閒靜，形骸必能自然成長，自然調理。

率常❶至命，尊賢授德，則帝❷。身❸仁行義，服忠用信，則王。審謀章禮❹，選士利械，則霸。定生處❺死，謹賢修伍❻，則眾❼。信賞審罰，爵材祿能，則強。計凡❽付終❾，務本飭末，則富。明法審數，立常備能，則治。同異分官❿，則安。

【章　旨】此章言成就帝業、王業、霸業之道。

【注　釋】❶率常　遵循常道。原文無「率」字，據張佩綸說補。❷帝　此為動詞，指稱帝、成就帝業。下文中「王」、「霸」，同此用法。❸身　躬行；親自實踐。❹章禮　即「彰禮」。彰明禮儀。禮，指制度品節。❺處　安定；安置。此指安葬。❻修伍　修好於伍；做好與民眾的關係。伍，居民基層組織。此指民眾。❼眾　得眾；得民心。❽計凡　計算大要。似指財政預算。凡，概略；大數。❾付終　即「符終」。似指財政決算。符，符驗；核算。❿同異分官　區別同異，分職理事。依據上文文例，此句之上當脫漏四字。

【語　譯】遵循常道天命，尊重賢才，授權道德高尚的人，便可以成就帝業。躬行仁義，任用忠誠信實的人，便可以成就王業。明悉謀劃，宣揚禮儀，挑選勇士，而利兵器，便可以成就霸業。安定生者，安葬死者，敬重賢士，善待百姓，便可以贏得民眾。信實獎賞，審察懲罰，官爵授給賢才，俸祿賜給能臣，便可以走向強盛。預計總數，核實結果，注重農事，整頓工商，便可以走向富裕。嚴明法度，講求策略，制訂常規，配備能臣，便可以秩序井然。區別同異，分職理事，便可以舉國安定。

通之以道，畜❶之以惠，親之以仁，養之以義，報之以德，結之以信，接之以禮，和之以樂，期之以事，考之以言❷，發之以力，感❸之以誠。一舉❹而上下得終❺，再舉而民無不從，三舉而地辟穀成❻，四舉而農佚粟豐❼，五舉而務輕金充❽，六舉而絜❾知事變，七舉而外內為用，八舉而勝行威立，九舉而帝事成形❿。

【章　旨】此章言君主治理臣民有方，則政績顯見。

【注　釋】❶畜　取悅。《呂氏春秋・適威》：「民善之，則畜也。」高誘注：「畜，好。」❷考之以言　原文作「攻之以官」。王念孫云：後「中方本圖」，「一本作『考之以言』，一本是也」，『考』『攻』、『言』『官』，字之誤」。❸感　感化。原文為「威」。王念孫云：「當為『感』」，是「字之誤」。❹一舉　指第一年歲首行政。《周禮・天官・大宰》云：「正月之吉，始和，布治於邦國都鄙。」意謂正月初一，新年伊始，氣氛和諧，君主便朝會群臣，向邦國都鄙宣布治典。❺上下得終　謂年終考核，滿朝上下都得到了好政績。❻穀成　指五穀成熟。原文為「散成」。張佩綸云：「當作『穀成』。」❼粟豐　謂糧食豐收。豐，原文為「十」。郭沫若云：「『十』乃『丰』之壞字，『丰』假為『豐』。」❽金充　謂財政充盈。原文為「金九」。郭沫若云：「九字疑『充』字之殘。」❾絜　本指用繩子計量圓柱形物體的粗細。此處用為衡量、估量。❿形　通「型」。規模。

【語　譯】用道理疏導人民，用實惠取悅人民，用仁愛親近人民，用道義教養人民，用恩德施報人民，用誠信交結人民，用禮儀接待人民，用音樂調節人民，從職事方面要求人民，從言論方面考察人民，用外力推動人民，用忠誠感化人民。第一年施政，滿朝上下必將取得好政績；第二年施政，民眾無不服從；第三年施政，必將田地開闢，五穀種植成功；第四年施政，必將農夫逸樂，糧食豐登；第五年施政，必將徭役減輕，國庫充實；第六年施政，將能預測事物發展；第七年施政，朝廷內外各種有利因素，必將全面發揮作用；第八年施政，必將捷報頻傳，國威大立；第九年施政，必將是帝業已成規模。

九本❶博❷大，人主之守也。八分❸有職❹，卿相之守也。七勝❺備威，將軍之守也。六紀❻審密，賢人之守也。五紀❼不解❽，庶人之守也。動而無不從，靜而無不同❾。治亂之本三❿，卑尊之交四⓫，富貧之終五，盛衰之紀六，安危之機七，強弱之應八⓬，存亡之數九⓭。練⓮之以散群⓯傰署⓰，凡數財署⓱。殺僇以聚財⓲，勸勉以遷眾⓳，使二分具本。發善⓴必審於密，執威㉑必明於中。

此居圖方中㉒

【章旨】此章言人主、卿相、將軍、賢臣、庶民，各有所守，應一體遵行。

【注釋】❶九本　九項根本原則。當指〈九守〉中主位、主明、主聽、主賞、主問、主因、主周、主參、督名諸項原則。❷博　宏博。原文為「摶」。豬飼彥博云：「當作『博』。」❸八分　八個部分。當指〈五輔〉所謂「上下有義，貴賤有分，長幼有等，貧富有度」中的上、下、貴、賤、長、幼、貧、富等八個方面。❹職　常規。❺七勝　七項取勝之道。當指〈樞言〉中所謂：「眾勝寡，疾勝徐，勇勝怯，智勝愚，善勝惡，有義勝無義，有天道勝無天道。」原文為「十官飾勝」。十，當為七之誤。何如璋謂「官飾」二字為鈔者所誤。❻六紀　即下文所謂「盛衰之紀」。紀，綱紀；綱要。愚謂「六紀」即指〈五輔〉中所謂「德有六興」：厚生、輸財、遺利、寬政、匡急、振窮。❼五紀　即下文所謂「富貧之終」。終，總；總則。或謂「五紀」似指〈立政〉所言關於管好山林、水利、種植、家庭副業、手工業等五項經常性工作。❽解　同「懈」。鬆懈；懈怠。❾動而無不從二句　意謂臣民服從君主。又重見於「東方方外」，意謂天下各國無不賓從。此二句因兩度出現，郭沫若謂此處之句為「重出」之文。同，取同；一致。❿治亂之本三　疑指〈立政〉中所謂「三本」。⓫卑尊之交四　或謂疑與「安危之機七」互譌，當作「安危之機四」，「卑尊之交七」。若此，則「安危之機四」恰與〈立政〉所謂「國之所以安危者四」相合，而「卑尊之交七」，疑指〈七法〉所謂「則、象、法、化、決塞、心術、計數」。以上意見可取。譯文仿此。然「卑尊之交」一語，依上下文例，應作「尊卑之交」。交，指變換的條件。⓬強弱之應八　疑指〈八觀〉中所謂八項調查內容。應，應驗；驗證。⓭存亡之數九　疑指〈立政〉中所謂「九敗」。⓮練　簡。⓯散群　解散徒眾。即不許結黨。⓰傰署　摧毀朋黨。署，書社。指朋黨。⓱凡數財署　郭沫若謂為「風教則著」四字之誤。意即風氣教化就會有顯著變化。⓲殺僇以聚財　或藉戰爭滅國，或用刑罰抄家，莫不奪收其財產，故謂通過殺戮以聚財。⓳遷眾　運用政教變易民眾風尚。亦即移風易俗。《周禮・地官・小司徒》：「凡用眾庶，則掌其政教。」原文為「選眾」。郭沫若云「選」，「當依古本作『遷』」。⓴發善　發布善舉。此指行賞。㉑執威　執掌威嚴。此指行刑。㉒此居圖方中　言此段文字居於圖之正中。郭沫若云：「此等文字，為錄書者所注識，非原文所有。」

【語　譯】有九項根本職守，內容宏博，關係重大，君主必須掌握。在八方面，各有常規，卿相必須掌握。有七條取勝之道，可以樹立軍威，將軍必須掌握。有六條綱紀，細密精到，賢人必須掌握。有五條總則，不能懈怠，百姓必須遵守。這樣，君主有什麼行動，臣民就會無不跟從；君主欲求安靜，臣民便會爭取一致。使亂變治的根本原則有三項，使危為安的轉化條件有四項，使貧變富的總則有五項，促衰成盛的綱紀有六條，由卑變尊的關鍵有七條，由弱變強的驗證有八條，救亡圖存的方略有九項。簡而言之，因國人不立朋黨，風尚教化的改變就會顯著。君主通過戰爭、刑罰的手段積累資財，運用獎賞激勵的方式移風易俗，並且應使這兩方面的措施都有所本。施行獎賞，必須對「周密」二字審慎考慮；執行刑罰，必須從公正方面細加明察。

此段文字居於「圖」之正中

春行冬政肅❶，行秋政霜❷，行夏政閹❸。十二地氣發❹，戒❺春事❻。十二小卯，出耕。十二天氣下❼，賜與❽。十二義氣❾至，修門閭。十二清明，發禁。十二始卯❿，合男女。十二中卯，十二下卯：三卯同事。八舉時節⓫，君服青色，味酸味，聽角聲⓬，治燥氣。用八數，飲於青后之井⓭，以羽獸之火⓮爨。藏不忍⓯，行敺養。坦氣修通，凡物開靜，形生理。

【章　旨】此章先言應春行春政；次言春和時節，君主在生活方面，所應遵行的調養原則。

【注　釋】❶春行冬政肅　從此以下三句，皆言應按時令施行政事，主要指農事。若春行冬時政事，則諸事肅殺無成。《禮記・月令》謂：孟春「行冬令，則水潦為敗，霜雪大摯，首種不入」；仲春「行冬令，則陽氣不勝，麥乃不熟，民多相掠」；季春「行冬令，則寒氣時發，草木皆肅，國乃大恐」。❷霜　原文為「雷」。據〈四時〉春「行秋政則霜」改。霜，通「喪」。喪亡。《釋名》：「霜，其氣慘毒，物皆喪也。」❸闇　指陽氣獨盛，天將大旱。《禮記・月令》謂：「仲春行夏令，則國乃大旱，暖氣早來。」❹十二地氣發　十二，疑指立春日之後的第十二天。本文言春夏秋冬四季，總共三十個節氣，每個節氣十二天，合計三百六十天。地氣發，疑為節氣名稱，指地氣開始上騰，大約相當於今之「驚蟄」。《禮記・月令》謂：孟春之月，「東風解凍，蟄蟲始振」，「天氣下降，地氣上騰」。❺戒　命令。❻春事　春耕之事。❼天氣下　疑是節氣名稱。取「天氣下降」之意。❽賜與　似指君主慰勞參與耕種的群臣。《禮記・月令》謂：孟春之月，「天子親載耒耜」，「帥三公、九卿、諸侯、大夫躬耕帝藉」，「反執爵於大寢」，「命曰勞酒」。❾義氣　即和氣。指「天地和同」之氣。《禮記・月令》謂：「天氣下降，地氣上騰，天地和同，草木萌動。」❿始卯　與下文「中卯」、「下卯」，均為節氣名稱。或謂當為「始卵」，指動物開始交配。下文「中卯」、「下卯」、「三卯」，「卯」均當為「卵」。因為動物交配多於春秋二季進行，所以，後文「西方方外」中也提及「三卯」與「合男女」之事。⓫八舉時節　指立春時節。其時「盛德在木」，「木」在陰陽五行中成數為「八」。春氣動，又謂「木氣舉」，故言立春日，為「八舉時節」。⓬角聲　五音之一。《禮記・月令》謂：「孟春之月」，「其蟲鱗，其音角」。⓭青后之井　東方井。青后，即青帝。主東。⓮羽獸之火　指南方之火。羽獸，南方朱鳥。⓯不忍　即不忍之心、仁愛之心。因春主仁，故有此說。

【語　譯】春行冬時政事，便將肅殺無成；行秋時政事，便將損失殆盡；行夏時政事，便將遭逢大旱。立春後第十二天，時值「地氣發」節氣，君主應頒布春耕命令。又十二天，時值「小卯」節氣，命令農夫出門耕種。又十二天，時值「天氣下」節氣，君主應賞賜「勞酒」。又十二天，時值「義氣至」節氣，應當修整里巷大門。又十二天，已至「清明」時節，應當開放禁令。又十二天，時值「始卯」節氣，應當宣布准許男女青年在城郊自由相會；又十二天，「中卯」；又十二天，「下卯」：「三卯」期間，同樣要求完成春令政事。春和時節，君主穿戴青色服飾，品嘗酸味食物，欣賞角聲歌曲，調理燥氣。遵循「八舉」時令要求，飲用東方井水，用「羽獸之火」炊煮；保持仁愛之心，堅持愉悅達觀態度。坦然之氣修養暢達，凡事開朗閒靜，形骸必能自然成長，自然調理。

合內空周外❶，強國為圈❷，弱國為屬❸。動而無不從，靜而無不同。舉發以禮❹，時禮❺必得。和好不基❻，貴賤無司❼，事變日至❽。

此居於圖東方方外

【章　旨】此章言君主舉事發令，均應依禮而行，方可達到預期目的。

【注　釋】❶合內空周外　指普天之下。戴望謂「空」為衍文，下篇〈幼官圖〉亦如此。❷圈　古「眷」字。親眷。喻指附庸。❸屬　此指屬隸。❹以禮　即「依禮」。依照制度、規定行事，「毋變天之道，毋絕地之理，毋亂人之紀」（《禮記・月令》）。❺時禮　應時循禮。❻基　通「惎」。憎恨；怨毒。❼司　通「辭」。獄訟。❽日至　日臻至善。

【語　譯】普天之下，強國成為附庸，弱國成為屬隸。有什麼行動，各國無不賓從；欲求安靜，各國無不爭取一致。如果舉事發令，依禮而行，順時循禮，必能獲得上述成效。君臣和好，不相怨毒；貴賤之間，沒有爭訟：政事必將變得日臻至善。

此段文字居於「圖」之東方方外

夏行春政風❶，行冬政落❷，重則雨雹❸；行秋政水❹。十二小郢❺，至德❻。

十二絕氣下，爵賞❼。十二中郢，賜與❽。十二中絕，收聚❾。十二大暑❿至，盡善；十二中暑；十二小暑終：三暑同事。七舉時節⓫，君服赤色，味苦味，聽羽聲⓬，治陽氣。用七數，飲於赤后之井⓭，以毛獸之火⓮爨。藏薄純⓯，行篤厚⓰。坦氣修通，凡物開靜，形生理。

【章　旨】此章先言應夏行夏政；次言君主炎夏時節，在生活方面所應遵行的調養原則。

【注　釋】❶風　指多風災。《禮記・月令》謂：孟夏行春令，則「暴風來格」；季夏行春令，則「國多風欬」。❷落　凋落。《禮記・月令》謂：孟夏「行冬令，則草木蚤枯」。❸雨雹　下冰雹。雨，此為動詞。《禮記・月令》謂：仲夏「行冬令，則雹凍傷穀，道路不通」。❹水　水災。《禮記・月令》謂：季夏「行秋令，則丘隰水潦」。❺小郢　即小盈。郢，通「盈」。滿。今之「小滿」，本此。下文「中郢」，即「中盈」。盈，當就白晝時間見長而言。❻至德　使有德的人到來；招致賢士。❼爵賞　賞賜官爵。原文為「下爵賞」。據丁士涵說改。《禮記・月令》謂：孟夏之月，「命太尉，贊桀俊，遂賢良，舉長大。行爵出祿，必當其位」。❽賜與　賜給慰勞品之類。《禮記・月令》謂：孟夏之月，「命野虞，出行田原，為天子勞農勸民」。❾收聚　指官府徵集物資。《禮記・月令》謂：季夏之月，「命漁人取龜黿」，「命澤人納材葦」，「命四監，大合百縣之秩芻」。❿大暑　當作「小暑」，下文「小暑」則當為「大暑」。譯文仿此。⓫七舉時節　指立夏時節。其時「盛德在火」，「火」在陰陽五行中成數為「七」，故謂立夏日為「七舉時節」。⓬羽聲　依《禮記・月令》，當作「徵聲」。譯文仍舊。⓭赤后之井　指南方井。赤后，即赤帝。或稱炎帝，主南。⓮毛獸之火　指西方之火。毛獸，西方白虎。⓯薄純　即「樸純」。樸實純潔。⓰篤厚　忠實厚道。

【語　譯】夏行春時政事，便將發生風災；行冬時政事，輕則造成草木早枯，重則帶來冰雹為害；行秋時政事，便將帶來水澇。立夏後第十二天，「小郢」，開始選拔賢士。又十二天，「絕氣下」，授爵賜賞。又十二天，「中郢」，賞賜慰勞農夫。又十二天，「中絕」，開始徵集物資。又十二天，「小暑至」，應使夏時政事日臻盡善；又十二天，「中暑」；又十二天，「大暑終」：「三暑」期間，同是要求完成夏令政事。炎夏時節，君主穿戴赤色服飾，品嘗苦味食物，欣賞羽聲歌曲，調理陽氣。遵循「七舉」時令要求，飲用南方井水，用「毛獸之火」炊煮；保持素潔心境，堅持忠實厚道態度。坦然之氣修養暢達，凡事開朗閒靜，形骸必能自然成長，自然調理。

定府官❶，明名分❷，而審責於群臣有司❸，則下不乘❹上，賤不乘貴。法立數❺得，而無比周之民❻，則上尊而下卑，遠近不乖❼。

此居於圖南方方外

【章　旨】此章言君主應審定官秩，宣明名分，使上下尊卑井然有序。

【注　釋】❶府官　指府中官階。府，官署的通稱。《周禮・天官・大宰》注謂：「百官所居曰府。」❷名分　指人的名位及應守的職分。❸有司　設官分職，各有專司，故稱官吏為「有司」。❹乘　凌駕；逾越。❺數　方略；政策。❻比周之民　結黨營私之徒。〈立政九敗解〉云：「人君唯毋聽群徒比周，則群臣朋黨，蔽美揚惡。然則國之情偽不見於上。」❼乖　乖錯；違背。

【語　譯】君主確定官階，宣明名分，對於群臣百官，加以明察督責，臣下便不敢凌駕君上，百姓便不敢凌駕官吏。儀法確立，策略得當，沒有結黨營私之徒，便會位尊者居上，位卑者居下，遠近各地，都無越軌現象。

此段文字居於「圖」之南方方外

秋行夏政葉❶，行春政華❷，行冬政秏❸。十二期風至❹，戒秋事。十二小卯，薄❺百爵。十二白露下，收聚。十二復理，賜與。十二始節，賦事❻。十二始卯，合男女。十二中卯，十二下卯：三卯同事。九和時節❼，君服白色，味辛味，聽商聲，治濕氣。用九數，飲於白后之井❽，以介蟲之火❾爨。藏恭敬，行搏銳❿。坦氣修通，凡物開靜，形生理。

【章　旨】此章先言應秋行秋政；次言君主秋涼時節，在生活方面所應遵行的調養原則。

【注　釋】❶葉　指農作物徒有苗葉而無花實。即所謂「苗而不秀」、「秀而不實」。❷華　開花。❸秏　「耗」的本字。虛耗。❹期風至　意謂秋風應時而至。與上下文之「十二」句例同，都是用作節氣名稱。❺薄　勉勵。❻賦事　指軍事訓練。《左傳・隱公四年》服虔注：「賦者，兵也。以田賦出兵，故謂之賦。」❼九和時節　指立秋時節。其時「盛德在金」。「金」在陰陽五行中成數為「九」，「金氣和」，故言立秋日，為「九和時節」。❽白后之井　西方井。白后，即白帝。主西。❾介蟲之火　依上下文例，應作「介獸之火」。羽、毛、鱗、介、倮，皆可謂「蟲」，亦可謂「獸」。古以「四獸」為軍陣，「北方，其獸玄武」（《淮南子・天文》）。玄武，指龜。即所謂「介獸」、「介蟲」。介獸之火，即北方之火。❿搏銳　即「博悅」。寬博愉悅（從郭沫若說）。

【語　譯】秋行夏時政事，作物便將葉而不秀；行春時政事，便將花而不實；行冬時政事，便將摧損無成。立秋後第十二天，「期風至」，君主應頒令秋時政事。又十二天，「小卯」，應勉勵百官勤於職守。又十二天，「白露下」，應掌握徵收，儲備蓄積。又十二天，「復理」，實施賞賜。又十二天，「始節」，開始軍事訓練。又十二天，「始卯」，宣布准許男女青年在郊野自由相會；又十二天，「中卯」；又十二天，「下卯」：「三卯」期間，同樣要求完成秋令政事。秋涼時節，君主穿戴白色服飾，品嘗辣味食物，欣賞商聲歌曲，調理溼熱之氣。遵循「九和」時令要求，飲用西方井水，用「介蟲之火」炊煮；保持端莊有禮心境，堅持寬博愉悅態度。坦然之氣修養通暢，凡事開朗閒靜，形骸自然成長，自然調理。

閒❶男女之畜❷，修鄉閭之什伍。量委積❸之多寡，定府官之計數。養老弱而勿遺❹，信❺利害❻而無私。

此居於圖西方方外

【章　旨】此章言秋時應行政事。

【注　釋】❶閒　通「簡」。省閱；視察。❷畜　畜養；生活。❸委積　儲蓄；聚積。《周禮・地官・遺人》：「掌邦之委積，以待施惠。」❹遺　遺忘；遺棄。原文為「通」。吳志忠謂：「為『遺』字之誤。」❺信　憑據；依據。❻利害　原文為「利周」。王念孫云：隸書「害」與「周」，「相似而誤」。

【語　譯】檢查鄉民的生活狀況，整頓鄉里的「什」、「伍」組織。計量積穀的多少，審定百官的開支。查察養老撫幼的情況，不允許有遺棄現象；勘驗豐歉，必須以獲利與受災情況為憑據，不能苟徇私情。

此段文字居於「圖」之西方方外

冬行秋政霧❶，行夏政雷❷，行春政烝泄❸。十二始寒，盡刑❹。十二小榆❺，賜予。十二中寒，收聚❻。十二中榆，大收❼。十二大寒❽至，靜❾；十二大寒，之陰❿；十二大寒終：三寒同事。六行時節⓫，君服黑色，味鹹味，聽徵聲⓬，治陰氣。用六數，飲於黑后之井⓭，以鱗獸之火⓮爨。藏慈厚，行薄純。坦氣修通，凡物開靜，形生理。

【章　旨】此章先言應冬行冬政；次言君主寒冬時節，在生活方面所應遵行的調養原則。

【注　釋】❶霧　指天氣氛霧冥冥。❷雷　《禮記・月令》謂：「仲冬行夏令，則其國大旱」，「雷乃發聲」。冬天雷聲隆隆，是氣候反常現象，舊謂必有災殃。湖南俗諺亦謂：「雷打冬，十個牛欄九個空。」❸烝泄　即「蒸泄」。指地氣向上發散。《禮記・月令》謂：「孟冬行春令，則凍閉不密，地氣上泄。」❹盡刑　全面施行刑罰。《禮記・月令》謂「功有不當，必行其罪」；「或敢侵削眾庶兆民，行罪無赦」；有相侵奪山林藪澤者，「罪之不赦」。❺小榆　為小榆節（立冬後二十四日）。古以桑榆喻晚景，冬為歲晚，故以榆稱冬。下文「中榆」之「榆」，亦同此義。❻收聚　《禮記・月令》謂：「命司徒循行積聚，無有不斂」，「命水虞漁師，收水泉池澤之賦」。❼大收　《禮記・月令》謂：季冬之月，「乃命四監，收秩薪柴，以共郊廟，及百祀之薪燎」。❽大寒　原文無「大」字。丁士涵云當作「大寒」。❾靜　指停止農事。《禮記・月令》謂：孟冬之月，「勞農以休息」。❿之陰　即往陰。鑿冰納於冰室。陰，凌陰；藏冰之處。《詩・豳風・七月》：「二之日鑿冰沖沖，三之日納於凌陰。」⓫六行時節　指立冬時節。其時，五行屬「水」，「成數六」水氣行，故謂「六行時節」。⓬徵聲　《禮記・月令》作「羽聲」。尹知章注：「不聽羽而聽徵者，亦所以抑盛陰也。」⓭黑后之井　北方井。黑后，黑帝。主北。⓮鱗獸之火　東方之火。鱗獸，東方青龍。

【語　譯】冬行秋時政事，便將氛霧冥冥；行夏時政事，便會雷聲隆隆；行春時政事，便會地氣蒸蒸。立冬後第十二天，「始寒」，全面施行刑罰。又十二天，「小榆」，施行賞賜。又十二天，「中寒」，徵收聚集水產。又十二天，「中榆」，大量徵收薪柴。又十二天，「大寒至」，頒令停止農事；又十二天，「大寒」，鑿冰，藏冰；又十二天，「大寒終」：「三寒」期間，同是要求完成冬令政事。寒冬時節，君主穿戴黑色服飾，品嘗鹹味食物，欣賞徵聲歌曲，調理陰氣。遵循「六行」時令要求，飲用北方井水，用「鱗獸之火」炊煮。保持仁慈寬厚心境，堅持樸素純真情性。坦然之氣修養通達，凡事開朗閒靜，形骸自然成長，自然調理。

器成於僇❶，教行於鈔❷。動靜不記❸，行止無量❹。戒❺四時以別息，異出入以兩❻易，明養生以解固❼，審取予以總之❽。一會諸侯令曰：非玄帝❾之命，毋有一日之師役❿。再會諸侯令曰：養孤⓫老，食⓬常疾⓭，收矜寡⓮。三會諸侯令曰：田租百取五，市賦百取二，關賦百取一，毋乏耕織之器。四會諸侯令曰：修道路，偕⓯度量，一稱數⓰；藪澤以時禁發之。五會諸侯令曰：修春秋冬夏之常祭，食天壤山川之故祀，必以時。六會諸侯令曰：以爾壤生物共⓱玄宮⓲，請四輔⓳，將以禮上帝。七會諸侯令曰：處四體⓴而無禮㉑者，流之焉莠命㉒。八會諸侯令曰：立四義㉓而毋議㉔者，尚㉕之於玄宮，聽於三公㉖。九會諸侯令曰：以爾封內㉗之財物，國之所有為幣㉘。九會，大命焉出㉙，常至㉚。千里之外，二千里之內，諸侯三年而朝，習命。二年，三卿使四輔㉛。一年正月朔日，令大夫來修，受命三公。二千里之外，三千里之內，諸侯五年而會至㉜，習命。三年，名卿㉝請事。二年，大夫通吉凶。十年㉞，重適㉟入，正禮義㊱。五年，大夫請受變㊲。三千里之外，諸侯世㊳一至。置大夫以為廷安㊴，入共㊵受命焉。

此居於圖北方方外

【章 旨】此章言九合諸侯所頒政令及諸侯來朝的有關規定。

【注 釋】❶僇 通「繆」。周到。❷鈔 通「眇」。細微。❸記 通「紀」。紀律。❹量 度量；規則。❺戒 慎重；謹慎。原文為「戒審」。依丁士涵說刪「審」字。❻兩 整飭。依郭沫若說。❼固 通「痼」。痼疾，指病痛。❽總之 戴望謂依上三句文例，當為「總乏」。即統計匱乏情況。❾玄帝 北方之帝。❿師役 指戰爭。⓫孤 幼而無父母，謂之孤。⓬食 通「飼」。供養；養育。⓭常疾 殘疾人。⓮矜寡 即「鰥寡」。原文為「孤寡」。張佩綸云：「當作『矜寡』。」老而無妻，謂之鰥。老而無夫，謂之寡。⓯偕 同；同一。⓰一稱數 即統一「衡制」。稱數，指斤兩的多少。⓱共 通「供」。指入貢。⓲玄宮 原文為「玄官」。依張佩綸說改。下文同此例。⓳四輔 官名。相傳為古代天子身邊的大臣。尹知章注：「四輔，即三公、四輔也，所以助祭行禮。」⓴處四體 喻指諸侯處於形同「四體」的重要位置。原文上有「官」字。許維遹謂：為「衍文」。㉑禮 即上文「禮上帝」。喻指禮敬天子。㉒莠命 污辱、擾亂政令。尹知章注：「莠命者，謂穢亂教命，若莠之穢苗也。」㉓立四義 即「立四儀」、「處四體」。㉔毋議 即無邪僻言行。議，本指傾斜，引申為邪僻。㉕尚 同「上」。推崇；選拔。㉖三公 周代有二說：一謂指司馬、司徒、司空；一謂指太師、太傅、太保。㉗封內 指疆界內、範圍內。㉘為幣 行幣禮。幣指帛、玉。《儀禮・覲禮》：「四享皆束帛加璧，庭實，唯國所有。」㉙焉出 於是出；從此發出。焉，於此。㉚常至 言九次召會之後，諸侯各國應遵照常規，至齊受命。常，常規。依下文看，此「常規」當遠近有別。㉛使四輔 劉師培謂：為「受事四輔」。使，通「事」。㉜會至 丁士涵謂「至」字疑為「衍文」。會，指諸侯親至王所朝見天子。俞樾謂：此「諸侯五年而會至」句，當置於下文「三千里之外」後。㉝名卿 即「命卿」。謂命於天子之卿。㉞十年 俞樾謂：「十年，重適入，正禮義。五年，大夫請受變」諸句，均應置於下文「三千里之外」句後。㉟適 通「嫡」。此指諸侯之世子。㊱禮義 即「禮儀」。此指典章制度等。㊲受變 即「受辯」。《說文》：「辯，治言也。」此指學習政策法令。㊳世 指三十年。㊴廷安 郭沫若謂「安」為「官」字之誤。廷官，即駐留在天子朝廷的官。兼為人質。㊵入共 即「入供」。入貢。

【語 譯】器物的製成，是由於思慮周到；政教的暢行，是由於工作精微。動靜不循紀律，行止便無規則。慎重地依據四時政事情況，分別安排作息；嚴格區分出納收支情況，整頓交易；明悉養生之道，擺脫疾病纏繞；審察取予原則，統計匱乏情況。第一次召會諸侯，命令道：沒有玄帝的命令，不得發動一日戰爭。二次召會諸侯，命令道：供養孤兒老弱，救濟殘疾之徒，收留鰥寡無依之人。三次召會諸侯，命令道：田租徵取百分之五，市賦徵取百分之二，關賦徵取百分之一，不能缺乏耕織器具的供應。四次召會諸侯，命令道：修整道路，統一度量標準，統一衡制；山林湖澤，必須依時封禁與開發。五次召會諸侯，命令道：主持春秋冬夏的經常性祭祀，供設天地山川的傳統祭禮，必須守時不誤。六次召會諸侯，命令道：把你國土上生產的物資入貢玄宮，報告四輔，用以敬奉天帝。七次召會諸侯，命令道：處於形同四體的重要地位而不禮敬天帝的，將把他以褻瀆擾亂教命的罪名加以流放。八次召會諸侯，命令道：居於形同四體的重要位置而言行無邪的，選拔到玄宮，執政同如三公。九次召會諸侯，命令道：把你疆域內的財物及國土上的珍寶作為幣禮，敬獻朝廷。九合諸侯，政令從此頒定，諸侯便應奉為常規，至齊受命。千里之外、二千里之內的諸侯國，每隔三年，君主來齊朝會，熟悉政令。每隔二年，三卿來齊，受命四輔。每年正月初一，令大夫前來學習，受命三公。二千里之外、三千里之內的諸侯國，每隔五年，君主來齊朝會，熟悉政令。每隔三年，命卿來齊請示。每隔二年，大夫前來報告國情吉凶。每隔十年，負有重任的諸侯世子來齊，是正禮儀制度。每隔五年，大夫前來學習政策法令。三千里之外的諸侯國，君主三十年朝齊一次。派遣大夫駐留在天子朝廷作官，負責入貢、受命諸事。

此段文字居於「圖」之北方方外

必得❶文威武。官習❷勝之務❸，時因勝之終❹，無方❺勝之幾❻，行義勝之理，名實❼勝之急，時分勝之事，察伐勝之行，備具勝之原，無象❽勝之本。定獨威❾勝，定計財❿勝，定聞知⓫勝，定選士勝，定制祿勝，定方用⓬勝，定綸理⓭勝，定死生勝，定成敗勝，定依奇⓮勝，定實虛勝，定盛衰勝。舉機誠要⓯，則敵不量；用利至誠，則敵不校⑯。明名章⑰實，則士死節；奇舉發⑱不意，則士歡用。交物因方⑲，則械器備；因能利備⑳，則求必得。執務明本㉑，則士不偷；備具無常㉒，無方應也。

【章　旨】此章言制勝之道。

【注　釋】❶得　同「德」。文德，指才能。❷官習　職責嫻熟。❸務　要務；重要條件。❹終　總；總則。❺無方　指變化無常。方，通「常」。❻幾　微妙處。《易・繫辭》：「幾者，動之微，吉之先見者也。」❼名實　指注重名聲與戰績。❽無象　指行動隱蔽，行軍布陣，不露痕跡。❾獨威　指軍令有至高無上的權威。❿計財　指計算經費開支。尹知章謂：「計謀財用，先審定者勝。」⓫聞知　指瞭解敵方的軍事情報。尹知章謂：「聞知敵謀，審定者勝。」⓬方用　指製造軍器時，遵循設計方案，使之能發揮最大效用。⓭綸理　通「倫理」。倫類次序。⓮依奇　何如璋謂：「依」當作「正」。且以為《孫子・勢篇》中「凡戰者以正合，以奇勝」，即本於此。⓯誠要　確實精要。⓰校　較量；對抗。⓱章　通「彰」。彰明；顯明。⓲發　郭沫若謂：為「衍文」，「乃『舉』字之古注，誤衍入正文者」。⓳交物因方　俞樾謂：「『交』讀為校，謂考校其物，必因其方。」意即依據設計方案，檢驗軍器成品。⓴因能利備　指用人用物兩者而言。即發揮人的才能和裝備齊全的優勢。㉑執務明本　此指君主執掌了權力，明悉了克敵制勝的根本策略。㉒無常　指用兵方略富於變化。

【語　譯】君主必須文有才能，武有威嚴。將士職責嫻熟，是克敵制勝的必要條件；天時利用得當，是制勝的總則；方略變化無常，是制勝的訣竅；出師正義，是制勝的必然之理；注重名聲與實績，是制勝的當務之急；選擇進攻時分，是制勝的必慮之事；明察攻擊部位，是制勝的必施之舉；兵器齊全，是制勝之源；行動隱蔽，是制勝之本。能夠確保至高無上權威的，必勝；能夠確保軍費供應的，必勝；能夠確保情報及時的，必勝；能夠確保精選士卒的，必勝；能夠確保依制賞祿的，必勝；能夠確依設計方案製造軍械的，必勝；能夠確保官兵等級次序原則的，必勝；能夠確保避死求生的，必勝；能夠確保化失利為成功的，必勝；能夠確保正奇相依的，必勝；能夠確保避實就虛的，必勝；能夠確保以盛擊衰的，必勝。選取戰機，的確精審，敵軍便無法猜測；運用己方的有利條件，若完全立足於真實，敵軍便無法較量。揚顯名聲，彰明戰績，將士便會甘心為國死戰；奇謀施於不可意料，將士便會樂於效力。檢驗兵器成品，依據方案行事，械器便會精良齊備。發揮人的智慧才能，運用武器齊備的優勢，所求的目的便必然能夠達到。君主既執掌了至高權力，又明悉了制敵的根本方略，將士便不能貪圖僥倖；裝備齊全，策略變化無常，敵方便無法應付了。

聽於鈔，故能聞未極❶；視於新，故能見未形；思於濬❷，故能知未始；發於驚❸，故能至無量；動於昌❹，故能得其寶；立於謀，故能實不可故❺也。器成教守，則不遠道里；號審教施，則不險山河；摶一❻純固，則獨行而無敵；慎號審章，則其攻不待權與❼。明必勝，則慈者勇；器無方，則愚者智；攻不守，則拙者巧：數也。

【章　旨】此章言制勝之理。

【注　釋】❶未極　未至；尚未到來。❷濬　深沈。❸發於驚　出其不意，一發驚人。❹昌　此指士氣壯盛。❺故　戴望謂「故」當為「攻」字之誤。❻摶一　原文為「博一」。王念孫謂當為「摶一」。即「專一」。指意志專一，無所旁顧。❼權與　指盟友之國。〈七法〉謂：「攻國拔邑，不恃權與之國。」〈事語〉謂：「獨出獨入，莫之能禁止，不待權與。」

【語　譯】識聽細微，所以能聽察還沒有到來的聲音；視覺敏銳，所以能發現還沒有形成的事物；思慮深遠，所以能預見還沒有發生的事情；發令迅雷不及掩耳，所以能達到無可限量的效果；出戰在士氣最旺盛之時，所以能奪取敵方的國寶；立足於縝密謀劃，所以能兵力堅實，不可攻破。兵器齊備，能遵教令，便不怕行軍遙遠；號令嚴明，訓練有素，便不怕山河險阻；眾志統一、單純、堅牢，便能縱橫無忌，所向無敵；慎發號令，明審旗章，攻敵便不必依賴外援。明辨了必勝的大局，心慈的人，也會勇猛殺敵；掌握了不同尋常的武器，愚蠢的人，也會聰敏非凡；進攻不善於守禦的敵軍，笨拙的人，也會異常靈巧。這些，都是必然的道理。

動❶慎十號，明審九章❷，飾❸習十器，善習五教❹，謹修三官❺。必設常主❻，計必先定。求天下之精材，論百工之銳器，器成角試❼否❽臧❾。收天下之豪傑，有天下之稱材❿，說行⓫若風雨，發如雷電。

此居於圖方中

【章　旨】此章言制勝之備。

【注　釋】❶動　郭沫若謂根據下文句例，當為「勤」字。意即勤奮。❷九章　九種旗幟作為指揮標誌。即〈兵法〉所謂日章、月章、龍章、虎章、鳥章、蛇章、鵲章、狼章、韓章。❸飾　通「飭」。飭令；告誡。❹五教　指對於目、耳、足、手、心五方面的訓練。〈兵法〉謂：「教其目以形色之旗」，「教其耳以號令之數」，「教其足以進退之度」，「教其手以長短之利」，「教其心以賞罰之誠」。原文為「五官」。洪頤煊云：「當作『五教』。」❺三官　指鼓、金、旗三種器物的指揮職能。❻常主　指軍中穩定的主帥。丁士涵云：「當作『主必常設』。」亦好。❼角試　較量；競爭。❽否　惡；劣。❾臧　善；優。❿稱材　即「稱才」。稱心適意的人。就是好手。⓫說行　郭沫若謂：「說」即「脫」字。意為急驟。「行」為衍文。

【語　譯】要盡力慎重對待十項號令，明悉九種旗章，飭令操練十種兵器，好好演習「五教」，認真訓練「三官」。必須有穩定的主帥，作戰部署，必須預先定妥。蒐羅天下的優質器材，研討百工的武器製造方案，武器製成之後，通過較量評定優劣。網羅天下的英雄，囊括各國的強手。行軍應像風雨一樣急速，攻擊應像雷電一樣迅猛。

此段文字居於「圖」之方中

旗物尚青❶，兵尚矛，刑則交寒害釱❷。

【章　旨】此章言軍陣中東方旗物、兵器及所用刑罰。

【注　釋】❶尚青　崇尚青色。五行說謂東方屬木，故旗物尚青。❷交寒害釱　均指刑罰。交，即「校」。《說文》謂：為「木囚」。寒，戴望謂：為「蹇」字之誤。枷鎖。害，劉績謂：為「轄」。木枷類。釱，鉗械雙足的刑具。

【語　譯】東方旗物，崇尚青色；兵器宜用長矛；刑罰則用「校蹇轄釱」之類的木刑。

器成不守❶，經不知，教習不著❷，發不意。經不知，故莫之能圉❸；發不意，故莫之能應。莫之能應，故全勝而無害；莫之能圉，故必勝而無敵。

【章　旨】此章言制勝速決之道。

【注　釋】❶器成不守　此指以「器成教守」之軍，攻擊「不守」之敵。即上文所謂「器成教守，則不遠道里」，「攻不守，則拙者巧」。❷教習不著　此指訓練有素，則發兵無跡。即上文所謂「號審教施，則不險山河」，「無象勝之本」。❸圉　阻擋。

【語　譯】以裝備精銳的軍隊，進攻不善守禦的敵人，已入敵境，敵尚不知；以訓練有素、行動不露形跡的軍隊，發起攻擊，便會出敵不意。入境而不知，所以沒有誰能阻擋；出其不意，所以沒有誰能對抗。沒有誰能對抗，所以能獲全勝而不受損失；沒有誰能阻擋，所以能穩操勝券而所向無敵。

四機❶不明，不過九日而游兵驚軍❷。障塞❸不審，不過八日而外賊得間❹。申❺守不慎，不過七日而內有讒謀。詭禁❻不修，不過六日而竊盜者起。死亡不食❼，不過四日❽而軍財在敵。

此居於圖東方方外

【章　旨】此章言治軍之五忌。

【注　釋】❶四機　指下文所謂：敵情、敵將、敵政、敵士。〈兵法〉中有「施四機，發五教」之句，「四機」即指此。❷游兵驚軍　使兵士渙散，軍心驚恐。游、驚，均為使動詞。❸障塞　尹知章謂：「障塞者，所以防守要路也。」即指防禦工事。❹間　縫隙；空隙。❺申　原文為「由」。俞樾謂當為「申」字。❻詭禁　指對於欺詐行為的禁令及制止措施。❼死亡不食　指對軍中死者不供享食。即不安葬祭祀死者。食，通「飼」。供食。或謂當作「死士不食」。即吝於財用，而不犒賞敢死之士。❽四日　或謂依上文句例當作「五日」。

【語　譯】對於四項機要不能明悉，用不了九天，便會士卒渙散，軍心驚恐。對於防禦工事不加審察，用不了八天，外敵便會找到間隙。對於申飭戒備不認真嚴肅，用不了七天，內部便會產生讒謀；對於欺詐行為不加整頓防範，用不了六天，盜竊之徒便會出現。對於陣亡將士，因吝於財用而不妥為安葬祭祀，用不了四天，軍需財物，便將落入敵軍手中。

此段文字居於「圖」之東方方外

旗物尚赤❶，兵尚戟，刑則燒交疆郊❷。

【章　旨】此章言軍陣中南方旗物、兵器及所用刑罰。

【注　釋】❶尚赤　崇尚赤色。陰陽五行說謂南方屬火，故旗物尚赤。❷燒交彊郊　許維遹謂：即「燒烄僵槁」。均指火刑。

【語　譯】南方旗物，崇尚赤色；兵器宜用長戟；刑罰則用「燒烄僵槁」之類的火刑。

必明其情❶，必明其將，必明其政，必明其士。四者❷備，則以治擊亂，以成擊敗。

【章　旨】此章言明瞭敵情、敵將、敵政、敵士，便能克敵制勝。

【注　釋】❶其情　指敵情。原文為「其二」。何如璋云：「『二』當作『情』。」❷四者　即上文所謂「四機」。

【語　譯】必須明瞭敵方軍情，必須明瞭敵方將領，必須明瞭敵軍政治情況，必須明瞭敵軍士卒素養。這四方面的情況一經全部掌握，便可以用整齊有序的軍隊，進攻散亂無章的士卒，用必然成功的軍隊，進攻勢將敗亂的士卒了。

數戰則士疲，數勝則君驕；驕君使疲民，則國危。至善，不戰❶；其次，一❷之。大勝者，積眾勝，無非義者焉，可以為大勝。大勝，無不勝也。

此居於圖南方方外

【章　旨】此章言作戰，當力戒君驕士疲，爭取大勝。

【注　釋】❶不戰　此指威懾敵軍，不戰而勝。❷一　指一戰而勝。

【語　譯】連續出戰，則士卒疲乏；頻頻獲勝，則君主驕傲。驕傲的君主，驅使疲乏的民眾，國家便會面臨危險。最理想的用兵，是不戰而勝；其次，便是一戰而勝。所謂大勝，就是積累多次勝利，而沒有不正義的行為，這便可以算作大勝。能作到大勝，便可以無往而不勝了。

此段文字居於「圖」南方方外

旗物尚白❶，兵尚劍，刑則紹昧斷絕❷。

【章　旨】此章言軍陣中西方旗物、兵器及所用刑罰。

【注　釋】❶尚白　崇尚白色。陰陽五行說謂西方屬金，故旗物尚白。❷紹昧斷絕　指刀斬之刑。許維遹謂：紹，通「釗」。《說文》謂：「釗，刓也。」戴望引《公羊傳・襄公二十七年》注曰：「昧，割也。」

【語　譯】西方旗物，崇尚白色；兵器宜於用劍；刑罰則用「紹昧斷絕」之類的刀斬之刑。

始乎無端❶，卒乎無窮❷。始乎無端，道也；卒乎無窮，德也。道不可量，德不可數。不可量，則眾強不能圖；不可數，則為❸詐不敢鄉❹。兩者備施，動靜有功。

【章　旨】此章言用兵之道，貴在莫測。

【注　釋】❶端　端緒；開頭。❷窮　窮盡；結尾。❸為　通「偽」。虛假。❹鄉　通「向」。接近。

【語譯】發兵時，像是沒有任何端倪；收兵時，像是沒個煞尾。發兵不見開端，好比是「道」；收兵不見結尾，好比是「德」。「道」，不可估量；「德」，不可計數。發兵不可估量，眾多強敵便無法圖謀；收兵不可計數，偽詐之徒便不敢靠近。「道」、「德」二者一齊施行，行進、停息，都能發揮應有的作用。

畜之❶以道，養之以德。畜之以道，則民和；養之以德，則民合。和合故能習❷，習故能偕。偕習以悉❸，莫之能傷也。

此居於圖西方方外

【章旨】此章言當以「道」、「德」二字畜養兵士。

【注釋】❶之　指代兵士。❷習　通「輯」。聚合。❸悉　全；盡。

【語譯】養育兵士，應當依據「道」的原則；培訓兵士，應當依據「德」的原則。養育兵士，依據「道」的原則，人們便會和諧；培訓兵士，依據「德」的原則，人們便會團結。彼此和諧團結，所以能夠凝聚一氣；彼此能凝聚一氣，所以能夠協調一致。協調一致，凝聚一氣，而且盡心盡力，也就沒有誰能夠傷害他們了。

此段文字居於「圖」西方方外

旗物尚黑❶，兵尚脅盾，刑則游仰灌流❷。

【章旨】此章言軍陣中北方旗物、兵器及所用刑罰。

【注釋】❶尚黑　崇尚黑色。陰陽五行說謂北方屬水，故旗物尚黑。❷游仰灌流　指溺水、沈潭之刑。許維遹謂「仰」疑為「休」字之誤。《說文》謂：「休，沒也，讀與溺同。」

【語　譯】北方旗物，崇尚黑色；兵器宜用脅劍；刑罰則用「游仰灌流」之類的溺水之刑。

察數而知治，審器而識勝，明謀而適勝❶，通德而天下定。定宗廟，育男女，官四分❷，則可以立威行德，制法儀，出號令。至善之為兵也，非地是求❸也，罰人是君❹也。立義而加之以勝，至❺威而實之以德，守之而後修勝，心焚❻海內。民之所利，立之；所害，除之；則民人從。立為六千里之侯，則大人❼從。使國君❽得其治，則人君從。會❾請命於天，地知❿氣和，則生物從。

【章　旨】此章言用兵的最高目的，在於因民所利，以求萬物服從。

【注　釋】❶適勝　往勝；通向勝利。或謂當作「勝適」。適，通「敵」。指戰勝敵軍。❷官四分　指士、農、工、商四民按其職分，各治其業。官，此指履行職事。❸非地是求　即「非求地」。不是為了索取土地。是，結構助詞，起前置賓語的作用。❹罰人是君　即「非人是君」、「非君人」。不是為了統治別人。罰，張佩綸謂當作「非」字。君，君臨；統治。❺至　通「致」。給予。❻心焚　心中憂慮。即所謂憂心如焚。郭沫若謂：「心焚」當為「必樊」。猶言務求控制天下。❼大人　尹知章謂：為「天子三公、四輔」。即指大臣。❽國君　指諸侯各國的君主。❾會　通「禬」。為消除災病而舉行的祭祀。❿知　尹桐陽謂通「潪」。言土得水沮。沮，此指溼潤。

【語　譯】察究用兵方法，便會懂得治軍之道；明悉兵器優劣，便會懂得制勝原因；精於謀劃，便能無往不勝；普施德澤，便能天下安定。能使王室安定，男女婚育，士、農、工、商各治其業，便可以樹立威嚴，施行德政，制定法規，頒發號令了。最理想的用兵宗旨，不是索取土地，不是統治他人。樹立正義，而以戰勝的手段作為保證；給予威懾，而以施行德政作為實惠；鞏固戰果，而後擴展勝利業績，一心想著統一天下。民眾認為有利的，給予興辦；民眾認為有害的，加以消除；各國的百姓便會服從。立為六千里的侯爵，諸侯各國的大臣便會服從。使諸侯國君享有其治理權限，各國君主便會服從。享祀上天，祈求除病消災，土地潤溼，氣候調和，普天生物便會服從。

計緩急之事，則危危❶而無難。明於器械之利，則涉難而不變。察於先後之理，則兵出❷而不困。通於出入之度，則深入而不危。審於動靜之務，則功得而無害。著於取與之分，則得地而不執❸。慎於號令之官，則舉事而有功。

此居於圖北方方外

【章　旨】此章言戰勝危難之道。

【注　釋】❶危危　非常危險。❷兵出　指大兵出境。郭沫若謂古本作「空兵」，意即傾國之師，「於義較長」。❸執　安井衡謂：意即惶懼。

【語　譯】謀劃妥善事情緩急的處理方案，即使遇到了異常危險，也會沒有難色。明悉各種器械的功能，即使遇到了極度困難，也不會改變常態。深察先後緩急的道理，即使大兵出境，也不會陷入困境。通曉出進敵陣的法度，即使深入敵境，也不會造成危局。明悉動靜得宜的安排原則，便會獲得成功而避免傷害。明白當取當予的界限，奪得了土地，也沒有憂懼。慎重地對待發號施令的職守，舉事便能建立功業。

此段文字居於「圖」之北方方外

幼官圖 第九

【題解】此為《管子》第九篇，原名「幼官圖」，後世學者多謂當作「玄宮圖」。郭沫若更依據〈幼官〉與〈幼官圖〉中雙重圖位標識，為之恢復「玄宮圖」，附於《管子集校．幼官圖》之後。雖名為「圖」，但也是直行文字，且內容與上篇〈幼官〉無異。所不同者，除在段落次序上，略有差異之外，便是於圖位更增一重說明而已。何以形成這種局面呢？安井衡作過論述，他說：「此篇名『圖』，則當陳列〈幼官〉所不及以為十圖。今不唯無圖，其言又與前篇無異；蓋原圖既佚，後人因再鈔〈幼官〉以充篇數耳，非《管子》之舊也。」

此篇排列次第，趙本、凌本為「中方本圖」、「中方副圖」、「東方本圖」、「東方副圖」、「南方本圖」、「南方副圖」、「西方本圖」、「西方副圖」、「北方本圖」、「北方副圖」。宋本則為「西方本圖」、「西方副圖」、「南方本圖」、「中方本圖」、「北方本圖」、「南方副圖」、「中方副圖」、「北方副圖」、「東方本圖」、「東方副圖」。兩種排列次序大異，戴望謂「恐宋本為是」。郭沫若謂古本、劉本、朱本次第均同於宋本。故此，本篇次序亦照宋本排列。又因為其內容與上篇無異，所以「章旨」、「語譯」一概省去，「注釋」也盡量從簡。

秋行夏政葉，行春政華，行冬政秏。十二期風至，戒秋事。十二小卯，薄百爵。十二白露下，收聚。十二復理，賜與。十二始節❶，賦事❷。十二始卯，合男女。十二中卯，十二下卯：三卯同事。九和時節，君服白色，味辛味，聽商聲，治濕氣。用九數，飲於白后之井，以介蟲之火爨。藏恭敬，行搏銳。坦氣修通，

凡物開靜，形生理。❸

【注釋】❶十二始節　原文為「十二始前節」。依據上篇〈幼官〉校改。❷賦事　原文為「第賦事」。依據上篇校改。❸此章因與上篇無異，「章旨」、「語譯」一概從略。下同。

間男女之畜，修鄉里之什伍。量委積之多寡，定府官之計數。養老弱而勿遺❶，信利害而無私。

此居於圖西方方外。

右西方本圖❷

【注釋】❶遺　原文為「通」。依據上篇所述緣由校改。❷右西方本圖　此重說明，當為後之鈔書者所改易，故形成雙重圖位標識。下同。

旗物尚白，兵尚劍，刑則紹昧斷絕。

始乎無端，卒乎無窮。始乎無端，道也；卒乎無窮，德也。道不可量，德不可數。不可量，則眾強不能圖；不可數，則為詐不敢鄉。兩者備施，動靜有功。畜之以道，養之以德。畜之以道，則民和；養之以德，則民合。和合故能習，習故能偕。偕習以悉，莫之能傷也。

此居於圖西方方外。

右西方副圖

夏行春政風，行冬政落，重則雨雹；行秋政水。十二小郢，至德。十二絕氣下，爵賞❶。十二中郢，賜與。十二中絕，收聚。十二大暑至，盡善；十二中暑；十二小暑終：三暑同事。七舉時節，君服赤色，味苦味，聽羽聲❷，治陽氣。用七數，飲於赤后之井，以毛獸之火爨。藏薄純，行篤厚。坦氣修通，凡物開靜，形生理。

【注釋】❶爵賞　原文為「下爵賞」。據丁士涵說改。❷羽聲　依《禮記・月令》，當作「徵聲」。尹知章謂：夏為「火王之時，不聽徵而聽羽者，所以抑盛陽」。

定府官，明名分，而審責於群臣有司，則下不乘上，賤不乘貴。法立數得，而無比周之民，則上尊而下卑，遠近不乖。

此居於圖南方方外。

右南方本圖

若因❶處虛守靜，人人物物❷則皇。五和時節，君服黃色，味甘味，聽宮聲，治和氣。用五數，飲於黃后之井，以倮獸之火爨。藏溫濡，行歐養。坦氣修通，凡物開靜，形生理。

【注釋】❶若因　在上篇中，劉師培謂為「若圖」之訛，郭沫若謂為「右圖」之誤。聊備參考。❷人人物物　原文為「人物」二字。在上篇中，郭沫若謂當為雙字重文。且郭在集校上篇時，將「處虛守靜，人物則皇」二句，置於下章之首。或謂本篇亦當如是。

率❶常至命，尊賢授德，則帝。身仁行義，服忠用信，則王。審謀章禮，選士利械，則霸。定生處死，謹賢修伍，則眾。信賞審罰，爵材祿能，則強。計凡付終，務本飾❷末，則富。明法審數，立常備能，則治。同異分官❸，則安。

【注釋】❶率　遵循。原文無此字。據張佩綸說補。❷飾　整頓；治理。上篇作「飭」。❸分官　分別職守，各司其事。依上文句例，此句之上當脫漏四字。

通之以道，畜之以惠，親之以仁，養之以義，報之以德，結之以信，接之以禮，和之以樂，期之以事，考❶之以言，發之以力，威之以誠❷。一舉而上下得終，再舉而民無不從，三舉而地辟穀❸成，四舉而農佚粟豐❹，五舉而務輕金充❺，六舉而絜知事變，七舉而內外❻為用，八舉而勝行威立，九舉而帝事成形。

【注釋】❶考 原文為「攻」。戴望謂為「字誤」，當從古本作「攷」，即「考」。❷誡 警告。原文為「誠」。安井衡謂當為「誡」字之誤。❸穀 五穀。上篇原文亦為「散」。張佩綸謂：當為「穀」。❹豐 原文為「十」。郭沫若謂為「丰」字之壞。丰，假為「豐」。❺充 原文為「九」。郭沫若謂疑為「充」字之殘。❻內外 上篇作「外內」。

九本博❶大，人主之守也。八分有職，卿相之守也。七勝❷備威，將軍之守也。六紀審密，賢人之守也。五紀不解，庶人之守也。動而無不從，靜而無不同❸。治亂之本三，卑尊❹之交四，富貧之終五，盛衰之紀六，安危之機七，強弱之應八，存亡之數九。練之以散群傰署，凡數財署。殺僇以聚財，勸勉以遷❺眾，使二分具本。發善必審於密，執威必明於中。

此居圖方中。

右中方本圖

【注釋】❶博 原文為「搏」。依豬飼彥博說改。❷七勝 原文為「七官飾勝」。何如璋謂「官飾」二字乃〈幼官圖〉標目，為鈔寫者誤攙入正文。❸靜而無不同 此句連同上句在上篇中曾於「圖方中」及「東方方外」處兩度出現，郭沫若謂前者為「重出」之文。在本篇中，此二句又於「東方本圖」處重見，或謂此處亦當作「重出」觀。❹卑尊 依上下文例，當作「尊卑」。❺遷　改變。原文為「選」。郭沫若謂：「當依古本作『遷』。」

冬行秋政霧，行夏政雷，行春政烝泄。十二始寒，盡刑。十二小榆，賜予。十二中寒，收聚。十二中榆，大收。十二大寒至，靜；十二大寒，之陰；十二大寒終：三寒同事。六行時節，君服黑色，味鹹味，聽徵聲❶，治陰氣。用六數，飲於黑后之井，以鱗獸之火爨。藏慈厚，行薄純。坦氣修通，凡物開靜，形生理。

【注釋】❶徵聲　依《禮記·月令》，當為「羽聲」。尹知章謂：「不聽羽而聽徵者，亦所以抑盛陰也。」

器成於僇，教行於鈔。動靜不記，行止無量。戒四時❶以別息，異出入以兩易，明養生以解固，審取予以總之。一會諸侯令曰：非玄帝之命，毋有一日之師役。再會諸侯令曰：養孤老，食常疾，收矜寡❷。三會諸侯令曰：田租百取五，市賦百取二，關賦百取一，毋乏耕織之器。四會諸侯令曰：修道路，偕度量，一稱數；藪澤❸以時禁發之。五會諸侯令曰：修春秋冬夏之常祭，食天壤山川之故祀，必以時。六會諸侯令曰：以爾壤生物共玄宮❹，請四輔，將以禮❺上帝。七會諸侯令曰：處四體❻而無禮者，流之焉莠命。八會諸侯令曰：立四義而毋議者，尚之於玄宮，聽於三公。九會諸侯令曰：以爾封內之財物，國之所有為幣。九會，大令❼焉出，常至。千里之外，二千里之內，諸侯三年而朝，習命。二年，三卿使四輔。一年正月朔日，令大夫來修，受命三公。二千里之外，三千里之內，諸侯五年而會至，習命。三年，名卿請事。二年，大夫通吉凶。十年❽，重適入，正禮義。五年，大夫請受變❾。三千里之外，諸侯世一至。置大夫以為廷安，入共受命焉。

此居於圖北方方外。

右北方本圖

【注釋】❶戒四時　原文為「戒審四時」。丁士涵謂「審」字涉下文「審取予」而衍。❷矜寡　原文為「孤寡」。張佩綸謂當作「矜寡」，因涉上文「孤老」及與「矜」形近而誤。❸藪澤　原文為「毋徵藪澤」。依據上篇刪去「毋徵」二字。❹玄宮　原文為「玄官」。張佩綸謂：為「玄宮」。下文中「玄官」同此例。❺禮　原文為「祀」。依上篇改。❻處四體　原文為「官處四體」。許維遹謂「官」字涉上下「玄官」而誤衍。❼大令　指政令。上篇作「大命」。❽十年　原文為「七年」。依上篇校改。且俞樾以為上篇中「十年，重適入，正禮義。五年，大夫請受變」諸句，均應置於下文「三千里之外」句後。本篇中諸句，亦當作如是觀。❾請受變　原文為「請變」。依上篇校改。

旗物尚赤，兵尚戟，刑則燒交疆郊。

必明其情❶，必明其將，必明其政，必明其士。四者備，則以治擊亂，以成擊敗。

數戰則士疲，數勝則君驕；驕君使疲民，則危國。至善，不戰；其次，一之。大勝者，積眾勝，無非義者焉，可以為大勝。大勝，無不勝也。

此居於圖南方方外。

右南方副圖

【注釋】❶其情　原文為「其一」。何如璋謂當為「其情」。指敵情。

必得文威武。官習勝之務，時因勝之終，無方勝之幾，行義勝之理，名實勝之急，時分勝之事，察伐勝之行，備具勝之原，無象勝之本。定獨威勝，定計財勝，定知聞勝，定選士勝，定制祿勝，定方用勝，定綸理勝，定死生勝，定成敗勝，定依奇勝，定實虛勝，定盛衰勝。舉機誠要，則敵不量；用利至誠，則敵不校。明名章實，則士死節；奇舉發❶不意，則士歡用。交物因方，則械器備；因能利備，則求必得。執務明本，則士不偷；備具無常，無方應也。

【注釋】❶發　郭沫若謂為「舉」字之古注，誤衍入正文。

聽於鈔，故能聞無極❶；視於新，故能見未形；思於濬，故能知未始；發於驚，故能至無量；動於昌，故能得其寶；立於謀，故能實不可故❷也。器成教守，則不遠道里；號審教施，則不險山河；摶一❸純固，則獨行而無敵；慎號審章，則其攻不待權與。明必勝，則慈者勇；器無方，則愚者智；攻不守，則拙者巧：數也。

【注釋】❶無極　上篇作「未極」。指尚未到達。❷故　戴望謂當為「攻」字之誤。❸摶一　原文為「博一」。王念孫謂當為「摶一」。即專一。

動慎十號，明審九章，飾習十器，善習五教❶，謹修三官。主必常設❷，計必先定。求天下之精材，論百工之銳器，器成角試否臧。收天下之豪傑，有天下之稱材，說行若風雨❸，發如雷電。

此居於圖方中。

右中方副圖

【注釋】❶五教 原文為「五官」。洪頤煊舉〈兵法〉有「五教不亂」句為證，謂「五官」當為「五教」。❷主必常設 原文為「必設常主」。丁士涵謂：當作「主必常設」，與下句「計必先定」恰相對成文。❸說行若風雨 郭沫若謂為「脫若風雨」，「行」乃衍文。

旗物尚黑，兵尚脅盾，刑則游仰灌流。

察數而知治，審器而識勝，明謀而適勝，通德而天下定。定宗廟，育男女，官四分，則可以立威行德，制法儀，出號令。至善之為兵也，非地是求也，罰❶人是君也。立義而加之以勝，至威而實之以德，守之而後修勝，心焚海內。民之所利，立之；所害，除之；則民人從。立為六千里之侯，則大人從。使國君得其治，則人君從。會請命於天，地知氣和，則生物從。

【注釋】❶罰 張佩綸謂當為「非」字。

計緩急之事，則危危而無難。明於器械之利，則涉難而不變。察於先後之理，則兵出而不困。通於出入之度，則深入而不危。審於動靜之務，則功得而無害也。著於取與之分，則得地而不執。慎於號令之官，則舉事而有功。此居於圖北方方外。

右北方副圖

春行冬政肅，行秋政霜❶，行夏政閹❷。十二地氣發，戒春事。十二小卯，出耕。十二天氣下，賜與。十二義氣至，修門閭。十二清明，發禁。十二始卯，合男女。十二中卯，十二下卯：三卯同事。八舉時節，君服青色，味酸味，聽角聲，治燥氣。用八數，飲於青后之井，以羽獸之火爨。藏不忍，行敺養。坦氣修通，凡物開靜，形生理。

【注釋】❶霜　原文為「雷」。依據〈四時〉中「行秋政則霜」句改。❷行夏政閹　原文為「行夏政則閹」。依據上篇刪「則」字。

合內空周外，強國為圈，弱國為屬。動而無不從，靜而無不同。舉發以禮，時禮必得。和好不基，貴賤無司，事變日至。

此居於圖東方方外。

右東方本圖

旗物尚青，兵尚矛，刑則交寒害釱。

器成不守經不知，教習不著發不意。經不知，故莫之能圉；發不意，故莫之能應。莫之能應，故全勝而無害；莫之能圉，故必勝而無敵。

四機不明，不過九日而游兵驚軍。障塞不審，不過八日而外賊得間。申守不慎，不過七日而內有讒謀。詭禁不修，不過六日而竊盜者起。死亡不食，不過四日而軍財在敵。

此居於圖東方方外。

右東方副圖

五輔 第十

【題解】此為《管子》第十篇，題為「五輔」。郭沫若謂：「題名『五輔』者，『輔』乃『布』字之假，即五種措施也。」（《管子集校・五輔》）本文所著重闡述的，是德、義、禮、法、權等五方面的措施。

這是一篇政治論文。作者重點提出了爭取民心之事，「不可不務」；治政之事，「不可不慎」。如何取得民心？如何精心治政？作者進而提出了具體措施，即「德有六興，義有七體，禮有八經，法有五務，權有三度」。

在論述過程中，全文反覆強調了「得人心」的問題。如聖王之所以「顯於天下」，「非得人者，未之嘗聞」；「明王之務」，在於使民富，使民治，使民親；「善為政者」，在求「上下和同」，「民和輯，則功名立矣」。尤其可貴的是，作者竟明確的指出：「此天下之極也」，把「得人心」三字，視為普天之下的一條治政準則。比之於《管子》中的同類文章，這是本篇極為高明的地方。

古之聖王，所以取明名❶廣譽，厚功大業，顯於天下，不忘於後世，非得人❷者，未之嘗聞❸。暴王之所以失國家，危社稷，覆宗廟，滅❹於天下，非失人者，未之嘗聞。今有土之君，皆處❺欲安，動欲威，戰欲勝，守欲固；大者❻欲王天下，小者欲霸諸侯；而不務得人。是以小者❼兵挫而地削，大者身死而國亡。故曰：人❽，不可不務也，此天下之極❾也！

【章旨】此章言君主之務，在於得人。

【注　釋】❶明名　威名；盛名。《淮南子・說林》：「長而愈明。」注：「明，猶盛也。」❷得人　得民心。❸未之嘗聞　即「未嘗聞之」。從來沒有聽到過這回事。❹滅　與上文「顯」相對。指湮沒無聞。❺處　與下句「動」相對。靜止；平時。❻大者　指雄心、欲望大的君主。❼小者　指惡果、苦果尚小的情況。❽人　此指爭取人心之事。❾極　準則。

【語　譯】古代聖明的君王，所以能夠獲得盛名美譽，豐功偉績，顯揚於天下，留名於後世，而不是因為大得民心的，還從來沒有聽到過。暴虐的君王之所以失去政權，危及國家，顛覆宗廟，湮滅於天下，而不是因為喪失民心的，也從來沒有聽到過。當今擁有國土的君主，都是平時想要安定，舉事想有權威，出戰希圖勝利，防守期望堅固；雄心大的，想要統治天下；欲望小的，也想稱霸諸侯；卻不知努力爭取獲得民心。因此，惡果小的，被弄得兵敗而地割；惡果大的，被弄得身亡而國滅。所以說：爭取民心的事，是不可以不盡心竭力的；這是普天之下的一條準則啊！

曰：然則得人之道，莫如利之❶；利之之道，莫如教之以政❷。故善為政者，田疇墾而國邑實，朝廷閒而官府治，公法行而私曲❸止，倉廩實而囹圄❹空，賢人進而奸民退。其君子，上❺中正而下❻諂諛；其士民，貴勇武而賤得❼利；其庶人，好耕農而惡飲食❽。於是財用足而飲食薪菜饒。是故上必寬裕而有解舍❾，下必聽從而不疾怨。上下和同而有禮義❿，故處安而動威，戰勝而守固；是以一戰而正⓫諸侯。不能⓬為政者，田疇荒而國邑虛，朝廷兇⓭而官府亂，公法廢而私曲行，倉廩虛而囹圄實，賢人退而奸民進。其君子，上諂諛而下中正；其士民，貴得利而賤武勇；其庶人，好飲食而惡耕農。於是財用匱而飲食薪菜乏。上彌殘苟⑭而無解舍，下愈覆鷙⑮而不聽從。上下交引⑯而不和同，故處不安而動不威，戰不勝而守不固。是以小者兵挫而地削，大者身死而國亡。故以此觀之，則政不可不慎也。

【章　旨】此章言為政不可不慎。

【注　釋】❶利之　使之得利；給人利益。❷莫如教之以政　郭沫若謂此句不當有「以政」二字，方與「莫如利之」文同一例。政，指政績。❸私曲　此指偏私袒曲的行為。❹囹圄　牢獄。❺上　通「尚」。崇尚；推崇。❻下　與「上」相對。鄙棄；排斥。❼得　貪；貪吝。❽飲食　此指吃喝。❾解舍　放寬與免除。尹知章謂：「解，放也；舍，免也。」❿禮義　即「禮儀」。典章；儀法。⓫正　匡正；征服。⓬能　善於。⓭兇　驚擾。《說文》：「兇，擾恐也。」⓮殘苛　殘暴苛刻。原文為「殘苟」。劉績謂：為「字之誤也」。⓯覆鷙　即「愎鷙」。執拗兇狠。⓰交引　張文虎謂為「交弗」。猶《孟子》言「上下交征利」。弗，即「拂」。違背。

【語　譯】如此說來，那麼，得民心的方法，沒有什麼能比得上以利益給人民；而以利益給人民的方法，又沒有什麼能比得上用具體政績來教育人民。所以，善於治理人民的人，田地開墾而都邑殷實，朝廷清閒而官府安定，國家法令通行而偏私袒曲的行為止息，倉庫充實而監牢空虛，賢材進用而奸臣擯退。國中君子，崇尚公平正直而鄙棄諂媚阿諛；國中士民，珍重勇毅英武而蔑視貪吝逐利；國中庶人，喜愛種地務農而憎惡大吃大喝。因而財源用費充足，糧食、柴草、菜蔬富裕。因此，君主一定要寬鬆而放寬政策、減免徭役，百姓一定要聽從而無恨怨。君民和協同心而守典章儀法，因而居則安穩，動有權威，出戰能勝，防守能固；所以，舉兵一戰，便能征服諸侯。不善於治理人民的人，便是田地荒蕪而都邑貧乏，朝廷紛擾而官府混亂，國家法令廢弛而偏私袒曲之風盛行，倉庫空虛而監牢盈實，賢材斥退而奸臣進用。國中君子，崇尚諂媚阿諛而鄙棄公平正直；國中士民，珍視貪吝逐利而輕蔑勇毅英武；國中庶人，愛好吃喝而厭惡耕種。因而財源用費匱乏而糧食、柴草、菜蔬奇缺。君主愈是暴虐苛刻而不放寬減免賦稅，百姓便愈加執拗頑狠而不信從。君民互相對抗而不和協同心，便會居處則不安定，舉事則無權威，出戰則不能獲勝，防守則不會堅牢。在這種情況下，惡果小的，是兵敗而地割；惡果大的，則是君亡而國滅。由此看來，行政治民之事，是不可以不慎重啊！

德有六興❶，義有七體❷，禮有八經❸，法有五務❹，權有三度❺。所謂六興者何？曰：辟田疇，制❻壇宅❼，修樹蓺❽，勸士民，勉稼穡❾，修牆屋，此謂厚其生。發伏利❿，輸墆⓫積，修道途，便關市，慎將宿⓬，此謂輸之以財。導水潦，利陂溝，決潘渚⓭，潰泥滯⓮，通鬱閉⓯，慎津梁⓰，此謂遺之以利。薄徵斂，輕征賦，弛刑罰，赦罪戾⓱，宥⓲小過，此謂寬其政。養長老，慈幼孤，恤⓳鰥寡，問疾病，弔⓴禍喪，此謂匡㉑其急。衣凍寒，食飢渴，匡貧窶㉒，振罷露㉓，資㉔乏絕，此謂振其窮。凡此六者，德之興也。六者既布，則民之所欲，無不得矣。夫民必得其所欲，然後聽上；聽上，然後政可善為也。故曰：德不可不興也。

【章　旨】此章先言「六興」的具體內容及意義，然後得出結論：德不可不興。

【注　釋】❶興　興起；創辦。《禮記・文王世子》：「達有神，興有德。」疏云：「興謂發起。」❷體　實體；具體內容。

❸經　常道；常規。《左傳・昭公二十五年》：「夫禮，天之經也。」注云：「經者，道之常。」❹務　事務；任務。❺度　制度；法度。❻制　建造。原文為「利」。王念孫謂為「字之誤」，當作「制」。❼壇宅　意即住宅。❽樹蓺　培育；種植。蓺，即「藝」的本字。❾稼穡　耕種與收穫。泛指農業勞動。❿伏利　潛在的利益。趙用賢謂：「人所未發之利。」⓫墆　丁士涵謂即「滯」字，《周禮・泉府》作「滯」，《史記》作「蹛」。⓬將宿　指送往迎來。《爾雅・釋言》：「將，送也。」宿，通「速」。召請。⓭潘渚　指洄流與淺灘。《釋文》：「潘，洄流也。」《爾雅・釋水》：「水中可居者曰洲，小洲曰渚。」⓮潰泥滯　尹知章謂：「泥塗為滯者，亦潰決之令通也。」泥滯，淤泥阻塞處。⓯鬱閉　閉結不通。尹知章云：「亦謂川瀆有遏塞者。」⓰慎津梁　認真嚴肅地對待修建渡口橋梁之事。自古以來，人們視修路架橋為積德造福之事，這是中華民族的傳統觀點。徐鍇注《六書精蘊》謂：「真心為慎，不鹵莽也。」⓱戾　罪孽。⓲宥　寬恕；赦罪。⓳恤　體恤；周濟。⓴弔　慰問死者家屬或遭遇不幸者。㉑匡　幫助；救濟。㉒窶　貧寒。㉓振罷露　即「賑疲露」。救助家業疲敝衰敗的人。露，羸露；衰敗。㉔資　資助；扶助。

【語譯】德政有六方面要興辦，義理有七項內容要體現，禮儀有八項常則要貫徹，法令有五項要務要實施，權變有三項法度要考究。所謂六方面要興辦，是指什麼呢？答案是：開墾田地，修建住宅，研究種植，誘導士民，獎勵農事，建築牆院：這叫富裕民生。開發潛在的資源，運出積壓的物資，修通道路，便利關市，慎重地對待送往迎來：這叫給人們輸送財源。通導積水，疏浚壅渠，挖通洄流淺灘，決開泥滯溝渠，修通閉結河道，認真建造渡口、橋梁：這叫給人們興利造福。薄收田租，輕取賦稅，放寬刑罰，赦免罪犯，寬恕小過：這叫放寬政令。贍養長老，慈愛幼孤，體恤鰥寡，關心病人，慰問禍喪：這叫扶助危急。給挨凍受寒的人以衣穿，給熬忍飢渴的人以飲食，扶助貧寒窘迫的人，賑濟家業衰敗的人，資助生計無路的人：這叫救助困窮。凡是這六項內容，都是興舉德政。這六項德政既已流布天下，然則民眾所要求的，便沒有不可得到的了。民眾必須達到他們的要求，然後才會服從君主指揮；民眾都能聽從君主指揮，然後施政就好辦了。所以說：德政不可不興辦。

曰：民知德矣，而未知義，然後明行❶以導之義。義有七體。七體者何？曰：孝悌慈惠，以養親戚❷；恭敬忠信，以事君上；中正比宜❸，以行禮節；整齊撙詘❹，以辟❺刑僇❻；纖嗇❼省用，以備飢饉❽；敦懞❾純固❿，以備禍亂；和協輯睦⓫，以備寇戎⓬。凡此七者，義之體也。夫民必知義，然後中正，中正然後和調，和調乃能處安，處安乃能動威，動威乃可以戰勝而守固。故曰：義不可不行也。

【章 旨】此章先言「七體」的具體內容及意義，然後得出結論：義不可不行。

【注 釋】❶明行 彰明行動。意謂以身作則、行為示範。❷親戚 古指父母兄弟，此言父母。❸比宜 親愛、和順。❹整齊撙詘 整肅齊莊，自抑退讓。詘，通「屈」。屈己退讓。❺辟 同「避」。避免。❻僇 通「戮」。殺戮。❼纖嗇 精細、節儉。《韓非子・解老》：「少費之謂嗇。」❽飢饉 災荒。《爾雅・釋天》：「穀不熟為飢，蔬不熟為饉。」❾懞 忠厚。❿固 守一；專一。⓫輯睦 和睦。⓬寇戎 敵寇。

【語 譯】我們認為：人們明白了「德政」，尚不瞭解「義理」，這時就應該作出行為示範，引導人們行義。義，有七項具體內容。七項內容是指什麼呢？答案是：用孝敬順從慈愛仁惠來奉養父母，用恭謹敬肅忠誠信實來事奉君上，用公平正直親愛和順來施行禮節，用整肅齊莊自抑謙讓來免受刑戮，用細算節約省耗儉用來防備災荒，用敦厚忠誠純樸專一來防範禍亂，用和諧協力友好睦鄰來防止敵寇。所有這七項內容，都是施行義道的具體辦法。民眾必須懂得義道，然後行事才會公平正直；公平正直，然後和諧協調；和諧協調，才能靜處安定；靜處安定，才能舉事威嚴；舉事威嚴，才可以出戰必勝，防守必固。所以說：義道是不可以不施行的。

曰：民知義矣，而未知禮，然後飾❶八經以導之禮。所謂八經者何？曰：上下有義❷，貴賤有分❸，長幼有等❹，貧富有度。凡此八者，禮之經也。故上下無義則亂，貴賤無分則爭，長幼無等則倍❺，貧富無度則失❻。上下亂，貴賤爭，長幼倍，貧富失，而國不亂者，未之嘗聞也。是故聖王飭此八禮以導其民。八者各得其義，則為人君者中正而無私，為人臣者忠信而不黨，為人父者慈惠以教，為人子者孝悌以肅，為人兄者寬裕以誨，為人弟者比順❼以敬，為人夫者敦懞以固，為人妻者勸勉以貞。夫然，則下不倍上，臣不殺君，賤不踰貴，少不凌長，遠不間親，新不間舊，小不加❽大，淫❾不破❿義。凡此八者，禮之經也。夫人必知禮然後恭敬，恭敬然後尊讓，尊讓然後少長貴賤不相踰越，少長貴賤不相踰越，則亂不生而患不作。故曰：禮不可不謹也。

【章旨】此章先言「八經」的具體內容及意義，然後得出結論：禮不可不謹。

【注釋】❶飾　通「飭」。整飭；整頓。❷義　「儀」的本字。禮儀；儀法。❸分　職分；本分。❹等　等差；次序。❺倍　通「背」。背棄；背離。❻失　喪失。尹知章謂：「失其節制。」王念孫謂「通『佚』」，「放佚也」。❼比順　和順。尹知章謂：「比，和。」楊樹達謂：「比，亦順也。」❽加　陵駕。❾淫　過度；無節制。❿破　破散。《左傳・隱公三年》：「且夫賤妨貴，少陵長，遠間親，新間舊，小加大，淫破義，所謂六逆也。」孔疏云：「妨，謂有所害；陵，謂加尚之；間，謂居其間使彼疏遠也；加，亦加陵；破，謂破散；淫義不兩立，行惡則破善，故言破也。」

【語譯】我們認為：人民既已懂得「義道」，但還沒有懂得「禮儀」，然後就應當整頓八項常則，引導人們行禮。所謂八項常則是指什麼呢？答案是：上下之間有儀法，貴賤之間有職分，長幼之間有次序，貧富之間有制度。這八方面，就是禮儀的常則。所以，上下之間沒有儀法就會混亂，貴賤之間沒有職分就會紛爭，長幼之間沒有次序就會背離，貧富之間沒有制度就會喪失節制。上下混亂，貴賤紛爭，長幼背離，貧富失制，而國家不動亂的，從來沒有聽說過。因此，英明的君王整頓這八項禮儀常則，用來引導民眾。這八方面能各得其宜，作君王的，就會公平正直，沒有偏私；作臣子的，就會忠誠信實，不結朋黨；作父親的，就會仁慈惠愛，教育子女；作子女的，就會孝敬順服，敬奉父母；作兄長的，就會寬宏大度，訓導弟弟；作弟弟的，就會和悅信從，尊敬兄長；作丈夫的，就會用專一的態度表示忠誠；作妻子的，就會用貞節給予勸勉。能夠如此，那麼，下民就不會叛離君上，臣子就不會謀殺君王，卑賤就不會超越尊貴，少輩就不會欺凌長輩，疏遠就不會離間親近，新知就不會離間舊交，小的就不會陵駕大的，無節就不會破毀禮儀。這八方面，都是禮儀的常則。人們必須懂得禮儀，然後才能恭謹敬肅；恭謹敬肅，然後才能有尊有讓；有尊有讓，然後才能少長貴賤不相超越；少長貴賤不相超越，變亂就不會產生，禍患就不會出現了。所以說：禮儀是不可不慎重施行的。

曰：民知禮矣，而未知務❶，然後布法以任力。任力有五務。五務者何？曰：君擇臣而任官，大夫任官辯事❷，官長任事守職，士修身功材❸，庶人耕農樹藝。君擇臣而任官，則事不煩亂；大夫任官辯事，則舉措時❹；官長任事守職，則動作和；士修身功材，則賢良發❺；庶人耕農樹藝，則財用足。故曰：凡此五者，力之務也。夫民必知務，然後心一，心一然後意專，心一而意專，然後功足觀也。故曰：力不可不務也。

【章旨】此章先言「五務」的具體內容及意義，然後得出結論：力不可不務。

【注釋】❶務　丁士涵謂當為「法」，因涉下文「五務」而誤。❷辯事　治理政事。《左傳・昭公元年》：「主齊盟者，誰能辯焉？」杜預注：「辯，治也。」❸功材　通「攻才」。意即用功研習才藝。❹時　及時；適時。❺發　發現；顯現。《左傳・昭公元年》：「發為五色。」杜預注：「發，見也。」見，即「現」。

【語譯】我們認為：人民既已懂得禮儀，但還不瞭解各自的職責，然後應當頒布法令，規定用力原則。用力有五類專門任務。五類專門任務是指什麼呢？答案是：君主選擇臣子委任官爵，大夫根據委任的官爵治理政事，官長根據委任的政事堅守職分，士修養品德、用功研習才藝，庶民務農耕種。君主選擇臣子委任官爵，政事便不會紊亂；大夫根據委任的官爵治理政事，辦事措施便會適合時宜；官長根據所任的政事堅守職分，舉動作法就會協調；士修養品德、用功研習才藝，賢明優秀的人才就會出現；庶民務農耕種，財貨用度就會充足。所以說：這五方面，都是應當著力的專門任務。人們必須懂得自己的專門任務，然後才能思想集中；只有思想集中，然後才能意志專一；只有思想集中，意志專一，然後才能功業可觀。因此說：人民用力是不可以不意志專一從事的。

曰：民知務矣，而未知權，然後考三度以動之。所謂三度者何？曰：上度之天祥❶，下度之地宜，中度之人順，此所謂三度。故曰：天時不祥，則有水旱；地道不宜，則有飢饉；人道不順，則有禍亂。此三者之來也，政召❷之。曰：審時❸以舉事，以事動民，以民動國，以國動天下。天下動，然後功名可成也。故民必知權，然後舉錯得❹；舉措得則民和輯，民和輯則功名立矣。故曰：權不可不度也。

【章旨】此章先言「三度」的具體內容及意義，然後得出結論：權不可不度。

【注釋】❶天祥　指天時吉祥，風調雨順。❷召　招來；導致。《呂氏春秋．重己》：「夫死殃殘亡，非自至也，惑召之也。」高注：「召，致也。」❸審時　審察時機。尹知章謂：「時則天祥、地宜、人順之時也，得其時則事可成。」❹舉錯得　即舉措得宜。錯，通「措」。措施。

【語譯】我們認為：人民既已懂得專務職責，但還不懂得權宜之法，然後就應當從三項法度方面加以考究來行動。所謂三項法度是指什麼呢？答案是：上以天時吉祥作為法度，下以地利適宜作為法度，中以民心和順作為法度。這就是所謂三項法度。所以說：天時不吉祥，便會有水旱災害；地利不適宜，便會有饑荒；民心不和順，便會有禍患與動亂。這災害、饑荒、禍亂的到來，是施政不當所帶來的。所以我們認為：應當審察時機，興辦大事，用興辦大事來動員民眾，用民眾的情緒來啟動國力，用一國的行動來帶動天下。整個天下發動起來了，然後功業威名就可以成就了。所以，人們必須懂得變通，然後才能舉措得宜；舉措得宜，才能民心和順；民心和順，才能功成名就。所以說：變通之法不可不加審度。

五經❶既布，然後逐姦民，詰❷詐偽，屏❸讒慝❹，而毋聽淫辭，毋作淫巧。若民有淫行邪性，樹為❺淫辭，作為淫巧，以上諂君上，而下惑百姓，移動國眾，以害民務者，其刑死流❻。故曰：凡人君之所以內失百姓，外失諸侯，兵挫而地削，名卑而國虧，社稷滅覆，身體危殆，非生於淫謟❼者，未之嘗聞也。何以知其然也？曰：淫聲謟耳，淫觀謟目；耳目之所好，謟心；心之所好，傷民。民傷而身不危者，未之嘗聞也。曰：實壙虛❽，墾田疇，修牆屋，則國家富；節飲食，撙❾衣服，則財用足；舉賢良，務功勞，布德惠，則賢人進；逐奸人，詰詐偽，去讒慝，則奸人止；備❿飢饉，救災害，賑罷露，則國家定。

【章　旨】此章言危國之因與治國之道。

【注　釋】❶五經　指上文所言「德有六興」、「義有七體」、「禮有八經」、「法有五務」、「權有三度」。「五經」上原有「故曰」二字，孫星衍謂：為「因上文而衍」。❷詰　查究；懲辦。❸屏　亦作「摒」。除去；棄逐。❹慝　邪惡。❺樹為　設立；製造。❻死流　指處死與流放。尹知章謂：「大罪死，小罪流。」❼淫謟　荒淫取樂。原文或作「諂淫」，或作「謟淫」。郭沫若謂：作「淫謟」者為是，即下文「淫聲謟耳」、「淫觀謟目」之省。謟，同「慆」。喜悅。《尚書大傳・大誓》：「師乃慆，前歌後舞。」注曰：「慆，喜也。」下文之「謟耳」、「謟目」、「謟心」，謟皆同「慆」。❽壙虛　即「曠虛」。邊遠空闊地帶。❾撙　限制；節省。❿備　防備；預防。原文為「修」。俞樾謂饑饉不當言「修」，是「備」字之誤。

【語　譯】五項經常性措施既已頒行，然後即當驅逐奸狡之流，查究欺詐作弊之徒，清除讒毀邪惡之輩，而且不許聽信淫亂言詞，不許製作淫奢巧飾物品。如果人們有淫亂行為、邪惡品性，製造淫亂言詞，製作淫奢巧飾物品，用來討好君王，疑惑百姓，擾亂國政，煽動民心，而妨害民眾力務正業的，應當處以死刑或流放。所以說：凡屬君主內失百姓擁護，外失諸侯親附，出戰挫敗，國土被割，名望低微，國力虧損，宗廟覆滅，自身危殆，而不是由於淫亂貪樂所造成，這是從來沒有聽說過的。為什麼知道是這樣呢？答案是：淫亂的音樂悅於耳，淫亂的觀賞悅於目；耳目所愛好的，悅於內心；內心所愛好的，妨害了治民。治民的政事受到妨害，而君主自身不危殆的，也是從來沒有聽說過的。我們認為：移民充實邊遠地區，開墾田地，修建牆院，國家就會富裕；節制飲食，節儉衣著，財用就會充裕；薦舉賢良，注重功勞，廣施德惠，賢人就會得到進用；驅逐奸狡，查究偽詐，清除讒慝，奸人就會停止活動；防備饑饉，救濟災荒，賑救破敗，國家就會安定。

明王之務，在於強本事，去無用❶，然後民可使富；論賢人，用有能，而民可使治；薄稅斂，毋苛❷於民，待以忠愛，而民可使親。三者，霸王之事也。事有本，而仁義其要也。今工以❸巧矣，而民不足於備用者，其悅在玩好❹；農以勞矣，而天下飢者，其悅在珍怪❺；女❻以巧矣，而天下寒者，其悅在文繡❼。是故博帶梨❽，大袂列❾，文繡染，刻鏤削，雕琢平❿。關幾而不征⓫，市鄽而不稅⓬。古之良工，不勞其智巧以為玩好。是故無用之物，守法者不生⓭。

【章　旨】此章言明王富民、治民、親民之道。

【注　釋】❶無用　與「本事」——農桑相對而言。此指裝飾性工藝品的生產。❷苛　苛細；苛刻。原文為「苟」。王念孫謂：當作「苛」。❸以　通「已」。太；甚。下文「農以」、「女以」，並同此例。❹玩好　欣賞精美之物。尹知章謂：「君悅玩好，則民務末作，故備用不足。」❺珍怪　指珍奇怪異之物。❻女　指「女功」。如紡績、刺繡等事。此句前原文有「方丈陳於前」。丁士涵謂：「此五字，衍文。」❼文繡　繡畫的錦帛。用作衣服。尹知章謂：「君悅文繡，則女工傷，故天下寒。」《淮南子・齊俗》亦謂：「錦繡纂組，害女工者也。」❽博帶梨　指把寬闊的衣帶裁成窄小，以興尚儉抑奢之風。梨，通「剺」。裁劃。❾列　通「裂」。分裂。❿平　原文為「采」。王念孫謂：「疑當為平」，『雕琢平』者，金曰雕，玉曰琢，皆篆刻為文章，今則摩之使平也，與上文『刻鏤削』同義」。⓫幾而不征　查問而不徵斂。幾，通「譏」。查察。尹知章謂：「幾，察也。但使察非常，而不征賦也。」《孟子・公孫丑上》及《禮記・王制》中均有「關譏而不征」之語。⓬鄽而不稅　提供貯存貨物的場所，而不收取稅金。尹知章謂：「鄽，市中置物處。但籍知其數，不稅斂。」鄽，同「廛」。市中貯積貨物的庫房。⓭生　生產；製造。原文為「失」。郭沫若謂：「『失』當為『生』，生產者也。」

【語　譯】聖明君王的急務，在於加強農業生產，摒棄奢侈品的製作，然後可以使得民眾富足；選取賢才，任用能人，便可以使民眾得到治理；減輕租稅，不從民眾手中苛取財物，而以忠愛之心對待他們，便可以使民眾親近：這三點，都是成就霸業王業的大事。凡事有根本，仁義就是事物的樞要。當今工匠的技藝是非常巧妙的了，可是人們要用的器物所以得不到滿足，就是因為君主的喜好，在欣賞精美的物品；農民已經非常勞苦了，可是天下所以仍然有饑荒，就是因為君主的喜好，在珍奇怪異的食品；女功的技藝，是非常精巧的了，可是天下所以仍有受凍的人，就是因為君主的喜好，在鋪彩飾錦的穿著。因此，應當把寬闊的衣帶裁成窄小，把肥大的衣袖剪開為二，把繡畫的服飾染成單色，把刻鏤的花紋削為純素，把雕琢的圖案磨掉。關卡上查詢而不徵取，市場上可存積貨物而不收稅。往古的優良工匠，從不勞費自己的聰明才藝，來製作供人賞玩的器物。所以，奢華裝飾一類的物品，守法的工匠並不生產。

卷四

宙合 第十一

【題解】此為《管子》第十一篇，題為「宙合」。宙，謂時間，指古往今來；合，謂空間，即六合，又名「宇」，指上下前後左右六方；宙合，則作者自謂為「上通於天之上，下泉於地之下，外出於四海之外，合絡天地，以為一裹」，意即既不受時間限制，也不受空間限制，天地萬物，包容無遺。

就內容而言，這既是一篇哲學論文，又是一篇政治論文。「哲理之學，無時間性，無空間性，一以貫之。若左若右，若直若曲，若圓若方，若春若秋，若夏若冬，若遠若邇，若高若庳，若淺若深，若險若明（『明』當為『易』）。上揆諸天，下度諸地，中準諸人。審其順逆，慎其動靜，權其贏縮，察其死生，辨其從違，定其因革取舍，而道在其中矣。道包天地而橐宇宙，以宙該（包容、概括）宇，以道該宙，是謂宙合。」（石一參《管子今詮》）政治之學，則涉及君道、臣道、法度、用人、理論原則、思想修養等等，亦可謂包羅萬象，應有盡有。

就體例而言，此篇甚為特殊，可分為兩大項：前面一部分為「經文」，提出十五條綱要；後面一部分為「解文」，對「綱要」逐一解說，逐一發揮，有條不紊，層次井然。

左操五音❶，右執五味❷。

【章　旨】此章言君臣之分：君主的職責在發號施令，如操五音；臣子的職責在盡心竭力，如執五味。全章僅二句，本是一條綱目，尹知章即謂為「第一舉目」；但為統一體例起見，仍稱為「章」。下文亦做此例。

【注　釋】❶五音　此以宮、商、角、徵、羽五音相諧，可成曲調。比喻為君之道，要在出令得宜。❷五味　此以甜、酸、苦、辣、鹹五味相調，可成美食。比喻為臣之道，要在任力無失。

【語　譯】君主出令，如操五音；人臣任力，如調五味。

懷繩與准鉤❶，多備規軸❷，減溜大成❸，是唯時德之節❹。

【章　旨】此章言君臣對於法度的運用原則。

【注　釋】❶繩與准鉤　喻指治國的法度。繩，即繩墨。《漢書・律曆志上》：「繩者，上下端直，經緯四通也。」准，俗「準」字。指水準器。《漢書・律曆志上》：「准者，所以揆平取正也。」鉤，圓規。❷規軸　下文謂：「多備規軸者，成軸也。」成軸，亦即「成規」。指現成的規章制度。❸減溜大成　意謂君王遍施德澤，思慮極為周全。下文謂：「減，盡也；溜，發也。言偏環畢善，莫不備得。」減，猶「咸」。盡；普遍。溜，發；施發。大成，大全；完備無缺。❹唯時德之節　即「唯節時德」。意即只等遇上時機與威德巧相契合，則舉事可成。節，符節。此指若合符節。下文謂：「成功之術，必有巨獲：必周於德，審於時。時德之遇，事之會也，若合符然。」尹知章亦謂：「德既周，時又審，二者遇會，若合符契，則何功而不成也。」

【語　譯】君主掌握著準繩法度，備有多種規章，遍施德澤，思慮周詳，這就只等遇上時機與威德的巧合了。

春采生❶，秋采蓏❷；夏處陰❸，冬處陽❹：大賢之德長。

【章旨】此章言賢明的人，善於因時制宜，故能德澤長遠。

【注釋】❶生　此指新生的蔬菜苗葉。❷蓏　此指成熟的瓜果。《漢書・食貨志上》：「瓜瓠果蓏，殖於疆易。」顏師古注：「應劭曰『木實曰果，草實曰蓏』。張晏曰『有核曰果，無核曰蓏』。」❸陰　背日為陰。此指陰涼、清冷處。❹陽　向日為陽。此指溫暖處。

【語譯】春天採食新生的苗葉，秋天採食成熟的瓜果；夏天住在陰涼的地方，冬天住在溫暖的處所：這種善於因時而動的大賢之人，德澤必能長遠。

明乃哲，哲乃明。奮乃苓❶，明哲乃大行❷。

【章旨】此章言哲人因明「物盛而衰」之理，故能常處不敗之地。

【注釋】❶奮乃苓　即「奮乃零」。謂興盛之後便將衰落，旨在勸人力戒驕躁。下文謂：「奮，盛；苓，落也。」❷大行　正確而重大的行為。《荀子・子道》：「入孝出弟，人之小行也；上順下篤，人之中行也；從道不從君，從義不從父，人之大行也。」

【語譯】賢明就是聰智，聰智就是賢明。興盛之後就是衰落，洞明這個事理，必將作出正確而重大的舉動。

毒❶而無怒❷，怨而無言，欲而無謀❸。

【章旨】此章言執政者宜制怒、慎言、機謀不外泄。

【注釋】❶毒　厭惡。《廣雅・釋詁》：「毒，惡也。」❷無怒　即「毋怒」。不要發怒。下二句中「無」皆通「毋」。❸無謀　即毋謀於人。以防謀略外泄。

【語譯】有所厭惡，不要發怒；有所怨憤，不要輕易發言；有了欲念，不要輕易跟人謀劃。

大揆度❶儀，若覺臥❷，若晦明❸，若敖❹之在堯也。

【章旨】此章言君主當注重謀慮儀法，嚴於自省，勤於探索，慎於自戒。

【注釋】❶大揆度　注重謀慮。揆度，度量；思考。❷覺臥　警醒地睡著。喻指嚴於自詰。下文謂：「言淵色以自詰也。」❸晦明　在昏暗中找尋光明。喻指勤於探索。下文謂：「靜默以審慮也。」❹敖　堯的兒子。雖「慢而不恭」，材質凡下，但因慎於自戒，終成大器。尹知章謂：「敖，堯子丹朱。慢而不恭，故曰敖。敖在堯時，雖凡下材，但以聖人在上，賢人在下位，動而履規矩，常自禮法，竟以改邪為明。故賓虞朝，讓德群后。書曰『無若丹朱敖』。」

【語譯】君主應當注重思慮謀劃的儀法，常常好像警醒地睡著，好像在昏暗中探求光明，好像敖生活在堯的身邊一樣戒懼。

毋訪❶於佞❷，毋蓄❸於諂❹，毋育❺於凶，毋監❻於讒。不正❼，廣其❽荒❾。

【章旨】此章言君主用人當有正確標準。

【注釋】❶訪　諮詢；訪問。❷佞　巧言令色。❸蓄　蓄養。❹諂　指逢迎巴結之徒。原文為「謟」。據上下文意看，當為「諂」字之誤。第一六四頁中三「諂」字同此例。❺育　培植。❻監　通「鑑」。參考；參謀。❼正　此指箭靶的中心，引申為是非標準。《商君書・開塞》：「訟而無正，則莫得其性也。」❽其　將；將要。❾荒　通「亡」。《太玄・內》：「荒家及國。」

【語　譯】君主對於巧言令色之徒，不要前往諮詢；對於逢迎諂媚之徒，不要加以蓄養；對於兇惡殘暴之徒，不要加以培植；對於進讒誹謗之徒，不要用為參謀。用人不堅持正確標準，聲威雖大，也將喪亡。

不用其區區❶。

【章　旨】此章言君主不宜自用，而應處虛守靜。

【注　釋】❶其區區　謂君主不當自用。下文謂：「『不用其區區』者，虛也。」《書・仲虺之誥》謂：「好問則裕，自用則小。」「其」與「區區」，都是自指之詞。

【語　譯】君主不宜只憑自己的主觀意圖行事。

烏飛准繩❶。

【章　旨】此章言君主考評臣下，宜持「烏飛准繩」原則。

【注　釋】❶烏飛准繩　謂群烏飛往某一目標，雖然途中多有曲折，但大方向始終不錯。喻指論人衡事，宜取大方向，不計小缺失。即下文所謂：「苟大意得，不以小缺為傷。」准繩，即「準繩」。測定物體平直的器具。此處是「作為準繩」的意思。

【語　譯】君主應當以群烏飛翔的狀況作為準則，來衡人論事。

讂充❶末衡❷，易政❸利民。

【章　旨】此章言君主當改造主觀條件，力求「易政利民」。

【注　釋】❶譓充　意即心胸忠實。《正字通》謂：應作「譓」。下文謂：「『譓充』，言心也，心欲忠。」❷末衡　指耳目端正。下文謂：「『末衡』，言耳目也，耳目欲端。」❸易政　與「險政」相對。指平和、安定的政治。

【語　譯】君主應當心地忠純，耳目端正，治政平和，興利於民。

毋犯其凶❶，毋邇其求❷，而遠其憂。高為其居❸，危顛莫之救❹。

【章　旨】此章言君主當忌只圖眼前，不慮長遠，尊高滿大，自視英雄。

【注　釋】❶毋犯其凶　不要觸及凶險之事。意指處事應當謹慎。下文謂：「『毋犯其凶』，言中正以蓄慎也。」❷毋邇其求　不要貪取近處利益，而應謀慮深遠。下文謂：「『毋邇其求』，言上之敗，常貪於金玉馬女，而吝愛於粟米貨財也。厚藉斂於百姓，則萬民懟怨。」邇，近。❸高為其居　意即高高在上，洋洋自得。下文謂「高為其居」，「此言尊高滿大，而好矜人以麗；主盛處賢，而自予雄也」。❹危顛莫之救　下文謂：「猶自萬仞之山，播而入深淵，其死而不振也必」。危，指極高處。顛，跌落；顛倒。

【語　譯】君主應當不去觸犯凶險的事，也不要只圖眼前利益，而把憂患遠遠拋在腦後。終日高高在上，倘若從極高處跌落下來，就沒有誰能挽救了。

可淺可深❶，可浮可沈，可曲可直，可言可默❷。天不一時❸，地不一利❹，人不一事❺。

【章　旨】此章言世間事物複雜，君主治政，宜選擇最佳主意，求取最佳效果。

【注　釋】❶可淺可深　意謂宜淺則淺，宜深則深，不宜拘執。❷默　沈默不言。❸天不一時　尹知章謂：「春夏秋冬，各有其時。」不，不只有；不限於。❹地不一利　尹謂：「五土十地，各有其利。」❺人不一事　尹謂：「士農工商，各有其事。」人，指人的活動。

【語　譯】宜淺則淺，宜深則深；宜浮則浮，宜沈則沈；當曲則曲，當直則直；當言則言，不當言則不言。天不只限於一個時序，地不只限於一種營利，人的活動，也不只限於某項事物。

可正而❶視❷，定而履❸，深而迹❹。

【章　旨】此章言君主治政，宜端正審察，堅定職守，深化影響。

【注　釋】❶而　通「爾」。汝；你。❷視　審察；識別。❸履　履行。此指所行之事。即職守。❹迹　足跡；影響。

【語　譯】應當是正你的審察，堅定你的職守，加深你的足跡。

夫天地一險一易❶，若鼓之有桴❷，擿擋則擊❸。

【章　旨】此章言君主當慎其所行。

【注　釋】❶一險一易　猶或治或亂。郭沫若謂「險易」當作「陰易」。即陰陽。❷桴　鼓槌。原文為「椁」。洪頤煊謂：當作「桴」。❸擿擋則擊　即擊則擿擋。《韓非子・功名》謂：「至治之國，君若桴，臣若鼓。」擊之則擿擋有聲。擿擋，象聲詞。擊鼓緣則出「擿」音，擊鼓心則出「擋」音。

【語　譯】國家或治或亂，好比鼙鼓有椎，敲擊則發出或擿或擋的聲響。

天地，萬物之橐❶，宙合有❷橐天地❸。

【章　旨】此章言「宙合」的義理即包容萬物。

【注　釋】❶橐　口袋。有底稱囊，無底稱橐。❷有　通「又」。❸橐天地　囊括天地。從開篇至此，可謂「經文」，為全文大綱。

【語　譯】天地是包羅萬物的口袋，宙合又囊括著天地。

「左操五音，右執五味」，此言君臣之分❶也。君出令佚❷，故立❸於左；臣任力勞❹，故立於右。夫五音不同聲而能調，此言君之所出令無妄❺也，而無所不順，順而令行政成。五味不同物而能和，此言臣之所任力無妄也，而無所不得❻，得而力務財多。故君出令，正其國而無齊❼其欲，一❽其愛而無獨與是❾；王施而無私，則海內來賓❿矣。臣任力，同其忠而無爭其利，不失其事而無有其名；分⓫敬而無妒，則夫婦⓬和勉矣。君失音⓭，則風律⓮必流，流則亂敗。臣離味⓯，則百姓不養⓰，百姓不養，則眾散亡。君臣各能其分則國寧矣，故名之曰不德⓱。

【章旨】此章言君道出令，臣道任力，君臣各宜其分則國泰民安。

【注釋】❶分　本分；職守。尹知章謂：「左陽，君道；右陰，臣道。故曰君臣之分也。」自此以下，謂為「傳文」，為「經文」解說之詞。❷佚　通「逸」。安閒；逸樂。❸立　陶鴻慶謂當讀為「位」，「立、位古通用」。❹勞　辛勞；勞累。尹知章謂：「凡右為用事，故左佚而右勞。」❺妄　胡亂；不合法度。《左傳・哀公二十五年》：「彼好專利而妄。」杜預注：「妄，不法。」❻得　適合；契合。❼齊　全備；完善。❽一　同一；均衡。❾獨與是　指僅只給予這人。❿來賓　前來賓服。指藩屬朝貢天子。⓫分　普遍；全部。《左傳・哀公元年》：「在軍，熟食者分，而後敢食。」杜預注：「分猶遍也。」⓬夫婦　此處泛指舉國男女，並非專指夫妻。⓭君失音　上文言君「操五音」，此則謂君於「操五音」事有失。即失職。⓮風律　指教化與法規。⓯臣離味　上文言臣「執五味」，此則謂臣於「執五味」事有失。亦即失職。⓰養　畜養；管理。⓱不德　即「丕德」。大德。

【語譯】「左操五音，右執五味」，這是講的君臣的職守。君主發令，甚為安逸，所以位居在左；群臣出力，甚為辛勞，所以位居在右。五音雖不同聲，卻能協調，這是比喻君主所出號令沒有違背法度，便會沒有什麼情況不能順應；順應便能法令通行，政事成功。五味雖不同物，卻能調和，這是比喻人臣出力辦事，沒有違背法度，便會沒有什麼事情不得其宜；得宜便能力有專務，財富增多。所以君主施發政令，專為是正國事，而不為完善私欲，同一施愛而不偏私給誰，全面施德而無私心，天下臣民便會都來歸服。人臣出力，同效忠誠而不爭私利，不失職守，又不貪虛名，全都勤謹而不妒忌，全國民眾便會和諧共勉了。人君失職，教化、法規必然流漫；教化法規流漫，國家便會混亂腐敗。人臣失職，百姓便會得不到管理；得不到管理，民眾便會流散逃亡。君主人臣，各自善守職分，國家就會安寧了。因此，人民將此稱為「大德」。

「懷繩與准鉤，多備規軸，減溜大成，是唯時德之節。」夫繩，扶撥以為正。准，壞險❶以為平。鉤，入枉❷而出直。此言聖君賢佐❸之制舉❹也。博而不失❺，因以備能❻而無遺。國猶是❼國也，民猶是民也，桀紂以亂亡，湯武以治昌。章道❽以教，明法以期❾，民之興善也如化❿，湯武之功是也。多備規軸者，成軸也。夫成軸之多也，其處大也不宨⓫，其入小也不塞，猶迹求履之憲⓬也，夫焉有不適？善適，善備也，僊⓭也，是以無乏。故諭教者取辟焉⓮。天淯陽⓯，無計量；地化生，無泮厓⓰。所謂是而無非⓱，非而無是，是非有⓲必交來⓳。苟信是，以有不可⓴先規之，必有不可識慮㉑之。然將卒㉒而不戒㉓。故聖人博聞多見，畜道㉔以待物；物至而對形㉕，曲均㉖存矣。減，盡也；溜，發也。言偏環㉗畢善㉘，莫不備得。故曰：減溜大成。成功之術，必有巨獲㉙：必周於德，審於時。時德之遇，事之會也，若合符然。故曰：是唯時德之節。

【章　旨】此章旨在闡釋法度的運用，特別強調時機與認識水準的巧妙結合。

【注　釋】❶險　此指高峻不平。尹知章謂：「準必壞舊高峻而後以為平也。」❷枉　彎曲。尹知章謂：「工人用鉤，則就枉取直也。」❸賢佐　另本作「賢相」。❹制舉　指法度的運用。❺失　遺漏；偏失。❻備能　完善功能。❼是　此；這個。❽章道　即「彰道」。講明道理。❾期　限制；約束。❿化　風氣；習俗。⓫宨　原文為「究」。王念孫謂：「當為『宨』，『宨，不滿也』。」⓬履之憲　猶鞋的法式。即製鞋用的木製模型，俗稱楦頭。朱駿聲《說文通訓定聲・乾部》：「楦頭，削木如履，置履中，使履成如式，平直不皴。」憲，法令；法規。⓭僊　郭沫若謂：「當讀為選。」選擇；挑選。⓮故諭教者取辟焉　姚永概言：「善教者亦必多備教法，隨其才之大小以成就之。」辟，通「譬」。比喻；比方。⓯淯陽　得陽氣而生長。淯，通「育」。生養。尹知章謂：「天以陽氣育生萬物，物生不可計量。」⓰泮厓　原文為「法厓」。王引之謂：當為「泮厓」。

即畔厓、邊際。尹知章謂：「地以陰氣化萬物，物之生化，無有崖畔。」⑰是而無非　謂「是」則不是「非」。無非，意即不是非。⑱有　通「又」。⑲交來　交並而來。⑳不可　即不正確、錯誤。㉑識慮　辨識與深思熟慮。㉒卒　通「猝」。倉猝。㉓戒　戒備；準備。㉔畜道　即「蓄道」。積累關於規律性的理論、原則、認識等。㉕對形　即「對型」。與已成型、定論的原理比照、參對。形，通「型」。模式；模型。㉖曲均　彎曲與平正。亦即曲直是非。㉗偏環　猶言局部與全體。偏與環對文。㉘畢善　盡皆完善。原文無「善」字。郭沫若謂：為「脫漏」。㉙巨獲　意即法度。

【語譯】關於「懷繩與准鉤，多備規軸，減溜大成，是唯時德之節」的問題。繩墨，用以扶撥偏斜，成為直正；準尺，用以破損高突，成為平準；鉤規，用以深入彎曲，取出直線。這些，都是比喻聖君賢相，關於法度的運用原則。法度詳盡而無偏失，因而備具功能而無遺漏。國家仍然是這個國家，人民仍然是這些人民，夏桀、商紂，因為荒淫無道而敗亡，商湯、周武王，因政治清明而昌盛。講明大道而教育人民，嚴明法令來加以約束，使得民眾從善成為風尚，商湯、周武王的功績就是如此。所謂「多備規軸」，指的就是「成軸」。成軸品類繁多，用在大的地方，無不飽滿，裝入小的地方，也不障塞；好比根據足跡尋求鞋的規格尺碼，購買的鞋哪裡會有不適合的呢？多所適合，在於多所置備，可供選擇，因此不會缺乏。因而主持曉諭教化的人，也取作譬喻。上天以陽氣育生萬物，所生物類無可計數；大地以陰氣造化萬物，所化物類無窮無盡。所謂正確，便不是錯誤；錯誤，便不是正確。正確與錯誤，又必定同時產生。假如深信某個事物是正確的，是因為有不正確的事物，老早就為它作了反面法式，而且必定有錯誤之處已被人們辨識和深思熟慮。然而，這些過程，都可能是猝然出現，人們往往不能預作準備。所以，聖人必須廣聞多見，積累有關原理原則與認識，用以等待新事物的出現。新事物一旦到來，便與已定型的原理相比照，是非曲直便都在其中了。「減」的意思是普遍，「溜」的意思是施發；這是說局部與全體都考慮得完善，沒有不完全適合的。所以說：遍施德澤，思慮周詳。成功的術數，一定有個法度：必然是修德周詳，察時精審。時機與威德的巧遇，便是舉事成功的際會，就像符契的完全吻合一樣。所以說：這就只待時機與威德的巧合了。

「春采生，秋采蓏，夏處陰，冬處陽。」此言聖人之動靜、開闔❶、詘信❷、浧儒❸、取與之必因於時也。時則動，不時則靜。是以古之士有意而未可陽❹也。故愁❺其治言，含愁而藏之也。賢人之處亂世也，知道之不可行，則沈抑❻以辟❼罰，靜默以侔❽免。辟之也，猶夏之就清❾，冬之就溫焉，可以無及於寒暑之菑❿矣；非為畏死而不忠也。夫強言以為僇，而功澤不加⓫，進傷為人君嚴之義，退害為人臣者之生，其為不利彌甚。故退身不舍端⓬，修業不息版⓭，以待清明⓮。故微子⓯不與於紂之難，而封於宋，以為殷主；先祖不滅，後世不絕。故曰：大賢之德長。

【章旨】此章以賢人處亂世之法，闡明聖人善因時而處，故德澤流長。

【注釋】❶闔　關閉。❷詘信　通「屈伸」。屈曲與直伸。❸浧儒　即「浧濡」。盈縮。安井衡謂：「浧，贏也；濡，猶縮也。」贏，通「盈」。❹陽　宣揚；顯揚。《釋名》謂：「陽，揚也。氣在外發揚也。」❺愁　通「揫」。即「揪」。收斂。《禮記・鄉飲酒義》：「秋之為言愁也。」鄭注謂：「愁讀為揫，揫，斂也。」❻沈抑　隱伏；謙退。❼辟　通「避」。避免；避開。❽侔　通「牟」。取。❾清　清涼。❿菑　即「災」。災害。⓫加　施及。尹知章謂：「時非所言，必致刑僇。既刑僇矣，何功澤之加哉！」⓬退身不舍端　言身雖退處，終不忘進德。不舍端，即不拋棄正直之行。《說文》謂：「端，直也，正也。」⓭修業不息版　言不忘修業。不息版，即不停息攻讀版籍。⓮清明　此指政治清明。尹知章謂：「賢者雖復退身，終不捨其端，操不息，修業亦不息其版籍。所以俟亂世清明，候風雲以舉翼也。」⓯微子　名啟，一作開，商紂王庶兄，封於微（今山東梁山縣西北）。見商將亡，因數諫紂王不聽，憤而出走。武王滅商，歸服於周。周公旦攻滅武庚後，封於宋，為宋國始祖。

【語　譯】「春采生，秋采蓏，夏處陰，冬處陽。」這番話是指聖人的動靜、開闔、屈伸、盈縮、取予，一定要依據適合時宜的原則而定。適時則動，不適時則靜。古時賢士有謀劃而不宣揚，總是保守自己的治世言論，深藏內心而隱蔽自己。賢人處在亂世，明白自己的主張不能實行，便以隱伏謙退的辦法避開刑罰，以靜處沈默的方式求免禍患。他們的躲避刑罰禍患，正如夏天就近陰涼，冬天就近溫暖，可以免遭寒熱災害；並非因為怕死而不忠於朝廷。強作諫諍造成殺身之禍，不但功勳德澤不能施及，而且上傷了君主尊嚴的儀理，下損了人臣個人的性命，造成的不利極為嚴重。因此，賢人身雖退處，仍然不拋棄正道直行，堅持修業，不停息的鑽研版籍，用以等待清明政局的到來。所以，微子躲過了紂王的滅頂災難，而被封在宋地，成為殷商遺民的君主；先祖宗廟，才沒遭毀滅，後世子孫，才得以不絕。所以說：大賢的德澤，長流不絕。

「明乃哲，哲乃明，奮乃苓，明哲乃大行。」此言擅美主盛自奮❶也。以琅湯❷凌轢❸人，人之敗也常自此。是故聖人著之簡筴❹，傳以告後進❺曰：奮，盛；苓，落也。盛而不落者，未之有也。故有道者❻不平其稱❼，不滿其量，不依其樂❽，不致❾其度❿。爵尊即肅士⓫，祿豐則務施⓬，功大而不伐⓭，業明⓮而不矜⓯。夫名實之相怨⓰久矣，是故絕而無交⓱。惠者⓲知其不可兩守，乃取一焉，故安無憂。

【章　旨】此章言「明哲」之舉，在以謙虛自守。

【注　釋】❶擅美主盛自奮　均指驕傲自滿。擅美，即獨擅其美。主盛，即自恃其盛。自奮，即自奮其能。❷琅湯　丁士涵謂讀為「浪蕩」。意即放蕩不羈。❸凌轢　傾軋；欺壓。❹筴　同「策」、「冊」。指書籍。❺後進　即後輩。❻有道者　指有道德修養的人。《論語・學而》：「敏於事而慎於言，就有道而正焉。」何晏集解引孔安國謂：「有道，有道德者。」❼平其稱　即「平其秤」。意指示其分量十足。❽不依其樂　謂不盛其樂。即奏樂時，不可使音律過盛，當保持謙虛。依，即「殷」。盛。《禮記・中庸》：「壹戎衣。」鄭注曰：「衣讀如殷，聲之誤也，齊人言殷聲如衣。」❾致　精密。❿度　思慮。⓫肅士　恭敬地引薦賢士。⓬務施　注重施澤。⓭不伐　不自我誇耀。⓮明　昌盛。《淮南子・說林》：「長而愈明。」高注謂：「明，猶盛也。」⓯不矜　不自以為賢能。⓰怨　仇怨；對立；矛盾。⓱絕而無交　絕然不可交並俱得。⓲惠者　即「慧者」。聰明的人。

【語　譯】「明乃哲，哲乃明，奮乃苓，明哲乃大行。」這幾句話，是批評獨擅其美，自恃其盛，自奮其能。以放縱傲慢的態勢欺壓他人，一個人的失敗，往往就是從此開始。因此，聖人著書，傳示告誡後人說：「奮」，是昌盛；「苓」，是凋零。昌盛而不凋零，是從來沒有的。所以，有道德修養的人，不顯示自己不弱於人，不顯示自己的器量盈滿，不顯示自己的格調高超，不顯示自己的思慮精密。處於崇高的爵位，就注意恭敬地引薦賢士；享有豐厚的俸祿，就注重廣施德澤；功績巨大，卻不自我誇耀；事業昌隆，卻不自視賢明。名與實的相互矛盾由來已久，因此，絕然不可交並俱得。聰明的人，深知名實不能兩相兼顧，便只取其一實，所以能安然無憂。

「毒而無怒」，此言止忿速濟❶也。「怨而無言」，言不可不慎也：言不周密，反傷其身。「欲而無謀❷」，言謀不可以泄，謀泄菑極❸。夫行忿速遂❹，沒法賊發❺，言輕謀泄，菑必及於身。故曰：「毒而無怒，怨而無言，欲而無謀。」

【章　旨】此章言執政者必須制怒、慎言、機謀不外泄的緣由。

【注　釋】❶速濟　指舉事速成。原文「速濟」之後尚有「沒法」二字。章炳麟謂：為「衍文」，說「止忿則事速成，正明所以『毒而無怒』之故，不容有『沒法』二字」。❷欲而無謀　原文句首尚有「故曰」二字。王念孫謂：「涉下文而衍。」❸極　至；到。❹遂　成功；完成。❺沒法賊發　章炳麟謂當作「沒法發賊」。沒法，即死命之法。古稱「沒法」，《漢書》稱「沈命法」，指隱藏盜賊者、處死的法律。章氏謂：「行忿以求速遂，作沈命法以發盜賊，輕言以泄密謀，三者皆病在躁急，足以取禍。」

【語　譯】「毒而無怒」，這是說抑止忿怒可以舉事速成。「怨而無言」，說的是言語不可不謹慎：言語不周密，反過來將傷害自身。「欲而無謀」，說的是機謀不可以泄露；機謀外泄，災禍必至。縱容躁怒情緒，求事速成；實行死命之法，用以查捕盜賊；言事輕率，機謀外泄，災難必然臨及自身。所以說：「有所厭惡，不要發怒；有所怨憤，不要輕易說出；有了欲念，不要輕易跟人謀劃。」

「大揆度儀，若覺臥，若晦明」，言淵色❶以自詰也，靜默❷以審慮也❸。依賢才❹，用仁良，既明通於可不❺利害之理，猶發蒙❻也。故曰：若覺臥，若晦明，若敖之在堯也。

【章　旨】此章旨在闡釋關於人君當注重謀慮儀法的具體要求。

【注　釋】❶淵色　即「淵塞」。誠實篤厚，識見遠到。❷靜默　安詳默默。❸也　原文無此字。張佩綸謂：「當有『也』字，錯於『用』下。」❹依賢才　原文為「依賢可」。張佩綸謂：「『可』當作『才』，『依』，倚也，言『倚賢才，用仁良』以為己助。」❺可不　即「可否」。❻猶發蒙　原文為「循發蒙」。王念孫謂：「『循』字義不可通，『循』當為『猶』」，「猶亦若也」。發蒙，啟發蒙昧。

【語　譯】「大揆度儀，若覺臥，若晦明」，是說君主應當真誠深刻地自我反思，安詳默默地深思熟慮。倚賴俊賢人物的指點，採納仁良之士的主張，待到已經明白通曉孰可孰否、孰利孰害的機理，就像蒙昧豁然洞開一樣。所以說：好像常常警醒地睡著，好像在昏暗中探求光明，好像敖生活在堯的身邊一樣戒懼。

「毋訪於佞」，言毋用佞人也，用佞人，則私多行。「毋蓄於諂」，言毋聽諂，聽諂則欺上。「毋育於凶」，言毋使暴，使暴則傷民。「毋監於讒」，言毋聽讒，聽讒則失士。夫行私、欺上、傷民、失士，此四者用❶，所以害君義❷失正也。夫為君上者，既失其義正，而倚以為名譽；為臣者，不忠而邪，以趨❸爵祿，亂俗敗世，以偷安懷樂；雖廣其威，可損也。故曰：「不正，廣其荒。」是以古之人，阻其路❹，塞其遂❺，守而物修❻。故著之簡筴，傳以告後世人曰：其為怨也深，是以威盡焉。

【章　旨】此章言君主治政，必須堵塞「行私、欺上、傷民、失士」四種弊端。

【注　釋】❶用　施行；通行。❷義　通「儀」。儀法。❸趨　歸附；追求。❹阻其路　阻斷上述四種弊端通行的途徑。❺遂　路途；通道。❻物修　許維遹謂當作「沕修」。即潛修、認真鑽研。

【語　譯】「毋訪於佞」，是說不要信任巧言令色之徒；信任巧言令色之徒，便會謀私盛行。「毋蓄於諂」，是說不要聽從逢迎諂媚之徒；聽從逢迎諂媚之徒，便會欺騙君上。「毋育於凶」，是說不要使用殘暴手段；使用殘暴手段，便會傷害民眾。「毋監於讒」，是說不要聽信讒言；聽信讒言，便會失掉賢士。謀私盛行，欺騙君上，傷害民眾，失掉賢士，這四個弊端通行，就要危害君主的儀法，喪失用人的正確標準。作為君主，既已喪失朝廷儀法與用人標準，卻想藉以造就聲名；作為人臣，用心不忠，行為邪僻，只追求爵祿，攪亂風氣，敗壞世俗，以便苟且偷安，貪得享樂；這樣下去，即使國家聲威再大，也是要敗損的。所以說：「用人不堅持正確標準，國家聲威再大，也將滅亡。」因此，古人阻斷產生弊端的門徑，堵塞弊端的通道，堅守儀法、標準，而且加以認真鑽研。所以把它們寫在書本上，流傳下來告誡後人說：上述四個弊端，造成的怨恨是深重的，國威將因此而喪失殆盡。

「不用其區區」者，虛❶也。人而無良❷焉，故曰虛也。凡堅解❸而不動，陼隄❹而不行，其於時必失，失則廢而不濟。天植❺之正而不謬，不可賢❻也；直❼而無能，不可美❽也。所賢美於聖人者，以其與變隨化❾也。淵泉而不盡，微約而流施❿，是以德之流潤澤均加於萬物。故曰：聖人參於天地。

【章　旨】此章言聖人之所以高明而值得讚美，是因為他能贊同事物變革，順應事物發展。

【注　釋】❶虛　虛靜；虛空。〈心術上〉謂：「唯聖人得虛道」，「『君子之處也若無知』，言至虛也」。❷良　長；長久。❸堅解　即「堅止」。凝固停滯。《博雅》謂：「解，止也。」❹陼隄　即「堵堤」。原指修築堤壩以攔截河水。此指阻擋事物發展。《集韻》謂：「陼，同堵，垣也。」❺天植　指心。〈版法解〉謂：「天植者，心也。天植正，則不私近親，不孽疏遠。」原文為「失植」。許維遹謂：「『失』當作『天』。」❻賢　認為高明；稱為高明。❼直　正直。原文為「植」。郭沫若謂：「『植』字當為『直』。直，猶正也。」❽美　讚美；稱頌。原文為「善」。郭沫若謂：「美之乃稱頌之意，適用於下對上」，「此對『聖人』而言，故以『美』字為宜」。❾與變隨化　參預變革，順應發展。與，心許；贊同。❿施　延續。

【語　譯】所謂「不用其區區」，就是要求虛靜。人事沒有長久不變的，所以說應當用虛靜之道來對待。凡是用凝固停滯的觀點，妨礙事物的變革，阻擋事物的發展，都將必然失掉時機。喪失時機，則凡事廢弛，不能成功。徒然心地純正而無謬誤，還不能算為高明；徒然心地正直而無才能，也不能受到稱頌。人們對於聖人之所以倍加讚美，是因為聖人能贊同事物的變革，順應事物的發展。聖人的這種舉動，好像深泉之水，永不枯竭，細微隱約，流布延續，因而德澤長流，能滋潤普施萬物。所以說：聖人可以跟天地相參配。

「鳥飛准繩」，此言大人❶之義也。夫鳥之飛也，必還山集谷。不還山則困，不集谷則死。山與谷之處也，不必正直，而還山集谷，曲則曲矣，而名繩❷焉。以為鳥起於北，意南而至於南，起於南，意北而至於北；苟大意得，不以小缺為傷❸。故聖人美而著之❹曰：千里之路，不可扶以繩；萬家之都，不可平以准。言大人之行，不必以先常❺，義立之謂賢。故為上者之論其下也，不可以失此術也。

【章旨】此章以「鳥飛准繩」為喻，言君主衡人論事，宜取大方向，不計小缺失。

【注釋】❶大人　古指德高者。此言偉大人物。❷繩　直。《淮南子・說林》：「出林者不得直道，行險者不得履繩。」高誘注：「繩，亦直也。」❸傷　妨礙；妨害。❹美而著之　讚美而且寫進書中。尹知章謂：「美鳥飛之事，著之簡冊也。」❺先常　先例與常規。原文為「先帝常」。王念孫謂：「『帝』即『常』字之誤而衍者」，「『先常』猶言故常」。

【語譯】「鳥飛准繩」，這項原則說的是關於偉大人物的生活義理。眾鳥飛翔，一定要飛還山林，棲集峽谷。不飛還山林便會困頓，不棲集峽谷便將死亡。牠們在山林峽谷中所處的位置，不一定平正筆直。牠們飛回山林、棲集峽谷的路線，曲折確實曲折，但大方向是正直的。因為眾鳥從北方起飛，想到南方便能飛到南方；從南方起飛，想到北方便能飛到北方。假如大的方向正確，便不應把小的缺失視為妨害。所以聖人讚美這樣的舉動，而且著書說：千里長途，不可能用繩墨來撥直；萬戶大都，不可能用水準器來拉平。這是說偉大人物的舉動，不一定用先例與常規為標準，能夠確立義理，就可以算作高明。所以君主考評臣下時，不可以丟棄這項衡人論事的原則。

「讂充」，言心也，心欲忠；「末衡」，言耳目也，耳目欲端。中❶正者，治之本也。耳司聽，聽必順❷聞，聞審謂之聰。目司視，視必順見，見察謂之明。心司慮，慮必順言，言得謂之知❸。聰明以知則博❹，博而不惛❺，所以易政。政易民利，利乃勸，勸則吉❻。聽不審不聰❼，不審不聰則繆❽。視不察不明，不察不明則過。慮不得不知，不得不知則昏。繆過以昏則憂❾，憂則所以伎苛❿，伎苛所以險政。政險民害，害乃怨，怨則凶。故曰：「讂充末衡」，言「易政利民」也。

【章旨】此章要旨，言君主應思慮忠純，視聽端正，目的在於治政平和，興利於民。

【注釋】❶中　通「忠」。《金石古文．漢蕩陰令張君碑》：「中謇於朝。」❷順　聽從；順從。《玉篇》：「順，從也。」❸知　通「智」。明智。❹博　許維遹謂：「當作『摶』，與『專』同。」即專一、專精。語譯依此。❺惛　糊塗；昏亂。❻吉　原文為「告」。劉績謂：「當作『吉』，與下『怨則凶』對文。」❼聽不審不聰　原文作「聽不慎不審不聰」。丁士涵謂「不慎」

二字衍。❽繆　通「謬」。錯誤。❾憂　許維遹謂：「即擾字，擾與搏義正相反。」指紛擾。❿伎苛　辨事煩瑣。李哲明謂：「伎，事也；苛，煩也。治事煩苛，政之險由此矣。」

【語譯】「謏充」，是說心胸，心胸要忠；「末衡」，是說耳目，耳目要正。忠誠與端正，是治理政事的根本。耳朵掌管聽覺，聽覺必須順從所聞，所聞精審稱為聰；眼目掌管視覺，視覺必須聽從所見，所見詳審稱為明。心胸掌管思慮，思慮必須借助語言，語言得當稱為智。耳聽目明而且心智，則思慮專一；專一而不昏亂，所形成的便是平和的政局。政局平和，民眾有利，有利則民眾生產盡力，民眾盡力則國事大吉。聽得不精審就不會聽敏，不精審不聽敏，就將陷於荒謬。看得不詳審就不會明晰，不詳審不明晰，就會出現錯誤。思慮不得當就不會明智，不得當不明智，就會昏亂。荒謬錯誤而且昏亂，就會人事紛擾。人事紛擾，則將造成治事煩苛，治事煩苛，便將造成險惡的政局。政局險惡，民眾受害，受害便會產生怨憤，民眾怨憤則國事危殆。所以說：心地忠純，耳目端正，講的就是要安定政治，興利於民。

「毋犯其凶」，言中正以蓄慎也。「毋邇其求」，言上之敗，常貪於金玉馬女❶，而吝愛於粟米貨財❷也。厚藉斂於百姓，則萬民懟怨❸。「遠其憂」，言上之亡其國也，常邇其樂❹，立優美❺，而外淫於馳騁田獵，內縱於美好音聲❻。下乃解怠惰失❼，百吏皆失其端❽，則煩亂以亡其國家矣。「高為其居，危顛莫之救」，此言尊高滿大，而好矜人以麗；主盛處賢，而自予雄也。故盛必失而雄必敗。夫上既主盛處賢，以操士民，國家煩亂，萬民心怨，此其必亡也。猶自萬仞之山，播❾而入深淵，其死而不振❿也必。故曰：「毋邇其求，而遠其憂；高為其居，危顛莫之救也。」

【章　旨】此章言君主宜立身中正，舉止謹慎，切忌短視和自大。

【注　釋】❶金玉馬女　指金銀寶玉、田獵聲色。❷忝愛於粟米貨財　指不樂施捨，不及時賑濟災荒困窮。忝愛，即「悋愛」、「吝愛」。指吝嗇。《孟子・梁惠王上》：「百姓皆以王為愛也，臣固知王之不忍也。」朱熹注謂：「愛，猶吝也。」❸懟怨　怨恨。《穀梁傳・莊公三十一年》：「財盡則怨，力盡則懟。」❹邇其樂　即近其樂。貪取眼前享樂。❺優美　指優伶、美女。❻美好音聲　另本作「美色淫聲」，正可釋義。❼解怠惰失　即「懈怠惰佚」。鬆散懶惰，貪取安逸。失，通「逸」。安逸。❽端　此指正道。❾播　通「簸」。搖盪。❿振　拯救；挽救。《禮記・月令》：「振乏絕。」鄭注謂：「振，救也。」

【語　譯】「毋犯其凶」，是說君主要立身中正，保持謹慎。「毋邇其求」，是說人君的敗亡，往往是由於貪戀金玉、貨財、美色而縱情享樂，吝嗇粟米而不賑濟災荒，卻向百姓加重賦稅，因而招致萬民怨恨。「遠其憂」，是說人君的亡國，往往是貪取眼前享樂，設置優伶美女，外則沈溺於馳騁射獵，內則縱情於美色淫聲。臣下於是鬆散疲沓懶惰，而貪圖安逸，各級官吏，都失去正道，由於政治煩擾紛亂，因而國家也就滅亡了。「高為其居，危顛莫之救」，這是說位尊權重，而愛以美自誇於人；自占其盛，自處其賢，而且以英雄自許。因而興隆的時機必然喪失，英雄的地位也必然倒敗。人君既已自占其盛，自處其賢，以此駕馭士民，國事必然煩擾紛亂，民眾必然心生怨恨。這樣，國家也就必然走向滅亡。這就好像從萬仞高山，搖盪而墜入深淵，其定死而不可挽救，那已是必然的了。所以說：「不能只貪取眼前利益，而把憂患遠遠拋在腦後；終日高高在上，倘若從極高處跌落下來，就沒有誰能挽救了。」

「可淺可深，可沈可浮，可曲可直，可言可默。」此言指意要功之謂❶也。

天不一時，地不一利，人不一事。是以著業❷不得不多分❸，名位不得不殊方❹。明者察於事，故不官❺於物，而旁通於道。道也者，通乎無上，詳乎無窮，運乎諸生。是故辯於一言，察於一治❻，攻❼於一事者，可以曲說❽，而不可以廣舉❾。聖人由此知言之不可兼也，故博為之治而計其意；知事之不可兼之，故多❿為之說，而況⓫其功。歲有春秋冬夏，月有上中下旬；日有朝暮，夜有昏晨；半星⓬辰序⓭，各有其司。故曰：「天不一時。」山陵岑巖⓮，淵泉閎流⓯；泉踰瀷⓰而不盡，薄⓱承瀷而不滿；高下肥磽，物有所宜。故曰：「地不一利。」鄉有俗，國有法；食飲不同味，衣服異采；世用器械，規矩繩準，稱量數度，品有所成。故曰：「人不一事。」此各事⓲之儀⓳，其詳不可盡也。

【章　旨】此章言聖人高明處，在善於廣泛研究理論，反覆比較事物，從中選擇最佳主意，求取最佳效果。

【注　釋】❶指意要功之謂　即「謂指意要功」。于省吾謂：「『指』應讀作稽。稽，猶計也。」指意，即計意。謂謀取最佳主意。要功，求取功效。❷著業　丁士涵謂當為「緒業」，泛指事業。❸分　原文為「人之」二字。郭沫若謂當為「分」字，「分字草書稍弛，誤析為『人之』二字耳」。❹名位不得不殊方　謂名位需根據不同的旨趣、不同的需要而設。殊方，不同的旨趣。❺官　專；主。❻治　即「辭」。金文「治」作「嗣」，籀文「辭」作「嗣」，故「治」與「辭」，古為一字。下文「博為之治」，亦即「博為之辭」。❼攻　治理；用功。《廣雅・釋詁》：「攻，治也。」❽曲說　偏於一隅、頗為片面的言論。❾廣

舉　指廣泛列舉事例，詳加說明。❿多　原文為「名」。丁士涵舉《淮南子・要略》中「故多為之辭，博為之說」為證，謂當為「多」。⓫況　比況；比較。⓬半星　中星。《玉篇》謂：「中，半也。」中星居天之半，故名半星。⓭辰序　指十二個時辰的次序。⓮岑巖　指崖岸。⓯閎流　大河；大水。《楚辭・九嘆・遠逝》：「山峻高而無垠兮，遂曾閎而迫身。」王逸注：「曾，重也；閎，大也。」⓰瀷　溪流。《說文》：「湊漏之流曰瀷。」⓱薄　通「洦」。亦作「泊」。淺水。⓲各事　指天、地、人諸事。⓳儀　通「宜」。即各有其宜。

【語　譯】「可淺可深，可沈可浮，可曲可直，可言可默。」這幾句話是說當選擇最佳方案，求取最佳效果。天不只限於一個時序，地不只限於一種便利，人的活動也不只限於某項事物。因此，事業不能不多分類別，名位不能不根據不同需要而設。明智的人，審悉事理，所以，不只專拘於某一事物，而是旁及通曉事物的共同規律。所謂共同規律，就是上通無限，廣及無窮，並能運用於各種事物。因而僅僅明辯一句話，通曉一個詞，善治一件事的人，只可以談論偏於一隅的見解，而不能夠廣泛舉例闡發。聖人由此深知某一言論，不能兼容各種涵義，所以廣泛研究理論，來選取需要的內容；深知某一事物不能概括眾多現象，所以大量設計方案，來比較它們的效果。年年有春秋冬夏四季，月月有上中下三旬，天天有朝暮，夜夜有昏晨，中星十二時辰的運轉次序，也各有掌管。所以說：「天不一時。」山陵崖岸，淵泉大流；深泉越過溪谷長流不斷，淺泉承接溪澗永流不滿；土地高低肥瘠，作物各有所宜。所以說：「地不一利。」鄉有鄉俗，國有國法；飲食不同口味，衣服不同花色；時用器械，規矩準繩，稱量數度，諸事都有定規。所以說：「人不一事。」這就是說，天、地、人諸事，各有所宜，它們的詳細內容，不可盡述。

「可正而視」，言察美惡，別良苦❶，不可以不審。操分❷不雜，故政治不悔❸。

「定而履」，言處其位，行其路，為其事，則民守其職而不亂，故葆統❹而好終。

「深而迹」，言明墨章畫❺，道德有常❻，則後世人人循❼理而不迷，故名聲不息。

【章　旨】此章言君主治政需端正視聽、堅定職守、深化影響的重大意義。

【注　釋】❶別良苦　原句為「審別良苦」。王念孫謂「審」為衍文。苦，通「盬」。粗劣。❷操分　指對美、惡、良、苦的界限的掌握與分析。❸悔　災禍。《公羊傳・襄公二十九年》：「尚速有悔於予身。」何休謂：「悔，咎。」❹葆統　即「保統」。保持綱紀。❺明墨章畫　使用木工製作器物應明其繩墨、彰其規畫。比喻人君宜明示自己的行為準則。章，通「彰」。顯明。畫，原文為「書」。王念孫謂當作「畫」。❻常　經常；常則。❼循　依順；遵循。原文為「修」。王念孫謂當作「循」。

【語　譯】「可正而視」，是說識察美好與醜惡，辨別優良與粗劣，不能夠不審慎。掌握標準、分析情況，不相混雜，政事的治理便不會發生災禍。「定而履」，是說處在君主職位上，走正自己的路，辦好自己的事，民眾便會堅守常業而不混亂，所以能保持國家綱紀，獲得美好的結局。「深而迹」，是說人君應當明示自己的行為準則，堅持修養有素；後人便會遵循常規而不昏亂。這樣，聖君的聲名，就將流傳不滅。

「夫天地一險一易，若鼓之有桴，擿擋則擊。」言苟有唱之，必有和之；和之不差，因以盡天地之道。景❶不為曲物直，響不為惡聲美，是以聖人明乎物之性者，必以其類來也。故君子繩繩乎❷慎其所先。

【章　旨】此章以影隨物形、響為聲應為喻，說明人君當善於垂範。

【注　釋】❶景　通「影」。物影。❷繩繩乎　即「繩繩然」。小心謹慎的樣子。《詩・周南・螽斯》：「宜爾子孫，繩繩兮。」毛傳謂：「繩繩，戒慎也。」

【語　譯】「夫天地一險一易，若鼓之有桴，擿擋則擊。」這是說，如果有所唱，必然有所和；所和無差失，因為都合乎天地的規律。影子不會因彎曲的物體而挺直，回響不會為粗惡的聲音而變美。因此聖人明白事物的情性，必然因其同類而相聚。所以，君子必須小心謹慎地對待自己的率先行為。

「天地，萬物之橐也，宙合有橐天地。」天地苴❶萬物，故曰萬物之橐。宙合之意，上通於天之上，下泉❷於地之下，外出於四海之外；合絡天地，以為一裹。散之至於無閒❸，不可名而出❹。是大之無外，小之無內。故曰有橐天地。其義不傳，一典品❺之，不極一薄❻，然而典品無治也。多內❼則富，時出則當。而聖人之道，富，貴以當❽。奚謂當？本乎無妄之治❾，運乎無方❿之事，應變不失之謂當。變而不至，無有應當⓫，本錯不敢忿⓬，故言而名之曰「宙合」。

【章　旨】此章言「宙合」之義，亦即聖人之道，貴在用之得當。

【注　釋】❶苴　包裹。❷泉　水之深者曰泉。此處以「泉」指深。❸閒　即「間」。間隙；空隙。❹出　原文為「山」。安井衡謂古本為「出」。❺典品　指整理。❻薄　即「簿」。簡冊。此當為一方、一版。郭沫若謂：「簿、薄字古每混，六朝人書，艸、竹無別。」❼內　通「納」。容納。❽貴以當　貴在用之得當。❾無妄之治　即「無妄之辭」。不背離規律的理論。治，通「辭」。見前注。❿無方　無常。即沒有固定的方式、處所或範圍。《荀子・臣道》：「推類接譽，以待無方。」楊倞謂：「無方，無常也。」⓫無有應當　安井衡謂：「『無』下疑脫『不』字。言變至無窮，而無不有應當其變之道。」⓬本錯不敢忿　孫蜀丞謂：「此言道之設置，循乎自然，無敢忿也。」本錯，即「主錯」。設置。

【語　譯】「天地，萬物之橐也，宙合有橐天地。」天地包容萬物，所以說是容納萬物的口袋。「宙合」的涵義，則是上可通於蒼天之上，下深達大地之下，外超出四海之外，籠罩天地，成為一大包裹。把它散放開來，沒有細微間隙的深處不能進入，簡直無法形容。這就是說，大到沒有什麼東西可以在它的外圍，小到沒有什麼東西可以在它的內部。所以說，它又能囊括天地。這番道理，至今沒有傳布，一旦整理出來，要義還不到一版；然而整理的事，無人去作。包容廣博，則內容豐富；應時傳播，便可能用之得當。聖人之道，內涵十分廣博，可貴之處就在於用之得當。什麼叫做用之得當呢？依據不違背規律的理論，運用於變化無常的各類事物，適用其變化而無差失，這就叫做用之得當。事物的變化雖然無窮無盡，但無不有其應當變化的道理，而且它的存在，誰也不能怨忿。所以，人們把它稱為「宙合」。

樞言 第十二

【題解】此為《管子》第十二篇，題為「樞言」。樞，指事物的中心或關鍵。「樞言」，即為樞要之語，關鍵之言。全文三十餘章，廣泛列舉治國、修身、君道、臣道、理論、實踐等重大問題，加以論述，言必稱先王，義必則聖人。語多精鍊，且富哲理，頗似當今所說的「格言」。石一參依據「古人著述，往往檃括所言之義旨，而揭櫫其樞要之語，繫諸簡端」之通例，謂此篇為「全書之樞紐」，《管子》之「序言」；題為「樞言」，是作者「提掇全書之精神，而揭出其主動之機鈐，以與後學相見以誠，而相喻於徵者也」，「制動之主謂之樞，即以是篇為管子傳心之法可也」（《管子今詮・樞言》）。

篇中多處言及「天道」，反覆標舉「先王貴慎貴當貴周」，強調「忌滿」、「重卑」，舉措得宜，「與道周合」。郭沫若謂為「戰國時崇尚黃老者所作」。且謂細審全篇主旨，則「以戒滿戒鬥、寡欲正名為指歸，而不非毀禮法與仁義聖智，與〈心術〉、〈內業〉、〈白心〉諸篇立論相近」，是為「初期道家者言」（《郭沫若全集・歷史編第五卷《管子集校一・樞言第十二》》）。

管子曰：「道之在天者，日也；其在人者，心也。」故曰：有氣❶則生，無氣則死，生者以其氣；有名❷則治，無名則亂，治者以其名。

【章旨】此章言「氣」與「名」的重要性，是承管子之言而從自然界與人類社會兩方面加以發揮。

【注釋】❶氣　此指元氣，在中國古代哲學概念中，即謂物質本原。❷名　此指名分、制度。

【語譯】管子說：「道在自然界，就是太陽；道在人體，就是心臟。」所以說，有了元氣，便能獲得生命；

沒有元氣，便會死亡；生命有賴於元氣。有了名分，便會安定；沒有名分，便會混亂；安定就有賴於名分。

樞言曰：愛之、利之、益之、安之，四者❶道之出❷。帝王者❸用之，則天下治矣。帝王者，審所先所後：先民與地，則得矣；先貴與驕，則失矣。是故先王慎❹貴在所先所後。

【章　旨】此章言先代聖王之所慎，貴在重視民眾與土地。

【注　釋】❶四者　指「愛之、利之、益之、安之」四項。張佩綸《管子學》謂：「此即〈牧民〉之『四欲』也。民惡憂勞，我佚樂之，即愛之也；民惡滅絕，我生育之，即利之也；民惡貧賤，我富貴之，即益之也；民惡危墜，我存安之，即安之也。」❷道之出　從「道」產生的。尹知章謂：「四者從道而出，故曰道之出也。」❸帝王者　指欲稱帝、稱王的人。❹慎　指能慎重對待。或謂「慎」下「貴在」為衍文，亦可。

【語　譯】樞言說過：愛護民眾，有利民眾，使民眾增加財富，使民眾得到安定，這四項，都是從「道」產生的。欲稱帝、稱王的人，若能加以運用，那天下便能太平了。欲稱帝、稱王的人，應當明悉事情的先後次序：把民眾與土地放在前面，這就對了；把尊貴與驕傲放在前面，這就錯了。先代聖王處事慎重的地方，就貴在善於分清先後次序。

人主不可以不慎貴❶，不可以不慎民，不可以不慎富❷。慎貴在舉賢；慎民在置官❸；慎富在務地❹。故人主之卑尊輕重，在此三者，不可不慎。

【章旨】此章言人君應當慎重「舉賢」、「置官」、「務地」諸事。

【注釋】❶慎貴　慎重對待尊貴、高位之事。貴，指地位高。❷富　致富。❸置官　設置、任命官吏。任官不當，則百姓不安。❹務地　注重地利；注重發展農業。

【語譯】君主不可以不謹慎地對待「尊貴」的人事問題，不可以不謹慎地對待民眾的問題，不可以不謹慎地對待致富的問題。謹慎地對待「尊貴」，在於舉用賢才；謹慎地對待民眾，在於設置官吏；謹慎地對待致富，在於重視農業生產。所以，人君的地位高低、權力輕重，就決定於這三個方面，不可不謹慎地處理。

國有寶，有器，有用。城郭❶、險阻❷、蓄藏❸，寶也；聖智❹，器也；珠玉❺，末，用也。先王重其寶器而輕其用，故能為天下。

【章旨】此章言先代聖王善治天下的原因，在於重視鞏固國防、利用地勢、儲備糧食以及尊重人才。

【注釋】❶城郭　指重要的防禦設施。❷險阻　謂山川艱險梗阻之處。指易守難攻的險要地勢。❸蓄藏　指糧食儲備。尹知章謂：「蓄藏積，民無飢，故為寶也。」❹聖智　指聖明聰慧者、人才。尹知章謂：「聖無不通，智無遺策，二者可操以成事，故曰器。」❺珠玉　此指以珠玉充當貨幣作為財用。

【語譯】一個國家，必定要有珍寶，有器具，有財用。內城外郭，險要地勢，糧食儲備，這是珍寶。聖明聰慧的人才，這是器具；珍珠寶玉，排在末位，這是財用。先代聖王，看重「寶器」而看輕財用，所以能善於治理天下。

生而不死者二❶，立而不立❷者四。喜也者，怒也者，惡也者，欲❸也者，天下之敗也。而賢者寶之❹。

【章旨】此章言人君喜怒無常，感情用事，將導致國家敗亡。

【注釋】❶二　似指本文開頭所述「氣」與「名」二者。❷立而不立　即「位而不立」。指君主雖已即位，但不能鞏固政權。古時「立」、「位」同字，《石經春秋》「公即位」作「公即立」。❸欲　嗜欲；嗜好。《集韻》：「欲，情所好也。」❹寶之　以之為寶。即把人君的喜怒惡欲無常將敗亡國家一事，看作珍貴的教訓。

【語譯】產生之後便不死滅，因其具備「氣」、「名」二者的關係。人君即位之後，卻不能鞏固政權的因素有四個。君主反覆無常的喜悅、憤怒、憎惡、嗜好，便是導致國家敗亡的原因。高明的人，往往把這些視為珍貴的教訓。

為❶善者，非善也。故善無以為❷也。故先王貴善。

【章旨】此章言先代聖王注重「善」。

【注釋】❶為　通「偽」。佯為；裝作。❷無以為　即「無以偽」。無法假裝。

【語譯】裝作的善，不是善。善，是無法假裝的。所以，先代的聖王，把「善」看得很珍貴。

王主❶積❷於民，霸主積於將士❸，衰主❹積於貴人❺，亡主積於婦女、珠玉。故先王慎其所積。

【章旨】此章言先代聖王，能慎重地對待有關積蓄的問題。

【注釋】❶王主　成就王業的君主。❷積　聚積；積蓄。❸將士　將軍之士。猶言將帥。《後漢書・光武帝紀》：「於是大饗將士，班勞策勳。」❹衰主　衰敗、沒落的君主。❺貴人　地位尊貴的人；達官貴人。

【語譯】王者之君的積蓄，在於民眾；霸者之君的積蓄，在於將帥；衰敗之君的積蓄，在於達官貴人；亡國之君的積蓄，在於美色財寶。所以，先代聖王所特別注意、慎重的，便是有關積蓄的問題。

疾之❶，疾之，萬物之師❷也。為之❸，為之，萬物之時❹也。強之❺，強之，萬物之指❻也。

【章旨】此章言應當加緊掌握萬事萬物的奧祕。

【注釋】❶疾之　謂宜加速研究事物的進程。疾，急速；趕快。❷師　眾多；繁雜。❸為之　指勉力從事探索。❹萬物之時　謂萬物將應時而變，隨時而逝。時，應時；隨時。❺強之　加強；強化。❻萬物之指　謂事物的內涵精微，奧祕精深。指，同「旨」。旨意；旨趣。

【語譯】要盡快地研究，盡快地研究，因為世間的事物是眾多的。要努力地研究，要努力地研究，因為一切事物是隨時變化的。要加強研究力量，要加強研究力量，因為萬事萬物的內涵是精微的。

凡國有三制❶：有制人者，有為人之所制者，有不能制人，人亦不能制者。

何以知其然？德盛義尊，而不好加名於人❷；人眾兵強，而不以其國造難生患；

天下有大事，而好以其國後❸：如此者，制人者也。德不盛，義不尊，而好加名於人；人不眾，兵不強，而好以其國造難生患；恃與國❹，幸❺名利：如此者，人之所制也。人進亦進，人退亦退，人勞亦勞，人佚❻亦佚，進退勞佚，與人相胥❼：如此者，不能制人，人亦不能制也。

【章　旨】此章縷析一個國家的幾種「控制」情況，旨在提倡有以制人而不為人所制。

【注　釋】❶制　控制；限制。此指有關「控制」的情況。❷加名於人　把自己的名分、位次陵駕在別人頭上。❸後　退居其後，不與人爭逐競進。❹與國　友好、結盟的國家。❺幸　希冀；貪圖。❻佚　通「逸」。安閒；逸樂。❼相胥　相偕；相同。《詩・小雅・桑扈》：「君子樂胥。」朱熹注謂：「胥，皆也。」皆，通「偕」。同。

【語　譯】就一個國家而言，有三種「控制」的情況：有控制別國的，有被別國控制的，還有既不能控制別國，別國也不能加以控制的。依據什麼知道會是這樣？德重義高，而不愛把自己的名位強加給別國；人口眾多，武器精銳，而不依仗國力製造憂患，挑起禍端；天下有了重大的爭端，而甘願讓自己的國家落在後面：這樣的國家，一定是控制別國的。德不重，義不高，卻愛把自己的名位強加給別國；人口不多，武器不精，卻愛使用國力製造危局，挑起禍端；憑藉盟國，貪圖名利：這樣的國家，一定要被別國控制的。別人前進，也跟著前進；別人後退，也跟著後退；別人勞頓，也跟著勞頓；別人逸樂，也跟著逸樂；前進後退，勞頓逸樂，都跟眾人相一致：這樣的國家，一定是既不能控制別國，別國也不能加以控制的。

愛人甚，而不能利也；憎人甚，而不能害也❶。故先王貴當❷、貴周❸。周者，不出於口，不見❹於色❺，一龍一蛇❻，一日五化❼之謂周。故先王不以一過二❽，先王不獨舉❾，不擅功❿。

【章　旨】此章言先代聖王注重舉措得宜，與道周合。

【注　釋】❶愛人甚四句　上二句謂先王「無私愛」，下二句謂先王「無私憎」。孫蜀丞謂：「《意林》一引《韓子》『愛人不得獨利，待譽而後利之；憎人不得獨害，待非而後害之』，即其義。」利，指私予其利。❷當　指舉措得宜。❸周　此指與「道」周合。❹見　即「現」。顯示；表露。❺色　神色；神情。❻一龍一蛇　比喻或出或處、或顯或隱，隨情況不同而變化。❼一日五化　謂隨時間不同而變化。尹桐陽謂：「日夜平均各有六時，除食息外約五時耳。『一日五化』者，謂一時而一化也。」《淮南子・俶真》：「至道無為，一龍一蛇。盈縮卷舒，與時變化。」即上句與此句之義。❽以一過二　因一而責求其二。過，責備；責求。❾獨舉　獨攬；包辦。❿擅功　專功；獨占功勞。

【語　譯】即使愛憐某人到了極點，也不能私與其利；即使憎惡某人到了極點，也不能私與其害。所以，先代聖王，總是注重舉措適宜，注重與「道」周合。所謂與「道」周合，就是既不必從嘴裡說出，也不必從外表神態加以流露，而是舉措有如龍蛇之動，盈縮卷舒，與時變化，這就叫做周合。所以先代聖王，從不因一而責求其二；先代聖人，也不肯包攬一切，不肯獨占功勞。

先王不約束❶，不結紐❷。約束則解，結紐則絕。故親不在約束、結紐。先王不貨交❸，不列地❹，以為天下。天下不可改也，而可以鞭箠使❺也。時也，義❻也，出為之❼也。餘目不明，餘耳不聽❽，是以能繼天子之容❾。官職❿亦然。時者得天，義者得人。既時且義，故能得天與人。

【章　旨】此章言先代聖王善於掌握時機與義理，故能得天助民附。

【注　釋】❶約束　用繩結成股束。比喻與別國簽訂條約。❷結紐　用結結成繩紐。比喻與別國建立同盟關係。❸貨交　用賄賂手段買通別國進行邦交。❹列地　即「裂地」。指用割地手段進行邦交活動。❺以鞭箠使　即用馬鞭驅使。意謂憑威力駕馭。鞭箠，馬鞭。❻義　義理。❼出為之　謂應盡力掌握時機與義理。出，《說文》謂「進」。通「盡」。❽餘目不明二句　尹知章謂：「雖目視有餘，不用其明；耳聽有餘，不用其聰也。」餘目不明，謂即使有多餘的視力，也不去察看。❾容　通「頌」。讚美。❿官職　指君主的職守。

【語　譯】先代聖王治理天下，不用「約束」的辦法，也不用「結紐」的辦法。因為「約束」總有渙散之日，「結紐」總有斷絕之時。所以，欲人親附不在於「約束」和「結紐」。先代聖王不用賄賂手段，也不用割地手段來治理天下。天下大勢不可任意改變，但可以憑藉威力加以駕馭。時機、義理，應盡力加以掌握。除此之外，即使有過剩的視力，也不用去察看；即使有過剩的聽力，也不用去探聽。這樣，才能保持天子睿哲的頌聲。君主的職守也是如此。掌握了時機的人，能得到大自然的幫助；掌握了義理的人，能得到民眾的擁護。既掌握了時機，又掌握了義理，所以先代聖王，能夠得到大自然的幫助和民眾的擁護。

先王不以勇猛為邊竟❶，則邊竟安。邊竟安，則鄰國親。鄰國親，則舉❷當矣。

【章　旨】此章言先代聖王善於處理邊境問題。

【注　釋】❶竟　通「境」。《禮記・曲禮上》：「入竟而問禁。」❷舉　行動；舉措。

【語　譯】先代的聖王，不憑藉武力處理邊境問題，邊境因而安定。邊境安定，鄰國因而親附。鄰國親附，這全由於先王舉措得宜所致。

人故❶相憎也，人之心悍，故為之法。法出於禮❷，禮出於治❸。治、禮，道也。萬物待治、禮而後定。

【章　旨】此章言法律、制度、理論與「道」之間的關係。

【注　釋】❶故　固然；本來。❷禮　此指政治制度。《論語・為政》：「齊之以禮。」朱熹注：「禮，謂制度品節也。」❸治　通「辭」。指理論。

【語　譯】人與人之間，本來是彼此憎恨的。人心兇猛，所以要施行法律。法律是由制度決定的，制度是受理論指導的。理論、制度，又都從屬於「道」。萬事萬物，需待理論和制度形成，而後才可以定位。

凡萬物陰陽兩生而參❶視❷，先王因其參而慎所入所出❸。以卑為卑，卑不可得；以尊為尊，尊不可得。桀、舜是也❹。先王之所以最重❺也。

【章　旨】此章言先代聖王重視將事物加以比較的原因。

【注　釋】❶參　即「叁」。三。❷視　活。《老子》有「長生久視」之語，意即長生久活。❸所入所出　出與入是相對而言。此處藉以表示事物的正反兩方面。❹桀舜是也　意謂桀和舜就是在這兩相比較之下，才顯出卑劣與高尚來的。❺最重　謂把事物聚集起來加以比較，看成很重要。最，聚合。或本作「冣」。同「聚」。

【語　譯】所有的各種事物，若陰陽兩者相合，便可構成第三種新生事物。先代聖王，依據這種現象，因而很慎重地對待事物的正反兩方面。以「低」為標準來測定「低」，「低」不可能測出；以「高」為標準來測定「高」，「高」也不可能測出。桀和舜就是在這卑劣與高尚兩相比較之下，才顯出差異來的。這也就是先代聖王，所以重視積累事物，加以比較的原因。

得之必生，失之必死者，何也？唯粟❶。得之，堯、舜、禹、湯、文、武、孝己❷，斯❸待以成；天下必待以生。故先王重之。一日不食，比❹歲歉；三日不食，比歲飢；五日不食，比歲荒；七日不食，無國土；十日不食，無疇類❺，盡死矣。

【章　旨】此章言先代聖王重視糧食儲備。

【注　釋】❶粟　原文為「無」。據下文「一日不食」諸句文意，當為「粟」。或謂「無」殆「炁」字之誤，「炁本亦作氣」，與上文「有氣則生，無氣則死，生者以其氣」相應。❷孝己　殷高宗太子，以孝聞名天下。《帝王世紀》謂：「殷高宗有賢子孝己，其母早死，高宗惑後妻之言，放之而死，天下哀之。」❸斯　通「澌」。盡。❹比　比擬；類似。❺疇類　同類；伴侶。疇，通「儔」。同類。

【語　譯】得到它定能生存，失去它定要死亡，這是什麼東西？是糧食。有了它，唐堯、虞舜、夏禹、商湯、周文王、周武王、孝己，盡能賴以成就功業聲名；天下人也必須依靠它才能生存。所以，先代聖王很重視它。一天沒有糧食，類似年成歉收；三天沒有糧食，類似年成饑饉；五天沒有糧食，類似年成鬧災荒；七天沒有糧食，無法保有國土；十天沒有糧食，無法保有民眾，人們將全部喪亡。

先王貴誠信。誠信者，天下之結❶也。賢大夫不恃宗❷，至士❸不恃外權❹。坦坦❺之利不以功，坦坦之備❻不為用。故存國家，定社稷，在卒謀❼之間耳。

【章旨】此章言先代聖王重視誠信。

【注釋】❶天下之結　即「結天下」。固結天下人心。❷宗　指宗親門第。❸至士　即至人。道德、情操、修養等已達到最高境界的人。「至士」與「賢大夫」為對文。❹外權　與他人權謀。「外」與「宗」為對文。❺坦坦　平常；普通。尹知章謂：「坦坦，謂平平，非有起而異者。」❻備　富足。❼卒謀　即「猝謀」。指短暫的思慮。猝，突然。此言為時短暫。

【語譯】先代聖王，重視真誠信實。因為真誠信實，是固結天下人心的紐帶。賢大夫不依賴宗族、門第，至士不靠與他人權謀。通常的與民興利，不看作自己的功勞；一般的使民致富，不視為自己的作用。所以，保衛國家、安定社稷的大事，在短暫時間的謀劃中就解決了。

聖人用其心，沌沌乎博而圜❶，豚豚乎❷莫得其門，紛紛乎若亂絲，遺遺乎❸若有從❹治❺。故曰，欲知者知之，欲利者利之，欲勇者勇之，欲貴者貴之。彼欲貴我貴之，人謂我有禮❻；彼欲勇我勇之，人謂我恭❼；彼欲利我利之，人謂我仁；彼欲知我知之，人謂我慜❽。戒之❾戒之，微而異之❿。動作必思之，無令人識之，卒來者必備之。信之者，仁也。不可欺者，智也。既智且仁，是謂成人⓫。

【章旨】此章言聽明仁愛，才可稱為完美的人。

【注　釋】❶博而圜　即「博而圓」。廣博而周到。❷豚豚乎　即「遯遯然」。隱隱約約。《廣雅》：「遯，隱也。」❸遺遺乎　彎曲延續貌。《正字通》：「遺遺與委蛇通。」❹從　通「蹤」。蹤跡。❺治　整理；治理。❻禮　禮法。❼恭　寬和。❽慜　同「敏」。聰敏；聰明。❾戒之　謂對此應當謹慎。戒，慎。❿微而異之　郭沫若謂：「言用之須戒慎，應隱微而庇翼之也，故承之以『無令人識之』。」⓫成人　完美無缺的人。

【語　譯】聖人用心思慮問題時，混混茫茫博大而周到，又隱隱約約使人找不到門徑，紛紛攪攪好像一團亂絲，彎曲延綿，似乎又有蹤跡可理。所以說，人們希望求得知識的，就應使他們求得知識；希望求得實惠的，就應使他們求得實惠；希望求得勇武的，就應使他們求得勇武；希望求得尊位的，就應使他們求得尊位。他希望求得尊位，我讓他求得尊位，他就會認為我有禮讓；他希望求得勇武，我讓他求得勇武，他就會認為我寬和；他希望求得實惠，我讓他求得實惠，他就會認為我仁愛；他希望求得知識，我讓他求得知識，他就會認為我聰敏。應當謹慎而又謹慎，注意隱微地翼蔽自己。行動必須深思，不要被人識辨；對於猝然而來的事件，必須有所防備。待人誠信，就是仁愛；不可欺瞞，就是聰慧。既聰慧，又仁愛，這就是完美的人。

賤固事❶貴，不肖固事賢。貴之所以能成其貴者，以其貴而事賤也；賢之所以能成其賢者，以其賢而事不肖也。惡者，美之充❷也；卑者，尊之充也；賤者，貴之充也。故先王貴之。

【章　旨】此章言先代聖王提倡謙卑，重視粗劣、低下與微賤。

【注　釋】❶事　事奉；尊奉。❷充　借為「統」。根本；初始；基礎。

【語　譯】地位卑賤的，本來應當尊奉尊貴的人；不賢明的，本來應當尊奉賢明的人。但尊貴的人之所以能夠成為尊貴，是因為他能尊奉卑賤的人。賢明的人之所以能夠成為賢明，是因為他能尊奉不賢的人。粗劣，是精美的原始狀態；低下，是尊高的原始狀態；微賤，是高貴的原始狀態。所以，先代聖王很重視它們。

天以時❶使❷，地以材❸使，人以德使，鬼神以祥❹使，禽獸以力使。所謂德者，先之之謂❺也。故德莫如先，應適❻莫如後。

【章　旨】此章言「德」，即是率先示範。

【注　釋】❶時　時令；季節。❷使　使用；行事。引申為發揮作用。❸材　材料；資源。❹祥　吉凶的預兆。❺先之之謂　即「謂先之」。說的是先於他人、率先示範。❻適　同「敵」。

【語　譯】上天憑藉時令發揮作用，大地憑藉資源發揮作用，人們憑藉道德發揮作用，鬼神憑藉預兆吉凶發揮作用，禽獸憑藉力氣發揮作用。所謂德行，說的就是率先示範。所以，行德沒有比得上先行示範的，應敵沒有比得上後發制人的。

先王用一陰二陽❶者，霸；盡以陽者，王；以一陽二陰者，削；盡以陰者，亡。量之不以少多，稱之不以輕重，度之不以短長，不審此三者，不可舉大事。能戒乎？能敕❷乎？能隱而伏乎？能而稷❸乎？能而麥乎？春不生而夏無得乎❹？先王事以合交❺，德以合人。二者不合，則無成矣，無親矣。

【章　旨】此章言先代聖王，以尊重他人的態度，來團結友好各國，用施行德政的措施，來團結國內民眾。

【注　釋】❶一陰二陽　意謂一個不利條件、兩個有利條件。❷敕　通「飭」。謹飭；謹慎。❸能而稷　即「能種稷而得稷」。孫蜀丞謂：「《呂氏春秋．用民》『夫種麥而得麥，種稷而得稷，人不怪也。用民亦有種，不審其種而祈民之用，惑莫大焉』，此《管》書之古誼也。」❹春不生而夏無得乎　原文在此句下尚有「眾人之用其心也，愛者，憎之始也；德者，怨之本也。唯賢者不然」諸句。王念孫謂：「此六句，皆涉下文而衍。」今從王說而刪。❺事以合交　即「以事合交」。用尊重他人的態度，聯合交與之國。

【語　譯】先王舉事，能夠占有一分不利條件、二分有利條件的，可以成就霸業；能夠完全占有有利條件的，可以成就王業；只能占有一分有利條件、而有二分不利條件的，國力必然削弱；完全處於不利條件的，國家必然滅亡。量數不可以多少計算，稱物不可以輕重估量，度衡不可以長短計較，不明悉這三種道理，不可以舉辦大事。能夠注意警惕嗎？能夠注意謹慎嗎？能夠注意隱蔽自己而埋頭不露嗎？能夠用心種稷而力求得稷嗎？能夠用心種麥而力求得麥嗎？能夠想到春天不生長、夏天便無收穫嗎？先代聖王，用尊重他人的態度，來團結友好各國，用施行德政的措施，來團結國內民眾。假如友好的國家與國內的民眾，不能予以團結，便將無可成功，無人親附了。

凡國之亡也，以其長者❶也；人之自失也，以其所長者也。故善游者死於梁池❷，善射者死於中野❸。

【章　旨】此章言亡國之因，多為執政者自恃其所長，掉以輕心。

【注　釋】❶長者　指長處、專長。郭沫若謂此處當為「所良者」三字。指優越條件。〈考工記〉「天有時，地有氣，材有美，工有巧，合此四者然後可以為良」，「鄭之刀，宋之斤，魯之削，吳、越之劍，遷乎其地而弗能為良」，即此「良」字之義。❷梁池　有梁之池。梁，水中堤堰。梁池並非險處，而善游者竟死於其中，言失於疏忽。❸中野　即荒野之中。野，郊野；荒野。

【語　譯】所有國家的敗亡，多半是由於自恃所長；一個人的自我失誤，也常常在於他原有的長處。所以，善於游泳的人，有的竟然死在梁池；善於射獵的人，往往死在荒野。

命屬於食，治❶屬於事❷。無善事而有善治者，自古及今，未嘗之有❸也。

【章　旨】此章言理論從屬於實踐。

【注　釋】❶治　通「辭」。指理論。❷事　政事。❸未嘗之有　即「未嘗有之」。從未有過這類事。

【語　譯】生命寄託於食物，理論寄託於政事。沒有完善的政事，而欲總結出正確的理論，從古至今，是向來沒有過的事情。

眾勝寡，疾勝徐，勇勝怯，智勝愚，善勝惡，有義勝無義，有天道❶勝無天道。凡此七勝者，貴眾；用之終身者眾矣。

【章　旨】此章言優勝劣敗之理。

【注　釋】❶有天道　此指合於上天的意旨。

【語　譯】多能勝少，快速能勝遲緩，勇敢能勝怯懦，聰明能勝愚蠢，善良能勝邪惡，有義能勝無義，有天道能勝無天道。這七項致勝因素，貴在眾多。君主能享用終身的，就在眾多這點上。

人主好佚欲，亡❶其身失❷其國者，殆；其德不足以懷其民❸者，殆；明❹其刑而賤❺其士者，殆；諸侯假之威，久而不知極❻已者，殆；自彌老不知敬❼其適子❽者，殆；蓄藏積，陳朽腐，不以與❾人者，殆。

【章　旨】此章言君主的六項危殆。

【注　釋】❶亡　通「忘」。忘記。❷失　耽誤；貽誤。❸懷其民　使其民眾感德懷恩。❹明　盛；重。❺賤　輕視。或謂「賤」本作「殘」。❻極　通「亟」。危急。❼敬　戒慎。《詩・周頌・閔予小子》：「夙夜敬止。」鄭玄箋：「敬，慎也。」❽適子　即「嫡子」。此指太子。❾與　援助；救助。《戰國策・秦策一》：「不如與魏以勁之。」高誘注：「與，猶助也。」

【語　譯】君主好逸縱欲，忘掉自身，貽誤國政，必然危險；德行不足以使民眾感懷，必然危險；重用刑罰，輕賤士民生命，必然危險；長期假借諸侯威權，自己毫無建樹，而不知急迫，必然危險；自身漸老而不知使嫡子戒慎自勵，必然危險；財貨蓄藏積壓，糧食因陳積而腐朽，卻不用來救助民眾，必然危險。

凡人之名三：有治也者，有恥❶也者，有事也者。事之名二：正之，察之。五者而❷，天下治矣。名正則治，名倚❸則亂，無名則死❹。故先王貴名。

【章　旨】此章言先代聖王重視名分。

【注　釋】❶恥　勵恥。用激勵之法，使之有恥。意謂督促。❷而　郭沫若謂：「讀為能，能者善也。」❸倚　偏斜。❹死　指萬事俱廢。

【語　譯】人的名分有三類：有決策治理的，有勵恥督促的，有辦事服務的。辦事的名分又分兩種：有事前加以指正的，有事後加以考察的。五者盡善，天下便能安定了。名分正當，國家便能安定；名分偏斜，國家便會混亂；事不顧名，則萬事俱廢。所以，先代聖王重視名分。

先王取天下，遠者以禮，近者以體❶。體、禮者，所以取天下；遠、近者，所以殊❷天下之際❸。

【章　旨】此章言先代聖王之得天下，兼用「體」、「禮」二法。

【注　釋】❶體　親近。《禮記・學記》：「就賢體遠。」鄭玄注：「體，猶親也。」❷殊　不同；區分。❸際　邊際。

【語　譯】先代聖王取得天下，對於遠方國家，採用「禮遇」的手段；對於近鄰國家，採用「親善」的辦法。親善與禮遇，都是用來謀取天下的。遠與近，是就不同國家的邊界而言的。

日益之而患❶少者，唯忠；日損❷之而患多者，唯欲。多忠少欲，智也，為人臣之廣道也。為人臣者，非有功勞於國也，家富而國貧，為人臣者之大罪也；為人臣者，非有功勞於國也，爵尊而主卑，為人臣者之大罪也。無功勞於國而貴富者，其❸唯尚賢乎？

【章　旨】此章言多忠少欲，是人臣的明智表現。

【注　釋】❶患　憂慮；擔心。❷損　減少。❸其　豈；難道。

【語譯】天天在增長，仍然擔心太少的，是忠心；天天在減少，仍然擔心太多的，是私欲。增長忠心，減少私欲，是明智的表現，也是作為人臣的通途。作人臣的，對國家沒有功勞，而卻使自己富有、使國家貧弱，這是人臣的莫大罪孽。作人臣的，對國家沒有功勞，而卻使自己爵位尊高、使君主地位卑微，這是人臣的莫大罪孽。對國家沒有功勞，而人臣卻能位尊家富，難道這就是崇尚賢才嗎？

眾人之用其心也，愛者憎之始❶也，德者怨之本❷也。其事親也，妻子具❸，則孝衰矣。其事君也，有好業，家室富足，則行衰矣；爵祿滿，則忠衰矣。唯賢者不然。故先王不滿❹也。人主操逆，人臣操順。

【章旨】此章言先代聖王，著意不使人臣的爵祿達到滿盈。

【注釋】❶始　發端；開始。尹知章謂：「愛盡而憎。」❷本　根源；基礎。尹知章謂：「德竭而怨。」❸具　完備；具備。❹不滿　不讓其滿盈。

【語譯】一般人的思想方法，往往是愛盡則恨生，德竭則怨發。他們侍奉父母，有了妻室兒女，孝心便會衰減。他們侍奉君主，有了美滿的產業，家庭趨於富有，德行便會衰減；官爵俸祿達到滿盈，忠心便會衰減。只有賢明的人不是如此。所以先代聖王，不讓人臣的爵秩俸祿達到滿盈狀態。人主施行逆向措施，人臣便會隨順而行。

先王重榮辱，榮辱在為❶。天下❷無私愛也，無私憎也；為善者有福，為不善者有禍：福禍在為。故先王重為。

【章　旨】此章言先代聖王重視人們的行為。

【注　釋】❶為　行為；作為。❷天下　指先王對待天下人們的態度。或謂「天下」當為「天地」。

【語　譯】先代聖王重視榮辱；是榮是辱，全在於人們的行為。先代聖王對待天下人們，既沒有偏私之愛，也沒有個人的怨恨；行善事的人得福，行惡事的人得禍：是福是禍，在於各自的行為。所以，先代聖王，看重的是行為。

明賞不費❶，明刑不暴❷。賞罰明，則德之至者也。故先王貴明。

【章　旨】此章言先代聖王重視彰明賞罰。

【注　釋】❶費　出於偶然。《禮記・中庸》謂：「君子之道費而隱。」鄭玄注：「費猶佹也。」佹，即出於偶然。❷暴　突然。《博雅》：「暴，猝也。」

【語　譯】彰明獎賞，而不出於偶然；彰明刑罰，而不出於突起。賞罰彰明，便是德政的最高體現。所以，先代聖王，重視彰明賞罰。

天道大而帝王者用。愛惡愛惡❶，天下可祕❷。愛惡重閉❸必固❹。釜鼓❺滿，則人概❻之；人滿，則天概之。故先王不滿也。

【章　旨】此章言先代聖王常忌過滿。

【注　釋】❶愛惡愛惡　郭沫若謂當為「愛愛惡惡」，「言帝王者，能本天道無私，好人之所好，惡人之所惡」。❷祕　《廣雅》：「祕，密也。」密，安定。❸重閉　指過甚。閉，《博雅》謂：「盛也。」❹固　執一不通。❺釜鼓　量器。❻概　刮平釜、鼓、斗、斛的用具。此處用為動詞，刮平。

【語　譯】天道宏大，成就帝王事業的人，應當善加運用。愛天下之所愛，惡天下之所惡，天下必可安定。但如果愛惡過甚，又必將執一不通。釜鼓過滿，人們便要刮平；人們過滿，上天便會刮平。所以，先代聖王舉事，不使滿盈。

先王之書，心之敬執❶也，而眾人不知也。故有事❷，事❸也；毋❹事，亦事也。吾畏事，不欲為事；吾畏言，不欲為言。故❺行年六十而老吃❻也。

【章　旨】此章言寫作緣由。

【注　釋】❶敬執　敬持；敬重。❷事　指事故、重大變化。❸事　侍奉。此指攻讀、拜讀。❹毋　通「無」。沒有。❺故　原故；原因。❻老吃　年老口訥。

【語　譯】對於先代聖王留下的典籍，我抱持著敬重的心。然而一般人，並不知道敬重。所以，有變故的時候，我要拜讀；沒有變故的時候，也要拜讀。我怯於辦事，不想成就什麼事業；我怕發言有失，也不想立言。因為已經六十而年老口訥了。

卷五

八觀 第十三

【題解】此為《管子》第十三篇，題為「八觀」。所謂「八觀」，即謂從糧食餘缺、貧富水平、消費狀況、經濟虛實、治亂情形、政治強弱、興廢前景、存亡命運等八方面，對一個國家的現實狀況，進行系統而全面的調查研究，然後得出結論，向執政者提出忠告。這既是一篇卓有見地的關於調查研究的論文，又是一篇甚有建樹的治理人民的文字。石一參對此篇極為推崇。他說：「右〈八觀〉，純為覘國之術。國計民情，一覽而洞然無遺。管子之於國事，良如聚米畫沙，政治家之眼光胸次，與空談文墨不同，字字從民產、民俗、民情、民力，實際上體量而出。其瑣細處不遺針芒，其深刻處洞入奧渺。當國者，人手此一篇而警省之，於興亡、得喪、利害之因果，思過半矣。」（《管子今詮・八觀》）

大城不可以不完❶，郭周不可以外通❷，里域❸不可以橫通❹，閭閈❺不可以毋闔❻，宮垣、關閉❼不可以不修。故大城不完，則亂賊之人謀；郭周外通，則姦遁踰越者作；里域橫通，則攘奪❽竊盜者不止；閭閈無闔，外內交通❾，則男女無別；宮垣不備，關閉不固，雖有良貨⑩，不能守也。故形勢不得為非，則姦邪之人愨愿⑪；禁罰威嚴，則簡慢之人整齊；憲令著明，則蠻夷之人⑫不敢犯；賞慶信必，則有功者勸；教訓習俗者眾，則民化變而不自知也⑬。是故明君在上位，刑省罰寡，非可刑而不刑，非可罪⑭而不罪也；明君者，閉其門，塞其塗，弇⑮其迹，使民毋由⑯接於淫非之地。是以民之道正行善也若性然。故罪罰寡而民以治矣。

【章　旨】此章言明君之治在於刑省罰寡，加強防範，導民從善。

【注　釋】❶完　指城牆完好無缺。❷外通　指郭牆有缺，與外界相通。❸域　疆界；邊界。❹橫通　從旁相通。❺閭閈　里門。❻毋闔　沒有門扇。毋，通「無」。闔，扉。❼宮垣關閉　指院牆與門閂。宮，此指百姓住房。❽攘奪　竊取；奪取。攘，偷竊。❾交通　彼此溝通。❿良貨　美貨；寶貴財富。⓫愨愿　忠厚老實。尹知章謂：「禁禦周固，形勢不得為非，則姦邪之人無從生心，而變為愨愿。」⓬蠻夷之人　對居處邊遠、尚未開發的民族的賤稱。⓭則民化變而不自知也　謂百姓在潛移默化之中走向正道。尹知章謂：「習俗而善，不知善之為善，猶入芝蘭之室，不知此芳之為芳也。」民，百姓。原文為「君民」。俞樾謂「君」字涉下文而衍。郭沫若則謂為「石」字之誤。⓮罪　治罪；處罪。或謂「罪」當為「罰」，方可與上文「刑省罰寡」相應。⓯弇　遮蔽；阻遏。⓰毋由　即「無由」。沒有因緣；沒有機會。尹知章謂：「既閉出非之門，又塞生過之塗；成罪之迹，莫不掩匿。如此，則自然端直。欲接淫非之地，其路無由也。」

【語　譯】大的城池，建設不可以不求完善；外城周圍，不可以有缺口與外界溝通；閭里的邊界，不可以旁通斜達；閭里的大門，不可以沒有門扇關閉；院牆、門閂，不可以不加修固。原因是大的城池倘不完好，搗亂作惡之徒就將圖謀為害；外城四周缺口通達，作姦越城之徒就將乘隙作案；閭里的邊界旁通斜達，偷劫盜竊之徒就將作惡不止；里門無扉不可關閉，內外通達，男女之間就沒有界限；院牆不完備，門閂不堅牢，雖有寶貴財貨，也將無法守護。所以，外界條件使人們不能為非作惡，姦邪成性的人才有可能變得老實；禁斥處罰威嚴，怠惰傲慢的人才有可能循規蹈矩；法律政令昭著彰明，蠻夷之徒就不敢冒犯；獎賞信實果決，有功勞的人就將得到激勵；接受教導，遵守習俗的人增多，民眾潛移默化，便將處於不知不覺之中。因此，聖明的君主執政，刑罰必然簡省。這並非當用刑罰而不用，也並非應當處罪而不處罪；而是聖明的君主，關閉了犯罪的門戶，堵塞了犯罪的途徑，遏制了犯罪的形跡，使得民眾沒有機緣接觸作亂為非的環境。因而民眾走上正道，施行善舉，就如同出自本性一般。所以，治罪處罰簡省，民眾依然安定。

行其田野，視其耕芸❶，計其農事，而飢飽之國可以知也。其耕之不深，芸之不謹❷，地宜不任❸，草田❹多穢，耕者不必肥，荒者不必墝❺，以人猥計❻其野，草田多而辟田❼少者，雖不水旱，飢國之野也。若是而民寡，則不足以守其地；若是而民眾，則國貧民飢；以此遇水旱，則眾散而不收。彼民不足以守者，其城不固；民飢者，不可以使戰；眾散而不收，則國為丘墟❽。故曰：有地君國而不務耕芸，寄生之君也。故曰：行其田野，視其耕芸，計其農事，而飢飽之國可知也。

【章　旨】此章言經由考核農事，便可察知一國飢飽狀況。

【注　釋】❶芸　通「耘」。除草。❷謹　專注；重視。《增韻》：「謹，專也。」❸任　使用；利用。❹草田　荒蕪而未經開墾的土地。《呂氏春秋・任地》：「大草不生。」高誘注：「草，穢也。」❺磽　土質堅硬而貧瘠。❻猥計　總計；總算。《漢書・董仲舒傳》：「科別其條，勿猥勿并。」顏師古注：「猥，積也。」❼辟田　即「闢田」。與「草田」相對。指已經墾殖的農田。猶今言之「熟地」。❽丘墟　廢墟；荒地。

【語　譯】巡視一個國家的田野，察看它的耕耘情況，考核它的農業生產，這個國家是飢餓之國，還是溫飽之國，便可以判定了。那耕種不深、除草不專、地利沒有利用、沒有墾殖的田地，一片荒蕪，耕種著的田地不一定肥沃，荒蕪著的土地不一定貧瘠，按照人口，統計土地面積，荒地居多，熟地見少，縱然不遇水旱災害，這也是一個飢餓之國的田野。像這樣的狀況，如果人口少，便不能守護國土；像這樣的狀況，如果人口多，便會國家貧弱，人民挨餓；在這種情況下，倘遇水旱天災，便會民眾離散而無法聚集。那民力不足以守護的國家，城池絕不會牢固；人民挨餓的國家，不可以進行戰爭；民眾逃散而無法聚集，國家便會成為廢墟。所以說：擁有土地、君臨一國，而不注重農業生產，這是把生命託付給他人的君主。所以說：巡視一個國家的田野，察看它的耕耘情況，考核它的農業生產，這個國家是飢餓之國，還是溫飽之國，便可以判定了。

行其山澤，觀其桑麻，計其六畜之產，而貧富之國可知也。夫山澤廣大，則草木易多也；壤地肥饒，則桑麻易植也；薦草❶多衍❷，則六畜易繁也。山澤雖廣，草木毋禁；壤地雖肥，桑麻無數❸；薦草雖多，六畜有征❹；閉貨之門❺也。故曰：時貨❻不遂❼，金玉雖多，謂之貧國也。故曰：行其山澤，觀其桑麻，計其六畜之產，而貧富之國可知也。

【章　旨】此章言經由考核山林、桑麻、六畜等項，便可察知一國的貧富狀況。

【注釋】❶薦草　牧草。《莊子・齊物論》謂：「麋鹿食薦。」❷衍　盛多。❸數　技術；方法。❹征　徵取賦稅。尹知章謂：「征，賦。」❺閉貨之門　謂對飼養六畜者徵稅，等於關閉財源門路。尹知章謂：「無貨可出，若閉門然。」❻時貨　應時而出的財富。尹知章謂：「時貨，穀帛畜產也。」❼遂　通達。

【語譯】巡視一個國家的山澤，觀察它的桑麻種植狀況，考核它的六畜生產情形，這個國家是貧窮之國，還是富庶之國，便可以判定了。山林湖澤廣大，草木就容易富饒；土質肥沃，桑麻就容易種植；牧草豐茂，六畜就容易繁殖。山林湖澤雖然廣闊，草木採伐卻無法禁止；土質雖然肥沃，桑麻種植卻無技術；牧草雖然豐茂，六畜飼養卻徵取賦稅；這就等於關閉財富的門戶。所以說：應時而出的財源之路不通達，金銀寶玉縱然多，也叫做貧窮之國。所以說：巡視一個國家的山澤，觀察它的桑麻種植狀況，考核它的六畜生產情形，這個國家是貧窮之國，還是富庶之國，便可以判定了。

入國邑❶，視宮室，觀車馬衣服，而侈儉之國可知也。夫國城大而田野淺狹❷者，其野不足以養其民；城域大而人民寡者，其民不足以守其城；宮營❸大而室屋寡者，其室不足以實其宮；室屋眾而人徒寡者，其人不足以處其室；囷倉❹寡而臺榭繁者，其藏❺不足以共❻其費。故曰：主上無積而宮室美，氓家❼無積而衣服修，乘車者飾觀望❽，步行者雜文采，本資❾少而末用多者，侈國之俗也。國侈則用費❿，用費則民貧，民貧則姦智生，姦智生則邪巧作。故姦邪之所生，生於匱不足；匱不足之所生，生於侈；侈之所生，生於毋度。故曰：審度量，節衣服，儉財用，禁侈泰，為國之急也。不通於若計⓫者，不可使用國⓬。故曰：入國邑，視宮室，觀車馬衣服，而侈儉之國可知也。

【章　旨】此章言經由觀察宮室建造與車馬服飾，便可察知一國的侈儉情況。

【注　釋】❶邑　京城。❷淺狹　狹窄；狹小。❸宮營　房舍周圍；院落。《易・繫辭》：「四營而成易。」《韻會》：「東西為經，周迴為營。」❹囷倉　儲藏糧食的倉庫。圓形的叫「囷」，方形的叫「倉」。❺藏　指囷倉中積藏的糧食。❻共　通「供」。供給。尹知章謂：「囷倉所藏，不足以供臺榭之費。」❼氓家　百姓之家。尹知章注：「氓家，謂民家也。」❽觀望　猶觀瞻、外觀。❾本資　指農業產品。尹知章謂：「本資，穀帛。」❿費　花費；耗損。⓫若計　這些謀略；這類措施。尹知章注：「若計，謂『審度量』以下。」⓬用國　用事於國；掌管國事。

【語　譯】進入一個國家的京城，巡視它的房屋建築，觀察它的車馬服飾情況，這個國家是奢侈之國，還是儉樸之國，便可以判定了。都城廣闊而農田狹小的，農田不足以養活那麼多人；城區大而人口少的，民力不足以守護城市；院落空闊而房屋少的，房屋不足以充實院落；房屋多而居民少的，居民住不滿那麼多房屋；儲糧倉庫少而亭臺樓閣多的，存積的糧食不足以供應那麼多消費。所以說：君主沒有積蓄而宮室華麗，民家沒有積蓄而服飾鮮豔；乘車的，裝飾車馬外觀，步行的，著用多種色彩；生產少而消費多，這是奢侈之國的習俗。國家奢侈，財用就會耗損；財用耗損，百姓就會貧困；百姓貧困，邪惡的念頭就會萌發；邪惡的念頭萌發，姦巧的行為就會出現。所以，姦邪的產生，是由於貧困而衣食不足；貧困而衣食不足的產生，是由於國家奢侈；奢侈習俗的產生，是由於沒有制度。所以說：明悉制度標準，節用衣著服飾，省儉財政用度，禁止奢侈驕恣，是治國的急務。不通曉這些措施的，不能夠讓他掌管國事。所以說：進入一個國家的京城，巡視它的房屋建築，觀察它的車馬服飾情況，這個國家是奢侈之國，還是儉樸之國，便可以判定了。

課❶凶飢，計師役❷，觀臺榭，量國費，而實虛之國可知也。凡田野萬家之眾，可食之地，方五十里，可以為足矣。萬家以下，則就山澤可矣；萬家以上，則去山澤可矣❸。彼野悉辟而民無積者，國地小而食地淺也；田半墾而民有餘食而粟米多者，國地大而食地博也；國地大而野不辟者，君好貨❹而臣好利者也；辟地廣而民不足者，上賦❺重，流其藏❻者也。故曰：粟行❼於三百里，則國毋一年之積；粟行於四百里，則國毋半年❽之積；粟行於五百里，則眾有飢色。其稼亡❾三之一❿者，命曰小凶⓫；小凶三年而⓬大凶；大凶，則眾有大⓭遺苞⓮矣。什一之師，什三毋事⓯，則稼亡三之一。稼亡三之一，而非有故蓋積⓰也，則道有捐瘠⓱矣。什一之師，三年不解，非有餘食也，則民有鬻子⓲矣。故曰：山林雖近，草木雖美，宮室必有度，禁發必有時。是何也？曰：大木不可獨伐也，大木不可獨舉也，大木不可獨運也，大木不可加之薄牆之上⓳。故曰：山林雖廣，草木雖美，禁發必有時；國雖充盈，金玉雖多，宮室必有度；江海雖廣，池澤雖博，魚鱉雖多，罔罟⓴必有正㉑，船網不可一財而成㉒也。非私草木、愛魚鱉也，惡廢民於生穀也。故曰：先王之禁山澤之作者，博㉓民於生穀也。彼民非穀不食，穀非地不生，地非民不動㉔，民非作力，毋以致財。天下之所生㉕，生於用力；用㉖

力之所生，生於勞身。是故主上用財毋已㉗，是民用力毋休㉘也。故曰：臺榭相望者，其上下相怨㉙也。民毋餘積者，其禁不必止；眾有遺苞者，其戰不必勝；道有捐瘠者，其守不必固。故令不必行，禁不必止，戰不必勝，守不必固，則危亡隨其後矣。故曰：課凶飢，計師役，觀臺榭，量國費，實虛之國可知也。

【章　旨】經由考核凶饑，稽查兵役，觀察臺榭，計算用度，便可察知一國國力的虛實情況。

【注　釋】❶課　考核。❷師役　兵役。從軍服役者多，務農積財者少，國家財政必然支絀。❸萬家以下四句　謂萬家以下之國，人口較少，「方五十里」中，可計算山澤在內；此即「就山澤」。萬家以上之國，人口既多，「方五十里」中，則當除去山澤的面積；此即下文所謂「去山澤」。就，歸；納入。與「去」為對文。❹貨　財物；商品。《書·洪範》：「政：一曰食，二曰貨。」孔穎達疏：「貨者，金玉布帛之總名。」尹知章謂：「君臣好貨利，則妨農功，故其野不辟。」❺賦　賦稅。此指貨幣稅。❻流其藏　指朝廷加重貨幣稅，百姓只好變賣儲備糧而交納稅金，因而糧食外流。藏，此指儲藏的穀物。❼行　運輸；流散。尹知章謂：「賦重則粟賤，故人遠行而糶之，或遠人來糴也。」❽半年　原文為「二年」。郭沫若謂：「『二』當是『半』之壞字。」依上下文意看，郭氏此說可從。❾亡　失去；損失。❿三之一　即三分之一。⓫小凶　小災年。凶，指穀物不收、年成不好。尹知章謂：「三分常稼，而亡其一，時有凶災故也，故謂小凶。」⓬而　通「如」。如同。⓭大　眾多。洪頤煊謂：「下文作『眾有遺苞』，無『大』字，此涉上文而衍。」⓮遺苞　洪頤煊謂：「當讀作『遺莩』」，即「遺殍」。指在流浪中餓死的人。⓯什一之師二句　謂十人中有一人服兵役，則另需二人提供軍需及其他勞役，所以，等於十人中有三人不能參加農業生產。什一之師，指十人中需有一人服兵役。什一，十分之一。師，上文所謂「師役」。毋事，指不能從事農業勞動。⓰蓋積　此指積壓、儲存的糧食。蓋，覆；壓。許維遹謂：「『蓋』字疑衍。」⓱捐瘠　被拋棄的屍體。捐，原文為「損」。王念孫謂：「『損』當為『捐』，字之誤也。」瘠，通「胔」。沒有完全腐爛的屍體。下文「捐瘠」類此。⓲鬻子　出賣兒女。鬻，賣。⓳大木不可加之句　謂大木材不能安放在單薄的牆壁上，只能用作高大建築。尹知章謂：「凡此必資眾力，則妨農事。故宮室須有度，禁發須有時也。」薄牆，代指低簷小屋。⑳罔罟　即「網罟」。網，由繩線結成，用以捕魚或鳥獸的用具。罟，網的總名。㉑正　定規；常則。㉒船網不可一財而成　意謂船網之民，不能單視捕撈為生財之道，尚需兼務農事。尹知章注：「必多財而後成。」一財，一種生財之道。㉓博　廣泛。安井衡謂：「『博』當為『摶』，古『專』字。」㉔動　開墾；耕種。㉕天下之所生　普天下所生長的穀物。郭沫若謂：「『天下』當為『夫才』二字之訛。『才』假為『財』。」㉖用　使用；花費。戴望謂：「此『用』字當衍。」㉗毋已　即「無已」。沒有止息。㉘毋休　即「毋已」。沒有休止。尹知章謂：「財從力生，故用財不已，則用力不休也。」㉙上下相怨　朝廷與百姓互相責怨。尹知章謂：「上怨下不供，下怨上多稅。」

【語譯】經由考核荒年饑饉，稽查服役人數，觀察臺榭建築，計算國家費用，一個國家是實力雄厚，還是徒有虛名，便可以判定了。大凡萬戶人口所需的田野面積，可耕地有見方五十里，便可以算足夠了。萬戶人口以下的，可以包括山澤之地；萬戶人口以上的，便需除去山澤之地。那田野全已開闢，民眾仍然沒有積蓄的國家，是國土小而耕地少。田野僅開墾一半，而民有餘糧、粟米饒多的國家，是國土大而耕地多。國土廣大而田野沒有開闢，是君主貪財、臣民貪利的緣故。開墾的土地相當廣闊，而民眾仍然貧困，是君主徵取貨幣稅過重，人民只得變賣糧食的緣故。所以說：粟米運輸遠達三百里，這個國家便沒有一年的存糧；粟米運輸遠達四百里，這個國家便沒有半年的存糧；粟米運輸遠達五百里，這個國家的民眾便會面有飢色。莊稼減損三分之一的年成，名叫小災年；三個小災年，如同一個大災年。大災年，便將有眾多的百姓要餓死在道路上了。十人抽一的兵役法，將有十分之三的人不能參加農事，莊稼的收成便將減損三分之一。收成減損三分之一，不是有舊年存糧的國家，路途便會有捐棄的屍體。十人抽一的兵役，倘若連徵三年不予解除，不是有餘糧的國家，百姓中便會有賣兒賣女的現象。所以說：山林雖然近便，草木雖然豐茂，宮室建築要有限度，開放與封禁山林要有定時。這是什麼原因呢？答案是：大木料不可憑一人之力採伐，大木料不可憑一人之力扛舉，大木料不可憑一人之力搬運，大木料不可安置在薄牆上。所以說：山林雖然廣闊，草木雖然豐茂，封禁與開放必須要有定時；國庫雖然充實，金玉雖然饒多，宮室建築必須要有限度；江海雖然寬廣，池澤雖然眾多，魚鱉雖然富足，網罟必須要有定規，船網之民不可單靠一條財路求成。這並非偏袒草木，獨愛魚鱉，而是擔心民眾荒廢了種植糧食。所以說：先代聖王限制上山採伐、下水捕撈一類活動，為的是廣泛調集民力，用於種植糧食。民眾沒有糧食，不能養活；糧食沒有土地，不能生長；土地沒有民力，不能開墾；民眾沒有著力，國家無法獲得財富。普天之下生長的穀物，都是生於使用民力；使用民力創造的財富，都是生於勞累身軀。因此，君主耗用財力沒有限度，這就會使民眾用力沒有休止。所以說：亭臺樓閣相望的國家，朝廷與百姓必然互相責怨。民眾沒有餘糧存積，朝廷禁令不可能必然生效；民眾有餓死的，國家對外作戰不可能必然勝利；路途有拋棄的屍體，城池的守護不可能必然牢固。法令不能必然施行，禁令不能必然生效，出戰不能必然取勝，防守不能必然牢固，那麼，國家危亡就將跟隨到來。所以說：考核荒年饑饉，稽查服役人數，觀察臺榭建築，計算國家用度，這個國家是實力雄厚，還是徒有虛名，便可以判定了。

入州里，觀習俗，聽民之所以化其上，而治亂之國可知矣。州里不鬲❶，閭閈不設，出入毋時，早晏不禁，則攘奪竊盜，攻擊殘賊之民，毋自❷勝矣。食谷水，巷鑿井❸，場圃❹接❺，樹木茂❻，宮牆毀壞，門戶不閉，外內交通，則男女之別，毋自正矣。鄉毋長游❼，里毋士舍❽，時無會同❾，喪烝❿不聚，禁罰不嚴，則齒長⓫輯睦，毋自生矣。故昏禮⓬不謹⓭，則民不修廉；論賢不鄉舉，則士不及行⓮；貨財行於國，則法令毀於官；請謁得於上，則黨與成於下；鄉官毋法制，百姓群徒不從。此亡國弒君之所自生也。故曰：入州里，觀習俗，聽民之所以化其上者，而治亂之國可知也。

【章　旨】此章言經由觀察州里風俗，瞭解教化，便可察知一國的治亂情況。

【注　釋】❶鬲　通「隔」。阻隔；間隔。❷自　尹知章謂：「自，從也。既不設備，則盜賊無從而勝。」❸鑿井　掘井。尹知章謂：「谷水巷井，則出汲者生其婬放。」❹場圃　猶「圃場」。《詩・豳風・七月》：「九月築場圃。」毛傳：「春夏為圃，秋冬為場。」鄭玄箋：「場、圃同地。自物生之時耕治之以種菜茹，至物盡成熟，築堅以為場。」❺接　相連接界。尹知章謂：「鄰家子女，易得交通。」❻樹木茂　指屋舍周圍樹木茂密。尹知章謂：「婬非者易為。」❼長游　指什長、伍長及游宗。❽士舍　宋翔鳳謂：「『士舍』，鄉學也。」❾會同　此指集會。尹知章謂：「鄉里每時當有會同，所以結恩好也。」❿喪烝　張佩綸謂：「喪，凶禮；烝，吉禮。」⓫齒長　指依年齒確定長幼。尹知章謂：「鄉里長弟，當以齒也。」⓬昏禮　即「婚禮」。婚姻制度。⓭謹　嚴肅；嚴格。⓮及行　顧及品行修養。

【語　譯】進入人民聚居的州里，觀察當地的習慣與風俗，瞭解百姓接受朝廷教化的情況，這個國家是安定之國，還是混亂之國，便可以判定了。州里之間不加間隔，閭里大門不加安設，居民出入沒有定時，或早或遲沒有禁限，那麼，搶劫、盜竊、鬥毆、作惡之徒，便無法制服了。閭里居民飲用同一山谷的水，在同一條巷道中掘井；家家戶戶場圃相連，屋宇周圍樹木茂密，院牆毀壞，門戶不關，外內暢通；那麼，男女之間的界限，就無法規定了。鄉沒有什長、伍長、游宗，里沒有學校，四時沒有集會，喪禮、吉禮都不相聚，禁斥處罰也不嚴格，那麼，敬長愛幼、團結和睦的風氣，便無法產生了。所以，婚姻制度不嚴肅，人民就不會注重廉恥；選拔賢才不經鄉里舉薦，士民就不會顧及品行修養；賄賂風靡於朝廷，法令就會敗壞在官府；請託謁見的風氣盛行在上邊，那結黨拉幫的現象就會形成在下面；鄉里官吏不實行法制，百姓就不會聽從指揮：這些就是亡國弒君現象發生的緣由。所以說：進入人民聚居的州里，觀察當地的習慣與風格，瞭解百姓接受朝廷教化的情況，這個國家是安定之國，還是混亂之國，便可以判定了。

入朝廷，觀左右，本求朝之臣❶，論上下之所貴賤者，而強弱之國可知也。

功多為上，祿賞為下，則積勞之臣不務盡力❷；治行❸為上，爵列為下，則豪桀材臣不務竭能。便辟❹左右，不論功能而有爵祿，則百姓疾怨非上，賤爵輕祿；金玉財貨商賈之人，不論志行而有爵祿也，則上令輕，法制毀。權重之人，不論才能而得尊位，則民倍本行❺而求外勢。彼積勞之人不務盡力，則兵士不戰矣；豪桀材人不務竭能，則內治不別❻矣；百姓疾怨非上，賤爵輕祿，則上毋以勸眾矣；上令輕，法制毀，則君毋以使臣，臣毋以事君矣；民倍本行而求外勢，則國之情偽竭在敵國矣❼。故曰：入朝廷，觀左右，本求朝之臣，論上下之所貴賤者，而強弱之國可知也。

【章　旨】此章言經由觀察君主左右與朝廷百官的狀況，及分析君臣上下所予貴賤的具體內容，便可察知一國的強弱情況。

【注　釋】❶本求朝之臣　依據求取尊位朝臣之人的情況。或謂此句當作「求本朝之臣」。❷不務盡力　不注重竭盡全力。❸治行　治績；政績。尹知章謂：「戰功曰多謂積勞之臣。論其功多，則居於眾上；及行祿賞，翻在眾下；故不務盡力也。」❹便辟　君主身邊的寵幸之徒。辟，通「嬖」。寵幸；寵愛。❺倍本行　背離本國軍行。倍，通「背」。背離；脫離。❻不別　不可條分類別。意謂紊亂不已。❼則國之情偽句　國家的真假虛實狀況，全部為敵國所掌握。尹知章謂：「人既倍本求外，則國之情偽盡在於敵矣。」情偽，即「誠偽」。真假；實虛。竭，盡也。

【語　譯】深入一國的朝廷，觀察君主所寵幸的人，再依據求取朝臣的情況，分析君臣上下器重什麼，輕視什麼，這個國家是強盛之國，還是虛弱之國，便可以判定了。功勞甚多，論功居上，俸祿賞賜反而居下，戰功大的臣子便不會專心盡力了；政績居上，爵位居下，豪傑能臣便不會竭盡才能了；寵幸親近之徒，不論功勞才能而享有官爵俸祿，百姓便會憎恨、怨怒、非議朝廷，輕蔑爵祿；握有金玉財貨的商賈之流，不論志趣德行也享有爵祿，君令就會受到輕視，法制就會遭到毀壞。權力重大的人，不論才能而占據高位，民眾便會背離本國軍行而尋求國外勢力。那些戰功大的人不專心盡力，兵士便會不肯作戰了；豪傑能臣不竭盡才能，內政治理便不可能條分類別了；百姓憎恨、怨怒、非議朝廷，輕蔑爵祿，那君主便會無法激勵民眾了；君令受到輕視，法制遭到毀壞，那君主便會無法指揮群臣，群臣也就無法為君主效力了；民眾背離本國軍行而尋求國外勢力，那國家的真假虛實情況，便會盡在敵國的掌握之中了。所以說：深入一國的朝廷，觀察君主所寵幸的人，再依據求取朝臣的情況，分析君臣上下器重什麼，輕視什麼，這個國家是強盛之國，還是虛弱之國，便可以判定了。

置法出令，臨眾❶用民，計其威嚴寬惠❷行於其民與不行於其民，而興廢之國❸可知也。法虛立❹以害疏遠，令一布而不聽者存❺，賤爵祿而無功者富❻，然則眾必輕令而上位危❼。故曰：良田不在戰士，三年而兵弱❽；賞罰不信，五年而破；上賣官爵，七年❾而亡；背人倫而禽獸行，十年而滅。戰不勝，弱也；地四削，入諸侯，破也；離本國，徙都邑，亡也；有者❿異姓，滅⓫也。故曰：置法出令，臨眾用民，計威嚴寬惠而⓬行於其民、不行於其民，而興廢之國可知也。

【章旨】此章言經由觀察君主設置法令、管理與役使民眾，以及考核其關於刑罰、獎賞的執行情況，便可察知一國的興旺與衰敗。

【注　釋】❶臨眾　管理民眾。《爾雅·釋詁》：「臨，視也。」❷威嚴寬惠　代指刑罰獎賞政策。❸而興廢之國　原文無此五字。張佩綸謂：「『可知也』上脫五字，按解當作『而興滅之國』。」郭沫若謂：「『興滅』當是『興廢』。興，興旺。廢，衰頹。❹法虛立　指法不持正，形同虛設。尹知章注：「謂其立法但能害疏遠而不行親近，故曰虛立也。」❺不聽者存　指不聽信、不理睬的情況存在。尹知章謂：「不聽者存，是令不行。」❻無功者富　尹知章謂：「無功者富，則有功者貧也。」無功者指上文所謂「便辟左右」及「金玉財貨商賈之人」。❼輕令而上位危　尹知章謂：「輕令則有無君之心，故上位危。」上位危，指君主地位不穩固。❽兵弱　指軍事力量削弱。尹知章謂：「良田所以賞戰士；不賞，則士無戰志。故兵弱也。」❾七年　原文為「十年」。郭沫若謂為「七年」。通觀上下文意，郭說可從。❿有者　指擁有君權者。⓫滅　此指宗廟覆滅。尹知章謂：「有其國者異姓之人，則宗廟滅也。」⓬而　張佩綸謂為「衍文」。郭沫若謂為「之」字。

【語　譯】依據君主設置的法律、發出的政令及其管理民眾、役使民眾的情況，考核其刑罰獎賞政策，在民眾中是能施行，還是不能施行；這個國家是興旺之國，還是衰頹之國，便可以判定了。法令條文虛設，徒然損害關係疏遠的人；政令一旦發布，不聽從的人安然無事；輕率封爵授祿，無功的人因而致富：這樣，民眾就必然會輕蔑君令，君主的地位也就危險了。所以說：良田不賞給敢戰之士，三年而軍力衰弱；獎賞刑罰不講信實，五年而國家破敗；朝廷賣官鬻爵，七年而國處危亡；君主背逆倫常，舉止同禽獸，十年而宗廟覆滅。屢戰不勝，是兵力衰弱；土地四面被割，併入諸侯版圖，是國家破敗；民眾逃離國土，朝廷遷徙都城，是政權危急；擁有君權的人換了姓氏，是宗廟覆滅。所以說：依據君主設置的法律、發出的政令及其管理民眾、役使民眾的情況，考核其刑罰獎賞政策，在民眾中是能施行，還是不能施行，這個國家是興旺之國，還是衰頹之國，便可以判定了。

計敵與❶，量上意❷，察國本❸，觀民產之有餘不足，而存亡之國可知也。敵國彊而與國弱，諫臣死而諛臣尊，私情行而公法毀，然則與國不恃其親❹，而敵國不畏其彊❺，豪傑不安其位，而積勞之人不懷其祿。悅商販而不務本貨，則民偷處而不事積聚。豪傑不安其位，則良臣出❻；積勞之人不懷其祿，則兵士不用❼；民偷處而不事積聚，則囷倉空虛。如是而君不為變❽，然則攘奪、竊盜、殘賊❾、進取❿之人起矣。內者廷無良臣，兵士不用，囷倉空虛，而外有彊敵之憂，則國居而自毀⓫矣。故曰：計敵與，量上意，察國本，觀民產之所有餘不足，而存亡之國可知也。

【章旨】此章言經由考核敵國與盟國狀況、分析君主思想狀態、觀察農業生產與民眾產業情形，便可察知一國的存亡前景。

【注釋】❶敵與　敵國與盟國。《荀子・王霸》：「約結已定，雖睹利敗，不欺其與。」楊倞注：「與，相親與之國。」即結盟的國家。❷上意　指君主的思想狀態、精神風貌。❸國本　國家的根本事業，此指農業。❹與國不恃其親　尹知章注：「謂黨與之國不恃己以為親也。」恃，依靠；憑藉。❺敵國不畏其彊　尹知章謂：「敵寇之國不畏己以為彊也。」彊，同「強」。❻出　出走。❼不用　不願效力。❽不為變　尹知章謂：「不改常而更化。」變，變通；改革。❾殘賊　傷害；毀壞。❿進取　此指攻擊、謀奪君權者。⓫居而自毀　俞樾謂：「『居而自毀』者，坐而自毀也，猶云坐而待亡也。」

【語譯】估計敵國與盟國的狀況，分析君主的思想，考察農業生產的現狀，觀測民眾產業的情形，這個國家是可望自存，還是將瀕臨滅亡，便可以判定了。敵國強盛，盟國衰弱；直言敢諫之臣身死，阿諛逢迎之臣高升；私情請託風行，國家法令敗壞。這樣，結盟國家，便不再藉以作為親附之國，敵對國家，便不再因畏懼而視其為強盛之國；豪傑之士，將不安於職位，積有大功之臣，將不再懷戀爵祿。君主喜愛商販牟利，而不重視農業財富，民眾便會苟且偷閒，而不致力於儲積糧食。豪傑之士不安於職位，良臣便會出走；積有大功之臣不再懷戀爵祿，兵士便會不願效力；民眾苟且偷閒，而不致力於儲積糧食，國家倉庫便會空虛。情況如此，而君主不作變通，那麼，搶劫、盜竊、傷害人命、篡奪君權之徒就發作了。在國內，朝廷無良臣，兵士不效力，倉庫盡空虛；在國外，又有強敵入侵的憂慮：那國家就將坐以待亡了。所以說：估計敵國與盟國的狀況，分析君主的精神面貌，考察農業生產的現狀，觀測民眾產業的情形，這個國家是可望自存，還是將瀕臨滅亡，便可以判定了。

故以此八者，觀人主之國，而人主毋所匿其情❶矣。

【章　旨】此章結言「八觀」的作用。

【注　釋】❶匿其情　掩蓋真實情況。情，即「誠」。真實。

【語　譯】所以，用這八項來觀察每一個君主所治理的國家，君主便無從隱匿其真情實況了。

法禁 第十四

【題解】此為《管子》第十四篇，題為「法禁」。法，指立法；禁，指行禁。講的都是君主治世、治民之道。全文分為兩項闡述此一問題。第一項，論述君主應當專擅「法制」，統一「立法」，反覆說明此權不可落入「博學」而不「和同聽令」的姦雄之手，務必杜絕「列法」、「分威」之弊。第二項，闡述古代聖王所精心防禁的邪僻行為。作者根據古代政治生活中的具體事例，提出了十餘項「聖王之禁」，把姦雄擅權、朋黨為害以及各種毀法畔禁的行為、手段、心理，作了詳盡的剖析，將眾多險惡行徑，暴露在光天化日之下。

這是一篇觀點十分鮮明的政治論文。既言法禁，又言用人，強調法禁之行，首要因素在於得人；既言治政，又言教化，提出治政與教化宜皆準於法禁：極為深刻地總結了封建社會前期的統治經驗。其中「聖王之禁」一段尤為精彩。石一參說：「後之有主國之責者，試取是篇所臚十八禁，置之座右，以觀群下之情之嚮背，如燭照數計而龜卜也。」（《管子今詮・法禁》）實在是深有所得的見解。

法制不議❶，則民不相私；刑殺毋赦，則民不偷於為善❷；爵祿毋假❸，則下不亂其上。三者藏於官，則為法，施於國，則成俗。其餘不強而治矣。

【章旨】此章言君主當專擅「法制」、「刑殺」、「爵祿」之權。

【注釋】❶不議　不許私議。《禮記・曲禮》：「公事不私議。」❷不偷於為善　意謂為善認真，不懷苟且之心。尹知章謂：「有過必誅，則善惡明，故不為苟且之善。」❸毋假　不容假借。意謂賜爵授祿大權，不旁落臣下之手。

【語譯】法令規章不許私議，人們便不敢相與營私；刑罰殺戮不稍寬赦，民眾便不會苟且為善；授爵賜祿的大權不容假借，臣下便不敢擾亂君上。這三項，保存在官府，便是法規；施行到民間，便成習俗。其餘的事情，不需花多少氣力，也就可以使國家安定了。

君壹置則儀❶，則百官守其法；上明陳❷其制，則下❸皆會❹其度矣。君之置其儀也不一，則下之倍法❺而立私理者必多矣。是以人用其私，廢上之制，而道其所聞❻。故下與官列❼法，而上❽與君分威。國家之危，必自此始矣。昔者聖王之治其民者不然。廢上之法制者，必負❾以恥；財厚博惠，以私親於民者，正經❿而自正矣。亂國之道，易國之常，賜賞恣於己者，聖王之禁也⓫。聖王既歿，受之者衰⓬。君人而不能知立君之道⓭，以為國本，則大臣之贅下⓮而射人心⓯者必多矣。君不能審立其法以為下制，則百姓之立私理而徑於利⓰者必眾矣。

【章旨】此章言君主當統一立法，公布規章，以杜「列法」、「分威」之弊。

【注釋】❶壹置則儀　統一設立準則法度。❷明陳　明白陳述；公開宣揚。❸下　臣民。與「上」為對文。❹會　領會。❺倍法　即「背法」。違背法令。❻道其所聞　稱道各自的主張。尹知章謂：「既廢上之制，故競道其所聞，冀遂其私欲。」❼列　通「裂」。分。❽上　尹知章注：「上，謂權臣。」❾負　承擔。尹知章謂：「負，獨被也。廢法制者，必被之以恥辱也。」❿正經　端正國家常規常法。⓫亂國之道四句　丁士涵謂：「『亂國之道』至『聖王之禁也』十九字錯簡，疑當在下文『擅國權』之上。」尹知章謂：「賜賞者，人君所獨用也。臣為君事，故須禁之也。」⓬衰　指道德衰退。尹知章注：「嗣君不德。」⓭立君之道　此指樹立君主地位、強化君主權威的方法。⓮贅下　籠絡屬下。贅，通「綴」。連綴。⓯射人心招攬人心。射，追逐。尹知章謂：「越職行恩曰贅。福下者，君之事也，今臣為之，故曰贅。臣之作福，所邀射人心，必使歸己也。」⑯徑於利　極力追求私利。尹知章謂：「徑，謂邪行以趣疾也。」

【語　譯】君主統一準則法度，百官就能謹守法度；君主公開宣揚規章，臣民就會領悟其制約。君主立法不統一，臣民違背國法，另立私理的現象就必然增多。因而人人都行私理，拋開朝廷法規而稱道各自的主張。所以，臣民跟朝廷異法，而權臣跟君主分威。國家政權的危險，必將從這裡開始。從前聖王治理人民，卻不是如此。拋棄君主法令規章的人，一定讓他承受恥辱；富有家資，廣施恩惠而暗中拉攏民眾來親附自己的，經由整頓常法常規便自然糾正了。擾亂國家正道，擅改國家常規，賜賞恣意而行的行為，是聖王必須禁止的。聖王死後，繼位的人衰頹。治理民眾而不能通曉樹立君主地位、鞏固君主權威的方法，並以此作為治國根本，大臣籠絡屬下，招攬民心的，就必然增多。君主不能審立法度，並以此作為臣民的行為規範，百姓自立私理而極力追逐利欲的現象，也必然會增多。

昔者聖王之治❶人也，不貴其人博學也，欲其人之和同以聽令❷也。〈泰誓〉❸曰：「紂有臣億❹萬人，亦有億萬之心。武王有臣三千而一心。」故紂以億萬之心亡，武王以一心存。故有國之君，苟不能同人心❺，一國威，齊士義，通上之治❻以為下法，則雖有廣地眾民，猶不能以為安也。君失其道，則大臣比❼權重以相舉❽於國，小臣必循❾利以相就❿也。故舉國士以為己黨⓫，行公道以為私惠；進則相推於君，退則相譽於民；各便其身，而忘社稷；以廣其居，聚徒成群⓬；上以蔽君，下以索民⓭：此皆弱君亂國之道也，故國之危也。

【章　旨】此章言用人不當，便將弱君亂國。聖王用人，所貴在於和同聽令，而不在於博學。

【注　釋】❶治　研究；考核。❷和同以聽令　和諧同心，聽從君令。尹知章謂：「博學而不聽令，姦人之雄也。」❸泰誓　《尚書》篇名。但今存《尚書》中不見「紂有臣億萬人」諸語，唯見「受有臣億萬，惟億萬心；予有臣三千，惟一心」等句。❹億　此指十萬。《詩・大雅・假樂》：「子孫千億。」鄭玄箋曰：「十萬曰億。」❺同人心　使民心與君心相同。同，同一；統一。下句中「一」、「齊」，意同此。❻治　治政措施。❼比　勾結。❽舉　抬舉。❾循　沿著；依照。❿就　靠近；追隨。⓫舉國士以為己黨　指大臣舉拔國士，作為私黨。原文為「舉國之士以為亡黨」。陶鴻慶謂「之」字為「衍文」。王念孫謂：「『亡』當為『人己』之『己』，字之誤也。」國士，猶言「公臣」。⓬成群　結成同黨。原文為「威群」。洪頤煊謂：「當作『成群』。」⓭索民　索取於民；搜括民眾。

【語　譯】從前聖王的考察人才，不看重其人博學，而要求其人和諧同心，聽從君令。〈泰誓〉說：「商紂擁有億萬臣子，便有億萬條心；周武王擁有三千臣子，卻只有一條心。」所以紂王因億萬條心而滅亡，武王因君臣一心而生存。所以，擁有一國的君主，如果不能統一民眾思想，統一國家權威，統一群臣意志，使朝廷的治政措施通貫成為臣民的統一規範，那麼，即使擁有廣闊的國土、眾多的人民，仍然不能認為君位安穩。君主喪失為君之道，大臣便會勾結權重之徒在國中互相抬舉，小臣必將依據私利爭相追隨。因而群臣藉舉薦人才而結為私黨，藉施行公法而牟取私利；上朝便在君主面前互相推崇，退朝便在民眾之中互相誇讚；各利自身，忘了社稷；為了擴大自己的範圍，聚積徒眾，結成群夥，向上欺蒙君主，向下搜括人民：這全是削弱君權、擾亂朝廷的作法，於是國家在這種情況下就危險了。

擅國權以深索於民者，聖王之禁也。其身毋任於上❶者，聖王之禁也。進則受祿於君，退則藏祿於室；毋事治職❷，但力事屬❸；私王官，私君事，去非其人而私行[4]者，聖王之禁也。修行則不以親為本[5]，治事則不以官為主，舉毋能，進毋功者，聖王之禁也。交人[6]則以為己賜，舉人則以為己勞，仕人[7]則與分其祿者，聖王之禁也。交於利通[8]，而獲[9]於貧窮，輕取於其民，而重致[10]於其君，削上以附下，枉法以求於民者，聖王之禁也。用[11]不稱其人，家富於其列[12]，其祿甚寡而資財甚多者，聖王之禁也。拂世[13]以為行，非上以為名，常反上之法制以成群於國[14]者，聖王之禁也。飾於貧窮，而發於勤勞，權[15]於貧賤；身無職事[16]，家無常姓[17]，列上下之間，議言為民者，聖王之禁也。壺士[18]以為己[19]資，修田[20]以為己本[21]，賊臣[22]之養，私必死[23]，然後矢矯[24]以深與上為市者，聖王之禁也。審飾小節以示民[25]，時言大事以動上[26]；遠交以踰群，假爵以臨朝[27]者，聖王之禁也。卑身雜處[28]，隱行辟倚[29]，側入迎遠[30]，遁上而遁民[31]者，聖王之禁也。詭俗異禮，大言法行[32]，難其所為，而高自錯[33]者，聖王之禁也。守委閒居，博分以致眾[34]；勤身遂行，說人以貨財[35]，濟人以買譽[36]；其身甚靜，而使人求者，聖人之禁也。行辟[37]而堅，言詭[38]而辯[39]，術非而博，順惡而澤[40]者，聖王之禁也。以朋黨為友，以蔽惡為仁[41]，以數變為智，以重斂為忠，以遂忿[42]為勇者，聖王之禁也。固[43]國之本，其身務往[44]於上，深[45]附於諸侯者，聖王之禁也。

【章　旨】此章言古代聖王所防禁的各種行為。

【注　釋】❶毋任於上　不為朝廷任事。郭沫若謂此「即隱士與遊民之屬」。❷治職　指所管理的職事。❸事屬　指從事爭取屬下之事。❹私行　私自行事。原文為「人私行」。張佩綸謂：「『人』涉上衍。」❺不以親為本　指不以孝敬父母為道德修養的根本。尹知章謂：「簡孝敬也。」❻交人　指為國事與有關人員交往。尹知章謂：「臣或下交於人，恃之以為己之恩賜。」❼仕人　薦任他人為官。❽利通　此指仕途順利、財運通達者。❾獲　獲取；收攬。❿致　求取；求得。⓫用　用度；消費規格。⓬列　位次；爵列。許維遹謂：「列，爵位也。尹注為家業，非是。」⓭拂世　違逆世道。猶今言「唱反調」。拂，違背；違反。⓮成群於國　在國中結連朋黨。尹知章謂：「拂世非上，反違法制，以結連朋黨，亦所謂姦人之雄也。」⓯權　權變；權宜機變。尹知章謂：「內富而外飾於貧窮，內逸而外發於勤勞，可以致勢而權於貧賤也。」⓰職事　常業。《爾雅·釋詁》：「職，常也。」⓱常姓　即「常生」。恒產。丁士涵謂：「『姓』當為『生』，假借字也。」尹知章謂：「姓，生。身既無職事，家又無常生，自列於上下之間，其有言議，每輒為人以求名譽，非純粹之道，故聖王禁之也。」⓲壼士　養士。尹知章謂：「每以壼飧濟士。」⓳己　原文為「亡」。王念孫謂此句及下句中「兩亡字亦當為『己』」。⓴修田　治理田產。或謂當作「修甲」，以與「壼士」為對文。㉑己本　原文為「亡本」。據王說改。㉒賊臣　原文為「則生」。郭沫若謂：「乃『賊臣』之誤。」㉓必死　指敢死之士。原文為「不死」。許維遹謂：「『不』為『必』字之誤。」㉔矢矯　強直；強硬。原文為「失矯」。郭沫若謂：「『失』殆『矢』字之誤，《詩》『其直如矢』。『矯』謂強硬。言蓄養私士者有所恃，強直不讓，因以深入要挾，使所求必得也。」㉕示民　即「示人」。向人顯示。尹知章謂：「釣虛譽也。」㉖動上　使君主激動。尹知章謂：「示君以不測也。」㉗假爵以臨朝　尹知章謂：「虛假高爵，威臨本朝也。」臨朝，控制朝政。㉘雜處　混雜在民眾之中。尹知章謂：「不簡儔類。」㉙隱行辟倚　尹知章謂：「倚，依也。自隱其行，以避所依也。」辟倚，有意迴避所依附的政治勢力。辟，通「避」。㉚側入迎遠　潛入別國，勾引外奸。尹知章謂：「側身而入國，挺出而迎遠。」㉛遁上而遁民　尹知章謂：「卑身雜處，所以遁上；隱行避倚，所以遁民。」遁，隱蔽；蒙蔽。㉜大言法行　尹知章謂：「大為言譽以為法，使人遵行也。」法行，誇己行可為人法。㉝錯　通「措」。置。㉞守委閒居二句　尹知章謂：「守其委積以閒居，博分其財以致眾。」委，積蓄。致眾，招攬民眾。㉟說人以貨財　尹知章謂：「施其財貨，以悅於人。」說人，取悅於人。說，通「悅」。㊱濟人以買譽　尹知章謂：「濟施人貨財所以買其聲譽。」買譽，邀取聲譽。㊲辟　通「僻」。邪僻。㊳詭　怪異。㊴辯　狡辯。㊵順惡而

澤　支持邪惡，巧於潤飾。尹知章謂：「所順習者惡事，善潤飾之令有光澤。」㊶以蔽惡為仁　尹知章謂：「朋黨有惡，相為隱蔽，用此為仁。」仁，仁慈；仁愛。㊷遂忿　發洩怨忿。遂，通達。㊸固　通「錮」。禁錮；閉塞。㊹往　即「迋」，通「誑」。誑騙。郭沫若謂：「『往』與『迋』，古本一字，此讀為誑。」㊺深　隱蔽；暗中。

【語　譯】 把持朝廷大權而嚴酷搜括民眾，這是聖王所禁止的。不肯為朝廷任事效力，這是聖王所禁止的。上朝便在君主面前領受俸祿，退朝便把俸祿藏在家中；不辦理本職範圍內的公事，只是努力經營部屬；私自行使朝廷職權，私自決定君主大事；撤換不該撤換的人，私行一己之意，這是聖王所禁止的。修養德行不以孝敬父母作為根本，辦理政事不以朝廷利益作為主旨；提拔沒有才能的人，薦用沒有功勞的人，這是聖王所禁止的。把因國家需要而結交有關人員看成是自己的恩賜，把為朝廷薦舉賢才看成是自己的功勞；任人為仕，便與人分享利祿，這是聖王所禁止的。既結交富貴，又收攬貧民；在民眾中輕徵賦稅，在君主前重求俸祿；削取朝廷，親附民眾，枉君公法，求民私悅，這是聖王所禁止的。用度不符合身分，家產富於官爵級別，俸祿甚少而資財極多，這是聖王所禁止的。把違逆世道，當作行為標準，把非議朝廷，用來獵取聲名，常常反對朝廷法制，並在國內聚徒成群，這是聖王所禁止的。本身富有而裝作貧窮，心貪安逸而表現勤勞，可以得勢而權居貧賤；自身沒有固定職守，家庭沒有固定產業，活躍在朝廷與百姓之間，發議論便說是為民請命，這是聖王所禁止的。蓄養遊士，作為自己的政治資本，修治田產，作為自己的經濟基業，收養賊臣，私藏勇士，然後強硬起來，嚴重與君主爭奪權利，這是聖王所禁止的。慎重修飾小節，贏得民眾，常常議論大事，激動君主，遠交四鄰，威壓群黨，依仗高位，凌駕朝政，這是聖王所禁止的。降低身分，混雜在百姓之中，隱蔽行蹤，迴避所依附的政治勢力；潛入別國，勾引外奸，蒙騙君主，蒙騙民眾，這是聖王所禁止的。習俗怪誕，禮節異常，誇大言詞，視行為法，把自己的作為誇為最難，用以抬高自己的位置，這是聖王所禁止的。守有積蓄，生活安閒，博施財貨，招攬民眾，勞累自身，便利他人行事，用錢財取悅他人，用救助邀取美譽，身守「清靜」，讓人來求，這是聖王所禁止的。行為邪僻而態度頑固，言論怪異而善於辯說，方法錯誤而主意甚多，支持邪惡而巧於潤飾，這是聖王所禁止的。把拉朋結黨作為交友，把隱藏邪惡作為仁愛，把反覆無常作為機智，把橫徵暴取作為忠誠，把發洩怨忿作為勇敢，這是聖王所禁止的。堵塞國家情報來源，專力誆騙君主，暗中結附諸侯，這是聖王所禁止的。

聖王之身，治世之時，德行必有所是，道義必有所明。故士莫敢詭俗異禮，以自見❶於國；莫敢布惠緩行❷，修上下之交，以私親❸於民；莫敢❹超等踰官，漁利蘇功❺，以取順其君。聖王之治民也，進則使無由得其所利，退則使無由避其所害，必使反乎安其位，樂其群，務其職，榮其名，而後止矣。故踰其官而離其群者，必使有害，不能其事而失其職者，必使有恥。是故聖王之教民也，以仁錯❻之，以恥使之，修其能，致其所成而止。故曰：絕❼而定，靜而治，安而尊，舉錯而不變者，聖王之道也。

【章　旨】此章結言聖王之道。

【注　釋】❶見　同「現」。表現。❷緩行　寬行公法。尹知章謂：「從容養民，謂之緩行。」❸私親　原文為「和親」。王念孫謂：「『和親』當為『私親』，字之誤也。上文曰『厚財博惠，以私親於民』是其證。」❹莫敢　原文作「故莫取」。王念孫謂：「『故』字，涉上文『故士莫敢』而衍。」「取」則當涉下句「取順其君」而誤。❺蘇功　取功；索功。《楚辭・離騷》：「蘇糞壤以充幃兮。」王注曰：「蘇，取也。」❻錯　通「措」。置。下文「舉錯」之「錯」同此義。❼絕　尹知章注：「絕邪僻。」

【語　譯】以聖王的身分，處在清明的時代，對於德行必定有個正確的標準，對於道義必定有個明確的原則。

所以，臣民沒有誰敢於堅持怪異習俗，反常禮節，藉以在國中自我表現；沒有誰敢於布施澤惠，寬行公法，修好上下交往，藉以求得民眾親附；也沒有誰敢於超越官爵等級，獵取利祿，索求功名，藉以獲得君主青睞。聖王治理臣民，鑽營競進的，使他沒有辦法取得利祿；遇難而退的，使他沒有辦法逃避責罰；一定要使他們返回到安於原位、樂於合群、盡力職守、珍惜聲名的軌道，而後才肯罷休。所以，對於超越官職、脫離群僚的人，一定要使他受到懲治；對於無能勝任而且輕忽失職的人，一定要使他遭到恥辱。因此，聖王教育臣民，是用仁愛來安撫，用恥辱來驅使，促其提高才能，致使有所成就而後止。所以說：滅絕邪僻而後政局穩定，政局穩定而後可以圖治，政治清平而後可保君主尊嚴，重大措施而能堅持貫徹到底，這就是聖王治世之道。

重令 第十五

【題解】此為《管子》第十五篇，題為「重令」。所謂重令，即是說，治國理民，必須重視法令。

在本文中，作者提出了幾個頗為重要的問題：

第一，「重令」，是極端重要之舉。作者認為：治國的武器，「莫重於令」；令重則君尊國安，令輕則君卑國危。從而得出結論：「治民之本」，「莫要於令」，明君應當「唯令是視」。

第二，必須加強政令的嚴肅性。作者認為：朝必「貴經臣」，國必「服經俗」，民必「務經產」；有了這三條，朝廷必然充滿正氣，社會風氣必然好轉，民眾必然安定。在此基礎上，則可求令行，民用，兵勝，國重。

最後，作者將「號令」與「斧鉞」、「祿賞」並列，提到了治國以致成就霸王事業之本的高度，給予較為深刻的總結。很顯然，這是《管子》法治精神的鮮明體現，給統治者提供了重要的經驗。

凡君❶國之重器，莫重於令。令重則君尊，君尊則國安；令輕則君卑，君卑則國危。故安國在乎尊君，尊君在乎行令，行令在乎嚴罰。罰嚴令行，則百吏皆恐❷；罰不嚴，令不行，則百吏皆喜❸。故明君察於治民之本，本莫要於令。故曰：虧令者死，益令者死，不行令者死，留令者死，不從令者死。五者死而無赦，唯令是視。故曰：令重而下恐。

【章旨】此章言治民之本，在於加重法令威嚴。

【注釋】❶君 君臨；統治。❷恐 畏懼。此指畏法盡職。❸喜 通「嬉」。嬉戲；輕忽。此指玩忽職守。

【語譯】所有統治國家的重要工具，沒有什麼比法令更加重要的。法令受到重視，君主就有尊嚴；君主有了尊嚴，國家就能安定；法令受到輕視，君主地位就會卑微；君主地位卑微，國家就會危險。所以安定國家，在於尊重君主，尊重君主，在於厲行法令，厲行法令，在於嚴格刑罰。刑罰嚴格，法令厲行，百官都會畏法盡職；刑罰不嚴格，法令不厲行，百官都會玩忽職守。因而聖明的君主，明察治理民眾的根本，認為沒有什麼比法令更為重要的。所以說：擅減法令的，處死；擅增法令的，處死；拒不執行法令的，處死；擅自滯留法令的，處死；拒不服從法令的，處死。以上五種人，處死不赦，只看法令行事。所以說：法令加重威嚴，臣民就會恐懼。

為上者不明，令出雖自上，而論可與不可者在下。夫倍上令❶以為威，則行恣❷於己以為私，百吏奚不喜之有❸？且夫令出雖自上，而論可與不可者在下，是威下繫於民也。威下繫於民，而求上之毋危，不可得也。令出而留者無罪，則是教民不敬也。令出而不行者毋罪，行之者有罪，是皆教民不聽也。令出而論可與不可者在官，是威下分也。益損者毋罪，則是教民邪途也。如此則巧佞之人，將以此成私為交；比周❹之人，將以此阿❺黨取與❻；貪利之人，將以此收貨聚財；懦弱之人，將以此阿貴事富；便辟❼、伐矜❽之人，將以此買譽成名❾。故令一出，示民邪途五衢❿，而求上之毋危，下之毋亂，不可得也。

【章　旨】此章言君主若不明智，威必下分。如此則朝廷必危，百姓必亂。

【注　釋】❶倍上令　違背君令。倍，通「背」。違背；違反。❷恣　恣意；放縱。❸奚不喜之有　即「奚有不喜」。哪有不玩忽職守的。喜，通「嬉」。❹比周　植黨營私。❺阿　曲從；迎合。❻與　親與；同盟。❼便辟　即「便嬖」。君側小臣。❽伐矜　自誇賢能。❾買譽成名　即釣譽沽名。尹知章謂：「凡此，皆上開其隙，則下得錄隙而成姦也。」❿邪途五衢　即指以上五條邪門歪道。衢，四通八達的道路。《爾雅・釋宮》：「四達謂之衢。」

【語　譯】作為君主，若不賢明，法令的頒發雖然是由君上，但議論行與不行卻取決於臣下。違背君主法令而能形成個人權威，恣意妄行而能達到個人目的，百官哪會有不玩忽職守的呢？況且法令的頒發雖然是由君主，但議論行與不行的權限卻落在臣下，這便是君上的權威被臣下牽制了。君主的權威為臣下所牽制，而企求君權沒有危險，是不可能的。君令已經頒發，如果擅自滯留者無罪，這便是唆使臣民不敬重君主。君令已經頒發，如果拒不執行者無罪，遵照執行者有罪，這便是唆使臣民不聽從君令。君令發出，而議論行與不行的權限卻在百官，這便是君主的威權旁落。擅增擅減君令者無罪，這便是唆使臣民步入歧途。如果是這樣，那狡猾奸詐的人，將藉此謀私利，作交易；拉幫結黨的人，將藉此迎合同黨，爭取盟友；唯利是圖的人，將藉此搜刮錢財；膽小怯懦的人，將藉此攀附權貴，事奉富豪；君主寵幸之臣、慣於自誇賢能的人，將藉此釣譽沽名。所以，法令一經頒發，就等於向人敞開五條邪門歪道，而希望君上不危險，下民不作亂，是不可能的。

菽粟❶不足，末生❷不禁，民必有飢餓之色，而工以雕文刻鏤相稺❸也，謂之逆。布帛不足，衣服毋度，民必有凍寒之傷，而女以美衣錦繡纂組❹相稺也，謂之逆。萬乘藏兵之國，卒不能野戰應敵，社稷必有危亡之患，而士以毋分役相穉也，謂之逆。爵人❺不論能，祿人❻不論功，則士無為行制❼死節❽，而群臣必通外請謁，取權道，行事便辟，以貴富為榮華以相穉也，謂之逆。

【章旨】此章旨在揭露與法令背道而馳的幾種現象。

【注釋】❶菽粟　指糧食。菽，豆類。粟，穀物。❷末生　尹知章謂：「以末業為生者也。」末業，指奢侈品的生產。❸穉　自驕矜貌。尹知章注：「穉，驕也。」❹纂組　彩色的綢帶。纂，五彩的絲帶。原文為「綦」。王念孫謂：「當為『纂』，字之誤也。」❺爵人　授爵於人；給人官爵。❻祿人　給人俸祿。❼行制　厲行君令。❽死節　死於名節；為國殉身。尹知章謂：「爵不論能，故不為行制；祿不論功，故不為死節也。」

【語譯】糧食不足，靠末業為生的不加禁止，民眾必定有挨餓的情事，而工匠仍然在以雕文刻鏤相驕矜，這叫做違背法令。布帛不足，服飾不作限制，民眾必定有挨凍受寒的痛苦，而女工仍然在以美衣錦繡彩帶相驕矜，這叫做違背法令。擁有萬輛兵車的大國，士卒不能在原野作戰應敵，國家必定會有危亡憂患，而武士仍然在以免服兵役相驕矜，這叫做違背法令。授予官爵不按才能，授予俸祿不按功勳，武士便不會厲行君令，為國殉身，而群臣就一定會私通外國，請託拜謁，採用權術，極盡逢迎諂媚，以追求個人富貴為榮華相驕矜，這叫做違背法令。

朝有經❶臣，國有經俗，民有經產。何謂朝之經臣？察身能而受官，不誣❷於上；謹於法令以治，不阿黨；竭能盡力而不尚❸得；犯難❹離患❺而不辭死；

受祿不過其功，服位不侈❻其能，不以毋實虛受者，朝之經臣也。何謂國之經俗？所好惡不違於上，所貴賤不逆於令；毋上拂❼之事，毋下比❽之說，毋侈泰❾之養，毋踰等之服❿；謹於鄉里之行，而不逆於本朝之事者，國之經俗也。何謂民之經產？畜長⓫樹藝⓬，務時殖穀，力農墾草，禁止末事者，民之經產也。故曰：朝不貴經臣，則便辟得進，毋功虛取；奸邪得行，毋能上通。國不服經俗，則臣下不順，而上令難行。民不務經產，則倉廩空虛，財用不足。便辟得進，毋功虛取；奸邪得行，毋能上通，則大臣不和。臣下不順，上令難行，則應難不捷。倉廩空虛，財用不足，則國毋以固守。三者見一焉，則敵國制之矣。

【章　旨】此章言朝當貴經臣，國當服經俗，民當務經產。

【注　釋】❶經　常法。《周禮・天官・大宰》：「以經邦國。」注謂：「經，法也。王謂之禮經，常秉以治天下者也。」❷誣　欺騙。❸尚　崇尚；追求。❹犯難　冒險。❺離患　遭到災難。離，通「罹」。遭受。❻侈　誇大；過分。❼拂　違反；違背。❽比　親合；迎合。《禮記・射義》：「其容體比於禮，其節比於樂。」注謂：「比，親合也。」❾侈泰　奢侈。尹知章謂：「毋侈泰之養」為「節而適也」。❿毋踰等之服　尹知章謂：「毋踰等之服」為「禮而度也」。意即服飾用物合乎禮儀，不超越法度。服，指服飾用度。⓫畜長　尹知章注：「謂畜產也。」即指飼養牲畜。⓬樹藝　種植。《孟子・滕文公上》：「后稷教民稼穡，樹藝五穀。」注：「樹，種；藝，植也。」

【語　譯】朝廷應有可為常法的大臣，國家應有可為常法的習俗，民眾應有可為常法的產業。什麼叫做朝廷可為常法的大臣呢？明察自身的才能而受任官職，不欺瞞君主；嚴格遵行法令治理國家，不迎合私黨；竭盡才能辨事，不追求私利；遇到國家危急禍患，不逃避死亡威脅；受用俸祿，不超過自己功勳，享有爵位，不誇大自己的賢能，不因無實而虛受祿賞：這就是朝廷可為常法的大臣。什麼叫做國家可為常法的習俗呢？民眾的喜好與憎惡，不背離君主的要求，民眾的器重與輕賤，不違反法令的規定；群臣不作違背君主意願的事，不說迎合下民志趣的話，不貪享奢侈的生活，不僭用越級的服飾；士子在當地有謹嚴的行為，不違逆本朝的政事：這就是國家可為常法的習俗。什麼叫做民眾可為常法的產業？飼養牲畜，辛勤種植，注重農時，多種穀物，致力農事，墾復荒地，禁絕奢侈品之類的生產：這就是民眾可為常法的產業。所以說：朝廷不尊重可為常法的大臣，君主寵幸親近之徒，便會爭相競進，無功之徒，便會虛取俸祿，奸邪之徒，便會得逞，無能之輩，便會直通朝廷。國家不推行可為常法的習俗，臣民便會情緒不順，君令也就難於施行。民眾不注重可為常法的產業，倉廩便會空虛，國家財用便會不足。君主寵幸之徒得以競進，無功之徒虛取俸祿，奸邪之輩蓄謀得逞，無能之輩直通朝廷，大臣便會不和。臣民情緒不順，君令難於施行，一旦應付急難，國家便不能取勝。倉廩缺乏存糧，財政用度不足，國防便無法固守。三種情況出現其中之一，國家便會受制於敵國了。

故國不虛重，兵不虛勝，民不虛用，令不虛行。凡國之重也，必待兵之勝也，而國乃重。凡兵之勝也，必待民之用也，而兵乃勝。凡民之用也，必待令之行也，而民乃用。凡令之行也，必待近者之勝❶也，而令乃行。故禁不勝於親貴，罰不行於便辟，法禁不誅於嚴重，而害於疏遠，慶賞不施於卑賤❷，而求令之必行，不可得也。能不通於官❸，受祿賞不當於功，號令逆於民心，動靜❹詭❺於時變，有功不必賞，有罪不必誅，令焉不必行，禁焉不必止。在上位無以使下，而求民之必用，不可得也。將帥不嚴威，民心不專一，陳士❻不死制❼，卒士不輕敵❽，而求兵之必勝，不可得也。內守不能完❾，外攻不能服，野戰不能制敵，侵伐不能威❿四鄰，而求國之重，不可得也。德不加於弱小，威不信⓫於彊大，征伐不能服天下，而求霸天下，不可得也。威有與兩立⓬，兵有與分爭⓭，德不能懷⓮遠國，令不能一諸侯，而求王天下，不可得也。

【章旨】此章言「國重」、「兵勝」、「民用」、「令行」，四者之間的相互關係及其重要意義。

【注釋】❶近者之勝　尹知章謂「近者之勝」即「先勝服近習，令乃得行」。勝，勝服；服從。❷慶賞不施於卑賤　原文為「慶賞不施於卑賤二三」。宋本無「二三」兩字。卑賤，指出身低微者。❸能不通於官　即能者不通於官。有才能的人不能進入官府。❹動靜　即舉止。指國家或當舉辦、或當廢止的事項。❺詭　違反；違背。❻陳士　即「陣士」。臨陣將士。❼死制　此指為執行軍令而殉身。❽輕敵　此指從整體上藐視敵人。❾完　指國土完整。❿威　威震；威服。⓫信　通「伸」。施展；發揮。⓬有與兩立　有與之並立的勢力。尹知章謂：「下亦有立威者。」⓭有與分爭　有與之抗爭的對象。尹知章謂：「征伐有自諸侯出。」⓮懷　感懷；歸向。

【語譯】所以，國家不是憑空受到尊重的，軍隊不是憑空能打勝仗的，民眾不是憑空聽從使用的，法令不是憑空貫徹施行的。凡是國家能受尊重，必定要靠軍隊能打勝仗，然後國家才有可能受到尊重。凡是軍隊能打勝仗，必定要靠民眾聽從指揮，然後軍隊才有可能打勝仗。凡是民眾聽從使用，必定要靠法令能夠貫徹施行，然後民眾才有可能聽從使用。凡是法令要貫徹施行，必須使君主所親近的人遵從，然後法令才有可能貫徹施行。所以，禁令不能制服親屬和貴戚，刑罰不肯牽涉到君主的寵幸之徒，法令不懲罰罪行嚴重者，徒然傷害關係疏遠的人，獎賞則不施及出身低微的人，卻希望法令貫徹施行，是不可能的。有才能的，不能進入官府，受祿賞的，與本人功績不相符合；發號施令，與民眾的心願相違背，行動措施，與時勢的要求不相適應；有功不堅決行賞，有罪不堅決懲治，發令不能必行，施禁不能必止；居上位無法驅使下屬，而希望民眾必定聽從指揮，是不可能的。將帥治軍沒有威嚴，民心不能統一於抗敵，出陣的將士，不願為執行軍令而殉身，面對敵軍的兵士，不敢從整體上藐視對方，而希望軍隊必定能打勝仗，是不可能的。對內不能固守國土完整，對外不能征服敵人，野戰不能克敵制勝，攻伐不能威懾四鄰，而希望國家受到他人尊重，是不可能的。德惠不肯澤被弱小國家，威嚴不能施展於強大國家，征伐不能制服諸侯，而希望稱霸天下，是不可能的。國威有跟自己並列的對手，兵力有跟自己抗衡的敵軍，德惠不能使遠方之國歸附，號令不能統一諸侯，而希望稱王天下，是不可能的。

地大國富，人眾兵強，此霸王❶之本也。然而與危亡為鄰矣。天道❷之數❸，人心之變。天道之數：至則反❹，盛則衰；人心之變：有餘❺則驕，驕則緩怠❻。夫驕者，驕諸侯。驕諸侯者，諸侯失於外。緩怠者，民亂於內。諸侯失於外，民亂於內，天道也。此危亡之時也。若夫地雖大，而不并兼，不攘奪；人雖眾，不緩怠，不傲下；國雖富，不侈泰，不縱欲；兵雖彊，不輕侮諸侯，動眾用兵，必為天下政理❼：此正天下之本，而霸王之主也。

【章　旨】此章言成就霸業、王業的根本，不但在於地大國富，人眾兵強，而且在於動眾用兵，必為天下之政理。

【注 釋】❶霸王 指成就霸業、王業。❷天道 此指自然規律。❸數 急速。《爾雅・釋詁》：「數，疾也。」「數」與下句「人心之變」的「變」為互文。即言「天道」與「人心」的變化都是急遽的。❹至則反 謂物極必反。至，極；最。❺有餘 富有資財。❻緩怠 鬆懈怠惰。❼政理 猶政治。此指治理政事。

【語 譯】領土廣闊，國家富庶，人口眾多，兵力強盛，這是成就霸業、王業的根本。然而這也就與危亡鄰近了。因為天道與人心的變化，都是急遽的。天道的急遽變化，是物極必反，極盛則衰。人心的急遽變化，是富有則驕，驕傲則鬆懈怠惰。所謂驕傲，是指傲視諸侯。傲視諸侯，在國外便會喪失諸侯親附。鬆懈怠惰，在國內民眾便會作亂。外失諸侯親附，內有民眾作亂，這就是「天道」的體現，也就是危亡鄰近的時刻。倘若領土雖然廣闊，而不兼併，不掠奪；人口雖然眾多，而不鬆懈怠惰，不傲視臣民；國家雖然富庶，而不奢侈，不縱欲；兵力雖然強盛，而不輕蔑、欺侮諸侯，一旦調動民眾，使用兵力，也一定是為了把天下的政事治理好。這才是匡正天下的根本，也才是可以成就霸業、王業的君主。

凡先王治國之器三，攻而毀之者六。明王能勝其攻，故不益於三者，而自有國、正天下❶；亂王不能勝其攻，故亦不損於三者，而自有天下而亡❷。三器者何也？曰：號令也，斧鉞❸也，祿賞也。六攻者何也？親也，貴也，貨也，色也，巧佞也，玩好也。三器之用何也？曰：非號令毋以使下，非斧鉞毋以威眾，非祿賞毋以勸民。六攻之敗何也？曰：雖不聽，而可以得存者❹；雖犯禁，而可以得免者❺；雖毋功，而可以得富者❻。凡國有不聽而可以得存者，則號令不足以使下；有犯禁而可以得免者，則斧鉞不足以威眾；有毋功而可以得富者，則祿賞不足以勸民。號令不足以使下，斧鉞不足以威眾，祿賞不足以勸民，若此則民毋為自用❼。民毋為自用，則戰不勝，戰不勝，而守不固，守不固，則敵國制之矣。然則先王將若之何？曰：不為六者變更於號令，不為六者疑錯❽於斧鉞，不為六者益損於祿賞。若此，則遠近一心；遠近一心，則眾寡同力；眾寡同力，則戰可以必勝，而守可以必固。非以并兼攘奪也，以為天下政治也，此正天下之道也。

【章　旨】此章言先代聖王治國的經驗，在於牢牢掌握「三器」——號令、斧鉞與祿賞。

【注　釋】❶正天下　匡正天下；統一天下。尹知章謂：「明王雖勝攻，於三器亦不加益，即勝能自有其國，兼正天下。」❷有天下而亡　尹知章謂：「亂王既不能勝攻，三器自毀，更不滅此三者，縱有天下之大，而遂滅亡也。」❸斧鉞　刑具。此指刑罰。❹可以得存者　尹知章注：「謂親貴也。」❺可以得免者　尹注：「謂貨色也。」❻可以得富者　尹注：「謂巧佞玩好也。」❼毋為自用　不肯為君主效力。尹注：「既有罪不誅，有功不賞，故人不自用其力也。」❽疑錯　即「疑措」。因猶疑而停止、廢置。

【語　譯】所有先代君王用以治國的器具不外三種，因遇到進攻而遭破壞的因素有六個。由於聖明的君主能戰勝六個因素的進擊，所以治國的器具不會多於三種，便能從擁有一個國家，進而匡正整個天下。庸亂的君主由於不能戰勝六個因素的進擊，所以治國的器具雖不少於三種，卻從享有天下而走向滅亡。三種器具是什麼？答案是：號令、刑罰、祿賞。六項進擊的因素是什麼？答案是：親幸、貴戚、財貨、美色、巧佞之臣、玩好之物。三種器具的作用是什麼？答案是：沒有號令，就無法指揮臣下；沒有刑罰，就無法威懾民眾；沒有祿賞，就無法激勵人民。六項進擊因素的破壞作用是什麼？答案是：雖然不聽君令，仍然可以照常安居；雖然觸犯了法律，仍然可以免受刑罰；雖然沒有功勞，仍然可以獲得俸祿。凡是國家有了不聽君令而可以照常安居的通例，那號令便無法指揮臣下；有了觸犯法律而可以免受懲治的通例，那刑罰便無法威懼民眾；有了並無功勞而可以獲得俸祿的通例，那祿賞便再也無法激勵人民。號令無法指揮臣下，刑罰無法威懼民眾，祿賞無法激勵人民，像這樣下去，臣民便不會為君主效力。臣民不願為君主效力，作戰就不能打勝仗；作戰不能打勝仗，進而防守就不能牢固；防守不能牢固，就將要受制於敵國了。如此說來，那麼先代聖王對於這種情況是如何處理的呢？答案是：不因為親幸、貴戚、財貨、美色、巧佞之臣與玩好之物這六項因素，而對於號令有所變通與更改，不為這六項因素而對於刑罰有所猶疑與廢棄，也不為這六項因素而對於祿賞有所增加與減少。像這樣下去，就會作到遠近一心；能作到遠近一心，就會不論人多人少都能同心協力；能作到不論人多人少都能同心協力，便可以保證出戰必勝，防守必固了。這並不是為了併吞與掠奪別人，而是為了把天下的政事治理好，這就是統一天下的法則啊！

卷六

法法　第十六

【題解】 此為《管子》第十六篇，題為「法法」。所謂「法法」，意謂以法行法，即用法的手段推行法度。本文開篇，作者即明確提出：「不法法則事毋常，法不法則令不行。」既重視法度的本身，又重視施行的手段，既強調立法，又強調行法，鮮明地揭示了作者重視建常立儀的思想。

為了闡明「建常立儀」的觀點，全文凸顯、強調了以下幾個問題：

一、國君聲望地位的高低，取決於能否法立令行。「法立令行，則民之用者眾」，君主地位尊；「法不立，令不行，則民之用者寡」，君主地位卑。這種視民心、法制為君主聲名地位基礎的認識，無疑是正確的。

二、善於用民的辦法，是嚴格地施行法制。作者認為善用民者，「軒冕不下儗，而斧鉞不上因」，嚴格依法賞罰，則「賢者勸而暴人止」，功名可立其後。

三、依規矩才能正方圓，依法度才能治國事。無論賢愚智昏，概莫能外。作者反覆強調：「雖聖人能生法，不能廢法而治國」；「雖有明智高行，背法而治，是廢規矩而正方圜」。

四、欲求法令施行，君主必以身作則，率先垂範。對於這點，本文闡釋甚詳。作者在推原法令之所以不能施行時，就曾指出原因之一，是君主不知自身行為即為法令之本，不以身先，雖令不行；若「禁勝於身，則令行於民矣」。在分析民眾心理時，作者又指出「上不行則民不從」，「上之所好，民必甚焉」，並明確提出

「有道之君」必「置法以自治，立儀以自正」，「行法修制，先民服也」。

以上議論，都是頗有見地的。石一參說：「管子重建常，良政治家不易之固植，而萬世所宜共守之繩墨也。」（《管子今詮·法法》）

不法法則事毋常❶，法不法則令不行。令而不行，則令不法也；法而不行，則修令者❷不審也；審而不行，則賞罰輕也；重而不行，則賞罰不信也；信而不行，則不以身先之也。故曰：禁勝於身❸，則令行於民矣。

【章旨】此章言政令的貫徹施行，首要因素，在於君主能夠率先遵從，以身作則。

【注釋】❶事毋常　謂國事沒有常規。事，指國事。❷修令者　起草法令條文的人。修，撰寫。❸禁勝於身　指禁律對於君主自身能加以克制。勝，制約；克制。

【語譯】不建立法度、依法而行，國事便沒有常規；法度不用執法的手段貫徹，政令也就不能推行。下令而不能推行，是由於政令沒有成為法度；成為了法度而不能推行，是由於起草政令的人思慮不夠審慎；起草審慎而不能推行，是由於賞罰過輕；賞罰甚重而不能推行，是由於賞罰不甚信實；賞罰信實而不能推行，是由於君主自身不能率先垂範。所以說：禁律若能對於君主自身的行為加以制約，那麼，政令在民間就能推行了。

聞賢而不舉，殆❶；聞善而不索❷，殆；見能而不使，殆；親人而不固，殆；同謀而離，殆；危人而不能，殆；廢人而復起❸，殆；可而不為，殆；足而不施，殆；幾❹而不密，殆。人主不周密，則正言直行之士危；正言直行之士危，則人主孤而毋內❺；人主孤而毋內，則人臣黨而成群。使人主孤而毋內，人臣黨而成群者，此非人臣之罪也，人主之過也。

【章旨】此章言「十殆」的成因及其嚴重後果。

【注釋】❶殆　危險；不安。❷索　尋求；求索。此處引申為察訪。❸復起　重新起用。尹知章謂：「既廢更起，或發其宿嫌」，將帶來人事不安。❹幾　隱微。此指隱微機要的軍政大事。❺毋內　即「無內」。沒有親信。《禮記・大學》：「外本內末。」孔穎達疏：「外，疏也；內，親也。」

【語譯】知有賢才，而不舉用，政局將不安定；知有善舉，而不察訪，政局將不安定；見有能臣，而不任使，政局將不安定；愛民而不能堅持，政局將不安定；與臣謀劃，而不同心，政局將不安定；欲置敵方於險境，而不能實現，政局將不安定；廢黜的人臣再度起用，政局將不安定；大事可為而不及時作為，政局將不安定；國庫富足，而不注重賑濟，政局將不安定；軍政大事不能保密，政局將不安定。君主的思慮行事不周密，正言直行的人便會有危險；正言直行的人有危險，君主便會孤立無親；君主孤立無親，人臣便會結黨成夥。致使君主孤立無親，人臣結黨成夥，這不是人臣的罪責，而是君主自身的過失。

民毋重罪，過不大也；民毋大過，上毋赦也。上赦小過，則民多重罪，積之所生也。故曰：赦出則民不敬❶，惠行則過日甚。惠赦加於民，而囹圄❷雖實，殺戮雖繁，姦不勝❸矣。故曰：邪莫如蚤禁之❹。赦過遺善，則民不勵。有過不赦，有善不遺；勵民之道，於此乎用之矣。故曰：明君者，事斷者也。

【章旨】此章言明君之「明」，在掌握勵民之道，善於決斷。

【注釋】❶不敬 不戒慎；常怠慢。❷囹圄 或作「囹圉」。牢獄。❸姦不勝 指作姦者不能制止。尹知章謂：「造姦以待赦也。」❹蚤禁之 謂當及早禁止。尹知章引《左傳・隱公元年》語謂：「無使滋蔓，蔓難圖也。」

【語譯】民眾沒有重大犯罪現象，是由於平日過錯不大；民眾沒有重大過錯，是由於君主不輕易赦免。君主任意赦免小過，民眾便會多犯重罪，這是積累而成的。所以說：赦免令經常發布，人們就不會戒慎；恩惠經常施捨，過失便會日見增多。對民眾施行仁惠、寬免政策，牢獄雖滿，處決雖多，作姦為非的現象，仍然不能制止。所以說：對於姦邪行為，不如及早禁止。赦免罪過，遺忘善舉，民眾便得不到激勵。有了過錯不赦免，有了善舉不遺忘；激勵民眾的政策，在這點上就可以發揮作用了。所以說：聖明的君主，就是善於作出決斷的人。

君有三欲於民；三欲不節，則上位危。三欲者何也？一曰求，二曰禁，三曰令。求必欲得，禁必欲止，令必欲行。求多者，其得寡❶；禁多者，其止寡❷；令多者，其行寡❸。求而不得，則威日損❹；禁而不止，則刑罰侮❺；令而不行，則下凌上❻。故未有能多求而多得者也，未有能多禁而多止者也，未有能多令而多行者也。故曰：上苛則下不聽，下不聽而彊以刑罰，則為人上者眾謀矣。為人上而眾謀之，雖欲毋危，不可得也。號令已出，又易之；禮義已行，又止之；度量已制，又遷之；刑法已錯❼，又移之。如是，則慶賞雖重，民不勸也；殺戮雖繁，民不畏也。故曰：上無固植❽，下有疑心；國無常經，民力必竭：數❾也。

【章　旨】此章言君欲須有節制，朝廷須有常法。否則，民力必竭，上位必危。

【注　釋】❶得寡　所得反而更少。尹知章謂：「無厭則難供，故其得寡。」❷止寡　指禁令的作用反而更小。尹知章謂：「法令滋章，盜賊多有。」❸行寡　指能施行的號令反而更少。尹知章謂：「再三則瀆，故其行寡。」❹損　削弱；減小。尹知章謂：「獨唱莫和，非損而何？」❺侮　輕慢；戲弄。尹知章謂：「愈禁愈犯，非侮而何？」❻淩上　欺淩君上。尹知章謂：「不稟其命，非淩而何？」❼錯　通「措」。設置；確定。❽固植　堅定的心志。〈版法解〉：「天植者，心也。」尹知章謂：「植，志。」❾數　必然之理；規律。尹知章謂：「數，理也。」

【語　譯】君主對於民眾，有三項要求；這三項要求若不節制，君位就會危險。這三項要求是什麼呢？一是索求，二是禁限，三是號令。索求，便希望能獲得；禁限，便希望能制止；號令，便希望能施行。但索求愈多，所得反而更少；禁限愈多，制止的作用反而更小；號令愈多，能施行的反而更少。索求而不能必得，威嚴就會日益削弱；禁限而不能必止，刑罰就會遭到戲弄；號令而不能必行，臣下就會欺淩君上。所以，沒有愈是多作索求，便能多有所得的，沒有愈是多作禁限，便能多有制止的，沒有愈是多下命令，便能多有施行的。所以說：君主苛刻，臣民就不會聽從；臣民不聽從，而強令施行刑罰，作君主的，便將遭到眾人謀算。作為君主而將遭到眾人謀算，雖然希望沒有危險，也不可能了。號令已經發出，隨即又作改變；禮儀已經施行，隨即又將廢止；度量已經制定，隨即又作變遷；刑法已經設置，隨即又作更換。像這樣下去，獎賞雖重，民眾也不會盡力；殺戮雖多，民眾也不會畏懼。所以說：君主沒有堅定意志，臣下便有猶疑心理；朝廷沒有常規，民力必然耗盡：這是必然的道理。

明君在上位，民毋敢立私議自貴者，國毋怪嚴❶，毋雜俗，毋異禮，士無私議。倨傲易令、錯儀畫制作議者，盡誅，故彊者折，銳者挫，堅者破。引之以繩墨，繩之以誅僇❷，故萬民之心皆服而從上，推之而往，引之而來。彼下有立其私議自貴，分爭而退者，則令自此不行矣。故曰：私議立則主道卑矣。況主倨傲易令，錯儀畫制，變易風俗，詭服殊說猶立？上不行君令，下不合於鄉里，變更自為，易國之成俗者，命之曰不牧之民❸。不牧之民，繩之外也。繩之外誅。使賢者食於能，鬥士食於功。賢者食於能，則上尊而民從；鬥士食於功，則卒輕患而傲敵。上尊而民從，卒輕患而傲敵，二者設❹於國，則天下治而主安矣。

【章　旨】此章言尊重賢能、尊重戰功，是安君主、治天下的良策。

【注　釋】❶怪嚴　即怪裝。張文虎謂：「嚴當是『裝』字，漢避諱改。『怪裝』即異服也。」《正字通》謂：「漢明帝諱莊，改莊助為嚴助，莊光為嚴光。」❷誅僇　即「誅戮」。殺戮。❸不牧之民　指不服治理、不可養育之民。尹知章謂：「於上不行君令，於下不合鄉里，但率意自為，易國之俗，故曰不牧之民。言其不可養也。」❹設　設置；施行。

【語　譯】聖明的君主居處朝廷，民眾沒有敢於私立異說而自視尊貴的；國內沒有奇異的服飾，沒有雜亂的習俗，沒有怪異的禮儀，士子也沒有獨特異說的現象。對於傲慢不恭，擅改法令，自制儀法，自畫規章，自立異說的，盡數誅戮，便會強者折服，銳者挫損，堅者攻破。再用法度加以引導，用殺戮加以糾正，萬民之心便都會服從君上，推動則往，引導則來。臣下若有私立異說，自視尊貴，分庭抗禮而斥退不誅的，君令從此將無法施行了。所以說：私議樹立，君道就會削弱。何況主張傲慢不恭、擅改法令、自制儀法、自畫規章、改變風俗、變異服飾、獨持異說的現象，依然存在呢？上不執行君令，下不符合鄉里要求，變更規矩，獨往獨來，輕視一國既成習俗的，叫做不服管理的人。不服管理的人，就是身居法度之外了。法度之外的人，應當誅滅。使賢才憑能力享有俸祿，勇士憑戰功獲得獎賞。賢才憑能力享有俸祿，方能君主尊嚴，民眾服從；勇士憑戰功獲得獎賞，士卒便會輕視患難，藐視敵人。君主尊嚴，民眾服從，士卒輕視患難，藐視敵人，這兩種風尚通行全國，便能天下得治，君主得安了。

凡赦者❶，小利而大害❷者也，故久而不勝其禍❸。毋赦者，小害而大利❹者也，故久而不勝其福❺。故赦者，犇馬❻之委轡❼；毋赦者，痤疽❽之砭石❾也。爵不尊、祿不重者，不與圖難犯危，以其道為未可以求之也。是故先王制軒冕❿，所以著⓫貴賤，不求其美；設爵祿，所以守其服⓬，不求其觀也。使君子食於道⓭，小人食於力。君子食於道，則上尊而民順；小人食於力，則財厚而養足。上尊而民順，財厚而養足，四者備體，則胥時⓮而王不難矣。

【章旨】此章言君主當尊爵重祿，區分貴賤，使「君子」與「小人」各食其具。

【注釋】❶凡赦者　趙守正謂：「自此『凡赦者』之後，至『痤疽之砭石也』，共五十一字」，「據前後文義看來，應是跳簡」，當移至本文「民毋重罪」章「邪莫如蚤禁之」句後（《管子通解》上冊第二一六頁注釋二）。❷小利而大害　尹知章謂：「苟悅眾心，故曰小利。人則習而易犯法，故曰大害也。」❸不勝其禍　其禍無窮。尹知章謂：「犯法漸廣，轉欲危君，故曰不勝其禍。」❹小害而大利　尹知章謂：「人初不悅，故曰小害。創而修德，故曰大利也。」❺不勝其福　尹知章謂：「家正而天下定，則太平可致，故曰不勝其福也。」❻犇馬　即「奔馬」。❼委轡　拋棄繮繩。❽痤疽　猶癰疽。《淮南子・說林》：「潰小皰而發痤疽。」高誘注：「痤疽，癰也。」原文為「痤睢」。孫星衍謂：「『睢』當作『疽』。」❾砭石　石針。《素問・異法方宜論》：「其病皆為癰瘍，其治宜砭石。」王冰注：「砭石，謂以石為針也。」原文為「礦石」。王念孫謂當作「砭石」。❿制軒冕　制定不同等級的車、帽。軒，供大夫以上官員乘坐的車。冕，大夫以上官員戴的禮帽。⓫著　顯示；標誌。⓬服　服制。即按照身分等級之類，所規定的服飾制度。⓭道　指治國之道。⓮胥時　即「須時」。待時。胥，通「須」。等待。原文為「胥足上尊時」。王念孫謂：「『足上尊』三字，因上文而衍。」

【語　譯】凡是施行「赦免」，多是小有利而大有害，因而長期禍患無窮。不施行赦免，則是小有害而大有利，因而長期得福無窮。所以，施行赦免，好比駕御奔馬而拋棄繮繩，一發不可收拾；不施行赦免，好比診治癰疽而使用砭石，一針即見膿血。爵位不高，俸祿不厚，人們就不會為他謀難犯險，因為他所用的辦法，不足以使得人民這樣去做。因此，先代聖王制定軒冕等級，是用來標明貴賤，不是求其漂亮；設置爵祿高低，是用來保持服制待遇，不是求取外觀。讓君子憑治國之道過活，讓小民憑體力勞動維生。君子憑治國之道過活，則君主尊嚴，民眾順從；小民憑體力勞動維生，則財物豐富，供養充足。君主尊嚴，民眾順從，財物豐富，供養充足，四方面全部體現，待時成就王業，也就不難了。

文有三侑❶，武毋一赦。惠者，多赦者也，先易而後難，久而不勝其禍；法者，先難而後易，久而不勝其福。故惠者，民之仇讎❷也；法者，民之父母❸也。

太上，以制制度❹；其次，失而能追❺之，雖有過，亦不甚矣。明君制❻宗廟❼，足以設賓祀，不求其美；為宮室臺榭，足以避燥溼寒暑，不求其大；為雕文刻鏤，足以辨貴賤，不求其觀。故農夫不失其時，百工不失其功，商無廢利，民無游日❽，財無砥墆❾。故曰：儉其道乎！

【章　旨】此章言明君正道在於節儉。

【注　釋】❶三侑　即「三宥」。三項寬容。宥，寬容；寬恕。《周禮・秋官・司寇》：「一宥曰不識，二宥曰過失，三宥曰遺忘。」趙守正謂：「自此『文有三侑』至『雖有過，亦不甚矣』，共七十三字」，「據前後文義看來，應是跳簡」，宜移至本文「民無重罪」章「邪莫如蚤禁之」句後接「痤疽之砭石也」（《管子通解》上冊第二一七頁注釋三）。❷仇讎　仇人。尹知章謂：「惠者生其禍，故為仇讎也。」❸父母　喻恩人。尹知章謂：「法者生其福，故為父母也。」❹以制制度　依照法式規定標準。前「制」為名詞。法式；法度。後「制」為動詞。規定；制定。❺追　追悔；補救。❻制　通「製」。建造。❼宗廟　帝王、諸侯設立祭祀祖宗的處所。❽游日　閒遊之時。❾砥墆　不通暢。俞樾謂：「『砥』讀為底。昭元年《左傳》『勿使有所壅蔽湫底』，杜註曰『底，滯也』，故以『底滯』連文。」尹知章謂：「墆，久積也。」

【語　譯】對於文人，可以有三項寬容；對於武士，不能有一項寬赦。所謂「仁慈」，就是多作寬赦，開始容易，日後艱難，時間愈久，禍患無窮。所謂「法制」，施行起來，先難後易，時間愈久，其福無窮。因此，仁慈是民眾的仇人；法制是民眾的恩人。最上策是依照法式，規定人民的行為標準；次一等的辦法，是有了失誤而能補救，即使有過錯，也就不會太嚴重了。聖明的君主建築宗廟，只求可以殯屍設祭，不求外表美觀；建造宮室亭閣，只求可以防燥溼、避寒暑，不求規模宏偉；雕造花紋，刻鏤金木，只求可以區別貴賤等級，不求態勢壯觀。因而農夫不失農時，工匠不誤功效，商賈不廢營利，民眾沒有閒遊時日，財貨沒有積壓浪費。所以說：節儉才是正道！

令未布，而民或為之，而賞從之，則是上妄予❶也。上妄予，則功臣怨；功臣怨，而愚民操事於妄作；愚民操事於妄作，則大亂之本也。令未布，而罰及之，則是上妄誅也。上妄誅，則民輕生，民輕生，則暴人興、曹黨❷起而亂賊作矣。令已布，而賞不從，則是使民不勸勉、不行制、不死節。民不勸勉、不行制、不死節，則戰不勝而守不固；戰不勝而守不固，則國不安矣。令已布，而罰不及，則是教民不聽。民不聽，則彊者立，彊者立，則主位危矣。故曰：憲律制度必法道，號令必著明，賞罰必信密，此正民之經❸也。

【章　旨】此章言匡正民眾的常法。

【注　釋】❶妄予　指錯誤的賞賜。尹知章謂：「未布而為，所謂先時者也。當刑而賞，故曰妄與也。」❷曹黨　群黨；團夥。❸經　法度；規則。

【語　譯】法令尚未公布，人們偶然施行了，隨即給予獎賞，這便是君主的錯誤獎賞。君主錯給獎賞，有功之臣便會抱怨；有功之臣抱怨，而愚民辦事胡作妄為；愚民辦事胡作妄為，這便是大亂的根源。法令尚未公布，誅罰便已施及，這是君主的錯誤誅罰。君主錯加誅罰，民眾便會輕生；民眾輕生，暴徒就會出現，群黨就會興起，亂賊就會造反了。法令已經公布，獎賞卻不依照施行，這便會使得民眾不盡力辦事，不執行命令，不為國犧牲。民眾不盡力辦事，不執行命令，不為國犧牲，出戰便不能取勝，防守便不能牢固；出戰不能取勝，防守不能牢固，國家便不會安全了。法令已經公布，誅罰卻不依照施行，這便會使得民眾不聽從法令。民眾不聽從法令，強人就會興起；強人興起，君主的地位就危險了。所以說：法律制度必須遵從治國之道，號令必須昭著嚴明，獎賞誅罰必須信實機密，這就是治理人民的常法。

凡大國之君尊，小國之君卑。大國之君所以尊者，何也？曰：為之用者眾也。小國之君所以卑者，何也？曰：為之用者寡也。然則為之用者眾則尊，為之用者寡則卑，則人主安能不欲民之眾為己用也？使民眾為己用，奈何？曰：法立令行，則民之用者眾矣；法不立，令不行，則民之用者寡矣。故法之所立，令之所行者多，而所廢者寡，則民不誹議❶；民不誹議則聽從矣。法之所立，令之所行，與其所廢者鈞❷，則國毋常經；國毋常經，則民妄行矣。法之所立，令之所行者寡，而所廢者多，則民不聽；民不聽，則暴人起而姦邪作矣。

【章　旨】此章言國君地位的尊卑，取決於能否法立令行。

【注　釋】❶誹議　詆毀；非議。❷鈞　通「均」。相同。《國語・晉語》：「鈞之死也。」韋昭注：「鈞，同也。」

【語　譯】凡是大國的君主地位都高，小國的君主地位都低。大國君主地位高的原因是什麼？答案是：為他服務的人多。小國君主地位低的原因是什麼？答案是：為他服務的人少。既然服務的人多便地位高，服務的人少便地位低，那麼君主怎麼會不希望庶民眾多而且能為自己服務呢？要使庶民眾多而且能為自己服務，應當怎麼辦？答案是：法律確立，政令施行，願意服務的人民就多；法律不確立，政令不施行，願意服務的人民就少。所以，確立的法律與通行的政令居多，廢置的甚少，民眾就不會攻擊、非議；民眾不攻擊、非議，便會聽從了。確立的法律，施行的政令，與所廢棄的相等，國家便沒有常法；國家沒有常法，民眾便會肆意妄為。確立的法律，施行的政令少，而所廢置的多，民眾便不會聽從；民眾不聽從，暴徒就會出現，姦邪也就隨之發生了。

計上之所以愛民者，為用之愛之也。為愛民之故，不難❶毀法虧令，則是失所謂愛民矣。夫以愛民用民，則民之不用❷明矣。夫至❸用民者，殺之，危之，勞之，苦之，飢之，渴之，用民者將致之此極也，而民毋可與慮害己者❹，明王在上，道法行於國，民皆舍所好而行所惡❺。故善用民者，軒冕不下儗❻，而斧鉞不上因❼。如是，則賢者勸而暴人止。賢者勸而暴人止，則功名立其後矣。蹈白刃，受矢石，入水火，以聽上令。上令盡行，禁盡止，引而使之，民不敢轉❽其力；推而戰之，民不敢愛❾其死。不敢轉其力，然後有功；不敢愛其死，然後無敵。進無敵，退有功，是以三軍❿之眾，皆得保其首領，父母妻子，完安於內。故民未嘗可與慮始，而可與樂成功。是故仁者、知者⓫、有道者，不與大⓬慮始。

【章　旨】此章言善於用民的辦法，是嚴格執行法制。

【注　釋】❶難　通「戁」。恐懼；懼怕。❷民之不用　指民眾不可役使。尹知章謂：「夫用人者，當以法令以愛人。廢法而用之，則人不可用也。」❸至　至善；最善於。❹毋可與慮害己者　指沒有可以糾集謀害君主的人。尹知章謂：「夫善用人者必以法。其不從法，甚者危殺之，其次勞苦飢渴之，將欲用之，必致此極。則姦者不敢為非，善者悅而從命，欲求可與謀害己者，其可得哉？」❺舍所好而行所惡　指拋棄私欲而力行公義。舍，通「捨」。捨棄。尹知章謂：「所好者，私欲也；所惡者，公義也。」❻儗　即「擬」。比擬；比照。❼因　沿襲。❽轉　變換；迴避。尹知章謂：「轉，猶避也。」❾愛　吝嗇；吝惜。❿三軍　上、中、下三軍。指全軍。⓫知者　即智者。⓬大　尹知章謂：「大，猶眾也。」王念孫謂：「『大』當為『人』」，「人亦民也」。

【語譯】估量君主愛民的原因，都是為了要使用民眾而始愛之的。為了愛民的緣故，而不惜損毀法度，削減政令，這便失掉所謂「愛民」的本義了。倘若用愛民的辦法來驅使民眾，那麼，民眾不服驅使，是很明顯的。最善於驅使民眾的君主，往往用殺戮、危迫、勞累、苦痛、飢餓、乾渴之類的辦法。驅使民眾的人，使用這類極端手段，而民眾中沒有可以糾集起來謀害君主的人，是因為聖明的君主在朝廷執政，治國之道與法律政令通行全國，民眾都能拋棄私欲而力行公義。所以，善於驅使民眾的君主，獎賞不隨意向下比照，刑罰不隨意向上沿襲。像這樣，因而賢者盡力，暴徒止息。賢者盡力而暴徒止息，功業名聲便隨後而立了。民眾敢踏白刃，甘冒矢石，赴湯蹈火，聽從君主命令。君令可以盡行，君禁可以盡止；召來驅使，人們不敢迴避盡力；推上戰場，人們不敢吝惜生命。不敢迴避盡力，然後能建有功業；不敢吝惜生命，然後能所向無敵。進攻可以所向無敵，防守可以建樹功勞，因而全軍將士都能夠保全生命，父母妻子也可以在家裡安然無恙。所以，民眾未必可以偕同謀慮創始，卻可以偕同樂享成功。因此，仁者、智者、有道者，在事業草創之時，都不與民眾共同謀劃。

國無以小與不幸而削亡者，必主與大臣之德行失於身也，官職、法制、政教失於國也，諸侯之謀慮失於外也，故地削而國危矣。國無以大與幸而有功名者，必主與大臣之德行得於身也，官職、法制、政教得於國也，諸侯之謀慮得於外也。然後功立而名成。然則國何可無道？人何可無求❶？得道而導之，得賢而使之，將有所大期於興利除害。期於興利除害，莫急於身，而君獨甚。傷也，必先令之失。人主失令而蔽❷，已蔽而劫，已劫而弑。

【章　旨】此章言國家削亡與興盛，在於能否得道得賢，君主不失政令。

【注　釋】❶人何可無求　言人才不可不求。張佩綸謂：「『求』當作『賢』，下文『道』『賢』承此。」於義頗順，錄作參考。❷蔽　蒙蔽。此指被蒙蔽。

【語　譯】國家沒有因為版圖小和時運不濟而削弱滅亡的，必定是因為君主與大臣自身的德行不檢點，國內的官職、法制、政教有過錯，國外對諸侯的謀劃有失誤，因而造成地削國危的狀況。國家沒有因為版圖大與時運好而擁有功業名望的，必定是因為君主與大臣的德行合於自己的身分，官職、法制、政教合於國情，國外對諸侯的謀劃恰到好處。然後功業樹立，威名成就。既然如此，那麼，國家怎麼可以沒有正道？人才怎麼可以不去訪求？掌握了正道，加以引導，求得了賢才，加以信用，對於興利除害，便將大有希望。期望興利除害，沒有什麼比自身行為更急迫的，而君主以身作則更為重要。君權受到傷害，必然是法令先有失誤。君主在法令方面有了失誤，便將受到蒙蔽；已被蒙蔽，便將受到劫制；已被劫制，便將遭受殺身的災禍。

凡人君之所以為君者，勢也。故人君失勢，則臣制之矣。勢在下，則君制於臣矣；勢在上，則臣制於君矣。故君臣之易位，勢在下也。在臣期年❶，臣雖不忠，君不能奪❷也；在子期年，子雖不孝，父不能服也。故《春秋》❸之記，臣有弒其君，子有弒其父者矣。故曰：堂上遠於百里，堂下遠於千里，門庭遠於萬里。今步者一日，百里之情通矣；堂上有事，十日而君不聞，此所謂遠於百里也；步者十日，千里之情通矣；堂下有事，一月而君不聞，此所謂遠於千里也；步者百日，萬里之情通矣，門庭有事，期年而君不聞，此所謂遠於萬里也。故請❹入而不出謂之滅，出而不入謂之絕，入而不至謂之侵，出而道止謂之壅。滅絕侵壅之君者，非杜其門而守其戶也，為政之有所不行也。故曰：令重於寶，社稷先於親戚❺，法重於民，威權貴於爵祿。故不為重寶輕號令，不為親戚後社稷，不為愛民枉法律，不為爵祿分威權。故曰：勢非所以予人也。

【章　旨】此章言君主的權勢至為重要，不可輕易予人。

【注　釋】❶期年　一整年。❷奪　強加改變。❸春秋　中國古代最早的編年體史書。相傳為孔子依據魯國史官所編《春秋》加以整理修訂而成。起於魯隱公元年（西元前七二二年），終於魯哀公十四年（西元前四八一年），計二百四十二年。❹請　通「情」。指情況。❺親戚　此指父母兄弟。

【語　譯】凡是君主之所以成為君主，是因為享有地位和權力。因而君主失去權勢，便將為臣下所挾制了。權勢在下邊，君主便當被臣下所控制；權勢在上面，臣下便當受君主所指揮。所以，君臣地位的互換，是由於權勢下移。權勢落在臣下手中一年，臣下雖然不忠，君主也不能改變；權勢落在兒子手中一年，兒子雖然不孝，父王也不能制服。因而《春秋》所記，大臣有殺死君主的，兒子有殺死父王的。所以說：堂上比百里還遠，堂下比千里還遠，門庭比萬里還遠。如今，步行一天，百里之內的情況就知道了，堂上有什麼變故，十天君主還不知道，這就是所說的堂上比百里還遠；步行十天，千里之內的情況就知道了，堂下有什麼變故，一個月君主還不知道，這就是所說的堂下比千里還遠；步行百天，萬里以內的情況就知道了，門庭有什麼變故，整整一年君主還不知道，這就是所說的門庭比萬里還遠。所以，情事上報而不傳出君令，這叫做湮滅；傳出君令而不反報於上，這叫做斷絕；上報情事而不傳到君主，這叫做侵吞；君令傳出而中途截止，這叫做壅塞。下情和上令被「湮滅」、「斷絕」、「侵吞」、「壅塞」的君主，並非杜絕、封閉了門戶，而是因為政令有所不能施行。所以說：君令比珠寶珍貴，國家大權比親屬重要，法度比民眾貴重，威權比爵祿寶貴。因而不能為了重視珠寶而看輕君令，不能為了親屬而輕視國家政權，不能為了愛惜民眾而曲解法律，不能為了爵祿而分散威權。所以說：君主的地位和權力，是不能給予別人的。

政者，正也。正也者，所以正定萬物之命❶也。是故聖人精德立中以生正，明正以治國。故正者，所以止過而逮❷不及也。過與不及也，皆非正也。非正，則傷國一也。勇而不義傷兵，仁而不法傷正❸。故軍之敗也，生於不義；法之侵也，生於不正。故言有辨❹而非務❺者，行有難❻而非善者，故言必中務，不苟為辯；行必思善，不苟為難。

【章　旨】此章言「政者」即「正」，不正則將傷國。

【注　釋】❶命　即「名」。名稱。❷逮　追；補救。❸仁而不法傷正　意謂為求「仁愛」之名而不講法度，勢必傷害治政原則。孫蜀丞謂：「以上下文例證之，當作『仁而不正傷法』。」❹辨　通「辯」。雄辯。❺務　強有力。《爾雅・釋詁》：「務，彊也。」❻難　通「戁」。畏懼；敬畏。此指使人敬畏。

【語　譯】政治，講求的是正確原則。所謂正確原則，就是用來匡正、確定萬事萬物的名稱的。因此，聖人精修德行，確立中正，而培植正確原則，並彰明這個正確原則來治理國家。所謂正確原則，是用來防止超過而補救不及的。超過與不及，都是不正確。不正確，損害國家是一樣的。勇敢而不合正義，便會傷害軍隊；仁愛而不合法度，便會傷害正確原則。因而軍隊的失敗，產生於不合正義；法律的被侵蝕，產生於不合正確原則。言論雖甚雄辯，但並非強有力的；行為有令人敬畏，但並非善良的。所以，言論必須符合強有力的原則，不應苟且強求雄辯；行為必須考慮善良，不應苟且強求使人敬畏。

規矩者，方圜之正也❶。雖有巧目利手，不如拙❷規矩之正方圜也。故巧者能生規矩，不能廢規矩而正方圜。雖聖人能生法，不能廢法而治國。故雖有明智高行，背法而治，是廢規矩而正方圜也。

【章　旨】此章藉循規矩才能正方圓，比喻君主必須依法治國。

【注　釋】❶規矩者二句　意謂規矩是矯正方圓的工具。方圜之正，即「正方圓」。圜，同「圓」。❷拙　粗笨；簡樸。

【語　譯】規矩，是矯正方圓的工具。人們雖然有靈巧的眼睛，便捷的雙手，也不如用簡樸的規矩來矯正方圓。所以，聰明人能製造規矩，但不能拋棄規矩而矯正方圓。雖然聖人能訂立法度，但不能拋棄法度而治理國家。所以聖人雖然有高明的智慧，高尚的品行，如果違背法度而治國，這也就是拋棄規矩來矯正方圓。

一曰❶：凡人君之德行威嚴❷，非獨能盡賢於人也。曰人君也，故從而貴之，不敢論其德行之高卑。有故為其殺生急於司命❸也，富人❹貧人❺，使人相畜❻也，貴人❼賤人❽，使人相臣❾也。人主操此六者❿以畜其臣，人臣亦望此六者以事其君，君臣之會⓫，六者謂之謀⓬。六者在臣期年，臣不忠，君不能奪；在子期年，子不孝，父不能奪。故《春秋》之記，臣有弒其君，子有弒其父者；得此六者，而君父不智⓭也。六者在臣，則主蔽矣。主蔽者，失其令也。故曰：令入而不出，謂之蔽；令出而不入，謂之壅；令出而不行，謂之牽；令入而不至，謂之瑕⓮。牽瑕蔽壅之事君者，非敢杜其門而守其戶也，為令之有所不行也。此其所以然者，由賢人不至而忠臣不用也。故人主不可以不慎其令。令者，人主之大寶也。

【章　旨】此章言法令是君主的貴寶，君主亟宜慎重對待。

【注　釋】❶一曰　一種說法。尹知章謂：「管氏稱古言，故曰『一曰』。」劉績謂：「此乃集書者再述異聞。」❷威嚴　郭沫若謂：「疑本作『威儀』，抄書者因聯想致誤。」❸司命　迷信說法中所謂掌管生命短長的神靈。❹富人　使人富裕。❺貧人　使人貧困。❻相畜　互相供養。❼貴人　使人地位高貴。❽賤人　使人地位卑微。❾相臣　互相服從。❿六者　指上述殺、生、富、貧、貴、賤六項大權。⓫會　會合；聯合。⓬謀　營求；追求。⓭智　通「知」。知道。⓮瑕　罅隙；隔閡。尹知章謂：「君臣相閒，故曰瑕。」

【語　譯】有一種說法是：大凡君主的道德威嚴，並非特別能夠全部比眾人都強。只因為是「君主」，所以人們跟著尊崇他，不敢評斷他的道德品行的高低。又因為君主掌握著生殺大權，索命比司命之神更急迫，掌握著讓人們或富裕，或貧困，以及相與供養的大權，還掌握著讓人們或尊貴，或卑微，以及相與服從的大權。君主掌握著這六項大權而駕馭臣下，臣下也嚮往這六項大權而事奉著君主；君臣之間的聯繫，這六項大權就是共同的欲望。六項大權落在臣下手中一年，臣下雖然不忠於朝廷，君主也無法強行改變；六項大權落在兒子手中一年，兒子雖然不孝順父王，父王也無法強行改變。因而《春秋》的記載，臣下有殺死君主的，兒子有殺死父王的；這是因為對方已經奪得了六項大權，君主、父王還未覺察的緣故。六項大權落到臣下手中，君主就會受到蒙蔽。君主之所以受到蒙蔽，是由於政令有所失靈。所以說：政令滯留朝廷而不能頒行出去，叫做被蒙蔽；政令發出而情事不能回報，叫做被壅塞；政令發出而不能施行，叫做被牽制；政令實施而情事回報到朝廷，卻不能傳達給君主，叫做被阻隔。使用牽制、阻隔、蒙蔽、堵塞的手段事奉君主，並不是誰敢杜絕、封閉君主的門戶，而是因為君主的政令有所不能施行。這種狀況造成的原因，是由於不能招徠賢才、任用忠臣所致。所以君主對於政令，不可不慎重。政令，就是君主的大法寶。

一曰：賢人不至謂之蔽❶，忠臣不用謂之塞，令而不行謂之障❷，禁而不止謂之逆。蔽塞障逆之君者，不敢杜其門而守其戶也，為賢者不至，令之不行也。

【章旨】此章言君主被「蔽塞障逆」的原因。

【注釋】❶蔽　遮擋；壅蔽。❷障　阻塞；遮蔽。

【語譯】一種說法是：賢才不來叫做遮擋，忠臣不用叫做阻塞，有令不行叫做遮蔽，有禁不止叫做違抗。被遮擋、阻塞、遮蔽、違抗的君主，並不是有誰敢杜絕、封守他的門戶，而是因為不能招徠賢才，君令不能施行所致。

凡民從上也，不從口之所言，從情之所好者也。上好勇，則民輕死；上好仁，則民輕財。故上之所好，民必甚焉。是故明君知民之必以上❶為心也，故置法以自治，立儀❷以自正也。故上不行則民不從，彼民不服法死制❸，則國必亂矣。

是以有道之君❹，行法修制，先民服❺也。

【章旨】此章言明君行法修制，必自治自正，率先示範。

【注釋】❶上　指「上之所好」。即君主的愛好。❷儀　指禮儀規章。❸制　帝王的命令。《史記・秦始皇本紀》：「命為『制』，令為『詔』。」❹有道之君　指治國有方、政治走上正軌的君主。❺先民服　即先於民眾而行。意謂率先垂範。服，施行。

【語譯】大凡臣民順從君主，不是順從他口頭上的言論，而是順從他心中的喜好。君主喜好勇敢，臣民便看輕死亡；君主喜好仁愛，臣民便看輕財貨。所以君主喜好什麼，臣民一定會比君主喜好得更厲害。因此聖明的君主，懂得臣民必定會以君主的喜好，作為自己的思想出發點，所以設立法制，自己約束自己，設立禮儀，自己匡正自己。所以，君主不執行法制禮儀，臣民便不會服從；臣民不遵守法制，不願為施行君令而殉身，國家必然會動亂。因此，有治國之方的君主，施行法制，整飭命令，必定先在臣民面前作出示範。

凡論人有要❶：矜物❷之人，無大士焉。彼矜者，滿也；滿者，虛也。滿虛在物，在物為制也。矜者，細之屬也。凡論人而遠❸古者，無高士焉。既不知古而易其功者，無智士焉。德行成於身❹而遠古，卑人也。事無資❺，遇時而簡❻其業者，愚士也。釣❼名之人，無賢士❽焉；釣利之君，無王主❾焉。賢人之行其身也，忘其有名也；王主之行其道也，忘其成功也。賢人之行，王主之道，其所不能已❿也。

【章　旨】此章言品評人物的要旨。

【注　釋】❶要　要領；要義。❷矜物　即「矜人」。驕傲於人。❸遠　疏遠；遠離。《漢書・劉向傳》：「黜遠外戚。」顏師古注：「遠謂疏而離之也。」張佩綸謂：「『論人』當作『論今』，〈形勢〉『疑今者察之古』。」姚永概謂：「『遠古』義不可通，當作『違古』。」❹德行成於身　郭沫若謂：「『德行成於身』疑有奪誤，疑『成』上脫一『未』字。」成於身，謂自身有所成就。❺資　資本；憑藉。❻簡　怠慢；輕忽。《漢書・五行志上》：「簡宗廟之罰也。」顏師古注：「簡，慢也。」❼釣　垂釣；誘取。❽賢士　尹知章注：「賢士必修實以成名。」❾王主　成就王業的君主。尹知章謂：「王主必度義而取利。」❿不能已　即謂欲罷不能。已，止息。

【語　譯】大凡品評人物，自有要旨：在他人面前顯示驕傲的，沒有偉大人物。驕傲，就會自滿；自滿，就會虛浮。在他人面前，自滿而又虛浮，必將為人所制。驕傲的人，是藐小之徒。凡是品評人物而遠離古訓的，沒有高明的人。既不通曉古訓，而又以輕忽態度對待功業的，沒有聰敏的人。道德操守在自身剛有所成就便拋棄古訓的，是低級趣味的人。事業沒有根柢，但遇上時機便輕忽本業的，是愚蠢的人。誘取虛名的士子，沒有賢才；誘取貨利的君主，沒有可以成就王業的。賢人從事自身的修養，根本就不會想到享有名聲；成王業的君主施行治國之道，也會忘掉將可成就的功業。賢人的修身，王主的行道，都是有所不能止息的。

明君公國一民以聽❶於世，忠臣直進❷以論其能。明君不以祿爵私所愛，忠臣不誣能❸以干爵祿。君不私國，臣不誣能，行此道者，雖未大治，正民之經也。今以誣能之臣，事私國之君，而能濟功名者，古今無之。誣能之人易知也。臣❹度之先王者，舜之有天下也，禹為司空❺，契為司徒❻，皋陶為李❼，后稷為田❽。

此四士者，天下之賢人也，猶尚精一德❾以事其君。今誣能之人，服事任官，皆兼四賢之能。自此觀之，功名之不立，亦易知也。故列尊祿重，無以不受也，勢利官大，無以不從也，以此事君，此所謂誣能篡利之臣也。世無公國之君，則無直進之士；無論能之主，則無成功之臣。昔者三代之相授也，安得二天下而殺之❿？

【章　旨】此章旨在推崇遠古禪讓，嘆惋後世征誅。

【注　釋】❶聽　處理；對待。❷直進　以直道求進。❸誣能　謊稱才能。誣，虛假；欺騙。❹臣　編撰者自稱。尹知章謂：「臣，管氏自稱。」何如璋謂：「《管子》全書無文內自稱臣者。子政校書時有『臣富參書四十一篇』，文殆富參所著，雜入《管》書者。」郭沫若謂：「文非管作固無疑問，然非必即是富參所著耳。」由此，「臣」為何許人，不得而知。❺司空　官名。西周始置，春秋戰國時沿置，掌管工程。金文作「司工」。❻司徒　官名。西周始置，金文多作「司土」，春秋時沿置。掌管國家的土地和人民，官司籍田，負責徵發徒役。❼李　即「司李」。官名。古「理」、「李」字通。「司李」亦即「司理」。掌管獄訟。❽田　即田正，官名。掌管田土和生產的官員。《左傳・昭公二十九年》：「稷，田正也。」疏云：「正，長也。」❾精一德　尹知章注：「謂各精一事也。」❿安得二天下而殺之　尹知章謂：「三代無能授於有能，桀紂失之，湯武得之。今之天下，即古之天下，豈有二天下而行其刑殺哉？」

【語　譯】明君以公誠治國、統一民心的原則來處理當世事務，忠臣以直道求進的方式來論定自己的才能。明君不把祿爵私授予親愛的人，忠臣不謊稱才能來索求爵祿。君主不以國事為私，大臣不謊稱能幹，施行這個原則的，即使未能實現大治，但已合乎匡正民眾的常則。若以謊稱才能的大臣，事奉以國事為私的君主，而能成就功名的，古往今來都不會有。謊稱才能的人，容易識別。我思考了先代聖王的情況，當舜治理天下的時候，任禹為司空，任契為司徒，任皋陶為司李，任后稷為田正。這四位人物，都是天下的賢才，還僅僅每人精心承擔一項任務而為君主服務。當今謊稱才能的人，辦事當官，都是一身兼任禹、契、皋陶、后稷四位賢士的職務。由此看來，功名無法建立，也是容易理解的。所以，官高祿厚無不接受，勢利官大無不樂從，用這種態度事奉君主的，這就是所謂謊稱才能，篡奪利祿的大臣。世間沒有以公治國的君主，便不會有以直道求進的士子；沒有選拔賢能的國君，便不會有成就功業的大臣。從前夏商周三代的相繼授受，哪有另外一個天下，可以用來施行刑殺呢？

貧民傷財，莫大於兵，危國憂主，莫速於兵。此四患者明矣，古今莫之能廢也。兵當廢而不廢，則古今惑❶也；此二者❷不廢❸而欲廢之，則亦惑也。此二者傷國一也❹。黃帝唐虞，帝之隆也，資❺有天下，制在一人❻。當此之時也，兵不廢。今德不及三帝，天下不順，而求廢兵，不亦難乎？故明君知所擅，知所患。國治而民務積❼，此所謂擅也。動與靜❽，此所患也。是故明君審其所擅，以備其所患也。

【章　旨】此章言君主雖無法廢兵，但當審其所擅，而備其所患。

【注　釋】❶古今惑　即古今之惑。意謂古往今來令人迷亂的問題。王念孫謂：「今本『古今』二字，涉上文『古今』而衍。」錄以備考。❷此二者　王念孫謂：「『此二者』三字，涉下文『此二者』而衍。」譯文依此。❸不廢　即不可廢、不當廢。❹傷國一也　指廢兵與不廢兵，對國家的損害是一樣的。尹知章謂：「廢之，則寇來而無以禦，固傷國；不廢，則費財憂主，亦傷國也。故曰『一也』。」❺資　尹知章注：「資，用也。」❻制在一人　尹知章謂：「率土之濱，莫非王臣。故曰『制在一人』。」❼民務積　使民眾注重積蓄。尹知章注：「擅，專也。君之所專為，在於國家治、民務積聚也。」❽動與靜　行動與靜止；變革與守常。此指動靜失宜。尹知章注：「動靜失宜，則患生也。」

【語　譯】使民貧困，傷耗財力，沒有比用兵更甚的；使國傾危，令君憂慮，沒有比用兵更快的。這四項禍患，是很顯明的，但古往今來，沒有誰能夠廢止。用兵之事，理當廢止而不廢止，這是自古迄今一個令人困惑的問題。不能廢止而肆意廢止，也會造成困惑。廢止與不廢止，對國家的損害是一樣的。黃帝、唐堯、虞舜，是帝業昌隆的時代，他們享用擁有天下，大權控制在一人手中。在這個時候，用兵打仗一事也沒有廢止。當今之世，君主的威德比不上黃帝、唐堯、虞舜，天下民心未服，卻想廢止用兵，不是很困難麼？所以，聖明的君主懂得精心注重什麼，懂得應當防患什麼。使國家安定，民眾注重積蓄，這就是所要專務的事情；動靜失調，這就是所要防患的內容。因此，聖明的君主，審慎地對待專務而防備患難。

猛毅❶之君，不免於外難；懦弱之君，不免於內亂。猛毅之君者輕誅，輕誅之流❷，道正者❸不安；道正者不安，則材能之臣去亡矣。彼智者知吾情偽❹，為敵謀我，則外難自是至矣。故曰：猛毅之君，不免於外難。懦弱之君者重誅❺，重誅之過，行邪者不革；行邪者久而不革，則群臣比周；群臣比周，則蔽美揚惡；蔽美揚惡，則內亂自是起。故曰：懦弱之君，不免於內亂。

【章　旨】此章言君主之猛毅與懦弱，都將導致嚴重後果。

【注　釋】❶猛毅　此指兇暴殘忍。❷流　向壞的方面發展。此指流弊。❸道正者　施行正道的人。尹知章謂：「輕誅則乖正，故道正之士不安。」❹情偽　即「誠偽」。指真假、虛實。❺重誅　與「輕誅」相對而言。指難於誅殺。「重」有難為、姑息之意。尹知章注為「難為誅罰」。

【語譯】兇暴殘忍的君主，免不了造成外患；怯懦軟弱的君主，免不了造成內亂。兇暴殘忍的君主，輕易誅罰。輕易誅罰的流弊，會使施行正道的人不安；施行正道的人不安，有才能的大臣，便會出走國外。那些賢明人士，瞭解國情虛實，為敵國謀劃我們，外患便從此到來了。所以說：兇暴殘忍的君主，免不了造成外患。怯懦軟弱的君主，難為誅罰。難為誅罰的過失，會使行為邪僻的人不思改變；行為邪僻的人長期不思改變，群臣就會緊密勾結；群臣緊密勾結，就會隱蔽君主的善舉，而張揚君主的惡習；隱蔽君主的善舉，張揚君主的惡習，內亂就將由此興起。所以說：怯懦軟弱的君主，免不了造成內亂。

明君不為親戚危其社稷，社稷戚❶於親；不為君欲變其令，令尊於君；不為重寶分其威，威貴於寶；不為愛民虧❷其法，法愛於民。

【章旨】此章言明君將社稷、政令、權威、法律擺在首位。

【注釋】❶戚　親近。❷虧　毀壞；損害。

【語譯】聖明的君主，不為至親的要求，而使國家受到危害，認為國家比親人更為可親；不為個人私欲而使政令改變，認為政令比君主更為尊嚴；不為貴重的珠寶而使權威分散，認為權威比珠寶更為貴重；不為愛惜民力而損害法度，認為法度比民力更應當愛惜。

兵法　第十七

【題解】此為《管子》第十七篇，題為「兵法」。全文內容甚為集中，談的都是治兵、用兵之道。諸如用兵當有主帥，有蓄積，有精巧的器械，有嚴明的賞罰；治兵當講求「三官」、「五教」、「九章」；作戰先宜固守，而後爭取一戰定局等等，都是頗為重要的經驗之談。與〈七法〉、〈幼官〉諸篇揭示的軍事思想大體相類。

不同的是，本篇鮮明地提出了用兵者必須懂得權衡得失，努力避禍趨利，做到「計數得」、「法度審」、「教器備利」、「因其民也」，力求舉兵之日而境不憂貧，戰則必勝，勝不多死，奪得土地而元氣不傷，國不敗挫。這樣，就把權衡得失，講求實效的戰略思想，放在首要地位，把掌握主動權，加強自覺性，提到相當突出的高度。《管子》寄軍事於內政，探本立言的特色，於茲可見。

明一❶者皇，察道者帝，通德者王，謀得❷兵勝❸者霸。故夫兵，雖非備道至德也，然而所以輔王成霸❹。今代之用兵者不然，不知兵權❺者也。故舉兵之日，而境內貧❻，戰不必勝❼，勝則多死，得地而國敗。此四者❽，用兵之禍也。四禍其國，而無不危矣。

【章旨】此章言用兵者，當懂得權衡得失。

【注釋】❶一　謂天。即自然之理。此指萬事萬物的規律。❷謀得　指謀劃能成。❸兵勝　指出兵能勝。❹輔王成霸　輔佐王業、成就霸業。尹知章謂：「兵者不祥之器，不得已而用之。故於道則未備，於德則未至，然用之，上可以輔王，下可以成霸。」❺權　秤錘。亦指秤。引申為權衡得失。《漢書．律曆志上》：「權者，銖、兩、斤、鈞、石也，所以稱物平施，知輕易也。」尹知章謂：「權者，所以知輕重，既不知兵權，則失輕重之節。」❻故舉兵之日二句　指戰爭耗費極大。尹知章謂：「行師十萬，日費千金。」❼戰不必勝　指出戰沒有必勝把握。❽四者　尹知章注：「四者，謂內貧、不勝、多死、國貧也。」

【語譯】明悉事物自然規律的，可以為皇；審察治國之道的，可以為帝；通曉德政措施的，可以為王；有謀必成，出兵能勝的，可以稱霸。所以，用兵之事，雖然不合完備的治世之道與高尚德政措施的原則，然而卻可以用來輔佐王業、成就霸業。當今用兵的人，不是這樣看待問題，不懂得用兵是要權衡輕重得失的事。因而一旦用兵，便弄得國內貧窮；打起仗來，不求必勝；即使得勝，也死傷甚多；奪得土地，卻敗壞了國家元氣。這四種狀況，都是用兵的禍患。四種狀況禍害國家，沒有不危亡的。

大度之書❶曰：舉兵之日，而境內不貧，戰而必勝，勝而不死，得地而國不敗。為此四者若何？舉兵之日，而境內不貧者，計數❷得也。戰而必勝者，法度審❸也。勝而不死者，教器備利❹，而敵不敢校❺也。得地而國不敗者，因❻其民也。因其民，則號制有發❼也。教器備利，則有制❽也。法度審，則有守❾也。計數得，則有明❿也。治眾有數，勝敵有理⓫。察數而知理，審器而識勝，明理而勝敵。定宗廟，遂男女，官四分⓬，則可以定⓭威德，制法儀，出號令，然後可以一眾治民。

【章　旨】此章言用兵者當力爭避禍趨利。

【注　釋】❶大度之書　尹知章謂：「謂大陳法度之書。」許維遹謂：「『大度』疑當作『大彶』，大彶，人名，故稱『大彶之書』。若為書名，則稱『大度』足矣。」❷計數　計畫；籌算。❸審　明悉。引申為詳盡細密之意。❹教器備利　即教備器利。教練周備，器械精銳。❺校　計較；對抗。❻因　依據；順應。❼有發　指有發號施令的依據。尹知章謂：「號令制度，因彼而發。」❽有制　指有控制能力。❾有守　指有所遵循。❿有明　指有所洞察、有所預見。⓫理　此指法則、規律。⓬官四分　指職業按士、農、工、商四民分定。⓭定　確定；確立。

【語　譯】大度之書說：用兵的時候，使國內不貧困；打起仗來，能爭取必勝；得了勝利，不造成傷亡；奪得土地，國家元氣不致損傷。要作到這四點，應當怎麼辦呢？用兵的時候而使國家不致貧困，是因為計畫運籌得法。打仗能爭取必勝，是因為法度詳盡細密。得勝而不造成傷亡，是因為教練周備，器械精良，敵軍不敢對抗。奪得土地，而國家元氣不致敗壞，是能因應被占領國人民的習俗。能因應被占領國人民的習俗，發號施令，便有了依據。教練周備，器械精良，便能具有控制敵方的能力。法度詳盡細密，行動便有所遵循。計畫運籌得法，用兵便能胸有成竹。治理部下要有方法，戰勝敵軍自有規律。考察治軍方法，便可瞭解治軍規律，審察裝備狀況，便可懂得取勝原因，明瞭用兵的法則，便可戰勝敵國。安定國家，養育兒女，使士、農、工、商四民各安其業，便可以樹立威德，制定法規，施發號令，然後便可以統一眾志治理百姓了。

兵無主，則不蚤知敵。野無吏，則無蓄積。官無常❶，則下怨上。器械不巧，則朝無定❷。賞罰不明，則民輕其產❸。故曰：蚤知敵，則獨行。有蓄積，則久而不匱。器械巧，則伐而不費❹。賞罰明，則勇士勸也。

【章　旨】此章言用兵必須有主帥，有蓄積，有精巧的器械，有嚴明的賞罰。

【注　釋】❶官無常　指官府沒有常規。尹知章謂：「官無常，則徵賦不節，故下怨上。」❷朝無定　指朝廷不能安寧。尹知章謂：「器械不巧，則寇敵見淩，故朝無定。」❸賞罰不明二句　謂良田不賞勇士，故民輕視田產。產，田產。❹費　耗費；傷亡巨大。

【語　譯】用兵沒有主帥，便不能及早瞭解敵情。農田沒有官吏管理，國家便沒有糧草儲備。官府沒有常規，民眾便會怨恨朝廷。器械不精巧，朝廷便沒有安寧時日。賞罰不嚴明，民眾便會輕視田產。所以說：及早瞭解敵情，那用兵便能所向無敵。有了充分儲備，打仗便能持久而不缺乏糧草。器械精良，攻敵便能減少損耗、傷亡。賞罰嚴明，勇士便能得到激勵。

三官不繆❶，五教不亂，九章著明，則危危而無害，窮窮❷而無難。故能致遠以數，縱彊❸以制。三官：一曰鼓，鼓所以任❹也，所以起也，所以進也；二曰金，金所以坐❺也，所以退也，所以免也；三曰旗，旗所以立兵也，所以制❻兵也，所以偃兵也。此之謂三官。有三令，而兵法治也。五教：一曰，教其目以形色之旗；二曰，教其耳❼以號令之數；三曰，教其足以進退之度；四曰，教其手以長短之利❽；五曰，教其心以賞罰之誠。五教各習，而士負❾以勇矣。九章：一曰，舉日章則晝行；二曰，舉月章則夜行；三曰，舉龍章則行水；四曰，舉虎章則行林；五曰，舉烏章❿則行陂；六曰，舉蛇章則行澤；七曰，舉鵲章則行陸；

八曰，舉狼章則行山；九曰，舉韓⓫章則載食而駕。九章既定，而動靜不過。

【章旨】此章言治兵當講求「三官」、「五教」、「九章」。

【注釋】❶繆 通「謬」。錯誤。❷窮窮 指極度困頓的境地。窮，困窘。《戰國策‧秦策》：「公孫衍欲窮張儀。」高誘注：「窮，困也。」尹知章謂：「危危窮窮，皆重有其事。」❸縱彊 使強國得到管理，受到約束。縱，意謂管理、約束。《爾雅‧釋詁》：「縱，亂也」，「亂，治也」。❹任 尹知章謂：「任，猶載也，謂今之俶裝也。」俶裝，即整裝。❺坐 守坐；防守。❻制 節制；控制。原文為「利」。陶鴻慶謂：「『利』當作『制』，隸書『制』或作『刺』，故誤為『利』。制，裁也，謂左右進退之也。與『立兵』、『偃兵』各成一義。」❼耳 原文為「身」。洪頤煊謂：「『身』當作『耳』。號令之數，耳所聽也。因字形似而譌。」依上下文例「目」、「足」、「手」、「心」，亦當為「耳」。❽長短之利 指長短兵器的作用。尹知章謂：「長兵短兵，各有所利。遠用長，近用短也。」❾負 尹知章謂：「負，恃也。恃其便習而勇也。」❿烏章 以烏鴉為圖象，作為標誌。原文為「鳥章」。郭沫若謂：「『鳥章』古本作『烏章』，較長。蓋僅言『鳥章』，不知為何鳥。下文『舉鵲章則行陸』，鵲亦鳥也，何以別耶？他如日、月、龍、虎、蛇、狼等，形象均確定，益見以『烏』為是。」⓫韓 王念孫謂：「『韓』本作『皋』，即『櫜』字也。」尹知章謂：「韓，韜也。」櫜、韜，均指弓袋、弓衣。舉弓衣為章，表明士卒將解甲還鄉，故謂「載食而駕」。

【語譯】「三官」不發生錯誤，「五教」不出現混亂，「九章」顯著彰明，那麼，就是處於極度危險的境地，也無妨害；就是處於極端困頓的情況，也無危難。所以，能夠運用策略進行遠征，能夠憑藉命令約束強敵。所謂「三官」：第一是鼓，鼓是用來發令整裝的，是用來動員出戰的，是用來激勵進攻的；第二是金，金是用來發令防守的，是用來指揮退兵的，是用來宣布休戰的；第三是旗，旗是用來指揮軍隊擺開戰陣的，是用來控制軍隊左右進退的，是用來抑止軍隊行動的。這就是「三官」的具體內容。有了這三方面的軍令，兵法就可以用來治兵了。所謂「五教」：第一是教練士卒識別各種形色的旗幟；第二是教練士卒辨聽各種不同的號令；第三是教練士卒熟悉前進後退的步伐；第四是教練士卒掌握長短武器的作用；第五是教練士卒堅信賞罰制度的必行。五項教練內容全面熟練了，士卒便能有恃無恐了。所謂「九章」：第一是舉太陽旗，便是白天行軍；第二是舉月亮旗，便是夜晚行軍；第三是舉蛟龍旗，便是取水道行軍；第四是舉猛虎旗，便是傍密林行軍；第五是舉烏鴉旗，便是在山坡地行軍；第六是舉長蛇旗，便是在沼澤地行軍；第七是舉喜鵲旗，便是在平地行軍；第八是舉豺狼旗，便是在山地行軍；第九是舉弓衣旗，便是將背上乾糧、駕車回鄉了。這九種標誌既已確定，全軍的舉止步調，就不會出現過失了。

三官、五教、九章，始乎無端，卒乎無窮。始乎無端者，道❶也；卒乎無窮者，德❷也。道不可量，德不可數❸也。故不可量，則眾彊不能圖；不可數，則偽詐不敢嚮。兩者備施，則動靜有功。徑❹乎不知，發乎不意。徑乎不知，故莫之能禦也；發乎不意，故莫之能應也。故全勝而無害。因便而教，准利而行。教無常❺，行無常❻；兩者備施，動乃有功。

【章　旨】此章言「三官」、「五教」、「九章」的運用，應以「道」與「德」為指導方針。

【注　釋】❶道　指宇宙的精神的本原。《老子》：「有物混成，先天地生，……可以為天下母。吾不知其名，字之曰道。」❷德　意謂具體事物從「道」所得的特殊規律或特殊性質。〈心術上〉：「德者，道之舍。」❸數　計算；計數。❹徑　經行；經過。❺教無常　尹知章謂：「教既因便，故無常也。」❻行無常　尹知章謂：「行既準利，亦無常也。」

【語　譯】「三官」、「五教」、「九章」的具體運用，應當做到開始時沒有端點，結束時沒有盡頭。開始時沒有端點，好比是「道」；結束時沒有盡頭，好比是「德」。「道」是不可度量的，「德」是不可數計的。因為無法度量，那眾多的強敵，也就不可圖謀我軍；因為無法數計，那偽詐的敵軍，也就不敢向我軍接近。兩者兼施，或動或止，都可收到功效。越境要乘人不知，發兵要出其不意。越境乘人不知，因而沒有誰能阻擋；發兵出其不意，因而沒有誰能對抗。所以能夠奪取全勝而沒有損傷。要利用便當的環境進行教練，要依據有利時機發起行動。教練不應拘守常規，作戰不應拘守常規；兩者兼施，行動便有成效。

器成教施，追亡逐遁若飄風，擊刺若雷電。絕地不守❶，恃固不拔❷。中處❸而無敵，令行而不留。器成教施，散之無方❹，聚之不可計。教器備利，進退若雷電，而無所疑匱❺。一氣專定，則傍通而不疑；厲士利械，則涉難而不匱。進無所疑，退無所匱，敵乃為用❻。凌山阬❼，不待鉤梯；歷水谷，不須舟楫。徑於絕地，攻於恃固，獨出獨入，而莫之能止。寶不獨入❽，故莫之能止；寶不獨見❾，故莫之能斂❿。無名之至，盡盡而不意，故不⓫能疑⓬神。

【章旨】此章言教練周備，器械精銳，便能所向無敵。

【注釋】❶絕地不守　尹知章注：「謂孤絕之地，無險固可恃，故不守。」❷恃固不拔　尹知章注：「拔恃固之守，必多費而無功也。」❸中處　指內心堅定。處，定。❹無方　無定向；不知所向。❺疑匱　疑慮與竭蹶。匱，竭；竭盡；竭蹶。❻敵乃為用　尹知章謂：「既無疑匱，敵乃服從而為己用。」❼阬　大土山。❽寶不獨入　意謂攻國奪寶，必選精勇結隊同時衝入。劉績謂：「『寶』，疑『實』字誤。謂雖曰獨入，實與眾俱入，非獨也。下倣此。」❾寶不獨見　意謂敵國宮中之寶，精勇俱見。或謂此四字當為「實不獨出」。❿斂　收束；約束。尹知章謂：「寶玉所以禮神，使無水旱之災，故取之不嫌也。」

⓫不　通「丕」。大。⓬疑　通「擬」。比擬。

【語譯】器械完備，教練精施，追亡逐北，才能像飄風一樣急速，擊刺敵兵，才能像雷電一樣迅猛。孤絕無援之地，不可守禦，恃險頑抗之敵，不易拔除。內心堅定，目中無敵；軍令一經頒布，便不許滯留。器械完備，教練精施，分兵便不知去向，聚集便不可數計。教練周備，器械精良，進退疾如雷電，毫無疑慮與竭蹶。精純士氣，專一堅定，則四出而不猶疑；激勵士卒，精造武器，則臨危便不會力竭顛仆。前進無所猶疑，後退不致力竭顛仆，敵軍就會順從而為我所用。翻越山岡，用不著鉤梯；跨涉水谷，用不著船隻。徑取孤立無援之軍，直攻恃險頑抗之敵，出入進退，獨往獨來，沒有誰能阻擋。攻國奪寶，眾勇同入，所以沒有誰能抵擋；寶玉不止一人所見，所以眾勇奪寶，沒有誰能阻遏。這種戰法及效果，無可名狀到了極點，好似全部都使敵方不可意料。所以，其偉大作用簡直能與神靈相比。

畜之以道，則民和；養之以德，則民合。和合故能諧，諧故能輯，諧輯以悉，莫之能傷。定一至，行二要，縱三權，施四機❶，發五教❷，設六行，論七數，守八應，審九章❸，章十號❹。故能全勝大勝❺。

【章旨】此章言奪取全勝大勝之道。

【注釋】❶四機　指四項軍事機要。即〈幼官〉所謂：「必明其情，必明其將，必明其政，必明其士。」原文為「四教」。張佩綸謂：「當作『四機』。」❷五教　即本文所謂教其目、耳、足、手、心諸項。原文為「五機」。張佩綸謂：「當作『五教』。」❸九章　即本文所謂「日章」、「月章」、「龍章」、「虎章」、「烏章」、「蛇章」、「鵲章」、「狼章」、「韓章」等九種旗章。原文為「九器」。張佩綸謂：「當作『九章』。」❹十號　當為十種號令，但所指不明。尹知章謂：「自『一至』以下，管氏不言其數，無得而知也。」趙守正《管子通解・兵法》注：「本文除『章十號』外，自一至九，似均有所據，茲試錄之如下以為參考：一、一至：下文有『破大勝強，一之至也』，疑一至即破大勝強。二、二要：上文有『因便而教，准利而行，教無常，行無常，兩者備施，動乃有功」，疑二要即指「教無常」與「行無常」。三、三權：上文有「三官」，指鼓、金、旗。疑三權即總攬此三官之權。此處稱「縱三權」，「縱」字可讀為「總」。四、四機：見注解❶。五、五教：見注解❷。六、六行：本文無六行的具體內容。〈七法・選陳〉中有六種行軍作戰之法，疑指此。〈七法〉、〈幼官〉、〈兵法〉乃同一學派作品，內容似可互相參解。此六者為：風雨之行、飛鳥之舉、雷電之戰、水旱之功、金城之守、一體之治。「設六行」，即籌劃六種行軍作戰之法。七、七數：疑指〈七法〉中之七法，即：則、象、法、化、決塞、心術、計數。「論七數」，即講求七法。八、八應：疑指〈七法・為兵之數〉一節中所謂：「故兵未出境，而無敵者八。」其具體內容為：聚財、論工、制器、選士、政教、服習、遍知天下、審御機數。九、九章：見注解❸。」❺全勝大勝　尹知章注：「全勝，謂全我而勝彼。大勝，謂遍服諸侯。」

【語　譯】以「道」治理軍隊，則兵士和諧；以「德」教養軍隊，則兵士團結。和諧團結，行動便能協調，協調便能和睦，全體協調和睦，就沒有誰能傷害了。堅定「一至」，施行「二要」，治理「三權」，實施「四機」，發揮「五教」，籌劃「六行」，講求「七數」，堅持「八應」，慎用「九章」，彰明「十號」，便能獲取全勝、大勝。

無❶守也，故能守勝。數戰則士罷❷，數勝則君驕；夫以驕君使罷民，則國安得無危？故至善不戰❸，其次一之❹。破大勝彊，一之至也。亂之不以變，乘之不以詭，勝之不以詐，一之實也。近則用實，遠則施號❺，力不可量，彊不可度，氣不可極，德❻不可測，一之原也。眾❼若時雨，寡❽若飄風，一之終也。

【章　旨】此章言制敵之法，宜先固守，而後一戰而定。

【注　釋】❶無　語首助詞，無實義。《詩・大雅・文王》：「王之藎臣，無念爾祖。」毛傳：「無念，念也。」❷罷　通

「疲」。疲勞。❸不戰　指憑藉德、威，不戰而勝。❹一之　指一戰而勝、一戰而定大局。❺施號　指使用與憑藉號令的威懾力量。❻德　此指德行聲威。❼眾　指調集兵力。❽寡　指疏散兵力。

【語　譯】堅持固守，便能以守取勝。出戰頻繁，士卒便會疲憊，多次獲勝，君主便會驕矜。以驕矜的君主，指揮疲憊的士卒，國家怎麼會沒有危險？所以，最理想的用兵，是不戰而勝，其次是一戰定局。攻破大國，戰勝強敵，這是一戰定局的最高典範。擾亂敵人，不憑權變，乘敵間隙，不憑詭計，戰勝敵人，不憑欺詐，這是一戰定局的實際內容。對待近鄰之敵，採用實力征戰，對待遠方之敵，施行號令威懾，力量不可計數，強盛不可揣度，士氣不可限測，德威不可估量。這是一戰定局的力量源泉。調集兵力，驟如陣雨，疏散兵力，疾如飄風。這是一戰定局的最終要求。

利適，器之至也。用敵，教之盡也。不能致❶器者，不能利適；不能盡教者，不能用敵。不能用敵者窮，不能致器者困。遠用兵❷，則可以必勝。出入異塗，則傷其敵。深入危之，則士自修❸；士自修，則同心同力。善者之為兵也，使敵若據❹虛，若搏景❺。無設無形焉，無不可以成也；無形無為焉，無不可以化也。此之謂道矣。若亡而存，若後而先，威不足以命❻之。

【章　旨】此章言善於用兵者的指揮之道。

【注　釋】❶致　同「緻」。精緻。❷遠用兵　指用兵取遠勢盤旋而來。❸自修　即「自儆」。自我戒備。❹據　盤據；居處。❺搏景　即「搏影」。指與身影相搏鬥的荒唐之舉。❻命　通「名」。說明；形容。

【語　譯】銳利適用，是對於兵器的最高要求；敵為我用，是對於訓練的最高要求。不能使兵器精緻，便不會銳利適用；不能使訓練盡善，便不能使敵為我用。不能使敵為我用，我將陷入窮途；不能使武器精良，我將處於困境。取遠勢用兵，便可以必然取勝。行軍詭祕，出入異途，便可以使跟蹤之敵疲勞傷困。深入敵陣，自處死地，士卒便會自我戒備；高度戒備，士卒便將同心同力。擅長指揮的人用兵，往往使敵人好像居處在無形無像的虛空境地，好像在同自己的身影搏鬥。敵方對我無可設策，無可尋蹤，我軍無不可以成功；敵方於我無可睹形，無可施計，我軍無不可以變化。這就是所謂的「道」了。看來好像消失，卻依然存在；好像在後面，卻又在前頭。用一「威」字，是不足以形容個中奧祕的。

卷七

大匡 第十八

【題解】此為《管子》第十八篇，題為「大匡」。《管子》全書有〈大匡〉、〈中匡〉、〈小匡〉三篇，緊相聯綴，都是記述管仲輔佐桓公時事。何以如此名篇？解釋頗為不一。尹知章注〈大匡〉「謂以大事匡君」，於〈中匡〉、〈小匡〉則付闕如，大約以為「中事」、「小事」之說，亦有不妥。郭沫若《集校》〈大匡〉，則謂「頗疑『匡』乃『簿』之假」，簿又「實同於簡。簡之長有二尺四寸、一尺二寸、八寸、六寸四種。六寸者以為符算，不以製冊籍。故古人冊書有大、中、小三種。〈大匡〉蓋二尺四寸簡書，〈中匡〉一尺二寸簡書，〈小匡〉八寸簡書也。〈大匡〉蓋齊國官書，〈中匡〉、〈小匡〉則私家著述，故簡制有長短，而內容亦有出入。」愚則以為「匡」指「匡君」之作，是從內容而言；「大」、「中」、「小」則為編輯者排列次序之詞，猶言「上」、「中」、「下」篇也。

本篇以編年形式記述史實，起自僖公求傅小白，終至桓公享國稱霸，凸顯了管仲的精明幹練，頌揚了管仲的遠見卓識。其力主修明內政、健全制度規章、加強人才考核、嚴明賞罰的行政管理見解，至今仍有借鑑的功用。

齊僖公❶生公子諸兒、公子糾、公子小白。使鮑叔❷傅小白，鮑叔辭，稱疾不出。管仲與召忽❸往見之，曰：「何故不出？」鮑叔曰：「先人有言曰：『知子莫若父，知臣莫若君。』今君知臣之不肖也，是以使賤臣傅小白也。賤臣知棄矣。」召忽曰：「子固辭，無出。吾權任❹子以死亡，必免子。」鮑叔曰：「子如是，何不免之有乎？」管仲曰：「不可。持社稷宗廟者，不讓❺事，不廣閒❻。將有國者未可知也。子其出乎！」召忽曰：「不可。吾三人者之於齊國也，譬之猶鼎之有足也，去一焉則必不立矣。吾觀小白必不為后❼矣。」管仲曰：「不然也。夫國人憎惡糾之母，以及糾之身，而憐小白之無母也。諸兒長而賤，事未可知也。夫所以定齊國者，非此二公子者，將無已❽也。小白之為人，無小智，惕❾而有大慮，非夷吾莫容❿小白。天不幸降禍加殃於齊，糾雖得立，事將不濟。非子定社稷，其將誰也？」召忽曰：「百歲之後，吾君卜世⓫，犯吾君命而廢吾所立，奪吾糾也，雖得天下，吾不生也。兄⓬與我齊國之政也？受君令而不改，奉所立而不濟⓭，是吾義也。」管仲曰：「夷吾之為君臣也，將承君命，奉社稷以持宗廟，豈死一糾哉？夷吾之所死者，社稷破，宗廟滅，祭祀絕，則夷吾死之。非此三者，則夷吾生。夷吾生，則齊國利，夷吾死，則齊國不利。」鮑叔曰：「然則奈何？」管子曰：「子出奉令則可。」鮑叔許諾，乃出奉令，遂傅小白。鮑叔謂管仲曰：「何行？」管仲曰：「為人臣者，不盡力於君，則不親信，不親信，則言不聽，言不聽，則社稷不定。夫事君者無二心。」鮑叔許諾。

【章　旨】此章言鮑叔決定輔佐小白的經過。

【注　釋】❶齊僖公　又作「齊釐公」。莊公子，名祿甫。西元前七三〇至前六九八年在位。❷鮑叔　即鮑叔牙。齊國大夫，以知賢讓賢著稱。事公子小白，即位，是為齊桓公。桓公任之為宰，鮑叔極力辭謝而薦舉管仲。❸召忽　齊國大夫，曾輔佐公子糾。齊桓公即位，公子糾被殺。召忽為公子糾殉節。《左傳・莊公九年》及《史記・管晏列傳》均有記載。❹任　擔保。❺讓　謙讓；辭讓。❻廣閒　通「曠閒」。空閒。❼后　此指君王。❽無已　即「無以」。指無人承擔職事。❾惕　疾速；急躁。《國語・吳語》：「一日惕，一日留。」韋注：「惕，疾也；留，徐也。」❿容　寬容；理解。⓫卜世　俞樾謂：「疑『下世』之誤。」下世，意謂死亡。⓬兄　同「況」。何況。⓭濟　意即消滅、廢除。

【語　譯】齊僖公生有三個兒子：公子諸兒、糾、小白。僖公任命鮑叔輔佐小白，鮑叔辭謝，聲稱有病，不肯擔任。管仲與召忽前往看望鮑叔，問：「為什麼不肯擔任呢？」鮑叔說：「前人說過：『瞭解兒子，沒有誰比得上父親，瞭解臣子，沒有誰比得上君主。』現在君主知道我不賢明，因此叫我輔佐小白。我覺得應該放棄這個任務。」召忽說：「您若堅持不幹，就不要出門。我姑且擔保說您快要病死了，就必定會把您免掉。」鮑叔說：「您能這樣做，還有什麼不可以免掉我的呢？」管仲說：「不合適。掌管國家大事的人，不應推卸職事，不應圖取空閒。將來擁有國君地位的，尚未可知呢。您還是出來吧！」召忽說：「不行。我們三人對於齊國來說，譬如鼎有三足，去掉一足便立不起來。據我觀察，小白必定當不了國君。」管仲說：「不對。國人都憎惡公子糾的母親，而且連帶討厭公子糾本人，因而同情小白沒有母親。公子諸兒雖然居長，卻為人鄙陋，事態發展尚未可知。將來能安定齊國的，除了公子糾與小白，將沒有誰能承擔。小白的為人，沒有小聰明，性情急躁，但有遠大志向。不是我管夷吾，沒有誰能理解小白。不幸上天將降禍加災給齊國，公子糾雖得立為君主，國事也將不會有所成就。不是您來幫助安定國家，還將會有誰呢？」召忽說：「百年之後，我們的國君死了，若有人違犯君命而廢黜我所擁立，奪去糾的君位，即使得了天下，我也不願活著。何況我還參預了齊國的政務呢？接受君令而不改變，奉我擁立而不使廢黜，這是我們當臣子的應該作的。」管仲說：「我管夷吾作為國君的臣子，承奉君命，事奉國家，主持宗廟祭祀，豈為一個公子糾而死？我所為之犧牲的是國家破亡，宗廟毀滅，祭祀斷絕。只有這類情況，我才為之犧牲。不是這三種情況，我管夷吾便將活著。我自信活著對齊國有利，死了對齊國不利。」鮑叔說：「既然如此，那麼，怎麼辦呢？」管子說：「您出來接受君令就行了。」鮑叔答應了，便出來接受了君令，輔佐小白。鮑叔問管仲說：「如何行事呢？」管仲說：「作為人臣，在君主面前不盡心竭力，便不會為君主親信；不被君主親信，便說話不靈；說話不靈，便不能使國家安定。總而言之，事奉君主，不能懷有二心。」於是鮑叔應允了。

僖公之母弟夷仲年，生公孫無知，有寵於僖公，衣服禮秩❶如適❷。僖公卒，以諸兒長，得為君，是為襄公。襄公立後，絀❸無知，無知怒。公令連稱、管至父戍葵丘❹曰：「瓜時而往，及瓜時而來。」期❺戍，公問❻不至，請代不許，故二人因❼公孫無知以作亂。

【章旨】此章言公子諸兒立為襄公後，公孫無知因被絀而謀反。

【注釋】❶禮秩　指待遇品級。❷如適　尹知章謂：「如適」，「言無知之寵與適子同」。適，同「嫡」。指嫡長子。亦即世子。❸絀　同「黜」。貶退；廢除。❹葵丘　邑名。此指春秋齊地，在今山東臨淄西。《左傳・莊公八年》亦有此記載：「齊侯使連稱、管至父戍葵丘。」❺期　一週年。《書・堯典》：「期，三百有六旬有六日。」❻問　音訊；消息。❼因　依附；憑藉。

【語　譯】僖公的同母弟夷仲年，有子名公孫無知，很受僖公的寵愛，衣服禮遇的品級有如嫡子。僖公死後，以諸兒最長，繼位為君，這就是齊襄公。襄公即位以後，廢黜了公孫無知的「適子」地位，無知十分惱怒。襄公曾經派遣連稱、管至父駐守葵丘，說：「今年瓜熟時前往，到明年瓜熟時便回。」一年駐守期滿，襄公的音訊不到，請求接替，又不允許。所以這兩人，便跟隨公孫無知一道作亂。

魯桓公夫人文姜，齊女也。公將如❶齊，與夫人皆行❷。申俞諫曰：「不可。女有家，男有室，無相瀆❸也，謂之有禮。」公不聽，遂以❹文姜會齊侯於濼。文姜通❺於齊侯。桓公聞，責文姜。文姜告齊侯，齊侯怒，饗公，使公子彭生乘❻魯侯脅之❼，公薨❽於車。豎曼曰：「賢者死忠以振疑❾，百姓寓❿焉；智者究理而長慮⓫，身得免焉。今彭生二於君⓬，無盡言而諛行，以戲我君，使我君失親戚之禮命⓭，又力成吾君之禍⓮，以構二國之怨，彭生其得免乎？禍理屬焉。夫君以怒遂禍，不畏惡親⓯聞容⓰，昏生無醜⓱也！豈及彭生而能止之哉？魯若有誅，必以彭生為說。」二月，魯人告齊曰：「寡君畏君之威，不敢寧居，來修舊好。禮成而不反，無所歸死⓲。請以彭生除之。」齊人為殺彭生，以謝⓳於魯。

五月，襄公田⑳於貝丘㉑，見豕彘。從者曰：「公子彭生也。」公怒曰：「公子彭生安敢見！」射之，豕人立而啼。公懼，墜於車下，傷足亡屨。反，誅屨於徒人㉒費㉓，不得也，鞭之見血。費走而出，遇賊於門，脅而束之。費袒而示之背，賊信之，使費先入。伏㉔公而出，鬥死於門中。石之紛如死於階下。孟陽代君寢於牀，賊殺之，曰：「非君也，不類。」見公之足於戶下㉕，遂殺公，而立公孫無知也。

【章旨】此章言襄公淫亂，被反叛者所殺，公孫無知遂立為國君。

【注釋】❶如 往。❷皆行 即「偕行」。一同前往。皆，同「偕」。❸瀆 輕慢；紊亂。❹以 與；跟。❺通 通姦。❻乘 登車；上車。❼脅之 指拉開魯君兩脅，使之死亡。❽薨 稱指諸侯之死。《禮記・曲禮下》：「天子死曰崩，諸侯曰薨。」❾振疑 消除疑惑。振，拂拭；清除。❿寓 寄託。⓫長慮 深謀遠慮。⓬二於君 俞樾謂當為「貳於君」。指權位僅次於君。「彭生貳於君，謂彭生為君之貳也。彭生為公子，故云然」。⓭失親戚之禮命 尹知章謂：「襄公通其妹，故曰失親戚之禮命。」禮命，即禮名。指規矩與聲名。⓮禍 禍患。指彭生恃其力大，拉殺魯君，造成禍端。⓯惡親 構惡於親戚之國。齊魯為姻親之國，故有此說。⓰聞容 指醜聞遠揚。容，飛揚貌。⓱醜 類。此指兄妹同胞關係。⓲無所歸死 《左傳・桓公十八年》作「無所歸咎」。⓳謝 道歉；謝罪。⓴田 通「畋」。打獵。㉑貝丘 地名。楊伯峻《春秋左傳注》謂：今山東省「博興縣南有貝中聚，當即其地」，《史記・齊世家》作「沛丘」。㉒徒人 即寺人。宮中供使令的小臣。㉓費 人名。費與石之紛如及孟陽，都是宮中小臣或侍從。㉔伏 藏匿；埋伏。㉕戶下 指單扇門下。門或雙扇，單扇為戶，雙扇為門。

【語譯】魯桓公的夫人文姜，是齊國女子。桓公將到齊國訪問，準備與夫人同往。魯國大夫申俞諫阻說：「不合適。女有夫家，男有妻室，彼此不相淆亂，這是一種規矩。」桓公不聽，竟攜文姜到濼地與齊侯相會。文姜與齊侯私通。桓公發覺了，斥責文姜。文姜告訴了齊侯。齊侯大怒，藉宴請桓公的機會，指派公子彭生攙扶桓公上車而拉開桓公雙脅，使桓公在車上當即斃命。齊國大夫豎曼說：「賢明的人忠誠為國而死，以消除人們的疑惑，百姓便有了寄託；聰明的人精通事理而深謀遠慮，自己就可以免遭禍患。如今彭生作為公子，權位僅次於國君，不盡忠言而阿諛行事，戲弄國君，使國君拋棄親戚之間的禮數聲名，又依仗氣力造成脅死魯君的禍端，構結齊魯兩國的仇怨，彭生豈能免罪嗎？禍敗的起因，非彭生莫屬啊。您因一時之怒，竟然釀成禍患，不怕與姻親之國構惡，醜聞遠揚，糊塗人竟不辨同胞兄妹！此事怎可僅牽涉彭生便能止息呢？魯國若有討伐，必然以彭生為理由。」二月，魯人告知齊侯說：「我們的國君，敬畏您的威嚴，不敢安居在家，特到齊國來締造長期友好關係。禮儀完成之後，卻沒有返國，死了也不將他送回來。請用彭生來消除這個怨恨。」齊君為此殺了彭生，向魯國謝罪。五月，齊襄公在貝丘打獵，遇見一隻野豬。侍從說：「這是公子彭生的化身。」襄公大怒說：「公子彭生怎敢來見？」彎弓即射，野豬像人一樣站著哭叫。襄公驚恐，掉落車下，跌傷了腳，丟掉了鞋。回來後，襄公向一個名叫費的侍從要鞋，沒找著，便將費打得皮肉見血。費逃出來，在門口遇上了亂賊，立刻被拉脅捆綁。費袒衣露背給他們看，亂賊相信了，讓他先進去捉拿襄公。費藏匿了襄公，出來之後，與亂賊鬥死在門庭裡。侍從石之紛如，也死在庭階之下。侍從孟陽裝作襄公躺在床上，亂賊殺死了他，說：「不是國君，相貌不一樣。」亂賊忽然從單扇門下看到了襄公的腳，便將襄公拖出來殺了，即立公孫無知為國君。

鮑叔牙奉公子小白奔莒，管夷吾、召忽奉公子糾奔魯。九年❶，公孫無知虐於雍廩，雍廩殺無知也。桓公自莒先入，魯人伐齊，納公子糾。戰於乾時，管仲射桓公中鉤。魯師敗績❷，桓公踐位❸。於是劫魯❹，使魯殺公子糾。桓公問於鮑叔曰：「將何以定社稷？」鮑叔曰：「得管仲與召忽則社稷定矣。」公曰：「夷吾與召忽吾賊也。」鮑叔乃告公其故圖❺。公曰：「然則可得乎？」鮑叔曰：「若亟❻召則可得也，不亟不可得也。夫魯施伯知夷吾為人之有慧也，其謀必將令魯致政於夷吾。夷吾受之，則彼能弱齊矣；夷吾不受，彼知其將反於齊也，必將殺之。」公曰：「然則夷吾將受魯之政乎？其否也？」鮑叔對曰：「不受。夫夷吾之不死糾也，為欲定齊國之社稷也；今受魯之政，是弱齊也。夷吾之事君無二心，雖知死，必不受也。」公曰：「其於我也，曾若是乎？」鮑叔對曰：「非為君也，為先君也。其於君不如親糾也，糾之不死，而況君乎？君若欲定齊之社稷，則亟迎之。」公曰：「恐不及，奈何？」鮑叔曰：「夫施伯之為人也，敏而多畏。公若先，反❼恐注怨焉，必不殺也。」公曰：「諾。」施伯進對魯君曰：「管仲有急，其事不濟；今在魯，君其致魯之政焉。若受之，則齊可弱也；若不受，則殺之。殺之以說❽於齊也，與同怒，尚賢於已❾。」君曰：「諾。」魯未及致政，而齊之使至，曰：「夷吾與召忽也，寡人之賊也。今在魯，寡人願生得之。若不得也，是君與寡人賊比❿也。」魯君問施伯，施伯曰：「君與之。臣聞齊君惕而亟⓫驕，雖得賢，庸⓬必能用之乎？及齊君之能用之也，管子之事濟也。夫管仲天下之大聖也，今彼反齊，天下皆鄉⑬之，豈獨魯乎？今若殺之，此鮑叔之友也，鮑叔因此以作難，君必不能待⑭也。不如與之。」魯君乃遂束縛管仲與召忽。管仲謂召忽曰：「子懼乎？」召忽曰：「何懼乎？吾不蚤死，將胥⑮有所定也。今既定矣，令子相⑯齊之左，必令忽相齊之右。雖然，殺君而用吾身，是再辱我也。子為生臣，忽為死臣。忽也知得萬乘之政而死，公子糾可謂有死臣矣。子生而霸諸侯，公子糾可謂有生臣矣。死者成行，生者成名，名不兩立，行不虛至。子其勉之，死生有分⑰矣。」乃行，入齊境，自刎而死；管仲遂入。君子聞之曰：「召忽之死也，賢其生也；管仲之生也，賢其死也。」

【章　旨】此章言桓公踐位，召忽殉職，管仲歸齊。

【注　釋】❶九年　指魯莊公九年。即西元前六八五年。《左傳》載魯莊公「九年春，雍廩殺無知」。❷敗績　即亂轍。指大敗。❸踐位　指君主即位。❹劫魯　以武力脅制魯國。尹知章注：「劫，謂興兵脅之。」❺故圖　原有的意圖。尹知章注：「故圖，謂管仲本使鮑叔傅小白，將立之。」❻亟　急；迫切。❼反　郭沫若謂：「『反』為『皮』之壞字，金文以『皮』為『彼』。」❽說　同「悅」。取悅。❾已　停止。此處指停止殺害。❿比　並列；站在一道。⓫亟　通「極」。⓬庸　豈；難道。⓭鄉　通「嚮」。嚮往；歸附。⓮待　防備；抵禦。⓯胥　通「須」。等待。⓰相　此指為相、作輔佐者。⓱分　職分；職守。

【語　譯】鮑叔牙事奉公子小白逃往莒國，管夷吾、召忽事奉公子糾逃往魯國。魯莊公九年，公孫無知虐待雍廩，雍廩殺了公孫無知。桓公從莒先回齊國，魯人興兵攻齊，想納公子糾為君。齊魯在乾時作戰，管仲一箭射中了齊桓公的帶鉤。雙方作戰結果，魯軍大敗，桓公即位。於是齊國用武力脅制魯國，迫使魯國殺掉公子糾。桓公向鮑叔問道：「將採用什麼辦法才能使國家安定呢？」鮑叔說：「得到管仲與召忽，國家便安定了。」桓公說：「管夷吾與召忽是我的國賊呀。」鮑叔便將他們三人原有的謀劃告訴了桓公。桓公說：「既然如此，那麼，能找回管、召嗎？」鮑叔說：「倘若迅速召喚，就能得到；不迅速，便不能得到。魯國的大夫施伯，瞭解管仲為人極有才智，他的主意，必定是促使魯君把重大政務交給管仲。管仲若是接受了魯政，魯國便能削弱齊國了；管仲若是不接受，魯國便知道管仲將要返回齊國，必然會把他殺掉。」桓公說：「事情既然是這樣，那麼，管仲將會接受魯國的政務呢，還是不會呢？」鮑叔回答說：「不會接受。管仲之所以不願為公子糾而死，就是為的想使齊國安定；現在他若接受魯國的政務，這就是削弱齊國。管夷吾事奉齊君沒有二心，雖然知道將死，也必定不會接受。」桓公說：「他對於我，竟然像這樣嗎？」鮑叔回答說：「不是為了您，而是為了先君。他對於您，顯然不會像對待公子糾那樣親；為公子糾，他尚且不肯赴死，何況為您呢？您若想要使齊國安定，便趕快迎回管仲吧。」桓公說：「恐怕來不及了，怎麼辦呢？」鮑叔說：「施伯的為人，見事機敏而辦事多慮。您若能提前一步，魯人害怕與齊國結怨，必定不會殺害管仲的。」桓公說：「就這麼辦。」魯國施伯前去對魯君說：「管仲有急難，他輔佐公子糾爭奪國君的事業沒有成功；如今正在魯國，您應當把魯國的政務交給他。他若是接受了，齊國便可以削弱；若是不接受，便可以把他殺掉。殺掉他來取悅於齊國，與齊君同怨怒，比不殺他更高明。」魯君說：「好吧！」魯君還沒來得及把政務交給管仲，齊君的使者便來到了魯國，說：「管夷吾與召忽是寡君的國賊，如今待在魯國，寡君希望能生擒他們。倘若得不到，這便是您跟寡君的國賊站在一道了。」魯君便問施伯，施伯說：「您就給他吧。我聽說齊桓公急躁而非常驕傲，雖然得到了賢才，哪裡一定能夠任用呢？要是齊君真的能夠任用，管仲的事業也就成功了。管仲是天下的大聖人，現在他返回齊國執政，天下各國都將歸附，豈只魯國嗎？現在倘若殺了他，這個人可是鮑叔的朋友，鮑叔如果藉此而作難，您必定不能抵擋呀。我看不如交給齊國。」魯君於是捆綁管仲與召忽，交給齊使。管仲問召忽道：「您怕嗎？」召忽說：「有什麼怕的呢？我不早作殉死，是等待國家有平定之日。如今已經平定了，假如叫您當齊君的左相，也必定會叫我召忽當齊君的右相。即使如此，殺了我輔佐的公子糾而任用我，這是再一次羞辱我。您當活臣，我當死臣好了。我召忽明知能得到萬乘之君的政務而死，公子糾可以說有為他而死的臣子了。您活著而能成就稱霸諸侯的事業，公子糾可以說有活臣了。死去的成就德行，活著的成就功名，生名與死名不能兩者並立，德行也不能憑空而至。您應當努力，我死您活是各有其分啊。」召忽與管仲出發回齊，進入齊境，召忽自殺身亡；管仲終於參預朝政。君子聽到這個消息，評論說：「召忽殉死，比他活著更有意義；管仲活著，比他殉死作用更大。」

或曰❶：明年❷，襄公逐小白，小白走莒。三年❸，襄公薨，公子糾踐位。國人召小白。鮑叔曰：「胡不行矣？」小白曰：「不可。夫管仲知❹，召忽強武，雖國人召我，我猶不得入也。」鮑叔曰：「管仲得行其知於國，國可謂亂乎？召忽強武，豈能獨圖我哉？」小白曰：「夫雖不得行其知，豈且不有焉乎？召忽雖不得眾，其及❺豈不足以圖我哉？」鮑叔對曰：「夫國之亂也，智人不得作內事，朋友不能相合摎❻，而國乃可圖也。」乃命車駕，鮑叔御，小白乘而出於莒。小白曰：「夫二人者奉君令，吾不可以試也。」乃將下。鮑叔履其足，曰：「事之濟也，在此時；事若不濟，老臣死之。公子猶之免也。」乃行。至於邑郊，鮑叔令車二十乘先，十乘後。鮑叔乃告小白曰：「夫國之疑❼二三子❽，莫忍❾老臣。

事之未濟也，老臣是以塞道。」鮑叔乃誓曰：「事之濟也，聽我令；事之不濟也，免公子者為上，死者為下，吾以五乘之實距❿路。」鮑叔乃為前驅，遂入國，逐公子糾，管仲射小白中鉤。管仲與公子糾、召忽遂走魯。桓公踐位，魯伐齊，納公子糾而不能。

【章　旨】此章介紹公子小白踐位的另一種說法。

【注　釋】❶或曰　指有一種說法。尹知章謂：「集書者更聞異說，故言或曰。」❷明年　指襄公即位的第二年。❸三年　郭沫若謂當指「小白走莒後三年也」。另孫蜀丞謂：「『三年』當作『十二年』，『十』壞為『一』，又誤合為『三』。」譯從郭說。❹知　同「智」。❺及　指所從黨羽。❻合摎　合作團結。摎，絞結。❼疑　止息；阻遏。❽二三子　此指小白及其侍從。❾忍　抑制；阻擋。❿距　通「拒」。抗拒；阻擋。

【語　譯】有一種說法是：襄公即位第二年，驅逐小白，小白逃奔到莒國。小白逃奔後三年，襄公死了，公子糾即位。國人召喚小白回齊。鮑叔說：「為什麼還不行動呢？」小白說：「不能。管仲很有智謀，召忽剛強勇猛，雖然國人召喚我，我仍然是不能進入齊國的。」鮑叔說：「管仲如果能夠在齊國施展他的智謀，齊國還會如此混亂嗎？召忽雖然剛強勇猛，難道能夠單獨對付我們嗎？」小白說：「管仲雖然不能施行他的才智，難道就是沒有智謀嗎？召忽雖然得不到眾人支持，他的黨羽難道不可以謀害我們嗎？」鮑叔回答說：「國家到了混亂的時候，有智謀的人得不到參預內政的機會，朋友無法合作團結，這樣，國家是可以圖謀的。」於是命令派遣車輛，鮑叔駕馭，小白乘坐，從莒出發。小白說：「管仲和召忽二人，奉行著君令，我不能夠冒險嘗試。」便準備下車。鮑叔伸腿擋住小白的腳，說：「事情若能成功，就在這個時候；事情若是不能成功，我就為此犧牲性命，您還是可以脫免的。」於是繼續前行。到了齊國京城的郊野，鮑叔下令二十輛兵車在前，十輛兵車殿後。鮑叔又對小白說：「他們會攔截您及您的侍從，但不會阻擋我。事情若是不能成功，我這就可以在前面擋道。」鮑叔便當眾宣布說：「事情成功，聽我的命令；事情不能成功，能使公子脫免為上策，犧牲為下策，我用五輛兵車的軍實堵塞道路。」鮑叔於是作為前驅，進入京城，趕走了公子糾，管仲一箭射中了小白的帶鉤。管仲與公子糾、召忽便逃奔魯國。桓公即位，魯國攻打齊國，想使公子糾進入齊國而沒有成功。

桓公元年❶，召管仲。管仲至，公問曰：「社稷可定乎？」管仲對曰：「君霸王，社稷定；君不霸王，社稷不定。」公曰：「吾不敢至於此其大也，定社稷而已。」管仲又請，君曰：「不能。」管仲辭於君曰：「君免臣於死，臣之幸也。然臣之不死糾也，為欲定社稷也。社稷不定，臣祿❷齊國之政，而不死糾也，臣不敢。」乃走出。至門，公召管仲。管仲反，公汗出曰：「勿已，其勉霸乎。」管仲再拜稽首而起曰：「今日君成霸，臣貪承命，立於相位。」乃令五官❸行事。異日，公告管仲曰：「欲以諸侯之間無事也，小修兵革。」管仲曰：「不可。百姓病❹，公先與❺百姓，而藏其兵。與其厚於兵，不如厚於人。齊國之社稷未定，公未始於人，而始於兵，外不親於諸侯，內不親於民。」公曰：「諾。」政未能有行也。

【章　旨】此章言管仲為相，意在齊稱霸。

【注　釋】❶元年　原文作「二年」，且下有「踐位」二字。郭沫若謂：「『二年』當是『元年』之壞殘。」王念孫謂：「桓公踐位，已見上文」，「『踐位』二字，乃涉上文而衍」。❷祿　通「錄」。總領；掌管。❸五官　五種官職的合稱。《禮記・曲禮》：「天子之五官，曰司徒、司馬、司空、司士、司寇，典司五眾。」❹病　困乏。❺與　親附；親近。

【語　譯】桓公元年，召見管仲。管仲到達後，桓公問道：「國家可以安定嗎？」管仲回答說：「您能建立霸王大業，國家就可安定；您不能建立霸王大業，國家就不能安定。」桓公說：「我不敢想到這樣的大，只求安定國家罷了。」管仲一再要求，桓公總是說：「不能。」管仲向桓公告別，說：「您赦免了我的死罪，這是我的幸運。然而我之所以不為公子糾而死，為的就是想使國家長治久安。國家不安定，要我掌管齊國政務，而不為公子糾死節，我不敢接受。」說完便一無所顧地離去。剛到大門口，桓公召喚管仲。管仲返回，桓公汗珠直冒，說：「既然你不願罷休，那就請你勉力於霸業吧。」管仲再拜叩頭而後起身說：「今天您願意成就霸業，我就可以貪名受命登上相位了。」於是頒令五官施行政事。過了幾天，桓公對管仲說：「我想乘此諸侯之間尚無戰事的時機，稍微整頓一下軍備。」管仲說：「不合適。如今百姓困乏，您應當先親百姓而收起兵器。與其看重軍備，不如看重人民。齊國的政情尚未穩定，您不首先從百姓生活著手而先從軍備考慮，將會對外不與諸侯相友好，對內不與人民相親善。」桓公說：「那就這樣吧。」桓公的這項行政計畫，沒有能夠施行。

二年，桓公彌亂，又告管仲曰：「欲繕兵。」管仲又曰：「不可。」公不聽，果為兵。桓公與宋夫人飲船中，夫人蕩船而懼公。公怒，出之，宋受而嫁之蔡侯。明年，公怒告管仲曰：「欲伐宋。」管仲曰：「不可，臣聞內政不修，外舉事不濟。」公不聽，果伐宋。諸侯興兵而救宋，大敗齊師。公怒，歸告管仲曰：「請修兵革。吾士不練，吾兵不實，諸侯故敢救吾讎。內修兵革！」管仲曰：「不可，齊國危矣。內奪民用，士勸於勇，外亂之本也。外犯諸侯，民多怨也。為義之士，不入齊國，安得無危？」鮑叔曰：「公必用夷吾之言。」公不聽，乃令四封之內修兵。關市之政❶侈之❷，公乃遂用以勇授祿。鮑叔謂管仲曰：「異日者，公許子霸。今國彌亂，子將何如？」管仲曰：「吾君惕，其智多誨❸，姑少胥其自及❹也。」鮑叔曰：「比其自及也，國無闕亡乎？」管仲曰：「未也。國中之政，夷吾尚微為❺焉，亂乎尚可以待。外諸侯之佐，既無有吾二人者，未有敢犯我者。」明年，朝之爭祿相刺，裚❻領而刎頸者不絕。鮑叔謂管仲曰：「國死者眾矣，毋乃害乎？」管仲曰：「安得已然？此皆其貪民也。夷吾之所患者，諸侯之為義者莫肯入齊，齊之為義者莫肯仕。此夷吾之所患也。若夫死者，吾安用而愛之？」

【章　旨】此章言由於桓公急於用兵，造成管仲行政上之憂慮。

【注　釋】❶政　通「征」。賦稅；徵用。❷侈之　過分；過量。❸誨　教導；曉諭。❹自及　指自己達到一定的程度。及，至；達到。❺微為　暗中著力。微，隱微。❻裚　掣斷。

【語　譯】二年，桓公的國事更亂，又對管仲說：「我要修繕軍備。」管仲又說：「不合適。」桓公不聽，果然修繕軍備。桓公有次跟宋夫人在船中飲酒，宋夫人搖晃船身而使桓公驚懼不已。桓公大怒，趕走了宋夫人，宋國接納了宋夫人，並讓她改嫁給蔡國國君。此事過後的明年，桓公憤怒地對管仲說：「我將討伐宋國。」管仲說：「不合適。我聽說內政不修明，對外作戰不能成功。」桓公不聽勸阻，果然攻打宋國。諸侯各國發兵援救宋國，大敗齊軍。桓公憤怒，歸來對管仲說：「請修繕軍備。我的士卒不精練，我的兵器不充實，所以諸侯各國敢於救援我的讎敵。一定要在國內修繕軍備。」管仲說：「不行，齊國危險了。國內耗奪百姓財物，激勵士卒赴死輕敵，這是招來外亂的根由。對外侵犯諸侯，會弄得內外百姓多所怨怒。行義之士，不肯進入齊國，國家怎能沒有危險？」鮑叔說：「您一定要聽信夷吾的話。」桓公不信從，竟命令全國修治軍備。關市之稅超過了正常限度，桓公又進而採用憑著勇猛殺敵的情況，賞賜爵祿。鮑叔對管仲說：「前些日子，桓公答應您謀圖霸業。現在國家愈見混亂，您準備如何對待？」管仲說：「我們的國君性情急躁，他的謀劃多可引導，姑且稍待時日，讓他自己覺得需要引導再說吧。」鮑叔說：「等他自己達到這個程度，國家不是有損失了嗎？」管仲說：「不會。國內的政務，我還在暗中掌握著；外亂嘛，也還可以防備。諸侯各國輔佐國君的大臣，既然沒有比得上我們二人的，也就不會有誰敢於侵犯我國。」又過了一年，朝廷中因爭奪爵祿而彼此殘殺，弄得斷頸掉頭的現象不斷地發生。鮑叔對管仲說：「國內被殺死的人很多了，這不是禍患嗎？」管仲說：「怎麼能夠制止這類現象呢？這都是那些貪婪之徒呀。我所憂慮的，是諸侯各國的行義之士，沒有誰願意進入齊國，齊國的行義之士，沒有誰願意作官。這才是我的心頭之患。至於那些因互相殘殺而死的人，我為什麼要痛惜他們呢？」

公又內修兵。三年❶，桓公將伐魯，曰：「魯與寡人近，於是其救宋也疾，寡人且誅焉。」管仲曰：「不可。臣聞有土之君，不勤於兵，不忌於辱，不輔❷

其過，則社稷安。勤於兵，忌於辱，輔其過，則社稷危。」公不聽，興師伐魯，造❸於長勺。魯莊公興師逆❹之，大敗之。桓公曰：「吾兵猶尚少，吾參❺圍之，安能圉❻我？」

【章旨】此章言桓公伐魯，遭敗而不悟。

【注釋】❶三年　應是「二年」。齊魯長勺之戰，是魯莊公十年（西元前六八四年）事，其時正是齊桓公二年。❷輔　幫助；助長。❸造　至於；到達。❹逆　迎；接。❺參　即「叁」。此指三倍。❻圉　通「禦」。防禦；阻擋。

【語譯】桓公又在國內整頓軍備。二年，桓公準備攻打魯國說：「魯國跟我國靠近，因此它救援宋國出兵最快，我將先要懲罰它。」管仲說：「不行。我聽說保有國土的君主，不勤於用兵，不忌恨小辱，不加重過失，國家就會安定。勤於用兵，忌恨小辱，加重過失，國家就會危險。」桓公不聽，發兵攻打魯國，進軍到達長勺。魯莊公出兵迎擊，大敗齊兵。桓公說：「我的兵力仍然太少，假如我用三倍的兵力包圍魯軍，它怎麼能夠阻擋我？」

四年，修兵，同❶甲十萬，車五千乘。謂管仲曰：「吾士既練，吾兵既多，寡人欲服魯。」管仲喟然❷歎曰：「齊國危矣！君不競於德而競於兵，天下之國，帶甲❸十萬者不鮮❹矣。吾欲發小兵以服大兵，內失吾眾，諸侯設備，吾人設詐❺。國欲無危，得已乎？」公不聽，果伐魯。魯不敢戰，去國❻五十里而為之關。魯請比❼於關內，以從於齊，齊亦毋復侵魯。桓公許諾。魯人請盟曰：「魯，小國也，固不帶劍。今而❽帶劍，是交兵聞於諸侯，君不如已。請去兵。」桓公曰：「諾。」乃令從者毋以❾兵。管仲曰：「不可。諸侯加忌於君，君如是以退可。君果弱魯君，諸侯又加『貪』於君。後有事，小國彌堅，大國設備，非齊國之利也。」桓公不聽。管仲又諫曰：「君必不去。魯胡不用兵？曹劌之為人也，堅強以忌❿，不可以約取也。」桓公不聽，果與之遇。莊公自懷劍，曹劌亦懷劍。踐壇，莊公抽劍其懷曰：「魯之境去國五十里，亦無不死而已。」左揕⓫桓公，右自承曰：「均之死也，戮死於君前。」管仲走君，曹劌抽劍當兩階之間，曰：「二君將改圖，無有進者！」管仲曰：「君與地，以汶為境。」桓公許諾，以汶為境而歸。桓公歸而修於政，不修於兵革，自圉，辟人⓬，以⓭過，弭師⓮。

【章旨】此章言桓公多次舉兵受挫之後，改弦更張，修於政而不修於兵革。

【注釋】❶同　尹知章注為：「完堅齊等。」《詩・車攻》：「吾車既攻，吾馬既同。」「同」與「攻」為互文。毛傳：「攻，堅；同，齊也。」❷喟然　嘆息貌。❸帶甲　此為對步卒的通稱。因其穿戴甲冑而得名。❹鮮　稀少。❺設詐　施行欺騙。尹知章謂：「力不足，則詐以繼之。」❻國　此指國都。❼比　比照；按照。❽而　如果。❾以　用；帶。❿忌　狠毒。丁士涵謂：「『忌』與『惎』同，《說文》『惎，毒也』。」⓫揕　刺。⓬辟人　即「避人」。指迴避他人之事。即不干涉他人。⓭以　同「已」。停止；消除。⓮弭師　即弭兵。息兵；停止戰爭。

【語　譯】四年，桓公仍然堅持加強軍備，完堅齊一的甲士有十萬人，戰車有五千輛。桓公對管仲說：「我的士卒已經精強，我的兵器已經增多，我想征服魯國。」管仲噓聲長嘆說：「齊國面臨危險了！國君不在德政方面努力，而在軍備上競爭，天下各國，擁有十萬步卒的不少呢。我們想要發動小的兵力來征服大的兵力，國內將失去民眾，國外則有諸侯戒備，我們只好施行欺詐。國家想要沒有危險，可能嗎？」桓公不聽，果然又攻打魯國。魯國不敢出戰，在僅離京城五十里處，設關防衛。魯國請求比照關內侯的身分服事齊國，齊國也保證不再侵犯魯國。桓公答應了。魯國要求會盟說：「魯國是弱小國家，當然不攜帶武器。今天如果雙方帶著武器會盟，這就等於是用交戰的形式向諸侯各國宣傳，還不如就此作罷。請不要攜帶武器。」桓公說：「可以。」便命令隨從不帶兵器。管仲說：「不行。諸侯各國都很忌恨您，您這樣做，告退是可以。您果真藉會盟欺凌魯君，諸侯各國又會給您加上『貪』的惡名。以後有什麼爭端，小國更加強硬，大國多方戒備，這不是齊國的吉利。」桓公仍然不聽。管仲又諫阻說：「您一定不要去。魯國人怎麼會不攜帶兵器呢？曹劌為人強硬而狠毒，不可憑盟約取信。」桓公堅持不聽，果然與魯君會見。莊公自己懷藏著劍，曹劌也懷藏著劍。踏上盟臺後，莊公從懷中抽出短劍，說：「魯國的邊境僅離京城五十里，也不過沒個不死而已。」左手持劍比著桓公，右手指著自己，又說：「一同走向死亡吧，我就殺死在您的跟前。」管仲奔向桓公，曹劌抽出長劍擋在兩個臺階之間，說：「二位君王將要更改原有打算，不准有誰上前！」管仲對桓公說：「您把土地歸還魯國，以汶水作為邊界。」桓公應允了，以汶水作為邊境，才得以回到齊國。桓公回國後，便對政務加以整頓，不再擴充軍備，自固邊防，不干預別國政務，抑制過激言行，停止對外用兵。

五年，宋伐杞。桓公謂管仲與鮑叔曰：「夫宋，寡人固欲伐之，無若諸侯何。夫杞，明王之後❶也。今宋伐之，予欲救之，其可乎？」管仲對曰：「不可。臣聞內政之不修，外舉義不信。君將外舉義，以行先之，則諸侯可令附？」桓公曰：「於此不救，後無以伐宋。」管仲曰：「諸侯之君，不貪於土。貪於土，必勤於兵，勤於兵，必病於民，民病則多詐。夫詐密❷而後動者勝，詐則不信於民。夫不信於民則亂，內動則危於身。是以古之人聞先王之道者，不競於兵。」桓公曰：「然則奚若❸？」管仲對曰：「以臣則不，而令人以重幣使之。使之而不可，君受而封之。」桓公問鮑叔曰：「奚若？」鮑叔曰：「公行夷吾之言。」公乃命曹孫宿使於宋。宋不聽，果伐杞。桓公築緣陵以封之，予車百乘，甲一千。明年，狄人伐邢，邢君出，致於❹齊。桓公築夷儀以封之，予車百乘，卒千人。明年，狄人伐衛，衛君出，致於虛。桓公且封之，隰朋、賓胥無諫曰：「不可。三國所以亡者，絕❺以小。今君蘄❻封亡國，國盡若何？」桓公問管仲曰：「奚若？」管仲曰：「君有行之名，安❼得有其實。君其行也。」公又問鮑叔，鮑叔曰：「君行夷吾之言。」桓公築楚丘以封之，與車五❽百乘，甲五千。既以封衛，明年，桓公問管仲將何行，管仲對曰：「公內修政而勸民，可以信於諸侯矣。」君許諾。乃輕稅，弛關市之征，為賦祿之制。既已，管仲又請曰：「問病❾。臣願賞而無罰，五年，諸侯可令傅❿。」公曰：「諾。」既行之，管仲又請曰：「諸侯之禮，今齊以豹皮往，小侯以鹿皮報；齊以馬往，小侯以犬報。」桓公許諾，行之。管仲又請賞於國以及諸侯，君曰：「諾。」行之。管仲賞於國中，君賞於諸侯。諸侯之君有行事善者，以重幣賀之；從列士以下有善者，衣裳賀之；凡諸侯之臣，有諫其君而善者，以璽問之，以信⓫其言。公既行之，又問管仲曰：「何行？」管仲曰：「隰朋聰明捷給，可令為⓬東國。賓胥無堅強以良，可以為西土。衛國之教，危傅⓭以利。公子開方之為人也，慧以給，不能久而樂始，可游於衛。魯邑之教，好邇⓮而訓於禮。季友之為人也，恭以精，博於禮⓯，多小信，可游於魯。楚國之教，巧文以利，不好立大義，而好立小信。蒙孫⓰博於教，而文巧於辭，不好立大義，而好結小信，可游於楚。小侯既服，大侯既附，夫如是，則始可以施政矣。」君曰：「諾。」乃游公子開方於衛，游季友於魯，游蒙孫於楚。五年，諸侯附。

【章　旨】此章言桓公聽從管仲之言，救亡存弱，封杞、封邢、封衛，而使諸侯親附。

【注　釋】❶明王之後　指聖明君王的後裔。因周武王封大禹之後於杞，故有此稱。❷詐密　即不施欺詐，取信於民。密，靜止；止息。❸奚若　即何若。奈何；怎麼辦。❹致於　即「至於」。到達。❺絕　獨；只。❻蘄　祈求。原文為「斳」。孫星衍謂：「『斳』當作『蘄』，求也，言三國所以亡者，以土地小不足自存。今君求封亡國，是自盡其國也。」❼安　乃；於是。❽五　原文為「三」。王引之謂：「『三』乃『五』之誤。每車一乘，甲十人，甲五千，則車五百乘，不得云『三百』也。

〈霸形〉云「車五百乘，卒五千人，以楚丘封衛」，是其證。」❾問病　指施行慰問病者的制度。〈入國〉謂：「士民有病者，掌病以上令問之：九十以上，日一問；八十以上，二日一問；七十以上，三日一問；眾庶五日一問。病甚者，以告上，身問之。掌病行於國中，以問病為事。此之謂『問病』。」❿傅　通「附」。親附。⓫信　憑證；證實。⓬為　治理。⓭危傅　通「詭薄」。巧佞淺薄。郭沫若謂：「『危』讀為『詭』，『傅』讀為『薄』，『詭薄』猶儇薄。」⓮好邇　愛好六藝。于省吾謂：「『好邇』即好藝，經傳從埶從爾之字，音近字通。」⓯禮　原文為「糧」。劉績謂：「〈小匡〉作『公子舉博聞而知禮，好學而辭遜，請使游於魯』，疑即一人。『糧』乃『禮』字誤也。」⓰蒙孫　郭沫若謂：「『蒙孫』即曹孫宿或曹孫叔，蒙乃曹之誤」，「孫其氏，宿其名，叔其字」。

【語　譯】桓公五年，宋國攻打杞國。桓公對管仲與鮑叔說：「宋國，我本來想要討伐的，但是無法對付諸侯各國的相救。杞國，是明王大禹的後裔，周武王所立。現在宋國要攻打它，我想救助它，可以嗎？」管仲回答說：「不可以。我聽說內政不修明的國家，對外發兵行義，就不會有人信服。您準備對外行義，而施行先用兵的辦法，怎麼可以令諸侯各國親附呢？」桓公說：「在這個時候不去救助，以後就沒有理由討伐宋國了。」管仲說：「作為諸侯國君，不宜貪得土地。貪於土地，必然勤於用兵；勤於用兵，必然弄得民眾困乏；民眾已經困乏，君主行政就只好多施欺詐。欺詐民眾的行為止息而後用兵，方可取勝，施行欺詐，則不能取信於民。不能取信於民，國內必然動亂，國內一旦動亂，便將危及君主自身。因此，古代懂得先王之道的君主，不在用兵方面與人競爭。」桓公說：「既然如此，應當怎麼辦呢？」管仲回答說：「依我的意見就不要伐宋，而派人攜帶重金出使宋國交涉，交涉若不成功，您就接納杞國君主並加以封賜。」桓公問鮑叔道：「怎麼辦呢？」鮑叔說：「您應照著夷吾的建議去做。」桓公於是派遣曹孫宿出使宋國。宋國不聽，果然攻打杞國。桓公修建緣陵城封賜給杞君，並送給百輛兵車，一千名甲士。第二年，狄人攻打邢國，邢君出奔，逃到齊國。桓公修建夷儀城封賜給他，也送給百輛兵車，一千名步卒。又過一年，狄人攻打衛國，衛君出奔，逃到虛地。桓公將要加封，隰朋、賓胥無諫阻說：「不可。杞、邢、衛三國之所以遭到滅亡，僅是因為弱小。現在您盡求封賜喪亡之國，國土用完了怎麼辦呢？」桓公問管仲道：「怎麼樣？」管仲說：「您有了扶弱救亡的名聲，自然會得到行義的實際利益。您還是繼續進行吧。」桓公又問鮑叔，鮑叔說：「您當依照夷吾的建議去做。」桓公修建楚丘城封賜給衛君，並送給五百輛兵車，五千名甲士。已經封賜衛君，又過了一年，桓公問管仲下一步將怎樣辦。管仲回答說：「您在國內修明政治，勸勉民眾，便可以取信於諸侯了。」桓公當即應允。於是減輕賦稅，放寬對關市的徵收，並確立賦稅與祿賞的制度。作完了這些之後，管仲又請示說：「建議實施問病制度。我希望普遍實行有賞無罰，堅持五年，可以使諸侯各國親附。」桓公說：「好的。」已經實行之後，管仲又請示說：「與諸侯各國禮儀交往時，假使我們齊國將豹皮送去，宜讓小國用鹿皮回報；我們將馬送去，宜讓小國用狗回報。」桓公應允，付諸實行。管仲又請示對國內及諸侯各國施行獎賞，桓公說：「好的。」隨即付諸實行。管仲對國內施行獎賞，桓公對諸侯施行獎賞。諸侯國君有施行善舉的，就攜重金祝賀他；國內列士以下人員有施行善舉的，就送衣裳祝賀他；凡各國大臣有勸諫君主而有善行的，就送璽慰問他，以證實他的意見正確。桓公已經實施這些以後，又問管仲道：「還有什麼要施行嗎？」管仲說：「隰朋頭腦聰明，言辭敏捷，可以派他管理東方各國事務。賓胥無性格堅強，心地善良，可以派他管理西方各國事務。衛國的教化，巧佞淺薄，追求實惠；公子開方為人頭腦聰慧，辦事機敏，不耐持久而樂於創新，可以任命出使衛國。魯國的教化，好六藝而遵循禮儀；季友為人敬肅而精純，博聞禮義，多遵小信，可以任命出使魯國。楚國的教化，機巧文飾而好求利，不好建樹大義，而愛確立小信；蒙孫博通政教，辭令文巧，不好建樹大義，而愛結交小信，可以任命出使楚國。小國諸侯已經服從，大國諸侯也已親附，像這樣，便可以開始向他們施發政令了。」桓公說：「就這麼辦。」於是任命公子開方出使衛國，任命季友出使魯國，任命蒙孫出使楚國。過了五年，諸侯各國都來親附。

狄人伐，桓公告諸侯曰：「請救伐。諸侯許諾，大侯車二百乘，卒二千人；小侯車百乘，卒千人。」諸侯皆許諾。齊車千乘，卒先致緣陵。戰於後，故敗狄。

其車甲與貨，小侯受之；大侯近者，以其縣分之，不踐其國❶。北州侯莫來，桓公遇南州侯於召陵，曰：「狄為無道，犯天子令以伐小國。以天子之故，敬天之命，令以救伐。北州侯莫至，上不聽天子令，下無禮諸侯，寡人請誅於北州之侯。」諸侯許諾。桓公乃北伐令支❷，下鳧之山，斬孤竹❸，過❹山戎。顧問管仲曰：「將何行？」管仲對曰：「君教諸侯為民聚食，諸侯之兵不足者，君助之發。如此則始可以加政矣。」桓公乃告諸侯，必足三年之食，安以其餘修兵革。兵革不足，以引其事告齊，齊助之發。既行之，公又問管仲曰：「何行？」管仲對曰：「君會其君臣父子❺，則可以加政矣。」公曰：「會之道奈何？」曰：「諸侯毋專立妾以為妻，毋專殺大臣，無國勞毋專予祿；士庶人毋專棄妻，毋曲隄❻，毋貯❼粟，毋禁材❽。行此卒歲，則始可以罰矣。」君乃布之於諸侯，諸侯許諾，受而行之。卒歲，吳人伐穀❾，桓公告諸侯未徧，諸侯之師竭至，以待桓公。桓公以車千乘會諸侯於竟❿，都師⓫未至，吳人逃。諸侯皆罷。桓公歸，問管仲曰：「將何行？」管仲曰：「可以加政矣。」曰：「從今以往二年，適子不聞孝，不聞愛其弟，不聞敬老⓬國良，三者無一焉，可誅也。諸侯之臣及國事，三年不聞善，可罰也。君有過，大夫不諫，士庶人有善，而大夫不進，可罰也。士庶人聞之吏，賢孝悌可賞也。」桓公受而行之，近侯莫不請事，兵車之會⑬六，乘車之會⑭三，饗⑮國四十有二年⑯。

【章旨】此章謂桓公行管仲之言，終於一匡天下，九合諸侯，享國久達四十二年。

【注釋】❶國　指狄國都城。❷令支　尹知章注：「令支，國名。」❸孤竹　此指孤竹國君。❹過　責備；責罰。或寫作「遇」。郭沫若謂：「『過』或『遇』均當是『遏』字之誤，遏謂抑制之也。」❺會其君臣父子　意謂考察諸侯各國君臣父子的行為，及其相互關係的處理是否正確。尹知章注：「會，謂考合其君臣父子之宜。」❻曲隄　即曲堤。不合理地亂築堤壩。❼貯　此指囤集。❽禁材　封禁山澤用材。❾穀　尹知章注：「穀，齊之下都，後以封管仲。」❿竟　通「境」。⓫都師　此指齊國都城的軍隊。⓬老　此為動詞。尊敬。⓭兵車之會　指軍事會盟。尹知章注：「兵車之會，謂興兵有所伐。」⓮乘車之會　指和平友好交往。尹知章注：「乘車之會，謂結好息民之會也。」⓯饗　通「享」。享有。⓰四十有二年　指齊桓公得國於周莊王十二年（西元前六八五年），歿於周襄王九年（西元前六四三年），在位四十二年。有，通「又」。

【語譯】狄國又事侵伐，桓公遍告諸侯各國說：「請救援被侵伐的國家。如果諸侯同意，大國派出二百輛兵車，二千名步卒；小國派出一百輛兵車，一千名步卒。」各國都表示同意。齊國派遣一千輛兵車，步卒先行到達緣陵。等各國軍隊到齊之後，始與狄國交戰，因而大敗狄軍。所獲戰車、甲冑與財物，由參戰小國接收；大國靠近狄國的，分得了狄國的縣邑，但不准踐踏狄國的都城。北州諸侯沒來參戰，桓公在召陵宴請南州諸侯時說：「狄君無道，違犯天子命令，而攻伐小國。我們依從天子的故訓，敬順天命，下令救助受侵凌的國家。但北州諸侯竟敢不到，上不聽天子命令，下不敬重諸侯各國，我要求對於北州諸侯加以懲罰。」諸侯同意。桓公於是北伐令支，攻下鳧之山，斬了孤竹國君，責罰了山戎。然後乃向管仲請問說：「還將作什麼？」管仲回答說：「您教諸侯各國為民眾儲聚糧食。如果諸侯有軍備不足的，您可幫助發兵。這樣，才可以對他們施發政令。」桓公於是遍告諸侯，一定要儲足三年的糧食，才能用其餘力修治軍備。軍備不足，便可申明情況告訴齊國，齊國幫助出兵。施行之後，桓公又問管仲說：「還要作什麼？」管仲回答說：「您考察諸侯各國君臣父子的行為，及其相互關係之後，便可以施發政令了。」桓公問：「考察的原則是什麼呢？」管仲說：「諸侯國君不得任意立妾為妻，不得任意誅戮大臣，對於沒有為國立功的人，不得任意給予祿賞；士與庶人，不得任意休棄妻室，不得亂築堤壩，不得囤積糧食，不得封禁山澤用材。這些禁令堅持實行一年之後，便可以開始懲罰了。」桓公於是將這些禁令向諸侯公布，各國一致同意，接受而且執行。過了一年，吳國攻打齊國的穀城，桓公並未遍告諸侯，各國的軍隊，卻全都趕到，等候桓公下令。桓公率領千輛兵車，在邊境會合諸侯，齊國都城的軍隊還沒有到達，吳軍就逃遁了。諸侯各國也同時罷兵。桓公歸來，問管仲道：「還要作些什麼呢？」管仲說：「可以施發政令了。」又說：「從今以後二年內，諸侯的世子沒聽說孝順父母，沒聽說友愛兄弟，沒聽說尊敬國家良臣，三者無一的，可以誅伐。諸侯大臣管理國事，三年沒聽說有善政的，可以責罰。國君有了過失，大夫不加勸諫，士及庶人有了善行，大夫不向國君推舉，就要受懲罰。士及庶人的情況傳報官吏，賢良孝悌的可以獎賞。」桓公接受這些建議，並且付諸施行。鄰近的諸侯各國，沒有不要求事奉齊國的。桓公主持軍事會盟六次，和平友好會盟三次，享國長達四十二年。

桓公踐位十九年，弛關市之征，五十而取一。賦祿❶以粟，案田❷而稅。二歲而稅一，上年什取三，中年什取二，下年什取一；歲飢不稅，歲飢弛而稅。

【章　旨】此章言桓公衡情實行輕緩的租稅政策。

【注　釋】❶祿　假為「錄」。登記；計算。❷案田　考察田地肥瘠。

【語　譯】桓公即位十九年時，放寬了關市稅的徵收，只取五十分之一。收取田賦以糧食計算，考察農田肥瘠而定。兩年徵收一次田賦，最好的年成，收取十分之三，中等年成，收取十分之二，下等年成，收取十分之一：饑荒年成不收，等到饑荒緩解的年成再收。

桓公使鮑叔識❶君臣❷之有善者，晏子❸識不仕與耕者之有善者，高子識工賈之有善者；國子為李❹，隰朋為東國，賓胥無為西土，弗鄭為宅❺。凡仕者近宮，不仕與耕者近門，工賈近市。三十里置遽❻，委焉❼，有司職之。凡❽諸侯欲通，吏從行者，令一人為負以車；若宿者，令人養其馬，食其委。客與有司別契，至國入❾契。費義❿數而不當，有罪。凡庶人欲通，鄉吏不通，七日，囚。士⓫欲通，吏不通，五日，囚。貴人子欲通，吏不通，三日，囚。凡縣吏進諸侯士而有善，觀其能之大小以為之賞，有過無罪。令鮑叔進大夫，勸國家，得之成而不悔⓬，為上舉。從政，治為次；野為⓭原，又多不發⓮；起訟不驕⓯：次之。勸國家，得之成而悔；從政雖治而不能，野原又多發；起訟驕：行此三者為下。令晏子進貴人之子，出不狂⓰，處不華，而友有少長，為上舉；得二，為次；得一，為下。士處靖⓱，敬老與貴，交不失禮，行此三者為上舉；得二，為次；得一，為下。耕者，農農⓲用力，應⓳於父兄，事賢⓴多，行此三者為上舉；得二，為次；得一，為下。今高子進工賈，應於父兄，事長養老，承事敬，行此三者為上舉；得二者，為次；得一者，為下。今國子以情㉑斷獄。三大夫既已選舉，使縣㉒行之。管仲進而舉㉓言，上而見㉔之於君，以卒年君舉。管仲告鮑叔曰：「勸國家，不得成而悔，從政不治不能，野原又多而發，訟驕，凡三者，有罪無赦。」告晏子曰：「貴人子處華，下交，好飲食，行此三者，有罪無赦。士出入無常，不敬老，而營富，行此三者，有罪無赦。耕者出入不應於父兄，用力不農，不事賢，行此三者，有罪無赦。」告國子曰：「工賈出入，不應父兄，承事不敬，而違老治危㉕，行此三者，有罪無赦。凡於父兄無過，州里稱之，吏進之，君用之。有善無賞，有過無罰。吏不進，廢棄㉖。於父兄無過，於州里莫稱，吏進之，君用之。善為上賞，不善吏有罰。」君謂國子：「凡貴賤之義，入與父俱，出與師俱，上與君俱。凡三者遇賊不死，不知賊，則無赦。斷獄，情與義易，義與祿易，祿可無斂㉗，有罪無赦㉘。」

【章　旨】此章言管仲輔佐桓公治理政務情形。

【注　釋】❶識　通「誌」。記載。❷君臣　此即君之臣。指大臣及所有官吏。❸晏子　尹知章謂為晏嬰平仲之先。❹李　通「理」。指法官。尹知章謂：「李，獄官也。」❺為宅　掌管修建宮室住宅。❻遽　本為驛車，此指驛站。尹知章注：「遽，今之郵驛也。」❼委焉　委積於此。指物資食品積貯於遽，以供過往人員之用。❽凡　原文為「從」。許維遹謂：「『從』古作『从』，與『凡』形近，又涉下文『吏從行者』而誤。『凡諸侯欲通』，與下文『凡庶人欲通』，句例正同。」❾入　原文為

「八」。陶鴻慶謂：「『八』疑『入』字之誤。」郭沫若謂：「入猶納也。」❿義　同「儀」。儀物。⓫士　原文為「出」。用在「庶人」與「貴人子」之間。劉績謂疑為「士」字誤。⓬得之成而不悔　即得成而不悔、有功而無咎。⓭為　與。⓮發　洪頤煊謂：發、廢二者「古字通用」。⓯不驕　指聽訟無驕矜之色。⓰出不狂　原文為「出不仕」。郭沫若謂為「出不狂」之誤，當指「出外不為邪僻之行也」。⓱靖　恭敬。尹知章注：「靖，卑敬貌。」⓲農農　勤勉貌。尹知章謂：「勤而不惰。」郭沫若謂：「猶濃濃，重重，沖沖。」⓳應　應和；順應。⓴賢　通「艱」。艱苦；勞碌。《廣雅．釋詁》：「賢，勞也。」㉑情　誠；真實情況。㉒縣　行政區劃單位名稱。春秋戰國時縣大於郡，秦以後縣屬於郡。㉓舉　陶鴻慶謂：舉，通「與」，「管仲進而舉言」即「管仲則進其人而考之以言」。㉔見　引見；推薦。㉕治危　指行事因逐利而冒險。㉖廢棄　原文為「廉意」。郭沫若謂：「當是『廢棄』之誤。」㉗祿可無斂　意指有了祿位便可妄意肆行，不加檢束。原文為「易祿可無斂」。郭沫若謂「易」字「當從古本刪去之」。㉘有罪無赦　王念孫謂：「當依上文作『有罪無赦』，今本涉上句『可無斂』而誤。」有罪，原文為「有可」。

【語　譯】桓公派鮑叔考察大臣與其餘官員中有善行的人，晏子考察尚未任職及種田者中有善行的人，高子考察工匠及商賈中有善行的人；派國子掌管獄訟，隰朋掌管東方各國事務，賓胥無掌管西方各國事務，弗鄭掌管宮室住宅。凡屬擔任官職的，住處靠近宮廷；不當官的與種田人，住處靠近城門；作工與經商的人，住處靠近市場。每隔三十里，設立驛站，貯積食用物資，委派官吏掌管。凡是諸侯各國來齊交往，對隨行官吏，齊國派一人用車為他運載行裝，倘若住宿，派人幫助餵馬，並供應原已貯備的食品。來賓與驛站管理官員各執契券，賓客至國都時需交納契費。管理人員待客所費給養儀物之數若有不當，判為有罪。凡是庶民要向國君報告情況，鄉吏扣壓不報，超過七天，要處以囚禁。士要向國君報告情況，官吏扣壓不報，超過五天，要處以囚禁。貴人子弟要向國君報告情況，官吏扣壓不報，超過三天，要處以囚禁。凡屬縣吏引薦諸侯各國之士，來齊後有善行的，根據對方能力的大小而給予引薦者以獎賞；引薦失誤，也不處罪。桓公委派鮑叔推薦、考核大夫，勉力國事，有功無過的，列為上等。從事政務，治績為二流；田地多不荒廢；處理民事訴訟，嚴肅而不驕矜的，列為中等。勉力國事，有功有過；從事政務，雖有治績而缺才能，田地又多荒廢；處理民事訴訟，作風驕矜武斷，有這三種狀況的，列為下等。桓公委派晏子推薦、考核貴人子弟，出外不狂放，在家不奢華，交友少長有序，列為上等；三者具備其二，列為中等；具備其一，列為下等。士，常守謙恭，敬老尊貴，交遊不失禮儀，遵行這三條的，列為上等；能行二條，列為中等；能行一條，列為下等。種田人，勤奮努力，順從父兄，多任勞累，遵行這三條的，列為上等；能行二條，列為中等；能行一條，列為下等。桓公委派高子推薦、考核工匠、商人，順從父兄，服事長輩，奉養老人，辦事嚴肅慎重，遵行這三條的，列為上等；能行二條，列為中等；能行一條，列為下等。桓公還委派國子依據實情處斷獄訟。鮑叔、晏子、高子三位大夫的拔舉考核完畢之後，便命令縣衙施行。管仲進而與被拔舉者逐一談話，然後上報並陪同拜見國君，待到年終，便由國君舉用。管仲告令鮑叔說：「辦理國事，無功而有過；從事政務，沒有政績，沒有才能，田地多有荒廢；處理訴訟，驕矜草率：凡具有這三種狀況，必加罪罰，不可寬赦。」告令晏子說：「貴人子弟，居處奢華，交遊污下，嗜好吃喝，有這三種行為的，必加罪罰，不容寬赦。士，行蹤沒有常規，不尊敬老人，鑽營富貴，有這三種行為的，必加罪罰，不容寬赦。種田人，行動不順從父兄，耕地用力不勤，不肯從事勞累活計，有這三種行為的，必加罪罰，不容寬赦。」告令國子說：「工匠商賈，行動不順從父兄，承辦公事不嚴肅慎重，不聽老人教導，行事因逐利而冒險，有這三種狀況的，必加罪罰，不容寬赦。凡是在父兄面前沒有過失，受到州里稱許的人，官吏加以推薦，國君便將任用。有善舉不給獎賞，有過錯不給處罰，應當推薦而官吏不薦，則廢除官吏職務。在父兄面前沒有過失，在州里沒有誰稱許的人，官吏加以推薦，國君也可以任用。好的，給予上等獎賞；不好，則官吏將受責罰。」桓公也告令國子：「凡是貴賤尊卑的原則，在家應與父兄一道維護，出外應與師長一道維護，在朝應與君主一道維護。凡是父兄、師長、君主受到損害而不能以死捍衛，或者三者將受到損害而不能察知，都將不容寬赦。斷決刑獄，如果人情與原則交易，原則與爵祿交易，使享有爵祿者可以不加收斂，也是必加罪罰，不容寬赦的。」

卷八

中匡 第十九

【題解】此為《管子》第十九篇，題為「中匡」。何以名為「中匡」？已附上篇〈大匡〉說明。

本文篇幅短小，敘寫集中。全篇借助幾則故事，記錄了管仲與桓公之間的對話，以問答形式，生動而集中地揭示了管仲關於外交與內政的一些見解。

管仲很重視外交。他作財政計畫，將外交費用列為全國財政開支的三分之二。這在齊桓公稱霸初期，是頗為必要的。「不失諸侯」，「鄰國親之」，是成就霸業的一個必備條件。然而管仲未嘗一息忘懷兵事，他之所以一再主張充實國力，寓兵於刑，目的之一，就是為了加強軍事實力。

管仲對他所輔佐的齊桓公，要求是很嚴的。他警告桓公不要「沈於樂」而「洽於憂」，「厚於味」而「薄於行」，「慢於朝」而「緩於政」，「害於國家」而「危於社稷」，以致重蹈夏桀、商紂、周幽王的覆轍。他明確提出，希望桓公從「治身」作起，「無怠」、「無偷」，「順天之道」，進而努力治國治天下，做個「民愛之，鄰國親之，天下信之」的有為之君。這對於齊桓公之終於成為春秋時代的第一個霸主，是具有極為重要的作用的。

管仲會❶國用，三分二在賓客❷，其一在國❸。管仲懼而復❹之。公曰：「吾子猶如是乎？四鄰賓客，入者說❺，出者譽，光❻名滿天下；入者不說，出者不譽，污名滿天下。壤可以為粟，木可以為貨。粟盡則有生，貨散則有聚。君人者，名為之貴，財安可❼有？」管仲曰：「此君之明也。」公曰：「民辦軍事矣，則可乎❽？」對曰：「不可，甲兵未足也。請薄刑罰以厚甲兵。」於是死罪不殺，刑罪不罰，使以甲兵贖。死罪以犀甲一戟❾，刑罪❿以脅盾一戟，過罰以金鈞⓫，無所詘⓬而訟者，成⓭以束矢⓮。公曰：「甲兵既足矣，吾欲誅大國之不道者，可乎？」對曰：「愛四封之內，而後可以惡竟⓯外之不善者；安卿大夫之家，而後可以危救敵⓰之國；賜小國也，而後可以誅大國之不道者；舉賢良，而後可以廢慢法鄙賤之民。是故先王必有置也，而後有⓱廢也；必有利也，而後有害也。」

桓公曰：「昔三王者，既弒其君，今言仁義，則必以三王為法度，不識其故何也？」對曰：「昔者禹平治天下，及桀而亂之，湯放桀以定禹功也。湯平治天下，及紂而亂之，武王伐紂以定湯功也。且善之伐不善也，自古至今，未有改之。君何疑焉？」公又問曰：「古之亡國其何失？」對曰：「計得地與寶，而不計失諸侯；計得財委⓲，而不計失百姓；計見親而不計見棄。三者之屬，一足以削，遍而有者亡矣。古之隳⑲國家、隕社稷者，非故且為之也，必少⑳有樂焉，不知其陷於惡也。」

【章　旨】此章言管仲重敦睦邦交，並主張充實國力，寓兵於刑。

【注　釋】❶會　總計。焦循《孟子正義》謂：「零星算之為計，總合算之為會。」❷賓客　此指外國來使。❸國　此指國內財政支出。❹復　報告；說明。❺說　同「悅」。高興。❻光　光榮；美好。❼可　堪；值得。❽則可乎　陶鴻慶謂「桓公之問，不知何指，『則可乎』上當有脫句」，「疑『吾欲誅大國之不道者』九字，本在此文『民辦軍事矣』句下」。石一參《管子今詮・下編》作：「民事辦矣，則可軍乎？」於文義甚合，譯文從此。❾戟　兵器之一。合戈、矛為一體，既能直刺，又能橫擊。❿刑罪　指輕於死罪者。原文為「刑罰」。王引之謂：「『刑罰』當為『刑罪』」，係「涉上文薄刑罰而誤」。⓫金鈞　指金屬三十斤。原文為「金軍」。王引之謂：「『軍』當為『鈞』。鈞、軍聲相亂，又涉上文軍事而誤。『過罰以金鈞』者，謂過失之罰令，出金一鈞也。」⓬詘　冤屈。原文為「計」。石一參《管子今詮》作「詘」。詘、計形近致誤。蘇輿謂：「『計』當作『抑』」，謂「言無所屈抑而輒訟也」。⓭成　平息。⓮束矢　一束箭。《淮南子・氾論》：「訟而不勝者，出一束箭。」高注：「箭十二為束也。」⓯竟　同「境」。邊境。⓰救敵　同「仇敵」。匹敵。王引之謂：「『救敵』與『仇敵』同」，「仇、執、救古字通也」。⓱而後有　原文作「而後必有」。下文亦作「而後必有」。王念孫謂：「兩『而後』下，皆不當有『必』字，此涉上文而衍。」⓲委　委積；貯聚。⓳隳　毀壞。⓴少　不多時；暫時。

【語　譯】管仲總計國家財政用度，三分之二用在接待外賓，三分之一用在國內事務。管仲驚恐地告訴桓公。桓公說：「您還用得著像這樣驚恐嗎？四鄰的外賓，來者高興，去者稱許，美名就將布滿天下；來者不高興，去者不稱許，惡名也將布滿天下。土地可以生產糧食，木材可以變成貨幣。糧食吃完了還有再生產的時候，貨幣用完了還有再聚積的機會。治理民眾的人，名聲最為珍貴，錢財如何值得占有呢？」管仲說：「這是您的明察。」桓公問：「民事已經治理了，便可以出動軍隊了嗎？」管仲回答說：「不行，甲冑兵器還不充足。請用減輕刑罰的辦法，來增加甲冑兵器。」於是下令死罪不殺頭，刑罪不處罰，使犯人用甲冑兵器來贖罪。

死罪可用一件犀牛皮甲、一支戟來贖，刑罪可用一塊護脅的盾牌、一支戟來贖，因犯過失當罰的，可用一鈞金屬來贖，沒有冤屈而輕易訴訟的，罰一束箭平息官司。桓公問：「甲冑兵器已經充足了，我準備討伐無道的大國，可以嗎？」管仲回答說：「先愛護國內的民眾，然後可以憎惡國外的不善之徒；先使卿與大夫的家庭得到安定，然後可以危及實力匹敵的國家；先給予小國以賞賜，然後可以誅伐無道義的大國；先大力拔舉賢良人才，然後可以廢黜輕侮法令的鄙陋卑賤之輩。因此，先代聖王必先有所建樹，而後才有所廢棄；必先有所興利，而後才有所除害。」桓公又問：「從前夏禹、商湯、周武王，既然殺了他們的國君，今天談到仁義，卻又一定要用他們作為法度，不知這是什麼緣故？」管仲回答說：「從前，夏禹平定了天下，傳到夏桀，就淫亂了；商湯驅逐夏桀，是安定夏禹的功業。商湯平定了天下，傳到商紂，便淫亂了；周武王討伐商紂，是安定商湯的功業。況且以仁善誅伐不仁善，自古到今，從沒改變過。您何必疑慮呢？」桓公又問道：「古代亡國的君主，他們有些什麼過失呢？」管仲回答說：「他們只考慮奪得土地與珍寶，而沒想到會失去諸侯的擁護；只考慮貪得財富，無限度地積累，而沒想到會失掉民心；只考慮受親附，而沒想到會遭離棄。上述三條，僅有一條，就足以削弱；全部具備，就會滅亡。古代敗壞國家、毀掉政權的君主，並非故意去造成的，必定是暫時有所歡樂，而不知不覺地陷入了罪惡的深淵。」

桓公謂管仲曰：「請致仲父❶其桓❷。」公官仲父❸而將飲之，掘新井而柴焉❹。十日齋戒，召管仲。管仲至，公執爵❺，夫人執尊，觴三行，管仲趨出。公怒曰：「寡人齋戒十日，而飲仲父，寡人自以為修❻矣。仲父不告寡人而出，其故何也？」鮑叔、隰朋趨而出，及管仲於途，曰：「公怒。」管仲反，入，倍❼屏而立，公不與言；少進中庭，公不與言；少進傅❽堂，公曰：「寡人齋戒十日而飲仲父，自以為脫於罪矣。仲父不告寡人而出，未知其故也。」對曰：「臣聞之，沈於樂者洽❾於憂，厚於味者薄於行，慢於朝者緩於政，害於國家者危於社稷，臣是以敢出也。」公遽下堂，曰：「寡人非敢自為偷❿也，仲父年長，雖寡人亦衰矣，吾願一朝安仲父也。」對曰：「臣聞壯者無怠，老者無偷，順天之道，必以善終者也。三王失之也，非一朝之萃⓫，君奈何其偷乎？」管仲走出，君以賓客之禮再拜送之。明日，管仲朝，公曰：「寡人願聞國君之信。」對曰：「民愛之，鄰國親之，天下信之，此國君之信。」公曰：「善。請問信安始而可？」對曰：「始於為身，中於為國，成於為天下。」公曰：「請問為身。」對曰：「道⓬血氣，以求長年、長心、長德。此為身也。」公曰：「請問為國。」對曰：「遠舉賢人，慈愛百姓，外存亡國，繼絕世，起諸孤，薄稅斂，輕刑罰，此為國之大禮也⓭。法行而不苛，刑廉⓮而不赦，有司寬而不凌⓯，菀濁困滯⓰，皆法度不亡⓱，往行不來⓲，而民游治世⓳矣。此為天下也。」

【章　旨】此章言管仲論治身、治國、治天下之道。

【注釋】❶請致仲父　俞樾謂：「『請致仲父』者，欲仲父就己飲酒也。仲父猶仲甫，夷吾之字耳。」❷其桓　郭沫若謂：「『仲父』下古本、劉本、朱本均有『其桓』二字，當至此斷句。『桓』謂盤桓也」，「此謂盤桓或盤旋於杯酒之間」。❸公官仲父　桓公設館宴請管仲。原文為「公與管仲父」。郭沫若謂：「『與』字衍文，當從古本、朱本。『管』字殆本作『官』，假為『館』。後人連『管仲父』為讀，因加竹頭，並妄增『與』字耳。於此特見古本之可貴。」❹柴焉　用柴覆蓋井口。尹知章注：「新井而又柴蓋之，欲以潔清，示敬之。」❺爵　酒器。既可溫酒，亦可盛酒。爵與下句的尊，均可泛指酒杯。❻修　美好；善意。❼倍　通「背」。背向。❽傅　靠近；接近。❾沾　沾漬；沾染。❿偷　苟且偷安。原文為「脩」。郭沫若謂：「『脩』字當為『偷』字之誤。管仲答以『壯者無怠，老者無偷』，又云『君奈何其偷乎？』語句正針鋒相對。」⓫萃　聚集。尹知章謂：「其所由來漸矣，非一朝萃集也。」⓬道　通「導」。疏導。⓭此為國之大禮也　張佩綸謂：「依上文例，此句之下當有『公曰：「請問為天下。」對曰』九字。傳寫失之。」錄供參考。⓮廉　開闊；寬大。⓯淩　淩雜；淩亂。⓰菀濁困滯　此指身遭屈辱、困頓沈滯之人。安井衡謂：「『菀』猶屈也，『濁』猶辱也。困，窮；滯，淹也。」⓱皆法度不亡　安井衡謂：「菀濁困滯，四者皆窮民無告者，亦皆有法而安之，不使之喪亡。」⓲往行不來　于省吾謂：「『來』乃『勑』之古文，字亦作『飭』。勑謂約勑，此言往者來者不約勑之。」⓳民游治世　意謂人們生活在安定的社會中。原文為「民游世」，據石一參《管子今詮》補「治」字。

【語　譯】桓公對管仲說：「請讓我邀請仲父來飲宴一番。」桓公設館將宴請管仲，挖了新井，並用柴蓋上了井口。桓公作了十天齋戒之後，召見管仲。管仲來了，桓公舉爵，夫人舉尊為管仲敬酒。酒過三巡，管仲急忙退出。桓公發怒，說：「我齋戒十天而宴請仲父，自認為是一番善意了。仲父卻不向我告辭而退，這是什麼原因呢？」鮑叔、隰朋急忙奔出，在途中追上了管仲，說：「桓公在發怒。」管仲返回，進門，背向屏風站著，桓公不跟他說話；管仲稍作前進，到了庭中，桓公仍然不跟他說話；管仲再向前走，靠近了廳堂，桓公說：「我齋戒十天而宴請仲父，自以為脫免了不敬之罪。仲父卻不向我告辭而退出飲宴，我不解此中原因。」管仲回答說：「我聽說，沈溺於歡樂的人，將沾上憂患，看重吃喝的人，將輕賤德行，怠慢朝政的人，將延誤政事，損害國家利益的人，將危及政權。我因此冒昧退出。」桓公急忙走下廳堂，說：「我並非自求苟且偷安，是因為仲父年長，我也老了，我希望歡宴一天，安慰安慰您。」管仲回答說：「我聽說壯年人不懈怠，老年人不偷安，順應天道，必得善終。夏桀、商紂、周幽王之所以喪失政權，並非一天集成，您怎麼能偷安呢？」管仲離開中庭，桓公用賓客之禮再拜送出。第二天，管仲上朝，桓公說：「我希望聽一聽有關國君威信的問題。」管仲回答說：「民眾愛戴，鄰國親附，天下信賴，這就是國君的威信。」桓公說：「好。請問建立威信從何開始便可？」管仲回答說：「從治身開始，其次在治國，最後在治天下。」桓公說：「請問治身。」管仲回答說：「通導血脈氣理，求得延年益壽，思慮深遠，德澤久長。這就是治身。」桓公說：「請問治國。」管仲回答說：「廣泛舉拔賢才，從內心愛護百姓，救存瀕臨滅亡的國家，延續行將絕祿的世家，起用死於國事者的子孫，薄徵賦稅，輕施刑罰，這些就是治國的總原則。法令必行而不苛刻煩瑣，刑罰寬大而不妄作滅免，官吏寬宏而章法不亂，屈辱窮淹的人，也有法度保護，不致喪亡，往者來者不受約束，人們都生活在安定的社會中。這就是治理天下。」

小匡 第二十

【題解】此為《管子》第二十篇，題為「小匡」，記敘管仲輔佐齊桓公史事。全文始自桓公返齊踐位，終至霸業竟成。其中所述愛民、使民、治民之道，隱兵於田、寓兵於政之策，桓公親與選拔官吏、考核政績之舉，都是頗有借鑑意義的。其時對於桓公與管仲的「明君」、「察相」之讚，實不為過譽之辭。石一參於管夷吾之功業，曾大為讚嘆，謂「一以見管氏之忠於齊國之社稷，而不在忠於公子糾之一人；一匡之業本於豫圖，非苟圖功名而棄節操者比也！一以見管氏之霸業，非專治兵事而侵伐鄰國以圖強者，其本則在於選賢任官，量能課吏，政必躬親，法無旁貸；且交鄰以道，感人以誠，救亂扶危，存亡繼絕。雖古之王者，何以加茲？至其連、鄉、軌、里之規模，士、農、工、商之課業，孝、悌、忠、信之教言，生、殺、貴、賤、貧、富之六秉，操之裕如，宜孔子之予其仁而感其賜也！吾無間然矣。」

此篇與《國語・齊語》所敘大體相同。明顯相異之處，只在〈齊語〉用語古樸，敘事粗疏；〈小匡〉用語淺明，敘事細緻，還增添了若干故事情節，加強了文學色彩。可見〈小匡〉不但作於〈齊語〉之後，而且是在〈齊語〉的基礎之上加工而成。俞樾所謂：「《管子》此篇，多與〈齊語〉同，蓋本齊國史之文」，論斷不誤。趙守正引〈齊語〉只提「壤土」而無斧鋸，〈小匡〉兼提「木土」且有斧鋸為據，論證〈齊語〉當成於春秋時代，〈小匡〉則作於戰國時期，也是極中肯綮之論。

桓公自莒反於齊，使鮑叔牙為宰❶。鮑叔辭曰：「臣，君之庸臣也。君有加惠於其臣，使臣不凍飢，則是君之賜也。若必治國家，則非臣之所能也，其唯管夷吾乎！臣之所不如管夷吾者五：寬惠愛民，臣不如也；治國不失秉❷，臣不如也；忠信可結於諸侯，臣不如也；制禮義❸可法❹於四方，臣不如也；介胄執枹❺，立於軍門，使百姓皆加勇，臣不如也。夫管仲，民之父母也。將欲治其子，不可棄其父母。」公曰：「管夷吾親射寡人，中鉤，殆❻於死。今乃用之，可乎？」鮑叔曰：「彼為其君動也，君若宥❼而反之，其為君亦猶是也。」公曰：「然則為之奈何？」鮑叔曰：「君使人請之魯。」公曰：「施伯，魯之謀臣也。彼知吾將用之，必不吾予也。」鮑叔曰：「君詔使者曰：『寡君有不令之臣在君之國，願請之以戮於群臣❽。』魯君必諾。且施伯之知夷吾之才，必將致魯之政。夷吾受之，則魯能弱齊矣。夷吾不受，彼知其將反於齊，必殺之。」公曰：「然則夷吾受乎？」鮑叔曰：「不受也。夷吾事君無二心。」公曰：「其於寡人猶如是乎？」對曰：「非為君也，為先君與社稷之故。君若欲定宗廟，則亟請之，不然無及也。」

【章　旨】此章言鮑叔牙極力向桓公舉薦管仲。

【注　釋】❶宰　官名。殷商始置。春秋時各國沿用，多稱「太宰」，或稱「宰」，輔佐國君掌管朝廷內外事務。❷秉　通「柄」。權柄。尹知章注：「秉，柄也。柄所操以作事。國柄者，賞罰之紀要也。」❸義　通「儀」。法度；準則。❹法　標準；模範。此處為動詞，即作標準、作示範。❺枹　同「桴」。鼓槌。❻殆　幾乎。❼宥　寬恕；赦罪。❽戮於群臣　指在群臣面前公開殺戮，以儆其餘。尹知章謂：「戮以徇群臣。」

【語　譯】齊桓公從莒國返回齊國，任命鮑叔牙當太宰。鮑叔辭謝說：「我是您的庸臣。您倘要施加恩惠給臣子，讓我不挨凍受餓，這就是您的恩賜了。倘若一定要治理國家，便不是我所能做到的；這只有管夷吾才能擔當。我不如管夷吾的地方有五點：寬厚仁惠，愛護民眾，我不如他；治理國事，不失權柄，我不如他；忠誠信實，與諸侯各國締結盟好，我不如他；制定禮儀法度，可以作為天下四方的典範，我不如他；披甲冑，擂戰鼓，站在軍門前，使得兵民都勇氣倍增，我不如他。管仲，好比是民眾的父母。想要管理好孩子，就不可拋開他們的父母。」桓公說：「管夷吾曾經親手射中我的帶鉤，幾乎使我致死。現在卻起用他，可以嗎？」鮑叔說：「他這是為他的君主而有此舉動的；您倘若寬恕他而讓他返回齊國，他為您效力也將會這樣。」桓公問：「既然如此，那麼應當怎麼辦呢？」鮑叔說：「您可派人到魯國將他要回來。」桓公說：「施伯是魯國的謀臣。他知道我要任用管仲，必定不肯給我。」鮑叔說：「您告訴使者說：『我的國君有個不忠之臣在您的國家，希望讓他回去在群臣面前處死。』魯君一定會答應。只是施伯瞭解管仲的才幹，必定會把魯國的政務交給他。管仲若是接受，那麼魯國便能削弱齊國了。管仲若是不接受，施伯便知道他將要返回齊國，必定會殺掉他。」桓公問：「那麼夷吾會接受嗎？」鮑叔說：「不會接受。夷吾事奉君主沒有二心。」桓公問：「他對我也像這樣嗎？」鮑叔回答說：「並非為了您，是為了先君與國家的緣故。您如果想要使齊國安定，便趕快把他要回來，不然，就來不及了。」

公乃使鮑叔行成❶曰：「公子糾，親也。請君討❷之。」魯人為殺公子糾。又曰：「管仲，讎也。請受❸而甘心焉。」魯君許諾。施伯謂魯侯曰：「勿予。非戮之也，將用其政也。管仲者，天下之賢人也，大器也。在楚，則楚得意於天下，在晉，則晉得意於天下，在狄，則狄得意於天下。今齊求而得之，則必長為魯國憂。君何不殺而受之其屍？」魯君曰：「諾。」將殺管仲，鮑叔進曰：「殺之齊，是戮齊也。殺之魯，是戮魯也。弊邑❹寡君願生得之，以徇❺於國，為群臣僇❻；若不生得，是君與寡君賊比也。非弊邑之君所請❼也，使臣不能受命。」於是魯君乃不殺，遂生束縛而柙以予齊。鮑叔受而哭之，三舉❽。施伯從而笑之，謂大夫曰：「管仲必不死。夫鮑叔之忍❾，不僇賢人，其智稱❿賢以自成也。鮑叔相公子小白，先入得國，管仲、召忽奉公子糾後入，與魯以戰，能使魯敗，功足以⓫。得天與失天，其人事一也。今魯懼，殺公子糾、召忽，因管仲以予齊，鮑叔知無後事，必將勤⓬管仲以勞其君願⓭，以顯其功。眾必予⓮之有得⓯。力死之功，猶尚可加也，顯生之功，將何如？是昭德以貳君⓰也。鮑叔之知，不是失⓱也。」

【章旨】此章言鮑叔說服魯君，生得管仲。

【注釋】❶行成　議和。尹知章注：「成，平也，與魯平。」平，媾和。❷討　誅戮。❸受　通「授」。交付；給予。❹弊邑　亦作「敝邑」。稱自己國家的謙詞。意謂破敗之國。❺徇　當眾宣示。❻僇　通「戮」。殺戮。尹知章注：「戮之以誡群臣。」❼所請　所求；所欲。原文為「所謂」。王念孫云：「『謂』當為『請』字之誤也。《左傳正義》引作『非弊邑之所請也』，〈齊語〉作『若不生得以戮於群臣，猶未得請也』，上文『請』字凡五見，皆其證。」❽舉　高舉。此指高聲、放聲。尹知章注：「三舉其聲，偽哀其將死也。」❾忍　仁。仁愛；仁慈。俞樾謂：「《釋名・釋言語》曰：『仁，忍也，好生惡殺，善含忍也』，然則『鮑叔之忍』，猶云：『鮑叔之仁』。」❿稱　舉；推薦。⓫功足以　意在讚歎鮑叔功高。以，同「已」。語氣詞。⓬勤　幫助。⓭勞其君顧　煩勞齊桓公任用。顧，通「雇」。趙本作「願」。此依古本。⓮予　通「與」。讚許。⓯得　通「德」。功德。⓰貳君　尹知章注：「言昭管仲之德以為君之副貳。」君之副貳，即指太宰。⓱不是失　即「不之失」。指不會失落這個計畫。

【語　譯】桓公於是委派鮑叔赴魯國和談，對魯君說：「公子糾，是親人。請您殺掉他。」魯人幫齊桓公殺了公子糾。鮑叔又說：「管仲，是讎人。請給我們處理才甘心。」魯君也同意了。魯國大夫施伯對魯侯說：「不能給。齊桓公不是要殺掉他，而是將任用他執政。管仲是天下的賢才，治國的大器。在楚執政，楚國便將得意於天下；在晉執政，晉國便將得意於天下；在狄執政，狄國便將得意於天下。如今齊國來索求，如果得到了他，那麼，一定會長期成為魯國的憂患。您為什麼不把他殺掉而把他的屍首交給齊國呢？」魯君說：「好吧。」魯國準備殺管仲，鮑叔進前跟魯君說：「在齊國殺管仲，這是殺齊國的罪人；在魯國殺管仲，這是殺魯國的罪人。我國國君希望得到活著的管仲，把他在齊國當眾宣示，為儆誡群臣而殺；如果不能得到活人，這就是您與我國國君的逆賊站在一道了。這不是我們國君所希望的，作為使臣，我也不敢從命。」因此，魯君便不殺管仲，竟將他捆綁置之柙檻送給齊國。鮑叔接收管仲而痛哭，不禁三次失聲。施伯卻隨即笑起來，對大夫們說：「管仲必定不會被殺。鮑叔仁慈，不可能殺戮賢人，憑他的智慧，一定會薦舉賢才自成其事。鮑叔輔佐公子小白，率先入齊，奪得國政，管仲與召忽事奉公子糾稍後進入；鮑叔與魯倉卒而戰，能使魯國挫敗，他的功勞夠大了。無論得天時，還是失天時，他之盡心人事，都是始終如一。如今魯國懼怕齊國，殺了公子糾與召忽，囚檻管仲回齊以事奉齊君；鮑叔知道已無後顧之憂，必將幫助管仲而煩勞齊君任用他，以顯揚管仲安定齊國的功業。人們必定會稱頌他大有功德。盡心竭力、死於國事的功勞，如果還可以增益，那麼，鮑叔使管仲才智得以顯揚的這個功勞，又將怎樣看待呢？這是宣揚管仲的才德，而薦舉他立於相位啊。鮑叔的智謀，是不會失落這個計畫的。」

至於堂阜❶之上，鮑叔祓❷而浴之三。桓公親迎之郊。管仲詘纓捷衽❸，使人操斧而立其後。公辭❹斧三，然後退之。公曰：「垂纓下衽，寡人將見。」管仲再拜稽首曰：「應公之賜，殺之黃泉，死且不朽。」公遂與歸，禮之於廟，三酌而問為政焉，曰：「昔先君襄公，高臺廣池，湛樂❺飲酒，田獵畢弋❻，不聽國政。卑聖侮士，唯女是崇，九妃六嬪，陳妾數千。食必粱肉❼，衣必文繡，而戎士凍飢。戎馬待游車之弊❽，戎士待陳妾之餘❾。倡優❿侏儒⓫在前，而賢大夫在後。是以國家不日益，不月長。吾恐宗廟之不掃除，社稷之不血食，敢問為之奈何？」管子對曰：「昔吾先王周昭王、穆王，世法文武之遠迹，以成其名。合群國⓬，比校民之有道者，設像⓭以為民紀⓮。式券⓯以相應，比綴以書，原本窮末。勸之以慶賞⓰，糾之以刑罰，糞除其顛旄⓱，賜予以鎮撫之，以為民終始。」公曰：「為之奈何？」管子對曰：「昔者聖王之治其民也，叁其國而伍其鄙，定民之居，成民之事。以為民紀，謹用其六秉。如是而民情可得，而百姓可御。」桓公曰：「六秉者何也？」管子曰：「殺、生、貴、賤、貧、富，此六秉也。」桓公曰：「叁國奈何？」管子對曰：「制國以為二十一鄉：商工之鄉六，士農之鄉十五。公帥十一鄉，高子帥五鄉，國子帥五鄉。叁國故為三軍。公立三官⓲之臣：

市立三鄉，工立三族，澤立三虞，山立三衡。制五家為軌，軌有長。十軌為里，里有司。四里為連，連有長。十連為鄉，鄉有良人。五鄉⑲一帥。」桓公曰：「五鄙奈何？」管子對曰：「制五家為軌，軌有長。六軌為邑，邑有司。十邑為卒⑳，卒有長。十卒為鄉，鄉有良人。三鄉為屬，屬有大夫㉑。五屬五㉒大夫。武政聽屬，文政聽鄉，各保而聽，無有淫佚者。」桓公曰：「定民之居，成民之事奈何？」

管子對曰：「士農工商四民者，國之石民㉓也，不可使雜處，雜處則其言哤㉔，其事亂。是故聖王之處士必於閒燕㉕，處農必就田壄㉖，處工必就官府，處商必就市井。今夫㉗士，群萃㉘而州㉙處，閒燕則父與父言義，子與子言孝，其事君者言敬，長者言愛，幼者言弟。旦昔㉚從事於此，以教其子弟，少而習焉，其心安焉，不見異物而遷焉。是故其父兄之教不肅㉛而成，其子弟之學不勞而能。夫是故士之子常為士。今夫農，群萃而州處，審其四時，權節具備其械器用㉜，比耒耜穀芨㉝。及寒，擊槀㉞除田，以待時乃耕，深耕、均種、疾耰㉟。先雨芸耨㊱，以待時雨。時雨既至，挾其槍刈㊲耨㊳鎛㊴，以旦暮從事於田壄，稅㊵衣就功，別苗莠㊶，列疏遬㊷。首戴苧蒲㊸，身服襏襫㊹，沾體塗足，暴其髮膚，盡其四支㊺之力，以疾從事於田野。少而習焉，其心安焉，不見異物而遷焉。是故其父兄之教不肅而成，其子弟之學不勞而能。是故農之子常為農。樸野而不慝(46)，其秀才(47)之能為士者，則足賴也。故以耕則多粟，以仕則多賢，是以聖王敬畏戚農(48)。令夫工，群萃而州處，相(49)良材，審其四時，辨其功苦(50)權節其用，論比計(51)，制斷(52)器，尚(53)完利。相語以事，相示以功，相陳以巧，相高以知(54)。日昔從事於此，以教其子弟。少而習焉，其心安焉，不見異物而遷焉。是故其父兄之教不肅而成，其子弟之學不勞而能。夫是故工之子常為工。今夫商，群萃而州處，觀凶飢，審國變，察其四時，而監(55)其鄉之貨，以知其市之賈(56)。負任擔荷，服牛軺馬(57)，以周四方；料(58)多少，計貴賤，以其所有，易其所無，買賤鬻貴。是以羽旄(59)不求而至，竹箭有餘於國，奇怪時來，珍異物聚。日昔從事於此，以教其子弟。相語以利，相示以時，相陳以賈(60)。少而習焉，其心安焉，不見異物而遷焉。是故其父兄之教不肅而成，其子弟之學不勞而能。夫是故商人之子常為商。相地而衰(61)其政(62)，則民不移矣。正(63)旅舊(64)，則民不惰(65)。山澤各以其時至，則民不苟(66)。陵陸(67)、丘井(68)、田疇均，則民不惑。無奪民時，則百姓富，犧牲不勞(69)，則牛馬育。」桓公又問曰：「寡人欲修政以干時(70)於天下，其可乎？」管仲對曰：「可。」公曰：「安始而可？」管子對曰：「始於愛民。」公曰：「愛民之道奈何？」管子對曰：「公修公族，家修家族，使相連以事，相及以祿，則民相親矣。放舊罪，修舊宗，立無後(71)，則民殖矣。省刑罰，薄賦斂，則民富矣。鄉建(72)賢士，使教於國，則民有禮矣。出令不改，則民正矣。此愛民之道也。」公曰：「民富而以(73)親(74)，則可以(75)使之乎？」管子對曰：「舉財長工，以止(76)民用；陳力尚賢，以勸民智；加(77)刑無苛，以濟百姓。行之無私，則足以容眾矣；出言必信，則令不窮(78)矣。此使民之道也。」

【章　旨】此章記述管子所謂治民、愛民及使民之道。

【注　釋】❶堂阜　齊國地名。在齊魯交界之處。故址在今山東蒙陰西北。❷祓　祓除。古時為消災去邪、祈求福佑而舉行的一種迷信儀式。❸詘纓捷衽　垂纓攝衽。尹知章注：「示將戮也。」詘，通「屈」。屈纓，即垂下帽纓。捷，古本、劉本、朱本、趙本均作「插」，唯宋本作「捷」。王念孫謂：「當從宋本」，『捷』，古『插』字也」。❹辭　責備。❺湛樂　過度的享樂。《國語・周語下》：「虞於湛樂。」韋昭注：「湛，淫也。」淫，即過度、無節制。❻罼弋　打獵。罼，同「畢」。田獵用的長柄網，可用以捕取禽獸。弋，用繩繫箭而射取獵物。❼粱肉　指精美的膳食。❽戎馬待游車之弊　謂遊樂重於兵戎。尹知章注：「游車弊，然後以為戎車。」戎馬，代稱軍事。❾陳妾之餘　尹知章注：「陳妾食餘，然後以食戎士。」餘，指餘食殘羹。❿倡優　指以樂舞戲謔為業的藝人。《漢書・灌夫傳》：「所愛倡優巧匠之屬。」顏師古注：「倡，樂人也；優，戲謔者也。」⓫侏儒　本指身材矮小的人，此指雜耍藝人。《荀子・王霸》：「俳優、侏儒、婦女之請謁以悖之。」注：「侏儒，短人可戲弄者。」⓬合群國　匯合各國情況。安井衡謂：「『國』當依〈齊語〉為『叟』。」⓭像　法式；典型。⓮紀綱；法制；法則。⓯式券　指券契表格有既定法式。原文為「式美」。郭沫若謂：「『美』，〈齊語〉作『權』，則『美』殆『券』字之誤。」⓰慶賞　獎賞。《韓非子・二柄》：「殺戮之謂刑，慶賞之謂德。」⓱糞除其顛旄　即掃除其顛毛。指髡刑。句承

「糾之以刑罰」而言。⑱三官　國分為三，各置官府，故有此稱。官，官府。⑲五鄉　古本、劉本、朱本作「五鄉」，宋本、趙本作「三鄉」，此依前者。⑳卒　地方行政組織名稱。原文為「率」。即「十邑為率，率有長。十率為鄉」。王念孫謂：「『率』當依〈齊語〉作『卒』。」㉑屬有大夫　原文有「屬有帥」。王念孫謂：「當作『屬有大夫』，此涉上文『連有帥』有誤。」㉒五　原文為「一」。王念孫謂：「『一』當為『五』，〈齊語〉云『五大夫各治一屬』，不得言五屬一大夫也」。㉓石民　指堅守本業、不見異思遷，形同國家柱石之民。尹知章注：「四者國之本，猶柱之石也，故曰石也。」戴望校正引孫星衍說，則謂「石民」當作「正民」，對「閒民」而言。㉔哤　指語言雜亂。尹知章注：「哤，亂也。」㉕閒燕　安閒清靜。燕，通「宴」。安閒。尹知章謂：「處士閒燕，則謀議審。」㉖壄　「野」字古體。㉗令夫　原文為「今夫」。郭沫若謂：「當作『令夫』，古本、劉本、朱本下文有『令夫農群萃而州處』，亦一佳證。」㉘萃　草叢生貌。引申為聚集。㉙州　借為「周」。《說文》：「周，密也。」《國語・齊語》韋昭注：「州，聚也。」密、聚同義。㉚旦昔　即旦夕。昔，通「夕」。《穀梁傳・莊公七年》：「日夕至於星出謂之昔。」㉛肅　急。《淮南子・本經》：「寬而不肆，肅而不悖。」高誘注：「肅，急也。」㉜權節具備其械器用　謂依據農事及季節，全面準備田器，使能應時作用。劉績謂：「『權節具備其械器用』，當作『權節其用，備其械器』，乃字誤亂。」錄供參考。權節，權量農事、季節。㉝比耒耜穀芨　尹知章注：「比偶其耒耜及穀芨。穀芨小於耒耜。一人執之以隨耒耜之後，重治其闕遺。芨音捶。」郭沫若謂：「『穀』當依宋本作『殺』，此即『芟』之古字，從耒殳聲。『芨』當為『茇』，乃『赦糴』之異，今字作『耙』。耒耜殺耙，耕者必備。」比，比偶；配齊。穀芨，耒耜之類的農具。㉞槀　即槁。指枯萎的雜草。尹知章謂：「冬寒之月，即擊去其草之槁者，修除其田，以待春之耕也。」㉟耰　用土覆蓋新播下的種子。《史記・龜策列傳》：「耕之耰之。」張守節正義：「耰，覆種也。」㊱芸耨　即「耘耨」。除草。㊲槍刈　當指鐮刀類的割草農具。㊳耨　此為名詞。尹知章注為「鎡錤」。鋤頭。㊴鎛　鋤田除草的農具。尹知章注為「鉏」。即鋤。㊵稅　解；脫。《呂氏春秋・慎大》：「乃稅馬於華山，稅牛於桃林。」高誘注：「稅，釋也。」尹知章謂：「脫其常服，以就功役，便事而省費。」㊶菞　雜草；惡草。㊷遬　密聚。尹知章注：「遬，密也。謂苗之疏密當均列之。」㊸苧蒲　指用苧麻與蒲草編織成的斗笠。㊹襏襫　蓑衣。《國語・齊語》：「首戴茅蒲，身衣襏襫。」韋昭注：「茅蒲，簦笠也；襏襫，蓑襞衣也。」尹知章則謂為：「粗堅之衣，可以任苦者也。」㊺四支　即四肢。支，通「肢」。㊻慝　奸邪。㊼秀才　優秀的人才。㊽是以聖王敬畏戚農　謂農民耕則多粟，仕則多賢，是以聖王敬之親之也。郭沫若則云：「『畏』當是『鬼』字，謂鬼神則敬而遠之，農事則親而近之。」譯文依前說。敬畏戚農，王念孫謂：「當作『敬農戚農』，『農』與『畏』字形相近而誤」。㊾相　觀察；鑑別。㊿功苦　同「工苦」。即優劣。苦，粗劣。尹知章注：「功，謂堅美；苦，謂濫惡。」(51)比計　此指工匠的比劃計算。(52)制斷　裁斷。制，斷木。引申為截斷。(53)尚　崇尚；提倡。(54)相高以知　原文為「相高以知事」。陶鴻慶謂：「『事』字不當有」，方「與上文『相語以事，相示以功，相陳以巧』句法一律」。知，同「智」。(55)監　監視；督察。(56)賈　通「價」。價格。(57)輅馬　駕馬。顏昌嶢云：「《文選・解嘲注》引應劭云『輅謂以木當胸以輓車也』。」(58)料　計數；核計。(59)羽旄　指以雉羽與旄牛尾裝飾旗竿的一種軍旗。《文選・東都賦》：「羽旄掃霓，旌旗拂天。」呂延濟注：「羽旄，可以麾眾也。掃霓、拂天，言高也。」(60)相陳以賈　原句為「相陳以知賈」。丁士涵謂：「〈齊語〉及此文並衍『知』字」，「相陳以賈，與上文二句對文」。賈，通「價」。(61)衰　差別。(62)政　同「征」。指所徵賦稅。《國語・齊語》韋昭注：「相，視也；衰，差也，視土地之美惡及所生出以差征賦之輕重也。」(63)正　同「政」。施政。(64)旅舊　指眾人與功臣故舊。(65)惰　不敬；怠慢。(66)苟　指草率亂來。尹知章注：「苟謂非時入山澤也。」(67)陵陸　指大土丘。(68)丘井　眾人聚居處。指宅地。(69)勞　使用過分。(70)干時　求合於當時。干，求取。(71)放舊罪三句　尹知章謂：「放舊罪，則全人命。修舊宗，則收散親。立無後，則繼絕世。」立，指立嗣。(72)建　設置；樹立。(73)以　同「已」。語氣詞。或謂「以」為衍文。(74)親　相親近；團結。(75)可以　即「何以」。郭沫若謂：「『可』與『何』通。桓公所問在何以使民，故下文答以『此使民之道也』。」(76)止　王念孫謂當為「足」。譯文依此。(77)加　施及。(78)窮　困窘；行不通。

【語　譯】到達堂阜地界，鮑叔為管仲舉行了除災祈福儀式，並讓他沐浴了三次。桓公也親自到郊外迎接管仲。管仲垂下帽纓，揭起衣襟，叫人操持刀斧站在身後。桓公三次叱責刀斧手，然後讓他們退開。桓公說：「既已垂下帽纓，揭起衣襟，我願接見。」管仲再拜，叩首，說：「承您恩賜，縱使被殺，命歸黃泉，聲名也將永不朽滅。」桓公於是與管仲一道歸來，並在廟堂舉行接見儀式。敬酒三巡之後，桓公請問治政之事，說：「從前先君襄公，築建高臺，廣修池苑，逸樂縱酒，醉心畋獵，不理朝政。輕視聖賢，侮蔑士子，唯重女色，九妃六嬪，蓄妾數千。嬪妃吃精美膳食，穿錦繡衣裳，而士卒挨凍受餓。戰馬須待拉遊車的疲病老馬作補充，戰士要靠姬妾的剩餘飯食來充飢。歌舞雜耍人員排列在前，賢明的士大夫位置在後。因此，國家不能一天比一天富裕，不能一月比一月進步。我擔心宗廟沒人繼續打掃，社稷沒人繼續祭祀，請問對這種情況怎麼辦？」

管子回答說：「從前我們的先王周昭王、周穆王把文王、武王的優良傳統，作為當時通行的規範，因而成就了自己的聲名。匯集各國的情況，比較考察民眾中具有高尚道德的人，樹立典型，作為民眾的綱紀。設置與他們的行為規範相應的，有既定法式的表格券契，讓人們依照情況聯綴成文登記好，原原本本，詳詳盡盡。用給予獎賞的措施，激勵好的，用處以刑罰的辦法，糾正壞的，有的罰其剪除頂髮，有的用賞賜加以安撫，治理民眾始終如一。」桓公問：「還應如何治理？」管子回答說：「從前聖王治理民眾，是將一國分為三個區域，一鄙劃為五個部分，藉以安定人們的居處，確定人們的職業。以此作為治民體制，並慎重使用六項權柄。像這樣，民情就可以掌握，百姓就可以駕御了。」桓公問：「六項權柄是指什麼？」管子說：「殺、生、貴、賤、貧、富，這就是六項權柄。」桓公問：「把一國分為三個區域，具體如何辦呢？」管子回答說：「確定全國為二十一鄉：商工之鄉六個，士農之鄉十五個。您統帥十一個鄉，高子統帥五個鄉，國子統帥五個鄉。三國也就成了三軍。您再確立三國官府的官吏：市肆確立三鄉，工場確立三族，湖澤確立三虞，山林確立三衡。確定五家成一軌，軌設軌長。十軌成一里，里設有司。四里成一連，連設連長。十連成一鄉，鄉設良人。五鄉設為一帥。」桓公問：「把一鄙劃為五個部分，具體如何辦呢？」管子回答說：「確定五家成一軌，軌設軌長。六軌成一邑，邑設邑司。十邑成一卒，卒設卒長。十卒成一鄉，鄉設良人。三鄉成一屬，屬設大夫。五屬設置五名大夫。武政歸屬處理，文政歸鄉處理，各自保證盡力辦事，不能有放蕩荒怠行為。」桓公問：「安定人們的居處，確定人們的職業，具體又將如何辦呢？」管子回答說：「士農工商四民，是國家的基石之民，不可讓他們雜居。雜居則語言閒雜，辦事混亂。所以聖明的君王，安排士子住地，必定在安閒清靜的環境；安排農夫的住地，必定靠近田野；安排工匠的住地，必定靠近官府；安排商賈的住地，必定靠近市場。要使士子居處集中，交往密切。閒暇之時，他們之間，父輩與父輩論義理，子輩與子輩談孝道，事君者談敬君，長者談愛幼，幼者談順從長上。朝夕都談論這些內容，並以此教導子弟。子弟們年輕時就學習這些道理，思想安定，不會因見異事而改變志趣。因而其父兄的教導，不嚴厲也見成效，其子弟的學習，不勞苦也能有得。所以士民的子弟常為士民。要使農民居處集中，交往密切。他們審察四時，依據農事及季節需要，全面準備田器，配齊耒耜穀芨；到寒冬時節，便鏟除雜草，平整田地，等待春時一到，便耕種。要耕得深，種得勻，覆蓋快。降雨之前，就要鬆土除草，等待時雨到來。時雨已降，便帶上鐮刀鋤頭之類的農具，從早到晚，在田間從事農活，脫除常服，以便勞作，鑑別苗的好壞，整頓行距疏密。頭戴斗笠，身披蓑衣，一身泥水，一雙赤足，暴露膚髮，竭盡四肢筋力，努力從事田間勞動。農家子弟年輕時，就學習這些農活，思想安定，不會因見異事而改變志趣。因而其父兄的教導，不嚴厲也見成效，其子弟的學習，不勞苦也能有得。所以農夫的子弟常為農夫。他們質樸而不奸詐，其優秀人才，能成為士子的，便完全可以信賴。叫他們種地，便能多產糧食，讓他們作官，便能多出賢才；因此，聖明的君主，總是敬重農民，親近農民。要使工匠居處集中，交往密切。他們選定優質材料，審度四時活計，分辨質量優劣，根據時令需要，安排器物用度。討論比劃計算，下料製品，都是提倡完備堅利。可以彼此談論本行，展示成品，介紹技巧，提高才智。早晚皆從事工藝，並以此教導子弟。子弟們年輕時，就學習這些技術，思想安定，不會因見異事而改變志趣。因而其父兄的教導，不嚴厲也見成效，其子弟的學習，不勞苦也能有得。所以工匠的子弟常為工匠。要使商人居處集中，交往密切。他們觀測年成凶饑，瞭解國內變化，審察四時行情，而且明白本鄉產品，能夠預知市場價格。他們背荷肩挑，趕牛駕馬，走遍四方；核計數量，估量價格，用其所有，換其所無，賤進貴出。所以，旗幟不待求索而自至，弓箭在國內有富餘，珍奇怪異的商品經常運來，貴重稀有的東西時有聚集。他們天天從事這類交易，並以此教導子弟。彼此之間，談論紅利，提示時機，轉告價格。子弟們年輕時，就學習這些內容，思想安定，不會因見異事而改變志趣。因而其父兄的教導，不嚴厲也見成效，其子弟的學習，不勞苦也能有得。所以商人的子弟常為商人。依據地力肥瘠，而有區別地徵取賦稅，人民就不會流離轉徙。施政能分清眾庶與故舊功臣，人們就不會怠慢朝廷。山林湖澤依時開禁，民眾就不會草率亂來。山丘、方宅、田野公平計算，百姓就不會疑惑不滿。不強迫人們改變農時，百姓便能富足；不過量索求祭品，牛馬就能繁殖。」桓公又問：「我想要修明政治，以求在天下合乎潮流，大概可以嗎？」管仲回答說：「可以。」桓公問：「從何處開始才恰當呢？」管仲回答說：「從愛民開始。」桓公問：「愛護民眾的方法是什麼？」管仲回答說：「諸侯國君，修治好國君的同族，大夫修治好大夫的同族，使他們以國事相聯繫，以俸祿相顧及，人們便會互相親近了。寬赦舊有罪孽，復興舊有宗親，為無後代者立嗣，人口就能孳生增長了。減少刑罰，薄徵賦稅，百姓就能富裕了。各鄉設置賢士，讓他們在國中施行教化，人們就有禮義了。政令既出，不作改易，人們就務正業了。這些就是愛護民眾的方法。」桓公問：「民眾富足而且相親了，又何以役使他們呢？」管子回答說：「興辦財源，崇尚百工，以滿足人們的用度；宣揚才力，崇尚賢能，以激勵人們增長智慧；施行刑罰不要苛刻，以救助百姓。施行這些辦法，不挾私心，便可以包容眾人了；出言定講信實，政令就不會行不通了。這就是役使民眾的方法。」

桓公曰：「民居定矣，事已成矣，吾欲從事❶於天下諸侯，其可乎？」管子對曰：「未可。民心未吾安❷。」公曰：「安之奈何？」管子對曰：「修舊法，擇其善者，舉而嚴用之；慈於民，予❸無財；寬政❹役，敬百姓，則國富民安矣。」公曰：「民安矣，其可乎？」管仲對曰：「未可。君若欲正❺卒伍，修甲兵，則大國亦將正卒伍，修甲兵。君有征戰之事，則小國諸侯之臣有守圉❻之備矣。然則難以速得意於天下。公欲速得意於天下諸侯，則事有所隱而政有所寓❼。」公曰：「為之奈何？」管子對曰：「作內政而寓軍令焉。為高子之里，為國子之里，為公里，三分齊國，以為三軍。擇其賢民，使為里君。鄉有行伍❽、卒長，則❾其制令，且以田獵因以賞罰，則百姓通於軍事矣。」桓公曰：「善。」於是乎管子乃制五家以為軌，軌為之長。十軌為里，里有司。四里為連，連為之長。十連為鄉，鄉有良人，以為軍令。是故五家為軌，五人為伍，軌長率之。十軌為里，故五十人為小戎，里有司率之。四里為連，故二百人為卒，連長率之。十連為鄉，故二千人為旅，鄉良人率之。五鄉一帥⑩，故萬人一軍，五鄉之帥率之。三軍故有中軍⑪之鼓，有高子之鼓，有國子之鼓。春以田，曰蒐⑫，振旅⑬。秋以田，曰獮⑭，治兵。是故卒伍政，定於里。軍旅政，定於郊。內教既成，令不得遷徙。故卒伍之人，人與人相保，家與家相愛，少相居，長相游，祭祀相福，死喪相恤，禍福相憂，居處相樂，行作相和，哭泣相哀。是故夜戰其聲相聞，足以無亂；晝戰其目相見，足以相識；驩欣足以相死。是故以守則固，以戰則勝。君有此教士⑮三萬人，以橫行於天下，誅無道，以定周室，天下大國之君莫之能圉也。

【章旨】此章言管子謂國富民安之後隱兵於田，寓兵於政，方可橫行天下。

【注釋】❶從事　治事；辦事。此指會盟諸侯的軍事行動。尹知章謂：「欲從會事。」❷未吾安　即「未安吾」。對於我們所施行的政令措施，還沒有習慣、安定。❸予　給予；施予。尹知章謂：「貧無財者，當施與之。」❹政　通「征」。征伐；征戍。❺正　是正；整頓。❻圉　通「禦」。防禦。❼事有所隱句　尹知章謂：「不顯習其兵事，故曰事有所隱。軍政寓之田獵，故曰政有所寓。」隱，隱蔽。寓，包藏。❽行伍　代指軍隊。其時軍事編制是以五人為「伍」，二十五人為「行」，故以「行伍」泛指軍隊。❾則　效法。❿帥　原文為「師」。王念孫謂：「『師』當依〈齊語〉、《通典》作『帥』。」下文同。⓫中

軍　此指桓公親率之軍。春秋時大國軍隊分上、中、下三軍，主將居中軍，發號施令。後因稱主將為中軍。⑫蒐　打獵。《周禮・夏官・大司馬》：「遂以蒐田。」⑬振旅　指休整軍隊。古禮兵入稱振旅，兵出稱治兵。治兵，指訓練軍隊。《周禮・夏官・大司馬》：「中秋，教治兵，如振旅之陣。」疏曰：「凡兵出曰治兵，入曰振旅。」⑭獮　春秋時秋天出獵的名稱。《爾雅・釋天》：「秋獵為獮。」《國語・齊語》：「秋以獮治兵。」⑮教士　此指經過訓練的士卒。尹知章注：「教士謂先教習之士。」

【語　譯】桓公問：「人們的居處已經安定，勞作已經有了成效，我想對天下諸侯施行軍事會盟，大概可以了吧？」管子回答說：「不行。對於我們所施行的政令措施，民心尚未相安。」桓公問：「如何使民心安定呢？」管子回答說：「修治舊法，選擇好的部分，提倡並加以嚴格執行；對民眾施行慈愛，對貧困戶加以救濟；寬緩征戍徭役，尊重百姓，便能國富民安了。」桓公問：「一旦民心安定了，大概就可以了吧？」管仲回答說：「不行。您若想整頓軍隊，修繕軍備，其他大國便也會整頓軍隊，修治軍備。您一旦有征伐出戰的舉動，各小國諸侯的謀臣，就會有防守抵抗的準備了。這樣，就會難於迅速達到橫行天下的目的。您想很快地得志於天下諸侯，就應當使軍事有所隱蔽，施政有所寓藏。」桓公問：「對此應當怎麼辦呢？」管子回答說：「行內政而寓含軍令於其中。設立歸高子管轄的里，設立歸國子管轄的里，設立歸您管轄的里，把齊國分成三個部分，設立三軍。選擇賢人，任命充當里君。每鄉設有軍隊編制，卒長仿行軍隊的制度與號令，借助田獵活動而施行賞罰，這樣，便可使百姓通曉軍事了。」桓公說：「好。」於是管子便規定以五家為一軌，軌設軌長；十軌為一里，里設有司；四里為一連，連設連長；十連為一鄉，鄉設良人，以此作為軍令。因此，五家為一軌，五人為一伍，歸軌長率領。十軌為一里，五十人為一小戎，歸里有司率領。四里為一連，二百人為一卒，歸連長率領。十連為一鄉，二千人為一旅，歸鄉良人率領。五鄉為一帥，萬人為一軍，歸五鄉之帥率領。三軍則有中軍的鼓，有高子的鼓，有國子的鼓。春天打獵，叫做「蒐」，藉以休整軍隊。秋天打獵，叫做「獮」，藉以訓練出兵。因此，卒伍的政令在里中規定，軍旅的政令在郊野規定。內部的教練既已完成，政令就不會再改。所以，卒伍中人，個人與個人互相保護；家庭與家庭互相親愛；年少時一同居住，年長時一道交遊；祭祀時互相祝福，有死喪則互相體恤；發生災禍就互相憂傷，平日相處則互相取悅；勞動時互相協調，痛苦時互相同情。因而夜間作戰，只要彼此聽到聲音就可以不亂；白天作戰，只要互相看到身影就可以認識；愛悅的情誼，可以彼此殉死。因此，用來防禦，則陣地鞏固，用來出戰，則勢在必勝。作為國君，有這樣經過教練的士卒三萬人，馳騁天下，誅伐無道之國，以求安定周室，天下大國的君主，也沒有誰能阻擋了。

正月之朝，鄉長復事，公親問焉，曰：「於子之鄉，有居處為義、好學、聰明、質❶仁、慈孝於父母、長❷弟❸聞於鄉里者？有則以告。有而不以告，謂之蔽❹賢，其罪五。」有司已於事而竣❺。公又問焉，曰：「於子之鄉，有拳勇❻、股肱之力、筋骨秀出❼於眾者？有則以告。有而不以告，謂之蔽才，其罪五。」有司已於事而竣。公又問焉，曰：「於子之鄉，有不慈孝於父母，不長弟於鄉里，驕躁淫暴，不用上令者？有則以告。有而不以告，謂之下比❽，其罪五。」有司已於事而竣。於是乎鄉長退而修德，進賢。桓公親見之，遂使役之官。公令官長，期❾而書伐❿以告，且令選官之賢者而復之。曰：「有人居我官有功，休⓫德維順，端愨⓬以待時使。使民恭敬以勸。其稱謗言⓭，則足以補官之不善政。」公宣⓮問其鄉里，而有考驗。乃召而與之坐，省相⓯其質，以參⓰其成功成事。可立⓱，而時⓲。設問國家之患而不疚⓳，退而察問其鄉里，以觀其所能，而無大過，登以為上卿之佐。名之曰三選⑳。高子、國子退而修㉑鄉，鄉退而修連，連退而修里，里退而修軌，軌退而修家。是故匹夫有善，故可得而舉也；匹夫有不善，故可得而誅也。政既成，鄉不越長㉒，朝不越爵。罷士無伍㉓，罷女無家㉔。士三出妻，逐於境外㉕。女三嫁，入於舂穀㉖。是故民皆勉為善。士與其為善於鄉，不如為善於里；與其為善於里，不如為善於家。是故士莫敢言一朝之便㉗，皆有終歲之計；莫敢以終歲為議㉘，皆有終身之功㉙。

【章旨】此章言桓公親自向鄉里作調查研究，並參與選拔人才。

【注釋】❶質　質地；本性。❷長　撫養。此指愛撫教育晚輩。❸弟　今作「悌」。順從兄長；事奉兄長。❹蔽　遮掩；埋沒。❺竣　退立。《國語・齊語》：「有司已於事而竣。」韋昭注：「竣，伏退也。」尹知章注：「既畢於上事而竣退。」❻拳勇　勇力；勇氣。《詩・小雅・巧言》：「無拳無勇。」毛傳：「拳，力也。」《國語・齊語》：「於子之鄉，有拳勇股肱之力，秀出於眾者？」韋昭注：「大勇為拳。」❼秀出　優異突出。❽比　偏私；庇護。❾期　週年。❿伐　功勞。⓫休　美善；美好。⓬端愨　正直忠厚。⓭稱謗言　意謂宣揚民間的非議。原文為「稱秉言」。《國語・齊語》作「綏謗言」。王紹蘭謂：「『秉』當依〈齊語〉讀為謗，『稱』即『偁』之借字，《說文》『偁，揚也』，謂揚其謗言令上聞也，猶〈晉語〉云：『問謗譽於路』矣。」⓮宣　普遍。尹知章注：「宣，遍也。遍問其鄉里之人，以考其所行皆有事驗。」⓯省相　檢查察看。⓰參　檢驗。⓱立　建樹；舉拔。⓲而時　乃伺。意謂稍作等待。時，通「伺」。伺候；等待。⓳安　即「究」。窮盡。原文為「肉」。《國語・齊語》作「疚」。王念孫謂：「蓋其字本作『宄』。」肉，古字作「宍」，正與「宄」字形近致誤。郭沫若謂：「『宄』與『究』通，『不宄』謂不窮也。」⑳三選　三次選拔。即上文所謂「鄉長復事」、「進賢」，「官長期而書伐」，桓公「省相其質」。㉑修　修明；整治。尹知章謂：「朝事既畢，二大夫又如前退修於鄉。鮑叔在朝，故不言。」㉒鄉不越長　《國語・齊語》韋昭注：「鄉里以齒，長幼不相踰也。」長，長輩；尊長。㉓罷士無伍　尹知章注：「罷，謂乏於德義者。周禮所謂罷人不義之眾，恥以為伍也。」罷士，此指缺乏德義的男子。伍，同列；伴侶。㉔罷女無家　尹知章注：「罷女猶罷士，眾恥娶之，故無家。」罷女，此指缺乏德義的女人。家，夫婦互稱之辭。此指夫。㉕士三出妻二句　尹知章注：「三出妻，所謂『士也罔極，二三其德』，為政者之所忌，故逐於境外也。」出妻，離棄妻子。㉖入於春穀　謂罰其從事春官穀的勞役。春穀，用杵臼搗脫穀殼。㉗便　安逸；閒適。㉘議　言論。此指言論的標準。㉙功　功名；功業。

【語譯】正月之初，鄉長彙報公事，桓公親自詢問，說：「在您的鄉里，有沒有平日愛行義舉，好學聰明，本性仁厚，慈孝父母，愛撫幼小，順從兄長，名聲聞於當地的人呢？有便報告。有而不報告情況，叫做埋沒賢才，處罪當屬五刑。」主事的官員報告完畢而退立。桓公又問，說：「在您的鄉里，有沒有勇氣、體力、筋骨出類拔萃的人？有便報告。有而不報告情況，叫做埋沒人才，處罪當屬五刑。」主事的官員報告完畢而退立。桓公又問，說：「在您的鄉里，有沒有不慈孝父母，不友愛鄉鄰，驕橫強暴，不聽從君令的人呢？有便報告。有而不報告情況，叫做庇護屬下，處罪當屬五刑。」主事的官員報告完畢而退立。於是，鄉長回去之後，便修治德政，推薦賢士。桓公親自會見這些賢士，就讓他們在官府作事。桓公指令官長，年終用書面形式報告他們的功績，並且要挑選這些人員中的賢明者上報。同時下令說：「有些人在我官府任職有功績，有美德，能順從，應當嚴肅忠誠地待時重用。治理民眾要恭謹盡力。流傳民間的非議之詞，也可以補救官府的不善之政。」桓公還普遍詢問當地意見，而且加以考核驗證。然後召來與他座談，考查察看素質，檢驗立功成事的原由。如可拔舉，便令待用。設使問到國家憂患而能應對不窮，下去調查當地反映及考察才能而無重大過失的，便拔舉作為上卿的助理。這種辦法叫做「三選」。高子、國子也下去治理鄉，鄉良人下去治理連，連長下去治理里，里有司下去治理軌，軌長下去治理家。因此，匹夫有了善舉，便可以得到讚賞；匹夫有了不善，也將受到誅罰。施政成功之後，鄉里沒有凌越尊長的行為，朝廷沒有越職行權的現象。缺乏德義的男子，沒有人與他為伍；缺乏德義的女子，沒人給她作丈夫。男人三次離棄妻子，則趕出國境；女人三次被棄改嫁，罰處春穀的勞役。因而人們都盡力行善。而且士子與其在鄉行善，不如在里行善；與其在里行善，不如在家行善。所以，士子中沒有誰只講求一朝一夕的安逸，而是都有終年的謀劃；沒有人只以終年打算作為言論的標準，而是都在謀求終身的功業。

正月之朝，五屬大夫復事於公，擇其寡功者而譙❶之，曰：「列地❷分民者若一，何故獨寡功？何以不及人？教訓不善，政事其不治。一再則宥，三則不赦。」公又問焉，曰：「於子之屬，有居處為義、好學、聰明、質仁、慈孝於父母、長弟聞於鄉里者？有則以告。有而不以告，謂之蔽賢，其罪五。」有司已事而竣。公又問焉，曰：「於子之屬，有拳勇、股肱之力秀出於眾者？有則以告。有而不以告，謂之蔽才，其罪五。」有司已事而竣。公又問焉，曰：「於子之屬，有不慈孝於父母，不長弟於鄉里，驕躁淫暴，不用上令者？有則以告。有而不以告者，謂之下比，其罪五。」有司已於事而竣。於是乎五屬大夫退而修屬，屬退而修連，連退而修鄉，鄉退而修卒，卒退而修邑，邑退而修家。是故匹夫有善，可得而舉；匹夫有不善，可得而誅。政成國安，以守則固，以戰則彊❸。封內治，百姓親，可以出征四方，立一霸王❹矣。

【章旨】此章言桓公親自考核五屬大夫的政績，終使「政成國安」。

【注釋】❶譙　責備；譴責。❷列地　劃分的土地；封賞的土地。列，通「裂」。劃分。❸彊　即「強」。堅強；頑強。❹霸王　指霸業、王業。

【語譯】正月之初，五屬大夫向桓公彙報公事，桓公選取功績少的責備說：「分封的土地和人民都一樣，什麼緣故只你的政績差呢？為什麼比不上別人呢？教育訓導得不好，政務就治理不好。一次二次尚可寬容，到三次就不再饒恕了。」桓公又問大夫，說：「在您的屬中有沒有平日愛行義舉，好學聰明，本性仁厚，慈孝父母，愛撫幼小，順從兄長，名聲聞於當地的人呢？有便報告。有而不報告情況，叫做埋沒賢才，處罪當屬五刑。」主事的官員報告完畢而退立。桓公又問大夫，說：「在您的屬中，有沒有勇氣及腿臂之力出類拔萃的人呢？有便報告。有而不報告情況，叫做埋沒人才，處罪當屬五刑。」主事的官員報告完畢而退立。桓公又問大夫，說：「在您的屬中，有沒有不慈孝父母，不友愛鄉鄰，驕橫強暴，不聽從君令的人呢？有便報告。有而不報告情況，叫做庇護屬下，處罪當屬五刑。」主事的官員報告完畢而退立。於是，五屬大夫回去治理各屬，而後各屬大夫下去治理各連，連長下去治理各鄉，鄉良人下去治理各卒，卒長下去治理各邑，邑司下去治理各家。因而匹夫有了善舉，便可以得到讚賞；匹夫有了不善，也將受到誅罰。治政成功，國家安定，若是防守，則必堅固，若是出戰，則必頑強。國內政治修明，百姓團結，可以征討四方，立一霸王功業了。

桓公曰：「卒伍定矣，事已成矣，吾欲從事於諸侯，其可乎？」管子對曰：「未可。若軍令，則吾既寄諸內政矣。夫齊國寡甲兵，吾欲輕重罪而移之於甲兵。」公曰：「為之奈何？」管子對曰：「制重罪入以兵甲犀脅❶、二戟，輕罪入蘭❷、盾、鞈革❸、二戟，小罪入以金鈞分❹，宥薄罪入以半鈞❺，無坐抑❻而獄訟者，正❼三禁之而不直❽，則入一束矢以罰之。美金❾以鑄戈、劍、矛、戟，試諸狗馬；惡金❿以鑄斤⓫斧、鉏、夷⓬、鋸、欘⓭，試諸木土。」

【章　旨】此章言管子所議充實甲兵之法。

【注　釋】❶犀脅　用犀牛皮製成的脅驅。置於馬的脅外，以便騎坐或運載貨物。❷蘭　又名「蘭錡」。兵器架。《文選・西京賦》：「武庫禁兵，設在蘭錡。」注：「劉逵〈魏都賦〉注曰：『受他兵曰蘭，受弩曰錡，音蟻。』」❸韐革　革製的胸甲皮。尹知章謂：「韐革，重革，當心著之，可以禦矢。」❹鈞分　一鈞有半。分，一半。❺入以半鈞　即納金十五斤。蘇輿謂：「『入以半鈞』四字當衍。既云『宥』，即無半鈞之限。」但從下文「無坐抑而獄訟者」亦當處罰來看，「入以半鈞」四字當不為衍。❻坐抑　即「挫抑」。挫損冤抑。俞樾謂：「『坐』當為『挫』，言人有挫折屈抑，則宜訟，若無是而訟，是好訟也，故必有以禁之。」❼正　官長。❽不直　指理不正、理不足。❾美金　此指優質金屬。即銅與錫的合金青銅。古人稱能製造鋒利兵器的青銅為「美金」。❿惡金　劣質金屬。與「美金」相對而言。此指鐵。純鐵不能製作上等兵器，古人故稱之為「惡金」。⓫斤　斧頭。《左傳・哀公二十五年》：「皆執利兵，無者執斤。」杜預注：「斤，工匠所執。」⓬夷　鋤頭之類的農具。⓭欘　钁頭之類的農具。

【語　譯】桓公問道：「卒伍已經編定了，政事已有成效了，我想對天下諸侯施行軍事會盟，大概可以了吧？」管子回答說：「不行。若是軍令，我便已經結合於內政了。但齊國還缺乏兵器裝備，我想用輕處重罪的辦法，把贖金用到充實兵器上。」桓公問：「這事應當怎麼辦呢？」管子回答說：「規定犯有重罪的人，交納整套兵器、甲冑、犀脅，另加兩支短戟，犯有輕罪的人，交納一套兵器架、盾牌、胸甲皮和兩支短戟，犯有小罪的人，交納一鈞半金屬，犯有輕微罪過、免於刑事處分的人，交納半鈞金屬物品，沒有什麼冤屈而來訴訟，官長多次勸阻無效，而且理由不充足的，便交納一束箭，用以懲罰。青銅用作鑄造戈、劍、矛、戟，在田獵中加以檢驗；鐵用作鑄造斤、斧、鋤、夷、鋸、欘，在伐木、鋤土時加以檢驗。」

桓公曰：「甲兵大足矣，吾欲從事於諸侯，可乎？」管仲對曰：「未可。治內者未具也，為外者未備也。」故使鮑叔牙為大諫❶，王子城父為將，弦子旗為理❷，寧戚為田❸，隰朋為行❹；曹孫宿處楚，商容處宋，季友❺處魯，衛開方❻處衛，匽尚處燕，審友處晉。又游士八十人❼，奉之以車馬衣裘，多其資糧，財幣足之，使出周游於四方，以號召收求天下之賢士。飾玩好，使出周游於四方，鬻之諸侯，以觀其上下之所貴好，擇其沈❽亂者而先政❾之。公曰：「外內定矣，可乎？」管子對曰：「未可。鄰國未吾親也。」公曰：「親之奈何？」管子對曰：「審吾疆埸❿，反其侵地，正其封界；毋受其貨財，而美為皮幣⓫，以極⓬聘覜⓭於諸侯，以安四鄰，則鄰國親我矣。」桓公曰：「甲兵大足矣，吾欲南伐，何主？」管子對曰：「以魯為主。反其侵地常潛，使海於⓮有弊⓯，渠彌⓰於有陼⓱，環山⓲於有牢。」桓公曰：「吾欲西伐，何主？」管子對曰：「以衛為主。反其侵地臺原姑⓳與柒里，使海於有弊，渠彌於有陼，環山於有牢。」桓公曰：「吾欲北伐，何主？」管子對曰：「以燕為主。反其侵地柴夫、吠狗，使海於有弊，渠彌於有陼，環山於有牢。」四鄰大親。既反其侵地，正其封疆，地南至於岱陰⓴，西至於濟，北至於海，東至於紀隨，地方三百六十里。三歲治定，四歲教威，五歲兵出。有教士三萬人，革車八百乘。諸侯多沈亂，不服於天子。於是乎桓公東救徐州，分吳半；存魯陵蔡㉑，割越地。南據宋鄭征伐楚，濟汝水，踰方城㉒，望文山，使貢絲於周室。成周反胙㉓於隆嶽㉔，荊州諸侯，莫不來服。中救晉公，禽狄王，敗胡貉，破屠何㉕，而騎寇始服。北伐山戎，制泠支，斬孤竹，而九夷始聽。海濱諸侯，莫不來服。西征攘㉖白狄之地，遂至于西河㉗；方舟㉘投柎㉙，乘桴濟河，至于石枕㉚。縣車㉛束馬，踰大行與卑耳之谿㉜，拘泰夏㉝；西服流沙西虞，而秦戎始從。故兵一出而大功十二。故東夷、西戎、南蠻、北狄，中國諸侯，莫不賓服㉞。與諸侯飾牲㉟為載書㊱，以誓要於上下庶神㊲。然後率天下定周室，大朝諸侯於陽穀。故兵車之會六，乘車之會三，九合諸侯，一匡天下㊳。甲不解壘㊴，兵不解翳㊵。弢㊶無弓，服㊷無矢，寢㊸武事，行文道，以朝天子。

【章旨】此章言管仲輔佐桓公，治內安外，四鄰親附，終於九合諸侯，一匡天下。

【注釋】❶大諫　官名。負責諫諍君主。尹知章謂：「所以諫正君。」❷理　獄官。掌管審案判刑執法諸事。❸田　農官。掌管田土，教以農事。❹行　外交官。負責通使諸侯。尹知章注：「行，謂行人也，所以通使諸侯。」❺季友　原文為「季勞」。據〈大匡〉「游季友於魯」改。❻衛開方　原文作「徐開封」。王念孫謂：「『徐』當為『衛』，字之誤也。『開封』當為『開方』，聲之誤也。開方，衛人也，故曰衛開方。〈大匡〉曰『游公子開方於衛』，故曰『衛開方處衛』。」❼八十人　原文為「八千人」。王引之謂：「『八千人』為數太多，當從〈齊語〉作『八十人』。」❽沈　通「淫」。荒淫。下同。❾政　通「征」。

討伐。❿疆場　邊境。原文為「疆埸」。安井衡謂：「『埸』當為『場』，字之誤也。」⓫皮幣　毛皮和布帛。常作為貴重的貢品和禮物。〈五行〉：「出皮幣，命行人修春秋之禮於天下，諸侯通。」⓬極　通「亟」。〈齊語〉作「驟」。亟、驟，意謂屢次。⓭覜　諸侯聘問相見的禮節。《周禮・春官・典瑞》：「以覜聘。」鄭玄注：「大夫眾來曰覜，寡來曰聘。」⓮於　爰；於是。⓯弊　通「蔽」。遮擋；障蔽。⓰渠彌　裨海；小海。《國語・齊語》作「渠弭」。韋昭注：「賈侍中（逵）云『渠弭，裨海也。』」⓱有陼　有所屏蔽。陼，同「堵」。牆壁。⓲環山　原文為「綱山」。此從《國語・齊語》作「環山」。郭沫若謂：「〈齊語〉作『環山』，是也。環山乃齊地名，《漢書・地理志》琅邪郡昌縣有環山祠」，「海有蔽，渠彌有陼，環山有牢，謂行惠鄰之政，則齊之海陸均有屏蔽耳」。⓳臺原姑　地名。原文為「吉臺原姑」。王念孫謂：「『吉』字，疑即『臺』字之誤而衍者也。」〈齊語〉作「臺原姑」。⓴岱陰　指岱山（即泰山）之北。山北水南謂之「陰」，山南水北謂之「陽」。㉑陵蔡　威服蔡國。陵，侵犯；欺凌。此指威壓。《左傳・僖公四年》：「春，齊侯以諸侯之師侵蔡。」「陵蔡」事，即當指此。原文為「蔡陵」。俞樾謂：「地無名『蔡陵』者。」張佩綸謂：「『蔡陵』當作『陵蔡』，即僖公四年侵蔡事。」㉒方城　地名。春秋時楚北要塞。原文為「方地」。《國語・齊語》作「方城」。韋昭注：「方城，楚北之扼塞也。」其址在今河南方城北至鄧縣一帶。㉓胙　祭祀用的肉。《後漢書・鄧彪傳》：「四時致宗廟之胙。」李賢注：「祭廟肉也。」㉔隆嶽　指稱齊侯。四嶽古稱方伯，齊有東嶽泰山，稱為「隆嶽」，是周天子尊桓公為方伯。㉕屠何　尹知章注：「東胡之先也。」尹桐陽謂：「屠何，東胡之先，漢為徒河縣，屬遼西郡。」㉖攘　奪取。㉗西河　尹知章注：「謂龍門之西河。」㉘方舟　兩船相並而駛。㉙柎　通「桴」。以竹木編成的渡水工具，大的叫筏，小的叫桴。《說文》：「柎，編木以渡，曰泭，或作柎，通作桴。」㉚石枕　晉國地名。原文為「石沈」。郭沫若謂：「《國語》宋明道二年本作『石枕』，明嘉靖本作『石抗』，當從宋本。」㉛縣車　即「懸車」。縣，即「懸」的本字。意謂懸掛、懸鉤。㉜谿　原文為「貉」。王念孫謂：「『貉』當為『谿』，字之誤也。〈齊語〉作『辟耳之谿』，辟、卑古字通。」㉝泰夏　即大夏。國名。泰，古本、劉本作「泰」，宋本、朱本、趙本等作「秦」，從古本。㉞賓服　諸侯或邊遠部落，按時向天子朝貢，表示服從。㉟飾牲　將祭祀用的牲口加以洗刷、裝飾，用於祭神的儀式。《周禮・地官・封人》：「凡祭祀飾其牛牲。」㊱載書　指記載會盟內容。尹知章注：「書，謂要盟之辭載之於策。」㊲以誓要於上下庶神　王念孫云：「以盟載之詞，要誓於上下眾神也。」誓要，即要誓。要約；盟約；盟誓。庶神，眾神。原文為「薦神」。劉績謂：「『薦』當依〈齊語〉作『庶』。」㊳一匡天下　使天下歸於統一。一，統一。匡，糾正；端正。當時諸侯無視周天子，互相攻伐，管仲輔佐齊桓公暫時制止了這種混戰局面。㊴壘　通「累」。繩索。㊵翳　通「医」。《說文》：「医，藏弓弩矢器也。」㊶弢弓袋。尹知章注：「弢，弓衣也。」㊷服 通「箙」。盛箭的器具。㊸寢 停止；平息。

【語譯】桓公問道：「兵器十分充足了，我想要會盟諸侯，可以了嗎？」管仲回答說：「不行。執掌內政的人員還不齊全，從事外交的人選還沒具備。」於是任命鮑叔牙為大諫，王子城父為將領，弦子旗為獄官，寧戚為農官，隰朋為外交大臣；並派遣曹孫宿常駐楚國，商容常駐宋國，季友常駐魯國，衛開方常駐衛國，匽尚常駐燕國，審友常駐晉國。又選拔遊說之士八十人，供給車馬衣裘，多配物資糧食，備足財幣用度，派遣出國，周遊四方，號召收求天下賢士。然後再整治玩好物品，讓他們攜帶出國，周遊四方，賣給諸侯，藉以觀察各國君臣上下的所貴重與所愛好，選擇那些淫亂的諸侯先行征伐。桓公問：「現在外交內政都已安排穩妥，可以了嗎？」管子回答說：「還不可以。近鄰之國還沒有親附我們。」桓公問：「怎樣使鄰國親附呢？」管子回答說：「審定我們的邊境，歸還侵占的土地，訂正鄰國的疆界；不可收受他們的錢財，而要拿出精製的皮毛和布帛，經常訪問諸侯各國，藉以安定四鄰。這樣，四鄰便會親善我們了。」桓公問：「軍備十分充足了，我想向南討伐，宜依靠何國為主？」管子回答說：「應以魯國為主。歸還魯被我國侵占的常、潛兩地，使齊國大海有屏障，小海有牆垣，環山有欄柵。」桓公問：「我想向西討伐，宜依靠何國為主？」管子回答說：「應以衛國為主。歸還衛被我國侵占的臺原姑與柒里兩地，使齊國大海有屏障，小海有牆垣，環山有欄柵。」桓公問：「我想向北討伐，宜依靠何國為主？」管子回答說：「應以燕國為主。歸還燕被我國侵占的柴夫與吠狗兩地，使齊國大海有屏障，小海有牆垣，環山有欄柵。」四方鄰國因而極為親善。既已歸還各國被侵占的領土，然後就訂正毗鄰各國的疆界，齊國國土南至泰山以北，西至濟水，北至海濱，東至紀隨，方圓共計三百六十里。管仲輔佐桓公三年，齊國政治安定；四年，軍事訓練成功；五年，興兵征討各國。齊國擁有教練有素的士卒三萬人，革車八百輛。當時，天下諸侯大多淫亂，不服從周天子。於是，桓公向東救援徐州，分割吳地一半；救存魯國，威服蔡國，分割越地。向南依憑宋、鄭兩國，征伐強楚，橫渡汝水，跨越方城，逼近文山，責令楚國向周王室進貢絲絹。周天子賞賜祭肉給齊桓公，荊州各國諸侯，沒有誰不來歸服。

在中原一帶，桓公救援晉公，擒獲狄王，挫敗胡貉，擊破屠何，騎寇始得征服。桓公向北討伐山戎，制服泠支，斬殺孤竹，九夷始得聽命。沿海各國諸侯，沒有誰不來歸服。桓公向西征討，奪取了白狄的土地，一直到達西河；而後並船編筏，乘桴渡河，到達石枕。而後又鉤懸兵車，緊束戰馬，翻越太行山，跨過卑耳山的溪澗，捉拿了大夏首領；在西方又征服了流沙西虞一帶，秦戎始得親附。這樣，一次出兵，便獲得了十二項重大成功。所以，東夷、西戎、南蠻、北狄以及中原各國，沒有誰不服從。桓公與各國諸侯供上祭品，寫下誓辭，在天地眾神面前立下盟誓。然後，桓公又率領各國諸侯安定周室，在陽穀舉行了盛大朝會。總計起來，有兵車的緊急會盟六次，乘車的友好會盟三次，桓公共計九次會盟諸侯，終於使天下局面歸於統一。鎧甲不解繩索，兵器不開包裝。弓衣無弓，箭袋無箭，武事止息，文治大行，各國諸侯共同朝拜周天子。

葵丘之會，天子使大夫宰孔，致胙於桓公曰：「余一人有事於文武❶，使宰孔致胙。」且有後命曰：「以爾自卑勞，實❷謂爾伯舅❸毋下拜❹。」桓公召管仲而謀，管仲對曰：「為君不君，為臣不臣，亂之本也。」桓公曰：「余乘車之會三，兵車之會六，九合諸侯，一匡天下。北至於孤竹、山戎、穢貉，拘秦夏；西至流沙西虞；南至吳、越、巴、牂牁、䍐❺、不庾❻、雕題❼、黑齒❽。荊夷之國，莫違寡人之命，而中國❾卑我。昔三代之受命者，其異於此乎？」管子對曰：「夫鳳凰鸞鳥不降，而鷹隼鴟梟豐；庶神不格❿，守龜⓫不兆⓬，握粟而筮者屢中；時雨甘露不降，飄風暴雨數臻⓭；五穀不蕃⓮，六畜不育，而蓬蒿藜藋⓯並興。夫鳳凰之文，前德義，後日昌。昔人之受命者，龍龜假⑯，河出圖，雒出書⑰，地出乘黃⑱。今三祥未見有者，雖曰受命，無乃失諸乎？」桓公懼，出見客曰：「天威不違顏咫尺，小白承天子之命而毋下拜，恐顛蹶於下，以為天子羞。」遂下拜，登受賞服、大路⑲、龍旗九游⑳、渠門㉑赤旗。天子致命㉒於桓公而不受，天下諸侯稱順焉㉓。

【章旨】此章言葵丘之會，桓公因管仲忠告，未受天子命而下拜之舉，深得諸侯稱頌。

【注釋】❶余一人有事於文武　謂在先王文武廟前，將有祭祀事宜。尹知章謂：「有祭事於文王、武王廟也。」原句為「余一人之命有事於文武」。王引之謂：「『之命』二字，蓋因下文『天子之命』而衍。」❷實　此；因此。❸伯舅　此為周天子對異姓諸侯的尊稱。❹下拜　指下堂拜賜。《國語・齊語》：「無下拜。」韋昭注：「無下堂拜賜也。」❺⿰長瓜　南方國名。尹桐陽謂：「⿰長瓜從長瓜，字書所無。蓋『長瓜』即長沙之聲轉，合形而為⿰長瓜。」❻不庾　南方國名。尹桐陽謂：「『不庾』即北朐。《山海經・海內南經》『雕題國、北朐國皆在鬱水南』。」❼雕題　南方國名。《禮記・王制》：「南方曰蠻，雕題交趾，有不火食者矣。」鄭玄注：「雕文，謂刻其肌以丹青涅之。」孔穎達疏：「題，謂額也。謂以丹青刻其額。」❽黑齒　南方國名。《山海經・海外東經》：「黑齒國為人黑齒。」安井衡謂：「黑齒者，嶺南之人食檳榔，其齒變黑，因以名其國耳。」❾中國　此指中原諸侯各國。是與「荊夷之國」相對而言。尹知章注：「中國之人，不尊崇樂推，使居臣位，是卑我也。」言令其為臣而下拜。❿格　來；至。尹知章謂：「眾神不至，則未歆其享祭。」⓫守龜　朝廷收藏用以占卜的龜甲。守，收。⓬兆　預示。⓭數臻　屢次來到。臻，至。⓮蕃　茂盛。《易・坤・文言》：「天地變化，草木蕃。」⓯藜藋　草莽荒穢貌。藋，草名。或稱灰藋。原文作「蘿」。從俞樾說改。⓰假　通「格」。到。⓱河出圖二句　傳說中祥瑞的徵兆。此謂伏羲氏時，有龍馬從黃河出現，背負「河圖」；有神龜從洛水出現，背負「雒書」。《易・繫辭上》：「河出圖，雒出書。」雒，通「洛」。⓲乘黃　傳說中的神馬名。《山海經・海外西經》：「白民之國……有乘黃，其狀如狐，其背上有角，乘之壽二千歲。」⓳大

路 大車。路，通「輅」。車名。《國語・晉語》：「輅車十五乘。」⑳龍旂九游 旌旗名。畫蛟於旗上，有九旒下垂。九游，亦作「九斿」、「九旒」。旒（斿、流），指旌旗下垂的裝飾物。㉑渠門 轅門。亦稱「牙門」、「牙渠門」。《國語・齊語》韋昭注：「渠門，兩旂所建以為軍門，若今牙門也。」㉒致命 指上文所謂天子使大夫宰孔致「毋下拜」之命。原文為「致胙」。陶鴻慶云：「『致胙』當為『致命』，謂天子致『無下拜』之命，而桓公不受也」，「若作『致胙而不受』，則情事乖違矣」。㉓稱順焉 謂稱頌桓公遵循禮儀。《國語・齊語》：「諸侯稱順矣。」韋昭注：「下拜，順於禮也。」

【語譯】桓公在葵丘大會諸侯時，周天子委派大夫宰孔送來祭肉，並對桓公說：「我因到文王、武王宗廟舉行祭祀，特委派宰孔送祭肉給你。」並且有隨後而來的命令說：「因為你自謙、勞苦，所以叫伯舅不必下堂拜賜。」桓公召見管仲，跟他商量，管仲回答說：「如果君主不行君主禮儀，臣子不行臣子禮儀，這是亂政的根本。」桓公說：「我舉行了三次乘車的會盟，六次兵車的會盟，九次會盟諸侯各國，統一了天下大局。北至孤竹、山戎、穢貉，拘捕大夏國君；西至流沙西虞；南至吳、越、巴、牂柯、⿸厂長、不庾、雕題、黑齒。荊夷之國，沒有誰違抗我的命令，而中原之國卻看輕我。從前夏、商、周三代受命為王的，難道跟我這種情況有什麼不同嗎？」管子回答說：「現在鳳凰鸞鳥不降臨，鷹隼鴟梟卻很多；眾神不來到，占卜的龜甲不顯徵兆，持穀穗卜筮的，卻常常靈驗；時雨甘露不降落，飄風暴雨卻頻頻襲來；五穀不豐茂，六畜不生育，蓬蒿藜藋等雜草卻蓬勃興盛。那鳳凰羽毛的花紋，前面象徵德義，後面才象徵日昌。古人受天命成為帝王的，總是龍龜來到，黃河龍馬背出『河圖』，雒水神龜背出『雒書』，陸地出現乘黃神馬。如今三種祥瑞沒有見到一種，即使受命為王，不是也將失掉嗎？」桓公聽了，驚恐不安，出來會見各國來賓，說：「天子的威嚴，不離我們咫尺，我小白雖受天子之命，而不必下堂拜賜，但恐怕給下面造成顛倒君臣禮儀的壞影響，而給天子帶來羞辱。」於是下堂拜賜，而後登堂領受賞服、大輅、龍旗九游、渠門赤旗。天子下達不要下堂拜賜的命令，而桓公不敢接受，各國諸侯都稱頌桓公能遵循君臣禮儀。

桓公憂天下諸侯。魯有夫人慶父之亂❶，而二君弒死，國絕無後。桓公聞之，使高子存之。男女不淫，馬牛選具❷。執玉以見，請為關內之侯，而桓公不使也。狄人攻邢，桓公築夷儀以封之。男女不淫，馬牛選具。執玉以見，請為關內之侯，而桓公不使也。狄人攻衛，衛人出旅❸於曹，桓公城❹楚丘封之。其畜以❺散亡，故桓公予之繫馬❻三百匹。天下諸侯稱仁焉。於是天下之諸侯知桓公之為己勤❼也，是以諸侯之歸之也，譬若市人。桓公知諸侯之歸己也，故使輕其幣而重其禮。故使天下諸侯以疲馬犬羊為幣，齊以良馬報；諸侯以縵帛❽鹿皮四介❾以為幣，齊以文錦虎豹皮報。諸侯之使垂橐❿而入，攟載⓫而歸。故鈞⓬之以愛，致⓭之以利，結之以信，示之以武。是故天下小國諸侯既⓮服桓公，莫之敢倍而歸之。喜其愛而貪其利，信其仁而畏其武。桓公知天下小國諸侯之多與⓯己也，於是又大施惠⓰焉。可為憂者為之憂，可為謀者為之謀，可為動者為之動。伐譚萊⓱而不有也。諸侯稱仁焉。通⓲齊國之魚鹽東萊，使關市幾而不正⓳，廛⓴而不稅，以為諸侯之利。諸侯稱寬焉。築蔡、鄢陵、培夏、靈父丘，以禦㉑戎狄之地，所以禁暴於諸侯也。築五鹿、中牟、鄴、蓋與、牡丘㉒，以衛諸夏之地，所以示權㉓於中國也。教大成。是故天下之於桓公，遠國之民望如父母，近國之民從如流水。

故行地滋㉔遠，得人彌眾。是何也？懷其文而畏其武。故殺無道、定周室，天下莫之能圉，武事立也；定三革㉕偃五兵㉖，朝服㉗以濟河，而無怵惕焉，文事勝也。是故大國之君慚媿，小國諸侯附比。是故大國之君事如臣僕，小國諸侯驩如父母。夫然，故大國之君不尊，小國諸侯不卑。是故大國之君不驕，小國諸侯不懾。於是列廣地以益狹地，損㉘有財以益無財。周㉙其君子，不失成功；周其小人，不失成命㉚。夫如是，居處則順，出則有成功。不稱動甲兵之事，以遂文武之跡於天下。

【章　旨】此章言桓公教化功成，不動甲兵，而遂文武之跡。

【注　釋】❶夫人慶父之亂　指魯莊公的庶兄仲慶父與莊公夫人姜氏通姦事。莊公去世，慶父派人殺死繼莊公之位的子般，後又殺死繼子般之位的閔公。「慶父不死，魯難未已」之語即由此而來。❷馬牛選具　王引之云：「『牛馬選具』者，謂牲畜皆全，不見掠奪也。」選具，齊備。選，齊整。❸旅　在外作客；客居。❹城　此為動詞。築城。❺以　通「已」。已經。❻繫馬　指良馬。繫養廄中，以待急務。尹知章注：「謂馬在閑廄繫養之，言其良也。」❼勤　勞苦；盡力。❽縵帛　無文彩的絲綢。原文為「縷帛布」。王念孫謂：「『縷帛布』本作『縵帛』」，〈霸形〉曰：『以虎豹皮文錦使諸侯，諸侯以縵帛鹿皮報』，文義正與此同，則本作『縵帛』明矣」。❾四介　即四個。原文為「四分」。王引之謂：「『鹿皮四分』，『分』當為『介』，『介』即今『个』字也。」❿垂橐　空囊；空手。尹知章謂：「垂橐，言其空也。」《國語‧齊語》韋昭注：「垂，言空而來；橐，囊也。」⓫攟載　捆載；滿載。攟，同「捃」。拾取；收集。⓬釣　趙本作「鈞」，朱本作「釣」。此從朱本。⓭致　招致；引來。⓮既　盡；全。⓯與　親與；親近。⓰惠　趙本作「忠」，朱本作「惠」。此從朱本。⓱譚萊　尹桐陽謂：「譚見《左》莊十年，杜注『譚國，子爵』。今山東歷城縣東南七十里有譚城，為齊所滅」，「萊，夷國名，姜姓，子爵。今山東黃縣東南二十里萊子城是。《左》襄六年齊滅之」。⑱通　往來；交換；流通。尹知章注：「自東萊通魚鹽於諸侯。」⑲幾而不正　尹知章注：「幾，察也。察其姦非，而不征稅。」正，通「征」。租稅。《周禮・夏官・司勛》：「惟加田無國正。」鄭玄注引鄭司農云：「正謂稅也。」陸德明《釋文》：「正，本亦作征。」⑳壥　即「廛」。市房。《禮記・王制》：「市，廛而不稅。」鄭玄注：「廛，市物邸舍。稅其舍不稅其物。」㉑禦　防禦。原文為「衛」。安井衡謂：「『衛』字不可通，當依〈齊語〉作『禦』。」㉒牡丘　地名。原文為「社丘」。王引之謂：「地無名『社丘』者，當從朱本作『牡丘』。」㉓權　權力；權威。原文為「勸」。《國語・齊語》作「權」。此從〈齊語〉。㉔滋　增益；更加。㉕三革　指軍事裝備。具體物件，則所說不一。《國語・齊語》韋昭注：「三革，甲、冑、楯也。」尹知章〈小匡〉注：「車、馬、人皆有革甲，曰三革。」㉖五兵　指武器。《國語・齊語》作「五刃」。韋昭注謂：「刀、劍、矛、戟、矢也。」㉗朝服　穿朝服。指從事友好會盟活動。尹知章注：「謂乘車之會。朝服濟河，以與西諸侯盟也。」㉘損　減少。㉙周　通「賙」。救濟；救助。㉚成命　指已發布的政令、指示等。尹知章注：「周給君子，得其力用，故不失成功也」，「周給小人，懷德而歸，故不失成命也」。

【語　譯】桓公為天下各國憂慮。魯國有莊公夫人姜氏與仲慶父作亂，子般與閔公兩位君主先後被殺，絕嗣而無後繼。桓公聽到這個情況後，便叫高子設法救存魯國。使魯國男女不雜亂，馬牛齊備。魯國使者捧玉拜見桓公，請求作為齊國的關內侯，而桓公不讓這樣作。狄人進攻邢國，桓公便修築夷儀城封賜邢君。使邢國男女不雜亂，馬牛齊備。邢國使者捧玉拜見桓公，請求作齊國的關內侯，而桓公不讓這樣作。狄人進攻衛國，衛國人逃奔，客居曹地，桓公便修築楚丘城封賜衛君。衛國的牲畜已經散失，桓公又給三百匹良馬。天下各國都稱頌桓公仁義。在這種情況下，各國諸侯知道桓公是為自己盡力，因此，諸侯歸附桓公，好比人們趕集一樣。桓公知道諸侯各國歸附自己，便輕收對方的禮帛而重贈答謝的禮物。所以，假使天下各國用瘦馬犬羊為禮帛，齊國便用良馬作答謝；諸侯用素綢和四張鹿皮為禮帛，齊國便用文錦和虎皮豹皮作答謝。諸侯使者往往空囊而來，滿載歸去。所以，齊國是用仁愛來垂釣，用實惠來招引，用誠信相結交，用武力相威懾。因而天下小國諸侯全都順服，不敢違背，而來歸附桓公了。他們喜歡桓公的仁愛，而貪慕桓公的財利，信賴桓公的仁義，而畏懼桓公的武力。桓公知道天下小國諸侯大多數已經親附自己，於是更大施德惠。可以替他們憂慮的便替他們憂慮，可以替他們謀劃的便替他們謀劃，可以替他們動武的便替他們動武。討伐譚國、萊國，而不據其土地為己有。諸侯都稱頌桓公仁愛。在東萊與諸侯各國交換齊國的魚鹽，讓關市只稽察姦非而不徵賦稅，設邸舍存放貨物而不收貨損，為諸侯各國提供便利。諸侯都稱頌桓公寬惠。修築蔡、鄢陵、培夏、靈父丘等城邑，防禦戎狄一帶，用來禁阻戎狄向諸侯各國暴施掠奪。修築五鹿、中牟、鄴、蓋與、牡丘等城邑，保衛諸夏一帶，用來向中原各國顯示權威。齊國施行政教，大功告成。因此，天下民眾對於桓公，偏遠國家的民眾，好比盼望父母，近鄰國家的民眾，好比順從流水。桓公經行的地域愈遠，所得的民心愈眾。這是什麼緣故呢？是因為人們感懷他的文德，而敬畏他的武功。誅殺無道諸侯，維護周室威嚴，天下沒有誰能抵擋，是因為軍威已經確立；收藏三革，停用五兵，穿著朝服，過河會盟而無驚懼，是由於文治已經成功。因而使大國的君主慚愧，小國的諸侯親附。大國的君主事奉桓公，謙如臣僕；小國的諸侯喜歡桓公，敬如父母。這樣一來，大國的君主不妄尊，小國的諸侯不自卑。大國的君主不驕傲，小國的諸侯不驚恐。於是，分取地廣的以增益地狹的，減損有財的以補助無財的。周濟士大夫，因而能不失成功，周濟老百姓，因而能不失成命。像這樣，平時則可享安順，出動便可獲成功。不必發動戰爭，便可以成就文王、武王的功業。

桓公能假其群臣之謀，以益其智也。其相曰夷吾，大夫曰寧戚、隰朋、賓胥無、鮑叔牙。用此五子❶者何功❷度義，光德繼法，昭於天下❸，以遺後嗣；貽孝昭穆，大霸天下，名聲廣裕，不可掩也。則唯有明君在上，察相❹在下也。初，桓公郊迎管子而問焉，管子辭讓。然後對以參國伍鄙，立五鄉以崇化，建五屬以厲武，寄兵於政，因刑罰❺，備器械，加兵無道諸侯，以事周室。桓公大說，於是齋戒十日，將相管仲。管仲曰：「斧鉞之人也，幸以獲生，以屬其腰領❻，臣之祿❼也。若知❽國政，非臣之任也。」公曰：「子大夫受政，寡人勝任❾；子大夫不受政，寡人恐崩。」管仲許諾，再拜而受相。三日，公曰：「寡人有大邪三，其猶尚可以為國乎？」對曰：「臣未得聞。」公曰：「寡人不幸而好田，晦夜而至禽側❿，田莫不見禽而後反，諸侯使者無所致⓫，百官有司無所復⓬。」對曰：「惡則惡矣，然非其急者也。」公曰：「寡人不幸而好酒，日夜相繼，諸侯使者無所致，百官有司無所復。」對曰：「惡則惡矣，然非其急者也。」公曰：「寡人有污行，不幸而好色，而姑姊有不嫁者。」對曰：「惡則惡矣，然非其急者也。」公作色曰：「此三者且可，則惡有不可者矣？」對曰：「人君唯優⓭與不敏⓮為不可。優則亡眾⓯，不敏不及事。」公曰：「善。吾子就舍，異日請與吾子圖之。」對曰：「時可，將與夷吾，何待異日乎？」公曰：「奈何？」對曰：「公子舉，為人博聞而知禮，好學而辭遜，請使游於魯，以結交焉。公子開方，為人巧轉兌利⓰，請使游於衛，以結交焉。曹孫宿，其為人也，小廉而苛忕⓱，足恭而辭給⓲，正荊之則⓳也，請使往游以結交焉。」遂立行三使者，而後退。

【章　旨】此章補敘管仲諫桓公「立行三使」等事，旨在稱頌桓公為「明君」，管仲為「察相」。

【注　釋】❶五子　此處指管仲、寧戚、隰朋、賓胥無、鮑叔牙。俞樾則謂當指「寧戚、隰朋、王子城父、賓胥無、東郭牙」，「傳寫奪『王子城父』，又誤『東郭牙』為『鮑叔牙』，與後文五子不合」。❷何功　即「荷功」。任事。何，通「荷」。負荷；擔負。❸昭於天下　原文為「紹終」。古本、劉本、朱本均作「紹於天下」。郭沫若謂：為「昭於天下」。即昭示天下。❹察相　視事精審的國相。此指管仲。《新書・道術》：「纖維皆審謂之察。」❺因刑罰　借助刑罰。原文為「因罰」。陶鴻慶謂：「當作『因刑罰』，〈中匡〉云『請薄刑罰，以厚甲兵』，是其證。」❻屬其腰領　使其腰領相連。意謂不處以死刑，使身首異地。尹知章注：「屬，連綴也。」❼祿　福分。❽知　主持；掌管。❾勝任　擔當得起。尹知章謂：「言子受政而輔我，我則勝君之任也。」❿禽側　尹桐陽謂：「『側』同『堲』，遏遮也。禽側者，謂育禽之藪澤。」⓫無所致　即無所致命。沒有機會面致君命。⓬無所復　即無所復事。沒有機會報告辦事情況。尹知章謂：「既專於田，故使者不得致命，有司不得白事。」⓭優　柔弱；少決斷。尹知章注：「優，謂透隨不斷。」⓮不敏　不勤奮盡力。《論語・述而》：「好古敏以求之者也。」劉寶楠正義：「敏，勉也。言黽勉以求之也。」⓯亡眾　即「無眾」。沒有民眾擁護。亡，通「無」。⓰兌利　即「銳利」。兌，通「銳」。《荀子・議兵》：「兌則若莫邪之利鋒，當之者潰。」⓱小廉而苛忕　即重視小節，慣於細察。苛忕，即「苛忕」。苛，苛刻；嚴峻。忕，同「忕」。習慣。⓲辭給　善於辭令。原文為「辭結」。劉績謂：「〈大匡〉作『博於教而又巧於辭，不好立大義而好結小信』，則『辭結』當作『辭給』。」⓳正荊之則　正符合荊楚人的準則。尹知章注：「言此人立行正與荊俗同。使之游荊，必得其歡心。」

【語　譯】桓公善於借助群臣的智謀，來增進自己的才智。他的輔相是管夷吾，大夫是寧戚、隰朋、賓胥無、鮑叔牙。任用這五個人執掌國事，論定是非，光大德政，增益法制，昭示天下，遺傳後世，澤及孝公、昭公之後，稱霸天下，聲名遠播，不可埋沒。這只是因為有明君在上、賢相在下的緣故。最初時，桓公到城郊迎接管仲，就向他問及國事，管仲推辭謙讓，然後提出了劃分三國五鄙，設置五鄉以提倡教化，建立五屬以厲行武事，寄寓軍事於內政，借助刑罰，充實武器裝備，討伐無道諸侯，事奉周室等策略措施。桓公極為高興，於是齋戒十天，準備拜管仲為相。管仲說：「我是當受斧鉞酷刑的人，幸而得到活命機會，仍使身首相連，這就是我的福分了。若是主持國家政務，便不是我所能承當的了。」桓公說：「您接受國家政務，我就能承擔君主職事；您不接受政務，我唯恐君權崩塌。」管仲應允，再拜而接受相印。三天之後，桓公問道：「我有三大毛病，還可以治好國事嗎？」管仲回答說：「我還沒有聽說過您的毛病。」桓公說：「我不幸酷愛打獵，昏夜還要到飛禽棲息的地方去；打獵時，沒有不是射到飛禽以後才回來的，以致諸侯使者沒有機會當面報告君命，各級官吏沒有機會當面報告辦事情況。」管仲回答說：「壞倒是壞事，然而並不是那麼急須解決的問題。」桓公又說：「我不幸酷愛飲酒，日夜不斷，以致諸侯使者沒有機會當面報告君命，各級官吏沒有機會當面報告辦事情況。」管仲回答說：「壞倒是壞事，然而並不是那麼急須解決的問題。」桓公又說：「我還有一種污穢的操行，就是不幸貪愛女色，連表姊妹也有沒讓出嫁的。」管仲仍然回答說：「壞倒是壞事，然而並不是急須解決的問題。」桓公改變臉色說：「這三條尚且可以，那麼，還有什麼不可以的呢？」管仲回答說：「作為君主，唯有優柔寡斷與不勤奮盡力最不可以。優柔寡斷，便沒有民眾擁護；不勤奮盡力，便辦不成事。」桓公說：「很好。您先回去，改天再與您商量。」管仲回答說：「此時就可以，要是想跟我談，何必等待另一天呢？」桓公問：「那該怎麼辦呢？」管仲回答說：「公子舉，為人富有見識，深知禮儀，愛好學習，言辭謙遜，請派遣出使魯國，以結交歡。公子開方，為人機巧圓轉，很有銳氣，請派遣出使衛國，以結交歡。曹孫宿的為人，重視小節，嚴於細察，非常謙恭，言辭敏捷，正符合荊楚人的要求，請派遣前往楚國，以結交歡。」於是，立即派遣以上三位使者出發，然後管仲告退。

相三月，請論❶百官。公曰：「諾。」管仲曰：「升降揖讓，進退閑習❷，辨❸辭之剛柔，臣不如隰朋。請立為大行❹。墾草入邑，辟土聚粟多眾，盡地之利，臣不如寧戚。請立為大司田。平原廣牧❺，車不結轍❻，士不旋踵❼，鼓之而三軍之士視死如歸，臣不如王子城父。請立為大司馬。決獄折中，不殺不辜，不誣無罪，臣不如賓胥無。請立為大司理。犯君顏色，進諫必忠，不辟❽死亡，不撓❾富貴，臣不如東郭牙。請立以為大諫之官。此五子者，夷吾一不如；然而以易夷吾，夷吾不為也。君若欲治國強兵，則五子者存矣；若欲霸王，夷吾在此。」

桓公曰：「善。」

【章旨】此章補敘管仲初為相時，論定眾官所宜任使之職事。

【注釋】❶論　評定。❷閑習　熟習；熟練。閑，通「嫻」。嫻熟；精通。❸辨　通「辯」。爭論；言論。❹大行　外交官名。尹知章注：「大行，大使之官。」❺牧　遠郊之地。❻結轍　此指戰車的轍跡交錯相迭。比喻因指揮不當而導致車馬混亂。❼旋踵　旋轉腳跟，向後倒退。❽辟　通「避」。躲避。❾撓　屈服。

【語譯】管仲為相三個月時，要求與桓公論定眾官的職能。桓公說：「好的。」管仲說：「升降揖讓精於禮節，上朝退朝熟悉程儀，論辯言辭剛柔有度，我比不上隰朋。請任命他為『大行』。墾除草萊地區，使之變為城邑，開闢土地，積累糧食，增多人口，充分發揮地利，我比不上寧戚。請任命他為『大司田』。在原野廣闊的遠郊，指揮作戰，戰車不亂轍，士卒不後退，進軍鼓一響，全軍將士便視死如歸，我比不上王子城父。請任命他為『大司馬』。判決獄案使之適中，不妄殺無辜的人，不冤屈無罪的人，我比不上賓胥無。請任命他為『大司理』。敢於觸犯君主的臉色，諫諍必出於忠心，不因死亡而後退，不為富貴而屈服，我比不上東郭牙。請任命他為『大諫』。這五個人，我管夷吾一個也比不上；然而，如果用來交換我管夷吾，我卻不願幹。您如果想要治國強兵，則有這五位可用；如果想要成就霸王之業，則有我管夷吾在此。」桓公說：「太好了。」

王言　第二十一（亡）

卷九

霸形　第二十二

【題解】《管子》第二十一篇，題為「王言」，其文已亡，今僅存目。此為第二十二篇，題為「霸形」。顧名思義，內容當是敘寫霸王之業的規模與形勢。但通觀全篇，主要是記載桓公與管仲之間，關於如何成就霸王之業的對話。諸如以民為本，輕徵省刑，濟弱施惠，安定「三君」，南存宋、鄭，「武令」楚王，九合諸侯，終成霸業等等，都是通過君臣討論的方式，揭示桓公圖霸的理論與實踐，敘「形」少而記「言」多。稱之為「霸言」，題文正合。又上篇為「王言」，下篇為「霸言」，也更順理成章。且此文下篇標為「霸言」，而開篇即為「霸王之形」四字。根據〈牧民〉、〈形勢〉（又名〈山高〉）中業已出現的「首句標其目」的常例，正可標為「霸形」。據此，本人贊同張佩綸及豬飼彥博諸公之說，認為本文與下篇的題目疑有誤倒，本文當作「霸言」，下篇當作「霸形」。

桓公在位，管仲、隰朋見。立有間，有貳鴻飛而過之。桓公歎曰：「仲父❶，今彼鴻鵠有時而南，有時而北，有時而往，有時而來，四方無遠，所欲至而至焉。

非唯有羽翼之故，是以能通其意於天下乎？」管仲、隰朋不對。桓公曰：「二子何故不對？」管子對曰：「君有霸王之心，而夷吾非霸王之臣也，是以不敢對。」桓公曰：「仲父胡為然？盍❷不當言❸，寡人其有鄉❹乎？寡人之有仲父也，猶飛鴻之有羽翼也，若濟大水有舟楫也。仲父不一言教寡人，寡人之有耳，將安聞道而得度❺哉？」管子對曰：「君若將欲霸王舉大事乎？則必從其本事矣。」桓公變躬❻遷席，拱手❼而問曰：「敢問何謂其本？」管子對曰：「齊國百姓，公之本也。人甚憂飢，而稅斂重；人甚懼死，而刑政險；人甚傷勞，而上舉事不時。公輕其稅斂，則人不憂飢；緩其刑政，則人不懼死；舉事以時，則人不傷勞。」桓公曰：「寡人聞仲父之言此三者，聞命矣。不敢擅❽也，將薦之先君❾。」於是令百官有司，削方❿墨筆。明日，皆朝於太廟⓫之門朝⓬，定令於百吏。使稅者百一鍾⓭，孤幼不刑，澤梁⓮時縱，關譏⓯而不征，市書⓰而不賦，近者示之以忠信，遠者示之以禮義。行此數年，而民歸之如流水。

【章　旨】此章記述管仲所言：欲成霸王之業，則必以百姓為本。

【注　釋】❶仲父　桓公對管仲的尊稱。❷盍　為何；何故。❸當言　直言。王念孫謂：「『當言』，讜言也。讜言，直言也」，「昌、讜、黨、當，並聲近而義同」。❹鄉　通「向」。方向。❺得度　獲得法度。❻躬　身軀。❼拱手　雙手合抱致敬。❽擅獨攬。❾將薦之先君　尹知章注：「不敢專擅自發此命，將進之宗廟，告先君而後行。所謂以神道設教者也。」薦，敬獻；舉薦。❿方　方版。書寫用的木板。尹知章注：「方，謂版牘也。凡此欲書其所定令也。」⓫太廟　帝王的祖廟。⓬門朝　門廷。丁士涵謂：「朝、廷一也。」⓭百一鍾　百鍾只出一鍾。百一，即百分之一。鍾，計量單位名稱。原為齊國的「公量」，以四升為豆，四豆為區（甌），四區為釜，十釜為鍾。田氏代齊後，其「家量」即四升為豆，五豆為區，五區為釜，十釜為鍾，就成為齊國的標準計量。⓮梁　魚梁。流水中所設的攔魚之物。⓯譏　查問。⓰書　書契。即登記入冊。尹知章注：「書，謂錄其名籍。」

【語譯】桓公坐在君位上，管仲、隰朋拜見。剛站立片刻，就有兩隻鴻雁飛掠而過。桓公嘆息說：「仲父，像眼前這樣的鴻鵠，有的時候向南飛，有的時候向北飛，有的時候飛過去，有的時候飛回來，四方不論多遙遠，想要飛到哪裡就能飛到哪裡。不是因為有了翅膀的緣故，才能在天下暢行自己的意願嗎？」管仲、隰朋不作回答。桓公問：「二位是什麼原因不回答呢？」管子回答說：「君上有建立霸王之業的願望，而我管仲不是成就霸王之業的大臣，因此不敢回答。」桓公說：「仲父為什麼這樣說呢？何不直言，讓我有所歸向呢？我有了仲父，好比飛鴻有了翅膀，又好比過河有了船隻啊。仲父不發一言指教我，我雖有雙耳，又哪能聽到治國之道，學得治國之法呢？」管仲回答說：「您將要成就霸王之業興舉大事嗎？就必須從根本大事做起。」桓公移動身軀，搬動座席，雙手打拱，問道：「請問什麼可稱為根本呢？」管子回答說：「齊國百姓，就是您的根本。百姓極為憂慮飢餓，可是稅收很重；百姓極為懼怕死亡，可是刑罰酷毒；百姓極為憂傷勞頓，可是朝廷舉事沒有時限。您如果減輕稅收，百姓就不會憂慮飢餓；寬緩刑罰，百姓就不會怕遭死亡；規定時間舉事，百姓就不會憂愁勞頓。」桓公說：「我聽了仲父講的這三條，算是得到指教了。我不敢獨攬，將敬獻給先君。」於是命令朝廷百官，削好方版，和墨塗筆。第二天，官員都在太廟的門廷朝見，桓公向各級官吏頒定法令：讓納稅的人，百鍾只出一鍾，孤兒幼弱不准施刑，湖澤依時開放，關卡只查詢而不收費，市集只登記而不納稅，對近鄰各國示以忠信，對偏遠各國示以禮義。施行這些措施僅僅幾年，而人民歸附桓公，好像流水一樣源源不斷。

此其後，宋伐杞，狄伐邢、衛，桓公不救，裸體紉胸❶稱疾。召管仲，曰：「寡人有千歲之食，而無百歲之壽，今有疾病，姑樂乎！」管子曰：「諾。」於是令之懸鍾磬之榬❷，陳歌舞竽瑟之樂，日殺數十牛者數旬。群臣進諫曰：「宋伐杞，狄伐邢、衛，君不可不救。」桓公曰：「寡人有千歲之食，而無百歲之壽，今有疾病，姑樂乎！且彼非伐寡人之國也，伐鄰國也，子無事焉。」

【章旨】此章言桓公聲稱有病，縱情行樂而不援救鄰國。

【注釋】❶紉胸　以帛束胸。以示痛患。❷榬　懸鐘磬的木架。

【語譯】這以後，宋國攻打杞國，狄國攻打邢國和衛國，桓公不出兵救援，光著上身以帛束胸，聲言有病。召見管仲，說：「我雖有千年的食糧，卻沒有百年的壽命，如今又有了疾病，姑且樂一樂吧！」管子說：「可以。」於是桓公下令掛好鐘磬於木架，陳設輕歌曼舞吹竽鼓瑟之類的音樂，每日宰殺數十頭牛，歡宴了數十天。群臣前來諫諍說：「宋國攻打杞國，狄國攻打邢國、衛國，君上不能不援救。」桓公說：「我雖有千年的食糧，卻沒有百年的壽命，如今又有了疾病，姑且樂一樂吧！況且他們不是攻打我的國家，只是攻打鄰國，你們是會安然無恙的。」

宋已取杞，狄已拔邢、衛矣。桓公起，行筍虡❶之間。管子從，至大鍾之西。桓公南面而立，管仲北鄉對之。大鍾鳴，桓公視管仲曰：「樂夫，仲父？」管子對曰：「此臣之所謂哀，非樂也。臣聞之，古者之言樂於鍾磬之間者不如此。言脫於口，而令行乎天下；游鍾磬之間，而無四面兵革之憂。今君之事，言脫於口，令不得行於天下；在鍾磬之間，而有四面兵革之憂。此臣之所謂哀，非樂也。」

桓公曰：「善。」於是伐❷鍾磬之縣❸，併❹歌舞之樂，宮中虛無人。

【章旨】此章言管仲諫諍桓公停止行樂。

【注釋】❶筍虡　亦作「簨虡」。懸掛鐘磬的架子。❷伐　砍斷。尹知章注：「伐，謂斫斷也。」❸縣　同「懸」。懸掛。下同。❹併　通「屏」。除去；免除。

【語譯】宋國已經奪取杞國，狄國也已攻占邢國、衛國了。桓公起立、行走在鐘磬之間。管仲跟從桓公，來到大鐘西側。桓公面向南站立，管仲向北面對。大鐘奏響了，桓公注視著管仲問道：「快樂嗎，仲父？」管子回答說：「這是我所認為的悲哀，而不是快樂呢。我聽說，古代在鐘磬之間行樂的君主不是這樣。話脫口而出，政令便暢行天下；在鐘磬之間遊樂，四面八方沒有戰爭憂患。如今您面前的事態是，話說出口，政令不能暢行天下；身處鐘磬之間，而四方都有戰爭憂患。這就是我所認為的悲哀，而不是快樂呢。」桓公說：「很好！」於是砍斷懸掛鐘磬的繩架，摒除歌舞音樂，宮中空寂，不再有人掌守。

桓公曰：「寡人以❶伐鍾磬之縣，併歌舞之樂矣。請問所始於國將為何行？」

管子對曰：「宋伐杞，狄伐邢、衛，而君之不救也，臣請以慶。臣聞之，諸侯爭於彊者，勿與分於彊。今君何不定三君之居處❷哉？」於是桓公曰：「諾。」因命以車百乘、卒千人以緣陵封杞；車百乘、卒千人以夷儀封邢；車五百乘、卒五千人以楚丘封衛。桓公曰：「寡人以定三君之居處矣，今又將何行？」管子對曰：「臣聞諸侯貪於利勿與分於利。君何不發❸虎豹之皮、文錦以使諸侯，令諸侯以縵帛❹鹿皮報？」桓公曰：「諾。」於是以虎豹皮、文錦使諸侯，諸侯以縵帛、鹿皮報。則令固始行於天下矣。

【章旨】此章言桓公從管仲之議，濟弱施惠，因而政令行於天下。

【注釋】❶以 通「已」。已經。下文「寡人以定三君之居處矣」中「以」字同此例。❷居處 棲身之所。此指封疆。原文為「處」。許維遹謂：「『之』下疑脫『居』字。『居處』連文，古人有複辭耳。下文云『桓公曰：寡人以定三君之居處矣』，正承此言之。尹注：『三君既失國，當定其居處也』，是其所據本亦有『居』字。」❸發 發送；分送。❹縵帛 無文彩的帛。

【語譯】桓公說：「我已經砍斷懸掛鐘磬的繩架，摒除歌舞音樂了。請問在國事方面，將要開始作些什麼呢？」管子回答說：「宋國攻打杞國，狄國攻打邢國、衛國，君上不去援救，我以此為您慶幸。我聽說過，對於正在爭強的國家，不要跟它去分強。現在您何不安定杞、邢、衛三個國君的處所呢？」對此，桓公說：「好的。」於是命令以兵車百輛、士卒千人，把緣陵封給杞君；以兵車百輛、士卒千人，把夷儀封給邢君；以兵車五百輛、士卒五千人，把楚丘封給衛君。桓公又問：「我已經安定了三國國君的居處，現在又將作什麼呢？」管子回答說：「我聽說，對於貪利的國家，不要跟它去分利。您何不分發虎皮、豹皮、花錦，派使者贈給諸侯各國，叫諸侯各國只回報素帛、鹿皮呢？」桓公說：「好的。」於是齊人帶虎皮、豹皮、花錦出使各國，諸侯用素帛、鹿皮作為回贈。這樣一來，桓公的政令，便開始通行天下了。

此其後，楚人攻宋、鄭，燒焫熯焚❶鄭地，使城壞者不得復築也，屋之燒者不得復葺也，令其人有喪雌雄❷，屋室如鳥鼠處穴。要❸宋田，夾塞兩川❹，使水不得東流，東山之西，水深滅垝❺，四百里而後可田❻也。楚欲吞宋、鄭而畏齊，曰❼思人眾兵強能害己者，必齊也。於是乎楚王號令於國中曰：「寡人之所明❽於人君者，莫如桓公；所賢於人臣者，莫如管仲。明其君而賢其臣，寡人願事之。誰能為我交齊者，寡人不愛❾封侯之君焉。」於是楚國之賢士皆抱其重寶、幣帛❿以事齊。桓公之左右，無不受重寶、幣帛者。於是桓公召管仲曰：「寡人聞之，善人者人亦善之。今楚王之善寡人一甚矣，寡人不善，將拂⓫於道。仲父何不遂交楚哉？」管子對曰：「不可。楚人攻宋、鄭，燒焫熯焚鄭地，使城壞者不得復築也，屋之燒者不得復葺也，令人有喪雌雄，屋室如鳥鼠處穴；要宋田，夾塞兩川，使水不得東流，東山之西，水深滅垝，四百里而後可田也。楚欲吞宋、鄭，思人眾兵強而能害己者，必齊也。是欲以文⓬克齊，而以武取宋、鄭也。楚取宋、鄭而不止禁，是失宋、鄭也；禁之則又不信⓭於楚也。知⓮失於內，兵困於外，非善舉也。」桓公曰：「善。然則若何？」管子對曰：「請興兵而南存宋、鄭，而令曰：『毋攻楚，言⓯與楚王遇。』至於遇上⓰，而以鄭城與宋水為請⓱。楚若許，則是我以文令也；楚若不許，則遂以武令焉。」桓公曰：「善。」於是遂興兵而南存宋、鄭，與楚王遇於召陵⓲之上，而令於遇上曰：「毋貯粟，毋曲隄，無擅廢適子⓳，毋置妾以為妻。」因以鄭城與宋水為請於楚。楚人不許。遂退七十里而舍⓴。使軍人城鄭南之地，立百代城焉。曰：自此而北至於河者，鄭自城之，而楚不敢隳㉑也。東發㉒宋田，夾兩川，使水復東流，而楚不敢塞也。

【章旨】此章言楚王攻伐宋、鄭，而以重寶、幣帛事齊，桓公從管仲之議，興兵南存宋、鄭，而「武令」楚王。

【注釋】❶燒焫熯焚 指用火攻。焫，同「爇」。燒。熯，燒。❷有喪雌雄 意謂有人喪失了配偶。雌雄，此指男女配偶。❸要 通「邀」。中途攔截、遮留。❹兩川 指睢水與汴水。尹知章謂：「夾兩川築堤而壅塞之，故水不得東流。兩川，蓋睢、汴也。」❺垝 敗牆。❻田 種田；耕地。❼曰 語首助詞，無實義。陶鴻慶謂：為「衍文」。❽明 認為聖明；稱為聖明。❾愛 吝嗇；吝惜。❿幣帛 繒帛。用以餽贈的禮物。《周禮・天官・大宰》：「六曰幣帛之式。」鄭玄注：「所以贈勞賓客者。」⓫拂 違反；違背。⓬文 此指和平方式。與「武力」方式相對而言。即政治的、外交的途徑。⓭不信 不守信諾。⓮知 通「智」。智慧；計謀。⓯言 語助詞，無實義。陶鴻慶謂：「當為『吾』，字之誤。」郭沫若則謂：「『言』猶吾也，《詩經》中多此例，不必改字。」錄供參考。⓰遇上 即遇所。⓱為請 即作為要求。⓲召陵 楚城名。舊址在今河南郾城東。⓳適子 即嫡子。適，通「嫡」。⓴舍 休息。此指駐紮、屯駐。㉑隳 毀壞。㉒發 開發；發掘。

【語譯】這事以後，楚人攻打宋國、鄭國，焚燒鄭地，使得鄭國被破壞了的城池不能重建，被燒毀了的房屋不能復修，使得鄭國人民，有的喪失了配偶，住房像鳥窩鼠洞一般；又攔截宋國的農田，夾塞兩條河道，使水不能向東流，弄得東山的西面水深沒牆，四百里之外才能種田。楚國企圖吞滅宋、鄭兩國，但畏怯齊國，因而想到人多兵強能夠妨害自己的，必然是齊國。於是楚王對國內發出號令說：「我認為在國君中稱得上聖明的，沒有誰比得上桓公；在大臣中稱得上賢能的，沒有誰比得上管仲。君主能稱為聖明，大臣能稱為賢能的國家，我願意侍奉它。誰能替我交歡齊國，我絕不吝惜賞賜一個封侯的君長。」因而楚國的賢士，都懷抱著重寶、繒帛，來服事齊國。桓公的近侍，沒有不接到重寶、繒帛的。於是桓公召問管仲說：「我聽說，善待別人的人，別人也應善待他。如今楚王善待我，竟到了極點，我不善待他，將會於理不合。仲父何不就交好楚國呢？」管子回答說：「不可。楚人攻打宋國、鄭國，焚燒鄭地，使得鄭國被破壞了的城池不能重建，被燒毀了的房屋不能復修，使得人民有的喪失了配偶，住房像鳥窩鼠洞一般；又攔截宋國的農田，夾塞兩條河道，使水不能向東流，弄得東山的西面水深沒牆，四百里之外才能種田。楚國想吞滅宋國、鄭國，考慮到人眾兵強而能妨害自己的，必然是齊國。因此想用和平的方式戰勝齊國，而用武力的辦法奪取宋國、鄭國。楚國奪取宋、鄭兩國，而我們不去阻遏，這會失掉宋國與鄭國；若去阻遏，則又會對楚國不守信諾。智謀失算在國內，用兵就會被困在國外，與楚交好不是好辦法。」桓公說：「好的。既然如此，那麼怎麼辦呢？」管子回答說：「請發兵南下，救存宋國、鄭國，而且對宋、鄭兩國下令說：『不要反攻楚國，我們將與楚王相遇。』到了相遇的地點，便把鄭城與宋水的問題作為要求。楚國若是答應，那麼，我們這就是使用『文』的方式下命令；楚國若是不答應，那麼，我們便使用『武』的方式命令它。」桓公說：「很好。」於是桓公便發兵南下，救存宋國、鄭國，與楚王在召陵城相遇，並在相遇的地方下令說：「諸侯各國不准囤積糧食，不准任意築堤，不准任意廢黜嫡子，不准將妃妾立為正妻。」隨即把鄭城與宋水問題，向楚國作為要求提出。楚王不答應。齊軍便退七十里駐紮。桓公派全軍兵士在鄭國南邊築城，在這裡設置了百代城。宣布說：從這裡往北直到黃河，鄭國自可修築城池，楚國不敢搗毀。又在東面挖開了宋國的農田，從兩側疏通兩條河流，使河水依舊向東流，楚國不敢再加堵塞了。

遂南伐楚❶。踰方城，濟於汝水，望汶山❷，南致吳❸越之君。而西伐秦，北伐狄，東存晉公於南❹，北伐孤竹，還存燕公。兵車之會六，乘車之會三，九合諸侯。反位❺已霸，修鍾磬而復樂。管子曰：「此臣之所謂樂也。」

【章　旨】此章言桓公九合諸侯，終成霸業，管子稱樂。

【注　釋】❶楚　原文為「及」。郭沫若謂：「『及』即『楚』之壞字耳。」❷汶山　尹知章注：「汶音岷。岷山，江水所從出。」❸吳　原文為「楚」。張佩綸謂：「『楚』依〈小匡〉當作『吳』。」❹東存晉公於南　伐秦東歸，在南部救存了晉公。張佩綸謂：此句「當作『東還存晉君』，『於』字衍」。俞樾謂：「此承上『西伐秦，北伐狄』為文。自秦而言，則晉在東矣。自狄而言，則晉在南矣。故曰『東存晉公於南』。」❺反位　即「返位」。歸於帝位。

【語　譯】桓公於是南下討伐楚國。又跨越方城，橫渡汝水，直指汶山，向南召見吳、越國君。而後向西攻伐秦國，向北攻伐狄國；伐秦東歸，在南部救存了晉公。又向北攻伐孤竹，還歸時，救存了燕公。召集各國作兵車會盟六次，乘車會盟三次，九次會集諸侯。桓公歸於霸主之位，成就霸業以後，又整治鐘磬，重修宴樂。管子說：「這才是我所稱的快樂。」

霸言 第二十三

【題解】 此為《管子》第二十三篇，題為「霸言」。此題似與上篇「霸形」兩相誤倒，理由於上篇「題解」已有簡說，此處再從內容方面略加補充。本篇兩次提出「霸王之形」。開篇說：「霸王之形，象天則地，化人易代，創制天下，等列諸侯，賓屬四海，時匡天下；大國小之，曲國正之，強國弱之，重國輕之，亂國并之，暴王殘之：僇其罪，卑其列，維其民，然後王之。」這段文字，把霸王之業的形勢與作用，描述得異常宏大，足見作者的讚譽之情。「夫豐國之謂霸，兼正之國之謂王」，作者用斬截的語言，說明霸王之勢，是磊落光明的，觀點十分鮮明。稍後又說：「霸王之形，德義勝之，智謀勝之，兵戰勝之，地形勝之，動作勝之，故王之。」作者明確提出，德義為本，智謀為輔，兵戰為用，地形為之勢，而行動機宜為之機，五者得，則霸王成，旨在說明霸王之勢，成之艱巨，治政者不宜掉以輕心。最後，作者結論為「夫爭彊之國，必先爭謀，爭刑，爭權」，將謀劃、形勢、事權，視為治國利器、爭強之本而加以強調，這正是春秋戰國時代，政治家們的執政經驗總結。總之，題為「霸形」，與本篇昌言權謀，重在形勢，求成霸王之業的主旨，是極相吻合的。

霸王之形，象天則地❶，化人❷易代❸，創制天下，等列❹諸侯，賓屬❺四海，時匡天下；大國小之，曲國❻正之，強國弱之，重國輕之，亂國并❼之，暴王殘❽之：僇❾其罪，卑其列，維其民，然後王之❿。夫豐國⓫之謂霸⓬，兼正之國⓭之謂王⓮。夫王者有所獨明。德共者不取也，道同者不王也。夫爭天下者，以威易危暴，王之常也。君⑮人者有道，霸王者有時。國修而鄰國無道，霸王之資⑯也。夫國之存也，鄰國有焉；國之亡也，鄰國有焉。鄰國有事，鄰國得焉；鄰國有事，鄰國亡焉。天下有事，則聖王利也。國危，則聖人知矣⑰。夫先王所以王者，資鄰國之舉不當也。舉而不當，此鄰敵之所以得意也。

【章旨】此章言霸王之業的宏大規模，欲成就斯業，必須因時利勢。

【注釋】❶象天則地　以天為榜樣，以地為法則。尹知章注：「謂象天明，則地義。」❷化人　教化人們；淨化民眾思想。❸易代　改變朝代。❹等列　按等排列。尹知章謂：「列爵為五，各得其宜。」❺賓屬　使之賓服歸附。❻曲國　此指朝廷風氣邪曲不正的國家。❼并　兼併。尹知章謂：「并亂所以總其威權。」❽殘　毀壞；摧毀。❾僇　通「戮」。此指予以揭露，使之受到羞辱。❿王之　意謂統治這個國家。王，居臨一國；統治一方。⓫豐國　使國力強盛。⓬霸　此指成就霸業。尹知章注：「但自豐其國者，霸也。」⓭之國　即諸國。之，通「諸」。⓮王　此指成就王業。尹知章注：「兼能正他國者，王也。」⓯君　君臨；統治。⓰資　憑藉；依靠。引申為有利條件。⓱國危二句　謂國家危難之時，方顯出聖人智慧。知，通「智」。智慧。

【語譯】霸業、王業的規模與形勢是：以上天為榜樣，以大地為法則，教化民眾，改朝換代，創立天下制度，分爵賞賜諸侯，賓服歸附海內，乘時匡正各國；它可以使大國的版圖縮小，使朝廷邪曲的國家風氣純正，使強暴的國家地位削弱，使權重的國家威力減輕，使亂國得以兼併，使暴王的勢力得以摧毀；揭露其罪惡，降低其地位，維護其人民，然後直至統治這個國家。使自己國家實力雄厚，叫做成就霸業；能進而兼正他國，叫做成就王業。成就王業的人，有其獨特明智的地方。仁德相同的國家，他不予攻取；道義一致的國家，他不去統治。所謂爭奪天下，就是憑藉威力推翻危亂兇暴的國君，這是成就王業者的常事。統治民眾的人，要遵循正道，成就霸業、王業的人，要利用時機。國內政治修明而鄰國危亂無道，這就是成就霸業、王業的有利條件。一個國家的生存，與鄰國大有關係；一個國家的滅亡，也與鄰國大有關係。鄰國有了戰事，鄰國可以得利；鄰國有了戰事，鄰國也可以失利。天下有了戰事，則對聖王有利。一個國家處於危急之時，方可顯出聖人的智慧。先代聖王之所以能夠成就王業，往往就是利用鄰國的舉措失當。舉措不當，這就是鄰國之敵所以得逞的緣由。

夫欲用天下之權者，必先布德諸侯。是故先王有所取，有所與，有所詘❶，有所信❷，然後能用天下之權。夫兵幸於權，權幸於地❸。故諸侯之得地利者，權從之；失地利者，權去之。夫爭天下者，必先爭人。明大數❹者，得人；審小計者，失人。得天下之眾者王，得其半者霸。是故聖王卑禮❺以下天下之賢❻而王❼之，均分以釣❽天下之眾而臣之❾。故貴為天子，富有天下，而伐❿不謂貪者，其大計⓫存也。以天下之財，利天下之人；以明威⓬之振⓭，合天下之權；以遂德⓮之行，結諸侯之親；以奸佞之罪⓯，刑⓰天下之心；因天下之威，以廣明王之伐；攻逆亂之國，賞有功之勞；封賢聖之德，明一人之行⓱，而百姓定矣。夫先王取天下也，術術乎⓲大德哉，物利之謂也。夫使國無常患，而名利並至者，神聖也；國在危亡，而能壽⓳者，明聖也。是故先王之所師者，神聖也；其所賞⓴者，明聖也。夫一言而壽國，不聽而國亡，若此者，大聖之言也。夫明王之所輕者馬與玉，其所重者政與軍。若失主不然，輕予人政，而重予人馬；輕予人軍，而重與人玉；重宮門之營㉑，而輕四境之守：所以削也。

【章 旨】此章言成就霸王之業的大略，在於布德施惠，以物利人，爭得民心。

【注 釋】❶詘 通「屈」。彎曲。❷信 通「伸」。伸展。❸兵幸於權二句 尹知章注：「兵幸在於有權，權從在於得地。幸猶勝也。」幸，幸運；優越。❹大數 大計；大略。數，方術；方略。❺卑禮 謙卑有禮。❻下天下之賢 即下於天下之賢。放下身段，謙遜待賢。❼王 指助成王業。許維遹謂：「『王』當作『壬』，『壬』即『任』字。『任之』與下文『臣之』義相近。」錄供參考。❽鈞 招引。❾臣之 使之臣服、歸附。尹知章謂：「既王有地，均分其祿，用此以引天下之眾，故可得而臣之也。」❿伐 指有所征討、攻伐。王念孫謂：「『伐』字當為『我』字之譌。」安井衡謂：「『伐』當為『世』，唐人避諱，易『世』為『代』，遂譌為『伐』耳。」錄供參考。⓫大計 即上文所謂「大數」。大略。⓬明威 尊威；尊嚴。《禮記‧禮運》：「故君者所明也。」疏：「明猶尊也。」⓭振 通「震」。震懾。⓮遂德 指成就德政。尹知章謂：「合天下之權皆令在己，權總則德遂，德遂則親成也。」⓯罪 懲罰；懲處。⓰刑 通「型」。型範；規範。尹知章注：「所謂懲一而勸百。」⓱行 行狀。指品行、事跡。⓲術術乎 即術術然。形容物盛興作之貌。此指德行宏大。⓳壽 長久。⓴賞 通「尚」。尊重；崇尚。㉑營 營造；修建。

【語 譯】想要享用天下的大權，必須首先對各國普施德澤。因此，先代聖王總是有所獲取，有所施予，有所彎曲，有所伸展，然後才能享用天下的大權。兵勝在於有權，權從在於得地。因而諸侯占有地利的，權力跟著就來了；失去地利的，權力跟著也就喪失了。爭奪天下的人，必須首先爭取人心。明白天下大略的人，能得人心；只精於小計的，便失去人心。得到天下多數民眾擁護的，能成就王業；得民眾半數擁護的，能成就霸業。因而聖明的君王，總是謙卑有禮，放下身段，禮待天下賢士，而後使他們幫助成就王業，均分地利，招引天下民眾，使他們臣服、歸附。所以，雖是尊貴已為天子，富足已有天下，進而攻伐卻不被稱為貪婪的原因，是由於其大略已經確定了的緣故。用天下的財富，為天下人謀取福利；用尊嚴的震懾力量，聚集天下的權力；用成就德政的舉動，聯結諸侯的親附；用對奸佞勢力的懲處，規範民眾的思想；借助天下的軍威，擴大聖君的征討；攻滅叛亂的國家，封賞有功的勞臣；封樹聖賢的德譽，彰明天子的事跡，這樣一來，百姓就可安定了。先代聖王奪取天下，真是宏廣的大德啊，也就是以物利民呀。使國家沒有經常性的憂患，而且能夠名利雙至的君主，是神聖；國家處在危亡之中，而能使之長久保全的君主，是明聖。因此，先代聖王所效法的，是神聖；他們所崇尚的，是明聖。一句話能使國運長久，不聽取，國家就會敗亡；像這樣的話，就是大聖人的話。明智的君王，輕視的是駿馬與珠玉，重視的是政權與軍隊。若是失天下的君主則不是這樣，而是看輕給人政權，卻看重給人駿馬；看輕給人軍隊，卻看重給人珠玉；看重營建宮門，卻看輕防守四境：這就是國家削弱的原因。

夫權者，神聖之所資也。獨明者，天下之利器也；獨斷者，微密之營壘❶也。此二者❷，聖人之所則也。聖人畏微❸，而愚人畏明❹；聖人之憎惡也內，愚人之憎惡也外；聖人將動必知，愚人至危勿辭❺。聖人能輔時❻，不能違時。知者善謀，不如當時❼。精時者，日少而功多。夫謀無主則困，事無備則廢。是以聖王務具其備，而慎守其時。以備待時，以時興事，時至而舉兵。絕堅❽而攻國，破大而制地。大本而小標，埊❾近而攻遠。以大牽小，以彊使弱，以眾致寡，德利百姓，威振天下；令行諸侯而不拂，近無不服，遠無不聽。夫明主為天下正❿，理也。按彊⑪助弱，圉暴⑫止貪，存亡定危，繼絕世，此天下之所載⑬也，諸侯之所與也，百姓之所利也，是故天下王之。知蓋天下⑭，斷⑮最一世，材⑯振⑰四海，王之佐也。

【章　旨】此章言成就霸王之業的要道，在善於權謀。

【注　釋】❶營壘　本指軍營四周的防禦建築，此處藉以比喻「獨到判斷」的微妙作用。尹知章注：「謂獨斷可以自營而即定，故曰營壘。」❷二者　指「獨明」與「獨斷」。二，或本作「三」，古本、劉本、朱本作「二」。此從後者。❸畏微　意謂警惕事物的幾微。尹知章注：「聖人能知吉凶之先兆，故曰畏微。」畏，畏懼；戒慎。❹畏明　意謂驚懼在事情暴露之後。尹知章注：「愚人近火方知熱，履冰乃知寒，故曰畏明也。」❺勿辭　不推辭；不改變。勿，宋本、趙本作「易」，古本、劉本、朱本作「勿」。此從後者。❻輔時　即相時而動。輔，相；明察。❼知者善謀二句　謂智者雖然善謀，但還不如掌握恰當時機。當時，適時；合時。❽絕堅　與下句「破大」相應。指摧毀堅固防守。絕，消滅。❾埊　古「地」字。豬飼彥博謂：當作「交」。顏昌嶢謂：當作「全」。郭沫若謂：當作「奏」，借為「湊」。王紹蘭謂：「『埊』乃『峚』之譌，《西山經》『峚山』，郭注『峚音密』，此即借『峚』為密邇之密，謂親密近國攻伐遠國，故下文『近無不服，遠無不聽』也。」譯文從王說。❿正　一官之長。此指首領。⓫按彊　抑制豪強。尹知章注：「按，抑也。」彊，「強」的異體字。⓬圉暴　禁限暴虐。⓭載　通「戴」。擁護；愛戴。⓮知蓋天下　謂智謀卓絕天下。蓋，壓倒；勝過。⓯斷　決斷；裁斷。原文為「繼」。劉師培謂：「『繼』與知材並文，疑當作『斷』（『斷』字古省作『𢇍』，故訛為『繼』）。」⓰材　資質；材力。⓱振　通「震」。震動。

【語　譯】權謀，是神聖君主必須借助的。獨到的見識，好比天下的利器；獨到的裁斷，好比精密的營壘。這二者，都是聖人必須效法的。聖人警惕事物的幾微，愚人驚懼事物的暴露；聖人的憎惡往往內含，愚人的憎惡常常外露；聖人一旦行動，必定先知安危，愚人則到了極為危險的境地，也不思改變。聖人可以相時而動，但不能違逆時機。智者雖然善謀，但還不如適時而動。精察時機的人，費時少而成功多。謀劃無主見，便會陷入困頓；辦事無準備，便會廢棄成功。因此，聖明的君王務求充分準備，慎重把握時機。以充分的準備，等待時機的到來，再依據時機辦事。時機一到，立即發兵。摧毀堅固的防守，攻入敵國的都城；打破大國的反攻，控制敵國的土地。壯大根本，縮小末業，親睦近鄰，征討遠敵。藉大國牽制小國，藉強國驅使弱國，藉多數招致少數，德澤利於百姓，威名震動天下；政令通行各國而不受阻撓，近鄰無不服從，遠國無不聽命。聖明的君主擔當天下的首領，是合乎情理的。抑制豪強，扶助弱小，約束暴虐，禁限貪婪，救存喪亡，安定危局，延繼絕世，這些都是天下擁戴、諸侯親與、百姓稱利的事，因此各國願意助其成就王業。至於智謀勝過天下，裁斷卓絕一世，材力震動四海，則是成就王業的輔佐了。

千乘之國得其守，諸侯可得而臣，天下可得而有也。萬乘之國失其守，國非其國也。天下皆理❶己獨亂，國非其國也；諸侯皆合❷己獨孤，國非其國也；鄰國皆險❸己獨易❹，國非其國也。此三者，亡國之徵也。夫國大而政小❺者，國❻從其政；國小而政大者，國益大。大而不為者，復小；彊而不理者，復弱；眾而不理者，復寡；貴而無禮者，復賤❼；重而凌節❽者，復輕❾；富而驕肆者，復貧❿。故觀國者觀君，觀軍者觀將，觀備⓫者觀野⓬。其君如明而非明也，其將如賢而非賢也，其人如耕者而非耕也，三守既失，國非其國也。地大而不為，命曰土滿；人眾而不理，命曰人滿；兵威而不止⓭，命曰武滿。三滿而不止，國非其國也。地大而不耕，非其地也；卿⓮貴而不臣，非其卿也；人眾而不親，非其人也。

【章　旨】此章言成就霸王之業，所應守的基本條件，是君明、將賢、民眾力耕。

【注　釋】❶理　義同「治」。與「亂」相對。指合理、有秩序。或謂唐人避高宗李治諱，改「治」為「理」。下「理」同此。❷合　融洽；和好。原文為「令」。王念孫謂：「『令』當為『合』，字之誤也。下文『諸侯合則彊，孤則弱』，是其證。」❸險　險阻。此指有可守禦之備。❹易　與「險」相對。平易。此指無險可守。尹知章注：「易，平易，不牢固，謂無守禦之備也。」❺政小　指政績甚小。❻國　此指國家的地位與影響。尹知章謂：「小政蹙國，故國從其政。」❼賤　卑賤；低微。尹知章謂：「貴而無禮則位奪，故復賤也。」❽凌節　超越法度。節，節度；規範。❾輕　此指權威減輕、削弱。尹知章謂：「重而凌節，則盛喪，故復輕。」❿貧　此指陷入貧困。尹知章謂：「富而驕肆，則財竭，故復貧也。」⓫備　戰備。⓬野　田野；農田。⓭不止　不聽禁阻；不能令行禁止。丁士涵謂：「『止』當為『正』，此涉下文『三滿而不止』而衍。」錄供參考。⓮卿　此指軍中統帥。〈小匡〉：「公帥十一鄉，高子帥五鄉，國子帥五鄉。參國故為三軍。」高子、國子，都是齊國之卿。

【語　譯】有千輛兵車的國家，如果具備了應當遵行的條件，便可以得到而且臣服諸侯，也可以得到而且保有天下。擁有萬輛兵車的國家，如果喪失了應當遵行的條件，國家就不是自己的國家了。天下各國都有秩序，而唯獨自己的國家動亂，國家就不是自己的國家了；諸侯都很融洽，而唯獨自己孤立，國家就不是自己的國家了；鄰國都有守禦之備，唯獨自己無險可守，國家就不是自己的國家了。這三項，都是亡國的徵候。國家大而政績小的，國家的影響，將隨著政績而縮小；國家小而政績大的，國家的影響，將隨著政績而增大。國家大而無所作為的，又可以變小；國力強而不加治理的，又可以變弱；人口多而不加治理的，又可以變少；地位尊貴而沒有禮儀的，又可以變為卑微；權重而超越法度的，又可以輕賤；家資豪富而驕逸放蕩的，又可以變為貧困。因此，要看一個國家的狀況，就要先看君主的作為如何；看一支軍隊的狀況，就要先看將領的作為如何；看一個國家的戰備情形，就要先看農田的狀況如何。如果君主好似聖明卻並不聖明，將領好似高明卻並不高明，民眾好似種田人卻並不種田；這三項應當遵行的條件全都喪失，國家就不是自己的國家了。土地廣大而不加耕種，名叫「土滿」；人口眾多而不加治理，名叫「人滿」；軍隊威重而不加禁阻，名叫「武滿」。「三滿」為患而不能制止，國家就不是自己的國家了。土地廣大而不去耕種，就不是自己的土地了；卿帥尊貴而不願臣服，就不是自己的卿帥了；人口眾多而不願親附，就不是自己的民眾了。

夫無土而欲富者憂，無德而欲王者危，施薄而求厚者孤。夫上夾❶而下苴❷、國小而都大❸者弒❹。主尊臣卑，上威下敬，令行人服，理之至也。使天下兩天子，天下不可理也；一國而兩君，一國不可理也；一家而兩父，一家不可理也。夫令，不高不行，不摶❺不聽。堯舜之人❻，非生而理也；桀紂之人，非生而亂也。故理亂在上也。夫霸王之所始也，以人為本。本理則國固，本亂則國危。故上明則下敬，政平則人安，士教和則兵勝敵，使能則百事理，親仁則上不危，任賢則諸侯服。

【章　旨】此章言成就霸王之業的根本，在於民眾，民治則國固，民亂則國危。而治亂之由又在於君上。

【注　釋】❶夾　通「狹」。窄小。❷苴　通「粗」。粗壯。❸國小而都大　是「主卑臣尊」的反常現象。《左傳‧隱公元年》：「祭仲曰：『都，城過百雉，國之害也。』」「先王之制：大都，不過參國之一；中，五之一；小，九之一」。國，指國都、京城。都，指都邑。❹弒　指臣殺君，或子殺父。尹知章謂：「此二者（指「上夾而下苴」與「國小而都大」）常有篡弒之禍。」❺摶　同「專」。專擅；集中。尹知章注：「摶，聚也。」❻人　泛指民眾。或謂唐人避太宗李世民諱，改「民」為「人」。下文中「人」，同此。

【語　譯】沒有土地卻想富有的人，必有憂愁；沒有德澤卻想成就王業的人，必然危險；施予甚少卻想得到厚報的人，必遭孤立。君上的權力小而臣下的權力大、君主的京城小而大臣的都邑大，都有被篡弒的禍患。君上尊高，臣下謙卑，君上威嚴，臣下敬重，政令暢行，民眾服從，這就是治政的最高境界。假使天下有兩位天子，天下就不得安定；一個國家，如果有兩位君主，這個國家，就不得安定；一個家庭，如果有兩位父親，這個家庭，就不可安定。政令不出自高層，就不能推行，權力不集中，就無人聽從。堯舜時代的民眾，不是生來就守秩序；桀紂時代的民眾，也不是生來就造反作亂。所以，安定與動亂，根源都在朝廷。霸王之業的基礎，應以民眾作為根本。根本安定，則國家鞏固，根本動搖，則國家危殆。所以，君主聖明，則臣下敬從，政局平穩，則民心安定，士卒訓練協調，則軍隊能戰勝敵人，使用能臣，則百事得治，親近仁人，則主上不危，信任賢相，則諸侯敬服。

霸王之形，德義勝之，智謀勝之，兵戰勝之，地形勝之，動作勝之，故王之。夫善用國者，因其大國之重，以其勢小之；因彊國之權，以其勢弱之；因重國之形，以其勢輕之。彊國眾，合彊以攻弱，以圖霸；彊國少，合小以攻大，以圖王。彊國眾，而言王勢者，愚人之智也；彊國少，而施霸道者，敗事之謀也。夫神聖，視天下之形，知動靜之時❶；視先後之稱❷，知禍福之門。彊國眾，先舉者危❸，後舉者利。彊國少，先舉者王，後舉者亡。戰國眾，後舉可以霸；戰國少，先舉可以王。

【章旨】此章言霸王之業的形勢，是在德義、智謀、兵戰、地形、動作諸方面，均須處於優勢。

【注釋】❶時　時勢；時機。❷視先後之稱　謂視先後次序是否適宜。稱，合宜；適合。❸彊國眾二句　尹知章謂：「彊國眾，先舉必為彊者所圖，故危。」先舉者，指先發兵舉事的國家。

【語譯】霸王之業的形勢是，道德義理勝過他人，智慧謀略勝過他人，用兵作戰勝過他人，地勢形便勝過他人，行動作為勝過他人，所以能夠統治天下。善於治國的人，往往借助大國本身的威嚴，依據事勢的發展而使之縮小；借助強國本身的權力，依據事勢的發展而使之削弱；借助影響重大的國家本身的地位，依據事勢的發展而使之減輕。強國眾多，便聯合強國，進攻弱國，謀成霸業；強國稀少，便聯合小國，進攻大國，謀成王業。強國眾多，而談成就王業的大勢，是愚人的見識；強國稀少，而施行成就霸業的一套辦法，是壞事的主意。聖明的君主，察看天下的大勢，就懂得宜靜宜動的時機；察看先後次序的機宜，就懂得成敗禍福的門徑。強國眾多，先發兵舉事的國家危險，後發兵舉事的國家得利。強國少，先發兵舉事的國家稱王，後發兵舉事的國家滅亡。參戰國多，後舉事的可以成就霸業；參戰國少，先舉事的可以成就王業。

夫王者之心，方而不最❶。列不讓❷賢，賢不齒第擇眾❸，是貪大物❹也。是以王之形大也。夫先王之爭天下也以方正❺，其立之也以整齊，其理之也以平易。立政出令用人道❻，施爵祿用地道❼，舉大事用天道❽。是故先王之伐也，伐逆不伐順，伐險不伐易，伐過不伐不及❾。四封之內，以正使之；諸侯之會，以權致之。近而不服者，以地患之；遠而不聽者，以刑危之。二❿而伐之，武也；服而舍之，文也。文武具滿，德也。夫輕重彊弱之形，諸侯合則彊，孤則弱。驥之材，而百馬代⓫之，驥必罷⓬矣；彊最一代⓭，而天下共之⓮，國必弱矣。彊國得之也以收小，其失之也以恃彊；小國得之也以制節⑮，其失之也以離彊。夫國小大有謀，彊弱有形。服近而彊遠⑯，王國之形也；合小以攻大，敵國之形也；以負海⑰攻負海，中國之形也；折節事彊以避罪，小國之形也。自古以至今，未嘗有能先⑱作難，違時易形，以立功名者；無有常先作難，違時易形，而⑲不敗者也。夫欲臣伐君，正四海者，不可以兵獨攻而取也。必先定謀慮，便地形，利權稱，親與國，視時而動，王者之術也。夫先王之伐也，舉之必義，用之必暴，相形而知可，量力而知攻，攻得⑳而知時。是故先王之伐也，必先戰而後攻，先攻而後取地㉑。故善攻者，料㉒眾以攻眾，料食以攻食，料備以攻備。以眾攻眾，眾存不攻；以食攻食，食存不攻；以備攻備，備存不攻。釋實而攻虛，釋堅而攻膬㉓，釋難而攻易。夫摶國㉔不在敦古㉕，理世不在善故㉖，霸王不在成典㉗。夫舉失而國危，刑過㉘而權倒，謀易㉙而禍反㉚；計得而彊信㉛，功得而名從，權重而令行，固其數㉜也。

【章　旨】此章言王業之形宏大，王者之術精審；欲成就霸王之業，務須舉宜計得，不失時機。

【注　釋】❶最　極點；極端。❷讓　通「攘」。排斥。❸賢不齒第擇眾　即選賢不以齒第擇於眾。齒，指年齡。第，指地位。原文為「弟」。古本、劉本、朱本作「第」。此從古本。❹貪大物　探求大事。貪，通「探」。探求；謀求。❺方正　指公正的原則。原文為「方心」。王念孫謂：「『方心』當為『方正』，隸書『正』『心』二字相似，又涉上文『王者之心方而不最』而誤。『方正』、『整齊』、『平易』三者相對為文。」❻用人道　即採用順合民心的原則。尹知章謂：「政令須合人心。」❼用地道　即採用公正無私的原則。尹知章謂：「地道平而無私。」❽用天道　即採用適應天時的原則。尹知章謂：「心應天時，然後可以舉大事。」❾不及　即趕不上、落後。原文「伐」下無「不」字。古本、劉本、朱本「伐」下有「不」字。此從古本。《說苑・指武》：「太公望曰：『臣聞之，先王伐枉不伐順，伐嶮不伐易，伐過不伐不及。』」正與此同。❿二　即「貳」。指有貳心。意謂叛逆。原文為「一」。王念孫謂：「『一』當為『二』，『二』與『貳』同。僖公十五年《左傳》『貳而執之，服而舍之』，文義正與此同。」⓫代　更迭；輪流。原文為「伐」。王念孫謂：「『伐』當依宋本作『代』，代，迭也。」⓬罷　通「疲」。疲勞。⓭一代　一世；當代。原文為「一伐」。王念孫謂：「『伐』亦當依宋本作『代』，言彊為一代之最。」⓮而天下共之　謂天下同力攻伐。丁士涵謂：「『共』當作『攻』，聲相近而誤也。」錄供參考。共，同。⓯制節　即折節、屈節。王引之謂：「『制』讀為折，《廣雅》曰『制，折也』，『折節』者，卑詘其節，以事彊大之國」。⓰彊遠　即疆遠。拓疆遠方。彊，通「疆」。此指開拓疆域。⓱負海　此指居住在邊境，偏遠地區的少數民族。尹知章注：「謂以蠻夷攻蠻夷。蠻夷負海以為固，故曰負海。」⓲能先　原文為「先能」。宋本、古本、劉本、朱本均作「能先」。此依宋本。⓳而　原文為「無」。張文虎謂為「『而』字之誤」。⓴攻得　攻伐得手；攻伐成功。安井衡謂：「『攻』讀為攷，形聲相涉而誤。得、德通。」陶鴻慶謂：「『攻』當為『政』，『政德』即『正德』」。郭沫若謂：「『攻得』二字當是『敬待』之誤。敬者，警也。待者，備也。」錄供參考。㉑地　許維遹謂：「『地』當作『也』，字之誤也。」㉒料　計數；核計。㉓膬　也作「脆」。㉔摶國　即專國。掌握國政。摶，通「專」。單獨掌握。㉕敦古　研治古道。張佩綸謂：「敦，《詩・閟宮・箋》『治也』。言摶國不在治古事。」㉖善故　精通舊事。原文為「善攻」。郭沫若謂：「『攻』乃『故』之壞字，『摶國不在敦古，治世不在善故，霸王不在成典』，其旨一也。」㉗成典　拘泥成法。原文為「成曲」。俞樾謂：「『成曲』之義，殊有未安。『曲』疑『典』字之譌。『霸王不在成典』，言圖霸王者，不必拘守成法也。『曲』與『典』形近而誤。」㉘刑過　即「形過」。錯過時勢。刑，通「形」。形勢。上文中「以刑危之」句及下文中諸「刑」字均同此例。丁士涵謂：「『形過』者形失其可也。『過』猶失也。」㉙易　改變；翻覆。㉚禍反　謂反遭禍殃。尹知章注：「謀事數易，禍必反來。」陶鴻慶謂：「『易』率易也。『反』當為『及』字之誤，言謀事不精則禍及也。」錄供參考。㉛彊信　即「強伸」。強勢可得伸展與發揮。信，通「伸」。㉜數　機理；規律。尹知章注：「數，猶理也。」

【語　譯】王者的思想，方正而不絕對、必然。封列爵位，不排斥賢人，選拔賢才，不以年齡地位為條件，這是謀求大事所要具備的。因此，王業的規模是宏大的。先代聖王在爭奪天下的時候，恪守方正的原則；他們在建立天下的時候，施行完整齊一的措施；他們在治理天下的時候，堅持平和簡易的方針。立政出令，採用順合民心的原則，封爵施祿，採用公正無私的原則，興舉大事，採用適應天時的原則。所以，先代聖王舉行征伐，總是征伐違逆的國家，而不征伐順從的國家；征伐政局險惡的國家，而不征伐政局平穩的國家；征伐行為過頭的國家，而不征伐行動落後的國家。四境之內，使用政令來指揮；諸侯會盟，憑藉權威相召致。近鄰而不臣服的國家，用侵削其地的辦法，給它造成憂患；偏遠而不聽命的國家，用實力對它造成威脅。對違抗的國家加以懲罰，這是武的辦法；對順服的國家給予寬赦，這是文的辦法。文武俱全，這就是德政。至於國家地位輕重、兵力強弱的形勢，則是諸侯各國聯合則強盛，孤立則微弱。以騏驥的材力，如果用百匹馬更迭與之競逐，騏驥必然疲憊；強絕當代，如果天下各國同力攻伐，這個國家也必然疲弱。強國的成功，是因為接納弱小，強國的失敗，是因為自恃強盛；小國的成功，是因為卑身事強，小國的失敗，是因為離貳強國。國家大小不同，但都各有方略；國家強弱不同，但都各具形勢。臣服近鄰而拓疆遠國，是成就王業之國的形勢；聯合小國以攻伐大國，是保持對抗實力之國的形勢；藉邊遠之國攻伐邊遠之國，是保存中原之國的實力的形勢；卑身折節事奉強國以避免懲罰，是小國圖存的形勢。自古至今，從沒有首先舉事，違背時機，輕視形勢，而能建立功名的；也沒有常常首先舉事，違背時機，輕視形勢，而不遭失敗的。凡是想要以臣伐君，匡正四海的人，不能只憑藉武力獨攻而取勝。而必須首先確定謀略，選擇有利地形，採取有利的抗衡形式，親附盟國，然後審視時機行動，這就是成就王業者的策略。先代聖王從事征伐，舉事必求正義，用兵必求迅猛，觀察形勢便知宜於行動，估量實力便知可以進攻，進攻初勝便知時機成熟。因此，先代聖王的征伐之舉，必須是先比試高下，而後進攻，先攻堅而後奪地。所以，善於進攻的人，總是核計好自己的兵力，而後去抗衡對方的兵力，核計好自己的糧草，而後去抗衡對方的糧草，核計好自己的裝備，而後去抗衡對方的裝備。以兵力抗衡兵力，如果對方兵力有餘，我方便不進攻；以糧草抗衡糧草，如果對方糧草有餘，我方便不進攻；

以裝備抗衡裝備，如果對方裝備有餘，我方便不進攻。應當避開堅實攻取空虛，避開牢固攻取脆弱，避開艱險攻取平易。總之，執掌國事，不在於研治古道，治理時政，不在於精通舊事，成就霸王之業，不在於拘泥成法。舉措失誤，國事便會危險；誤失時機，君權便會崩倒；舉棋不定，君主便會反遭禍殃；計謀正確，優勢便可發揮；功德成就，聲名便可隨從；權力集中，政令便可推行，這些就是本應具有的規律。

夫爭彊之國，必先爭謀，爭刑，爭權。令人主一喜一怒者，謀也；令國一輕一重者，刑也；令兵一進一退者，權也。故精於謀，則人主之願可得，而令可行也；精於刑，則大國之地可奪，彊國之兵可圍也；精於權，則天下之兵可齊❶，諸侯之君可朝❷也。夫神聖視天下之刑，知世之所謀，知兵之所攻，知地之所歸，知令之所加矣。夫兵攻所憎而利之❸，此鄰國之所不親也。權動所惡，而實❹寡歸者，彊。擅破一國，彊在後世者，王。擅破一國，彊在鄰國者，亡。

【章　旨】此章言國欲爭強，必須首先在謀略、形勢、權力諸方面取得優勢。

【注　釋】❶齊　通「剪」。剪除；剪滅。《儀禮・既夕禮》：「馬不齊髦。」注：「齊，剪也。」❷朝　此指使之朝聘。❸利之　此指利己。尹知章謂：「兵攻所憎之國，而以攻得為利，德義不施，鄰國必怨而不親。」❹實　果實；實惠。

【語　譯】爭強盛的國家，必須首先爭謀略，爭形勢，爭權柄。可使君主時而喜時而怒的，是謀略；可使國家地位時而輕時而重的，是形勢；可使軍隊時而進時而退的，是權柄。所以，精於謀劃，則君主的心願可以達到，政令可以推行；精於形勢，則大國的領土可以奪取，強國的軍隊可以抵擋；精於權柄，則天下的兵力可以剪滅，諸侯各國的君主，可以使之前來朝聘。聖明的君主，審察天下的形勢，便懂得當代的方略，懂得兵力的攻向，懂得土地的歸屬，懂得政令的施及對象了。凡是出兵攻伐所憎惡的國家而得利歸己，這是鄰國不會親附的。威權指向人們所憎惡的國家，而利益極少歸己的，將成為強國。獨自攻破一國，強威能繼及後世的，可以成就王業。獨自攻破一國，強威反為鄰國所得的，結果必將敗亡。

問 第二十四

【題解】此為《管子》第二十四篇，題名為「問」。問，即詢訪、調查。這是我國古代的一份內容豐富、年代久遠、保存完好、價值珍貴的社會調查提綱。全篇圍繞立朝廷、治國家這個中心，提出了極為具體的調查條目，廣泛地涉及到社會生活的各層面。諸如民生、吏治、刑獄、軍備以及地方官吏的政績考核等等，都列入了專題調查的範圍。而且要求調查時，既要有對事物數量的統計，又要有對事物性質的分析。調查綱要設計者，治政經驗之豐富，思慮問題之縝密，實為中外古籍的記載所罕見。

全文計有六十五項調查綱目，用二十四個「問」字加以統括，文法累變而不窮。郭沫若譽為「可與《楚辭・天問》並美」，趙用賢讚為「真天下之奇文」。

唯最末「制地」一段，與全篇各「問」均不相連屬，當別為一篇。而劉本、朱本、趙本等均綴於此，不知何以誤入。

凡立朝廷❶，問有本紀❷。爵授有德，則大臣興義；祿予有功，則士輕死節❸。上帥士以人之所戴❹，則上下和；授事以能，則人上功❺。審刑當罪，則人不易❻訟；無亂社稷宗廟，則人有所宗❼。毋遺老忘親❽，則大臣不怨；舉❾知人急❿，則眾不亂。行此道也，國有常經⓫，人知終始⓬，此霸王之術也。

【章旨】此章言主持朝政的人，在進行社會調查之前，必須明確的瞭解有關調查的若干根本原則。

【注 釋】❶立朝廷 意謂臨朝執政。立，臨。❷本紀 根本綱紀；根本原則。尹知章謂：「所問之事，必有根本綱紀。」❸輕死節 即以死節為輕。把為守節操而死看得很輕易。❹帥士以人之所戴 即以人之所戴帥士。任命民眾所擁戴的人，來統率士卒。帥，同「率」。率領。人，民；民眾。唐人避諱，改「民」為「人」，本章中「人」，均同此例。戴，愛戴；擁護。❺上功 即「尚功」。崇尚功效。❻易 簡易；輕率。❼宗 此指尊崇的對象。尹知章謂：「社稷宗廟，各得其正，則人知所宗。」❽遺老忘親 遺忘老臣與親故。尹知章謂：「大臣非國老則君親，令不遺忘，故不怨。」若此，則謂今日之大臣，非明日之國老，即明日之君親，令不遺忘，則大臣有待而無怨。❾舉 盡；全。❿急 急難；疾苦。⓫常經 常規；常法。⓬終始 此指作事規則、行為規範。

【語 譯】凡是臨朝主政，若作調查詢訪，都應有根本綱紀。爵位授予有德的人，大臣就會重視行義；俸祿賞給有功的人，士卒就會把為執行軍令而犧牲看得很輕易。君主任命民眾所擁戴的人統率士兵，軍中的將士，就會和諧一致；依據才能授予職事，人們便會崇尚功效。判處的刑罰與罪相當，人們便不會輕率爭訟；不亂社稷宗廟的享祀，人們便會有所崇奉。不忘記國老宗親，大臣便不會生怨；盡知民眾急難，民眾便不會作亂。準此原則施行，國家就會有常法，民眾就懂得行為的規範，這就是成就霸王之業的方術。

然後問事，事先大功❶，政❷自小始。問死事之孤❸，其未有田宅者有乎？問少壯而未勝❹甲兵者幾何人？問死事之寡❺，其餼廩❻何如？問國之有功大者，何官❼之吏也？問州之大夫也，何里❽之士也？今吏，亦何以明之❾矣？問刑論❿有常以行，不可改也，今其事之久留也何若？問五官有度制，官都⓫其有常斷，今事之稽也何待？問獨夫、寡婦、孤寡、疾病者幾何人也？問國之棄人⓬何族之子弟也？問鄉之良家⑬，其所牧養⑭者幾何人矣？問邑之貧人，債而食者⑮幾何家？問理園圃而食者幾何家？人之開田而耕者幾何家？士之身耕者幾何家？問鄉之貧人，何族之別⑯也？問宗子之收昆弟者，以貧從昆弟者幾何家？餘子⑰仕而有田邑，今入者⑱幾何人？子弟以孝聞於鄉里者幾何人？餘子父母存，不養而出離⑲者幾何人？士之有田而不使⑳者幾何人？吏惡何事㉑？士之有田而不耕者幾何人？身何事？君臣㉒有位而未有田者幾何人？外人㉓之來從而未有田宅者幾何家？國子弟之游於外者幾何人？貧士之受責於大夫㉔者幾何人？官賤行賈㉕，身士㉖以家臣自代者幾何人？官承吏㉗之無田餼而徒理事者幾何人？群臣有位事官大夫者幾何人？外人來游，在大夫之家者幾何人？鄉子弟力田為人率者幾何人？國㉘子弟之無上事，衣食不節，率子弟不田、弋獵者幾何人？男女不整齊㉙，亂鄉子弟者有乎？問人之貸粟米，有別券㉚者幾何家？

【章旨】此章所言，為有關刑獄、吏治，以及各階層經濟、生活與行為狀況的調查綱目。

【注釋】❶先大功　即先問立有大功者的情況。尹知章謂：「先問大功，則勞臣悅。」❷政　為政；施政。尹知章謂：「為政先小，從微而至著。」❸死事之孤　指為國事而犧牲者的子孫。❹勝　勝任。❺死事之寡　指死於國事者的遺孀。尹知章注：「寡，謂其妻。」❻餼廩　此指官府月給的撫卹。多為米粟之物。❼官　官署；部門。尹知章注：「問何官之吏，欲知其材之所當。」❽里　此指出生、生長的地方。尹知章注：「問何州里，欲知其風俗所好尚。」❾明之　使之顯明。此謂使自己榮顯，由士而榮升為吏。尹知章注：「問吏所明，欲知其優賞厚薄。」❿刑論　量刑定罪。⓫官都　此指總攝大行、大司田、大司馬、大司理、大諫等五官的官員。尹知章注：「官都，謂總攝諸司者也。」⓬棄人　此指因犯罪而被放逐到邊遠地區的人。尹知章注：「棄人，謂有過不恥，投之四裔者也。問知其族，欲有所收也。」⓭良家　善於經營致富的人家。⓮牧養　餵養；收養。尹知章注：「牧養，謂其人不能自存，良家全活之。知其所養之數，欲有所復除也。」⓯債而食者　指依靠借債度日的人。尹知章注：「債而食，謂從富者出息以供食。知其家數，欲有所矜免也。」⓰別　分支；後裔。尹知章注：「知從何族而別，或從公族，當有所收恤也。」⓱餘子　指嫡長子之外的兒子。⓲入者　指餘子中向朝廷交納賦稅的人。尹知章注：「謂收入其稅者。」⓳出離　即出贅。離，通「麗」。借為「儷」。配偶。俞樾云：「不養而出離，謂出而儷偶於他族，若後世贅婿矣。」⓴不使　不從任使；不治吏事。㉑吏惡何事　所治何事。吏，理；治。丁士涵謂：「『惡』即何也，疑一本作『惡』，一本作『何』，寫者誤并入之。」㉒君臣　即群臣。《白虎通》：「君者，群也，群下歸心也。」㉓外人　尹知章注：「外人，謂外國人。」即指其他諸侯國的人。㉔受責於大夫　即向大夫借債。責，通「債」。㉕官賤行賈　從事經商賤業。官，事；從事。行賈，原文為「行書」。郭沫若謂：「『書』當為『賈』。」㉖身士　指本身的職事。士，通「事」。職事。或謂「士」當為「出」，形近致誤。錄供參考。㉗官承吏　即官丞吏。指擔任丞吏的職事。《周禮．小行人》：「為承而擯。」鄭注：「承，猶丞也。」㉘國　此指都城。㉙整齊　整肅莊重。㉚別券　即一分為二的契券、契據。尹知章注：「別券，謂分契也。」

【語譯】然後詢訪政事。問事先問立有大功者的情況，施政則從小處開始。調查為國事而犧牲者的子孫，他們中沒有得到田宅的，還有多少人？調查這些人中的青少年，而未能服役從軍的，還有多少人？調查死於國事者的遺孀，官府撫卹的米粟供應如何？調查對於國家立了大功的人，現在是哪些官署的官員？調查各州的大夫，是哪裡的士民？如今作了官吏，是憑什麼榮升的呢？調查量刑定罪本有常法遵循，不可擅自改變，現在辦案長期留滯，是為什麼？調查五官本有的法度規章，官都也應有經常斷事的制度，現在辦事卻如此遲延，還等待什麼？調查鰥夫、寡婦、孤兒寡母、疾病纏身者，各有多少人？調查京都中因犯罪而被流放的，是哪些家族的子弟？調查鄉間富庶人家收養的流浪者，有多少？調查邑中窮人，依靠借債為生的，有多少家？調查依靠經營園圃度日的，有多少家？開田耕種的，有多少家？士子親自種田的，有多少家？調查鄉間窮人，是哪些家族的後裔？調查嫡長子收養兄弟的和因為貧困而依附兄弟之家的，各有多少？餘子作官而封有田邑，如今仍在交納賦稅的，有多少人？子弟因為篤行孝道，而在鄉里頗有聲名的，有多少人？父母健在，餘子不加贍養，自身出而儷偶他族的，有多少人？士子封有田地而不赴任治事的，有多少人？他們所治何事？士子有田產而不耕種的，有多少人？他們幹些什麼事？群臣中有爵位而無田產的，有多少人？別國的人前來依從而沒有田宅的，有多少家？國中子弟出遊外國的，有多少人？貧士向大夫借貸的，有多少人？從事經商賤業，自身的職事由家臣代理的，有多少人？擔任丞吏職事，沒有田地俸祿而徒然幹事的，有多少人？群臣中有爵位而在官大夫家任職的，有多少人？別國人來交往，住在大夫家裡的，有多少人？鄉閭子弟盡力農事，能為人表率的，有多少人？都城子弟既無職事，衣食奢靡，帶領青年不力田農，但事遊獵者，有多少人？男女之間，言行不整肅莊重，影響鄉閭子弟行為浪蕩的情況，有嗎？調查民間借出粟米、收有契券的，有多少家？

問國之優利❶，其可應人之急者幾何所❷也？人之所害於鄉里者，何物也？問士之有田宅，身在陳列❸者幾何人？餘子之勝甲兵、有行伍者幾何人？問男女有巧伎❹、能利備器❺者幾何人？處女操工事❻者幾何人？問❼國所開口而食者幾何人？問一民有幾人❽之食也？問兵車之計幾何乘也？牽家馬軛❾家車者幾何乘？處士❿修行⓫，足以教人，可使帥眾莅百姓者幾何人？士之急難可使者幾何人？工之巧，出足以利軍伍，處可以修城郭、補守備者幾何人？城粟軍糧，其可以行幾何年也⓬？吏之急難可使者幾何人？大夫疏⓭器，甲兵、兵車、旌旗、鼓鐃、帷幕、帥車之載⓮，幾何乘？疏藏器，弓弩之張⓯、夾鋏之衣⓰、鉤弦之造⓱、戈戟之緊⓲，其厲⓳何若？其宜修而不修者，故何視⓴？而造修之官㉑，出器處器之具，宜起而未起者何待？鄉、帥㉒車輜㉓造修之具，其繕㉔何若？工尹㉕伐材用，毋於三時㉖，群材乃植。而造器定冬，完良備用必足。人有餘兵，詭㉗陳之行㉘，以慎國常㉙。時簡稽㉚鄉帥㉛馬牛之肥瘠，其老而死者，皆舉㉜之；其就山藪林澤食薦㉝者幾何？出入死生之會㉞幾何？若夫城郭之厚薄，溝壑之淺深，門閭之尊卑，宜修而不修者，上必幾㉟之守備之伍。器物不失其具，淫雨㊱而各有處藏。問兵官之吏㊲、國之豪士，其急難足以先後㊳者幾何人？夫兵事者，危物也，不時而勝，不義而得，未為福也。失謀而敗，國之危也，慎謀乃保國。

【章　旨】此章言有關軍備的人力、物力、資源情況的調查綱目。

【注　釋】❶優利　潛在的資源。尹知章注：「優利，謂貨利隱蔽不見。若銅、銀山及溝瀆可決而溉灌者。」❷所　處所。❸陳列　即「陣列」。指軍隊。❹巧伎　即「巧技」。靈巧的技藝。❺能利備器　能用來製造兵器。❻工事　此指女工之事。尹知章注：「能操女工之事，謂綺繡之屬也。」❼問　原文為「冗」。俞樾云：「『冗』乃『問』字之誤，與上下文一律。」顏昌嶢云：「尹云『言其不農作，直開口仰食』，尹不釋『冗』字，則尹所據本不誤也。」❽幾人　原文為「幾年」。郭沫若謂：「古本、劉本、朱本，『幾年』均作『幾人』，於義較長。」此從古本。❾軶　同「軛」。本是狀如人字形套在馬頸部的駕馬器具，此處義同「駕馭」。❿處士　指有才德而隱居不仕者。⓫修行　美好的德行。⓬城粟軍糧二句　尹知章注：「行，由經也。城粟，謂守城之粟；軍糧，謂出軍之糧。二者可經幾年？」行，經歷；度過。⓭疏　疏記；分條記錄。⓮載　尹知章注：「載，謂其車蓋。」⓯張　郭沫若謂：「『張』讀為韔。」《說文》：「韔，弓衣也。」⓰夾鋏之衣　原文為「衣夾鋏」。郭沫若謂：「『衣夾鋏』當為『夾鋏之衣』」，「『弓弩之韔、夾鋏之衣、鉤弦之造（竈）、戈戟之緊』，文成一律。韔也、衣也、造也、緊也，均所謂『藏器』也」。⓱造　即「竈」。竈室，此指收藏鉤弦的設施。⓲緊　原文為「緊」。丁士涵謂：「『緊』當為『緊』，戟衣也。」⓳厲　磨。此指磨損。⓴視　審察；鑑別。㉑官　此指場所。㉒鄉帥　即「鄉率」。帥，同「率」。原文為「師」，張佩綸謂：當作「帥」，「『帥』與『率』同」。㉓輜　輜車。有帷蓋，既可載物，又可躺臥。㉔繕　修理；整治。㉕工尹　主管工匠作坊的官吏。尹知章注：「工尹，工官之長。」㉖三時　指春夏秋三季。尹知章注：「三時，謂春夏秋。此時木方生植不堅，故不可伐材。其伐材必以冬也。」㉗詭　責備；責成。㉘行　行伍。此指軍事機構。㉙國常　政紀國法。㉚簡稽　檢查統計。《周禮・夏官・大司馬》：「簡稽鄉民。」鄭玄注：「稽，猶計也。」㉛鄉帥　同「鄉率」。原無「鄉」字。許維遹謂：「『帥』上疑奪鄉字，上文『鄉帥車輜造修之具』，鄉帥並舉，是其證。」㉜舉　舉書其數；登記數目。㉝薦　肥嫩的牧草。尹知章注：「薦，草之美者。」㉞會　統計。尹知章注：「會，調合其數。」㉟幾　同「譏」。查問。尹知章注：「幾，察也。尹必察知之。」㊱淫雨　或作「霪雨」。久雨；過量的雨。《禮記・月令》：「（季春之月）行秋令，則天多沈陰，淫雨早降。」鄭玄注：「淫，霖也，雨三日以上為霖。」㊲兵官之吏　即兵府之吏。指軍事機關的官員。許維遹謂：「『兵官之吏』疑當作『兵之官吏』，方與下『國之豪士』一例。」錄供參考。㊳先後　前後相隨。意謂輔佐、護衛。

【語　譯】調查國家潛在的資源，其中可以供應民眾急需的，有多少處？人們認為危害鄉里的，是些什麼？調查士既有田宅，又在軍隊中服役的，有多少人？餘子勝任甲兵、有軍籍的，多少人？調查習有技藝、能招來製造兵器的男女，各有多少人？少女能操作女工之事的，有多少人？調查國中不事農耕，開口仰食的，有多少人？調查一個農夫可以生產幾個人的用糧？調查兵車共計有多少輛？可以用私馬駕私車的有多少輛？處士具有美好的德行，足以教育民眾，可以委派統領士卒、治理百姓的，有多少人？國家急難之時可供驅使的士子，有多少人？技藝精巧，戰時足以有利軍伍，平時可以維修城郭、補充守備的工匠，有多少人？守城用的粟，行軍用的糧，還可以度過多少年？國家急難之時可供調遣的官吏，有多少人？大夫分項記載的軍械，包括甲冑、兵器、兵車、旌旗、鼓鐃、帷幕、帥車的車蓋，各有多少車？大夫分項記載的藏器，包括弓弩套、劍矛鞘、鉤弦匣、戈戟衣，磨損情況如何？那些應修而未修的，當如何審察？製造與修理兵器的場所，運出與收藏兵器的器具，當建造而未建造的，還等待什麼？鄉、率中製造與修理戰車、輜車的設施，修繕情況如何？工尹採伐木材，不要在春、夏、秋三季，因為各種用材林木仍在生長。製造軍械一定要在冬天，完整優質齊全的用材必然充足。人們擁有的多餘兵器，責成存放到軍營，藉以整肅法紀。經常檢查統計鄉、率中馬牛的肥瘦情況，對那些因衰老而死亡的，都要登記數目；就近山藪林澤放牧的，有多少？賣出、買進、死亡、繁殖的總計有多少？至於城郭牆垣的厚薄，護城溝壑的淺深，城門城樓的高低，應修而未修的，朝廷必須查問守備的軍隊。器械要不缺保護的設施，淫雨時要有地方收藏。調查兵府的官吏與國家的豪傑之士，在急難關頭足以輔佐、護衛朝廷的，有多少人？用兵打仗，是危險的事情，偶然取勝，不義所得，不是好事。失於謀劃而敗挫，是國家的危殆。慎於謀劃，才能保住國家。

問所以教選人者何事？問執官都者，其位事❶幾何年矣？所辟草萊，有益於家邑者幾何矣？所封表❷以益人之生利者，何物也？所築城郭、修牆、閉絕通道、阨闕、深防溝❸，以益人之地守者，何所也？所捕盜賊、除人害者幾何矣？

【章旨】此章言有關考核地方官、政績的調查綱目。

【注釋】❶位事　即執掌政務。❷封表　指上封表章以奏事。❸所築城郭句　均指防禦設施。阨闕，同「隘缺」。指險阻處的缺口。陳奐謂原句有舛誤，當為「築城郭，修牆垣，絕通道，阨門闕，深溝防，皆三字句」。錄供參考。

【語譯】調查用來教育和選拔人才的是些什麼事功？調查執掌官都職務的，他們任職多少年了？主持開墾荒地而有益於當地的，有多大面積？上封表章而有益於民眾生財之道的，有哪些事項？建築的城郭，修造的牆垣，堵塞的通道、缺隘，深挖的防護河溝，而有益於人們守護國土的，有哪些地方？捕捉盜賊，為民除害，有多少？

制地，君曰：理國之道❶，地德為首。君臣之禮，父子之親，覆育萬人，官府之藏，彊兵保國，城郭之險，外應四極❷，具❸取❹之地。而市者，天地之財具也❺，而萬人所和而利也❻；正❼，是道也。民荒無苛人，盡地之職，一保其國。各主異位❽，毋使讒人，亂❾普而德營❿，九軍之親⓫。關者，諸侯之陬隧⓬也，而外財之門戶也，萬人之道行⓭也。明道⓮以重告⓯之：征於關⓰者，勿征於市；征於市⓱者，勿征於關。虛車勿索，徒負⓲勿入，以來⓳遠人，十六道同身⓴。外事謹，則聽其名㉑，視其色，是㉒其事，稽其德，以觀其外。則無敦於權人㉓，以困貌德㉔。國則不惑，行㉕之職也。問㉖於邊吏曰：小利害信，小怒傷義，邊信㉗傷德，厚和構四國㉘，以順貌德，后鄉四極㉙。令守法之官曰㉚：行度必明，無失經常㉛。

【章旨】此章言治國、行政，應當把發揮地利作為首要原則。

【注釋】❶制地三句　石一參謂句讀應為「制地君民理國之道」。郭沫若謂：「當以『制地君』連文，蓋古書名也。」錄供參考。制地，意謂控制、掌握土地。❷四極　四方極為偏遠的地方。❸具　通「俱」。全；盡。❹取　取得；獲取。❺市

者二句　尹知章謂：「求天地之財，不登山，不入海，於市求而得之。故曰天地之財具。」具，具備。❻萬人所和而利也　尹知章注：「和，調交易也。萬人因市場交易而得利。」和，會合。此指集中交易。❼正　即「政」。為政；行政。❽各主異位　意謂陳力就列，各司其職。許維遹謂：「各主異位，言百族、商賈、販夫、販婦，市各有主，肆各有位。」錄供參考。❾亂　治。郭沫若謂：「據金文考之，『亂』本即古『治』字，為後人所訛誤。」❿德營　德澤遍施。郭沫若謂：「『治普』與『德營』對文，『營』猶周徧也。」⓫九軍之親　即「九州是親」。天下親附。九軍，九州。《說文》：「軍，圜圍也。」《詩・商頌・長發》：「帝命式於九圍。」傳：「九圍，九州也。」⓬陬隧　位於邊境的要道。尹知章注：「謂陬隅之道也。」⓭道行　即道路。《爾雅・釋宮》：「行，道也。」⓮明道　指將關市之徵彰明於要道。⓯重告　莊嚴示告。⓰征於關　指對行商徵收關卡稅。尹知章注：「征於關，謂行商。」⓱征於市　指對坐賈徵收市場稅。尹知章注：「征於市，謂坐賈。」⓲徒負　指肩扛背負少量商品進行交易的人們。⓳來　招致。⓴十六道同身　指十六條要道同申其告令。郭沫若謂：「『十六道同身』當是衍文。」張佩綸謂：「『十六道』當為『十八道』。」錄供參考。同身，即「同申」。㉑聽其名　尹知章謂：「當聽其名之虛偽也。」原文下有「視其名」三字，王引之謂此三字「因上下文而衍」。聽，探聽；調查。㉒是　同「諟」。審查。俞樾則謂：「『是』猶視也。」錄供參考。㉓權人　權詐之徒。㉔困貌德　為其外貌內德所困惑。㉕行　官名。指行人、大行。即掌管外交事務的官員。㉖問　命令；示告。㉗邊信　偏信。《禮記・檀弓》：「齊衰不以邊坐。」鄭玄注：「邊，偏倚也。」㉘構四國　即結交四方之國。尹知章謂：「敦厚而和，可以構結四國。」㉙后鄉四極　郭沫若謂：「『后』乃『垕』之殘，厚之異文，鄉讀為饗。『厚饗四極』，帝王之業也。」后鄉，即「厚饗」。優厚地對待。㉚日　原文為「曰」。朱本作「日」。此從朱本。㉛經常　指常規常法。

【語　譯】關於如何掌握國土的問題，君主說：治國之道，應當把充分發揮土地的利益，作為首要事務。君臣之間的禮儀制度，父子之間的親附關係，保護、養育萬民的物資，朝廷府庫的財產，強兵保國的軍需裝備，城郭防禦的關隘險阻，通往四方各國的要道，全是從大地獲取的。集市、店肆，是天地之間財貨集中的場所，萬民會聚交易而互利。行政，也就是以這個食貨居先的事項作為要務。人們遭逢災荒，施政不要苛虐，應使民眾竭盡地利，共同享有國土。行政應當各司其職，不要任用讒諂之徒；國家安定，遍施德政，九州必然親附。關隘，是通往各國的邊境要道，是吸取境外資財的門戶，是萬民經行的路徑。應將關市之徵彰明於道路，莊嚴示告：對於行商，只徵關卡稅，不徵市場稅；對於坐賈，只徵市場稅，不徵關卡稅；空車出入不收稅，肩扛背負少量商品不收稅。用這些措施招致遠方商人，全國十六條要道，同申此令。對於外交事務，必須謹慎，要調查當事者的名分，要察視當事者的神情，要審查當事者的職事，要考核當事者的品德，而且要觀察當事者的外貌。這樣便不會看重權詐之徒，以致為其貌德所困惑。使國事不惑亂，這就是外交官員的職責。示告駐守邊境的官員說：小利損害信譽，小怒損害正義，偏信損害德行，應當敦厚謙和地結交諸侯各國，以順其外貌與內德，並且要優厚地對待四面八方。命令奉行法規的官員說：執行法度，必須嚴明，不要疏忽常規常法。

謀失　第二十五（七）

卷十

戒 第二十六

【題解】《管子》第二十五篇，題為「謀失」，其文已亡，今僅存目。此為第二十六篇，題名為「戒」。戒即戒除、勸戒。全篇所敘，都是管仲勸戒桓公慎於執政之事。管仲諄諄勸戒桓公，遊樂不可忘懷百姓疾苦，不可釀成荒亡之行；治民不可役使無時，苛刑重斂；治政不可不善處各國關係，不可不識忠奸賢愚，親小人而遠賢臣。這些都可謂執政「寶法」。

作為傑出的政治家，管仲的高明處，當然不僅止此。比如中婦諸子所論「致諸侯之道」，管仲竟讚之為「聖人之言」，勸戒桓公務必遵行。僅此一點，即足可看出，管仲不以地位論賢愚的富有民主色彩的宏觀卓見。

就寫法而言，本文也頗具特色。全文環繞一個「戒」字開展故事，鋪陳情節，用筆甚為生動。對比一法的運用，尤其具有表現力。管仲生前，桓公信任其人，可謂同心一德，無言不售；管仲死後，桓公盡違其言，遂為群小所害。於此可見管仲在時，宵小無可逞其奸，也可見信善不終，桓公則無法自善其後。兩相對照，管仲之智，桓公之庸，何須再加詮釋？

桓公將東游，問於管仲曰：「我游猶東由轉斛❶，南至琅邪❷。司馬❸曰，亦先王之游已。何謂也？」管仲對曰：「先王之游也，春出，原❹農事之不本❺者，謂之游；秋出，補人之不足者，謂之夕❻。夫師行❼而糧食❽其民者，謂之亡；從樂而不反者，謂之荒❾。先王有游夕之業於人，無荒亡之行於身。」桓公退再拜❿命曰：「寶法也。」管仲復於桓公曰：「無翼而飛者，聲也；無根而固者，情也；無立而貴⓫者，生⓬也。公亦固情謹聲，以嚴尊生，此謂道之榮。」桓公退，再拜：「請若⓭此言。」管仲復於桓公曰：「任⓮之重者莫如身，塗之畏者莫如口⓯，期而遠者莫如年。以重任行畏塗至遠期，唯君子乃能矣。」桓公退，再拜之曰：「夫子數⓰以此言者教寡人。」管仲對曰：「滋味⓱動靜⓲，生之養也；好、惡、喜、怒、哀、樂，生之變也；聰明當⓳物，生之德也。是故聖人齊⓴滋味而時動靜，御正㉑六氣㉒之變，禁止聲色之淫。邪行亡乎體㉓，違言㉔不存口，靜然㉕定生，聖也。仁從中出，義從外作㉖。仁故不以天下為利，義故不以天下為名。仁故不代王㉗，義故七十而致政㉘。是故聖人上德而下功，尊道而賤物㉙。道德當㉚身，故不以物惑。是故身在草茅之中，而無懾意㉛；南面聽天下㉜，而無驕色。如此而後可以為天下王。所以謂德者，不動而疾㉝，不相告而知，不為而成，不召而至；是德也。故天不動，四時云下㉞，而萬物化；君不動，政令陳下，而萬功㉟成；心不動，使四肢耳目㊱，而萬物情㊲。寡交多親，謂之知人。寡事成功，謂之知用。聞一言而貫萬物，謂之知道。多言而不當，不如其寡也；博學而不自反，必有邪㊳。孝弟㊴者，仁之祖也；忠信者，交之度㊵也。內不考孝弟，外不正忠信，澤㊶其四經㊷而誦學者，是亡其身者也。」

【章　旨】此章言管仲勸戒桓公出遊，不可忘懷百姓疾苦，平時不可忽視自身修養。

【注　釋】❶猶東由轉斛　意謂欲東從轉斛出發。東由，原文為「軸」。郭沫若謂：「殆『東由』二字誤合。」張文虎謂轉斛當即「之罘」。之罘，山名。在今山東煙臺北。❷琅邪　亦作「瑯玡」。地名。在今山東膠南。❸司馬　官名。此處似指大司馬王子城父。〈小匡〉載管仲曾向桓公推薦王子城父為大司馬，桓公頗為賞識。❹原　推原；考察。❺不本　即無本。沒有資本。❻夕　巡遊；遊樂。或作「豫」。《晏子．內篇》：「春少耕而補不足者，謂之游；秋省實而助不給者，謂之豫。」孔廣森謂：「《管子》變『豫』言『夕』，古音之轉注也。」❼師行　指百官隨從田獵。師，眾人。❽糧食　此為動詞。即空費糧食。❾荒　貪戀享樂。《逸周書．謚法》：「好樂怠政曰荒。」❿再拜　敬拜二次以示禮節隆重。⓫無立而貴　雖無地位，卻能尊貴。原文為「無方而富」。郭沫若謂：當為「無立而貴」，「『立』，古『位』字。『貴』因聯想而誤為『富』」，「如為『無方而富』，不僅費解，義亦不相屬」。⓬生　通「性」。德性。下同。⓭若　順從；聽從。⓮任　擔荷；負擔。尹知章謂：「萬事萬行，非身不舉，故曰重任。」⓯塗之畏者莫如口　尹知章謂：「口舌為『樞機之發，榮辱之主，故可畏也』。」塗，本為道路，此指經歷。畏，艱險可懼。⓰數　頻繁；多次。尹桐陽謂：「『數』猶速也。」錄供參考。⓱滋味　指飲食。⓲動靜　指作息。⓳當　承擔；對待。⓴齊　通「劑」。調劑。㉑御正　駕御；規正；控制。㉒六氣　指上文所謂好、惡、喜、怒、哀、樂。㉓亡乎體　即不存在於自身。亡，通「無」。㉔違言　悖理之言；不合情理的話。㉕靜然　原文為「靜無」。「無」為「然」字之誤。張文虎謂：「『然』猶乃也。」尹知章謂：「欲靜則生定，如此者聖也。」㉖仁從中出二句　尹知章謂：「仁自心生，故曰中出；義因事斷，故曰外作。」作，發生；表現。㉗不代王　不取代天下自己為王。㉘致政　交還政務。㉙賤物　輕視名利。尹知章注：「物，謂名利之事。」㉚當　值；在。㉛無懾意　無畏懼之意。尹知章謂：「道德為量，何懼之有？」㉜南面聽天下　意謂已成帝王之業。南面，古時以面向南為尊位，帝王的座位面向南，故稱居帝位為「南面」。聽，處理；治理。㉝疾　此指辦事急速齊整。㉞云下　運轉。尹知章注：「云，運動貌也。」㉟功　通「工」。事。㊱使四肢耳目　陶鴻慶謂：當作「四肢耳目使」。意謂百體從令。錄供參考。使，使用。此指發揮作用。㊲萬物情　即遍體百官都能感知其情。情，此為動詞。指感知其意。㊳博學而不自反二句　尹知章注：「博學而不反，修於其身，心憂衍者，故必有邪行。」邪，邪行。㊴弟　同「悌」。順從、友愛兄長。㊵度　依託；憑藉。原文為「慶」。豬飼彥博謂：「當作『度』。」郭沫若謂：度，通「託」。並謂：「託，猶薦也。」㊶澤　通「釋」。拋棄。㊷四經　指四項根本原則。即上文所述孝、弟、忠、信。

【語　譯】桓公將往東遊，向管仲請問道：「我這次出遊，準備東經轉斛，南到琅邪。司馬卻說，也應當像先代聖王出遊一樣。這說的是什麼意思呢？」管仲回答說：「先代聖王出遊，初春外出，察問農業生產方面沒有本錢的情況，叫做『遊』；深秋外出，補助民眾中衣食不足的貧困戶，叫做『夕』。那種率眾田獵、徒然耗費百姓糧食的出遊，叫做『亡』；縱情遊樂而不想回來的，叫做『荒』。先代聖王對於民眾有『遊』『夕』的勳業，自身卻沒有『荒』『亡』的行為。」桓公告退，兩次拜謝管仲的這番言論說：「真是寶貴的法言。」管仲又對桓公說：「沒有翅膀而能飛的，是言語；沒有根柢而能牢固的，是感情；沒有地位而使人敬重的，是德性。您也應當堅定情感，慎於言語，端肅使人敬重的德性。這就叫做道的光大。」桓公告退，兩次拜謝：「願意遵循這番教導。」管仲又對桓公說：「負擔繁重，沒有什麼比得上身軀；經歷艱險，沒有什麼比得上口舌；時間長遠，沒有什麼比得上年代。肩負重任，經行險途，直至久遠，只有君子才能作到。」桓公告退，兩次拜謝管仲說：「請先生多多用這方面的言論教導我。」管仲回答說：「飲食作息，是德性的保養措施；好、惡、喜、怒、哀、樂，是德性的變化狀況；聰明地對待事物，是德性的能量體現。因此，聖人注意調劑飲食，依時作息，正確掌握『六氣』的變化，嚴格防止聲色的淫佚。邪惡的行為不存於身，悖理的言論不存於口，欲望貞靜，德性安定，這就是聖人。仁，是從內心發出的；義，是從外表體現的。因為仁，所以不利用天下謀取私利；因為義，所以不利用天下獵取私名。因為仁，所以不願取代天下自己為王；因為義，所以老至七十才交還政務。因此，聖人以仁德為先，以功業為次，尊重道義，輕賤名利。因為道德存身，所以不被名利所惑。因此，身在草野，卻無愧懼的神色；身居帝位，治理天下，也無驕傲的表情。這樣，而後可以成為天下能成就王業的君主。其所以稱為『德』，就是不需動員，而能勉力行動；不需示告，而能自覺察知；不需著力，而能立功成事；不需召喚，而能踴躍到來。這就是『德』的體現。所以，上天用不著行動，春夏秋冬自會不停地運轉，萬物便得以化育；君主用不著行動，僅由政令的發布，萬事便能成功；心靈用不著行動，通過四肢耳目的作用，遍體百官便能感知其情。交往少而親附多，這叫做善於瞭解人。費事少而成功大，這叫做善於辦事。聽一言而能貫通萬物，這叫做善於聞道。多說話而不得當，不如少說；涉獵廣博而不會自省，必然產生邪行。孝悌，是仁愛的基礎；忠信，是交遊的依據。在家不思慮孝悌，出外不取正忠信，拋棄孝悌忠信四項常則，而只是記誦、學習條文的人，這是要亡損自身的。」

桓公明日弋在廩❶，管仲、隰朋朝。公望二子，弛弓脫釬❷而迎之曰：「今夫鴻鵠，春北而秋南，而不失其時。夫唯有羽翼以通其意於天下乎？今孤之不得意於天下，非皆二子之憂❸也？」桓公再言，二子不對。桓公曰：「孤既言矣，二子何不對乎？」管仲對曰：「今夫人患勞，而上使不時；人患飢，而上重斂焉；人患死，而上急刑焉。如此而又近有色而遠有德，雖鴻鵠之有翼，濟大水之有舟楫也，其將若君何？」桓公蹵然❹逡遁❺。管仲曰：「昔先王之理人❻也，蓋人有患勞，而上使之以時，則人不患勞也；人患飢，而上薄斂焉，則人不患飢矣；人患死，而上寬刑焉，則人不患死矣。如此而近有德，而遠有色，則四封之內，視君其猶父母邪❼。四方之外，歸君其猶流水乎！」公輟射，援綏❽而乘。自御，管仲為左，隰朋參乘❾。朔月三日❿，進二子於里宮⓫，再拜頓首⓬曰：「孤之聞二子之言也，耳加聰而視加明。於孤不敢獨聽之，薦之先祖。」管仲、隰朋再拜頓首曰：「如君之王也。此非臣之言也，君之教也。」於是管仲與桓公盟誓為令曰：「老弱勿刑，參宥⓭而後弊⓮；關幾而不正⓯，市正⓰而不布⓱；山林梁澤⓲，以時禁發而不正也。」草封⓳澤鹽⓴者之歸之也，譬若市人。三年教人，四年選賢以為長，五年始興車踐乘。遂南伐楚，傅施城㉑。北伐山戎，出冬蔥㉒與戎叔㉓，布之天下。果三匡天子而九合諸侯。

【章　旨】此章言管仲勸戒桓公使民以時，輕徵寬刑，近德遠色，教民選賢，終成霸業。

【注　釋】❶弋在廩　尹知章注：「廩所以盛米粟，禽鳥或多集焉，故於此弋也。」弋，用繩繫在箭上射獵。廩，米倉。❷釬　臂上的鎧甲。❸二子之憂　尹知章謂：此言「二子不能為羽翼，所以當憂」。❹蹵然　恭敬貌。❺逡遁　亦作「逡巡」。欲進不前，遲疑不決的樣子。❻理人　即治民。治理民眾。唐人鈔書，往往避諱「治」、「民」二字。❼邪　同「也」。語助詞。❽綏　車上的繩索。登車時拉手所用。❾參乘　亦作「驂乘」。陪乘。❿朔月三日　豬飼彥博謂：「『朔月』二字當作『齊』（齋）字。」洪頤煊謂：「當作『三月朔日』。」郭沫若謂：「疑是『翊日之旦』。」譯文從「齋三日」之說。⓫里宮　里中先君之廟。原文為「里官」。何如璋謂：「當作『里宮』。」張佩綸謂：「當作『祖宮』。」譯文從何說。⓬頓首　叩首；叩頭。頭叩地而拜，九拜之一。通常用作下對上的敬禮。《周禮・春官・大祝》：「辨九𢷎（拜），一曰稽首，二曰頓首。」⓭參宥　即「三宥」。

三次寬赦。《禮記・王制》：「王三又然後制刑。」鄭注：「又當作宥；宥，寬也。一宥曰不識，二宥曰過失，三宥曰遺忘。」⑭弊　裁斷；裁決。尹知章注：「老弱犯罪者，無即刑之，必三寬宥而後斷罪。三宥，即周禮三宥：一曰不識，二曰過誤，三曰悼耄也。」⑮不正　即「不征」。不收取賦稅。下文「不正」，亦同此例。⑯正　長官。此指設官管理。⑰不布　即不收稅款。布，錢。⑱梁澤　指有捕魚設施的水域。⑲草封　指在草野中劃定疆界。即開墾荒地。⑳澤鹽　指就澤煮鹽。㉑傳施城　靠近施城。傳，同「附」。附著；靠近。施城，尹知章注：「楚城名。」洪頤煊則謂：「當作『方城』。」原文為「門傳施城」。丁士涵謂：「『門』字衍。」㉒冬蔥　即大蔥。㉓戎叔　胡豆。叔，通「菽」。豆類。

【語譯】第二天，桓公在糧倉附近射鳥，管仲、隰朋朝見。桓公望見管、隰二人，放下弓箭，脫掉臂上鎧甲，迎上前來，說道：「眼前鴻鵠，春天北往，秋天南來，不誤時令。不是因為獨有翅膀便能在天下暢達心意嗎？如今我不能暢意於天下，不也都是二位的憂愁麼？」桓公重複一遍，二人仍沒回答。桓公說：「我已經說了兩遍，二位為何不回答呢？」管仲回答說：「如今人民正在憂慮勞苦，而君上仍然沒有時間限制地驅使他們；人民正在憂慮飢餓，而君上仍然向他們加重賦稅；人民正在憂慮死亡，而君上對他們卻急於用刑。這樣還不算，又進而親近女色，疏遠賢德之人，即使像鴻鵠能有雙翼，過大河能有舟船，又將對您能起什麼作用呢？」桓公顯得謙恭不安，遲疑不決。管仲說：「從前先王治理民眾，當人們正在憂慮勞苦的時候，君上便限定力役的時間，人們便不憂慮勞苦了；人們正在憂慮飢餓，君上便減輕賦稅，人們便不憂慮飢餓了；人們正在憂慮死亡，君上便寬緩刑罰，人們便不憂慮死亡了。這樣進而又親近賢德之人而疏遠女色，那麼，四境之內，人們看待君上，就像看待父母一樣。四方之外，諸侯歸附君上，就像流水一樣。」桓公中止射獵，拉著引繩上了車。他親自駕御，要管仲坐在左邊，隰朋坐在右邊陪乘。桓公齋戒三天之後，將管、隰二人請進里宮，再拜、頓首說：「我聽了兩位的一番言論，感到雙耳更聰敏，雙目更明亮了。但對我來說，不能僅止自己聽到，應當敬獻給先祖。」管仲、隰朋馬上再拜、頓首說：「有了像您這樣的君王，這不能說是我們的言論，而只能說是您的教誨。」於是，管仲與桓公起誓發令說：「老弱犯法不處刑罰，三次寬赦以後再行定罪；關隘只作查問而不徵收賦稅，集市只設官管理而不收取稅款；山林湖澤，依時封禁、開放，而不交納賦稅。」

因而開墾荒地、就澤煮鹽而來的人，好像趕集的人們一樣。桓公用三年的時間教誨民眾，第四年便選拔賢能，設置官長，第五年方始出動兵車。於是，向南攻伐楚國，逼近了施城。又向北攻伐山戎，帶回冬蔥與胡豆，傳播天下。桓公終於三次匡扶天子，九次會盟諸侯。

桓公外舍❶，而不鼎饋❷。中婦諸子❸謂宮人❹：「盍不出從乎？君將有行❺。」宮人皆出從。公怒曰：「孰謂我有行者？」宮人曰：「賤妾聞之中婦諸子。」公召中婦諸子曰：「女❻焉聞吾有行也？」對曰：「妾人聞之，君外舍而不鼎饋，非有內憂，必有外患。今君外舍而不鼎饋，君非有內憂也，妾是以知君之將有行也。」公曰：「善，此非吾所與女及也，而言乃至焉，吾是以語女。吾欲致諸侯而不至，為之奈何？」中婦諸子曰：「自妾之身之不為人持接❼也，未嘗得人之布織❽也，意者❾更容不審❿耶？」明日，管仲朝，公告之。管仲曰：「此聖人之言也，君必行也。」

【章旨】此章言管仲勸戒桓公，聽取中婦諸子之言，明悉致諸侯之道。

【注釋】❶舍　住宿。❷不鼎饋　不是以鼎進食。尹知章注：「不以鼎饋食，言其饌不盛也。」❸中婦諸子　內宮官名。尹知章注：「中婦諸子，內官之號。」❹宮人　即宮女。❺行　巡狩；巡視。❻女　通「汝」。你。下同。❼持接　扶持接待；服事他人。❽布織　即指織。謂用染絲織成的錦或綢。❾意者　猶言思慮諸侯之事者。此指桓公。❿不審　不明悉。劉績謂：「此言己不事人，未嘗得人布織而衣，猶君不下小國，故諸侯不至也。意者或有不審致諸侯之道耶？」

【語　譯】桓公在外面住宿，而且不是以鼎進食。中婦諸子對宮女說：「為什麼還不出來侍從呢？君主又要巡行了。」宮女全都出宮侍從。桓公發怒，說：「誰說我又要巡行？」宮女說：「我們是從內官中婦諸子那裡聽到的。」桓公召見中婦諸子說：「你怎麼知道我又要巡行呢？」中婦諸子回答說：「據我所知，您凡是在外住宿，而且不列鼎進食的時候，不是有內憂，必是有外患。如今您在外住宿，且不以鼎進食，而您不是有內憂，我由此推知您將又要巡行了。」桓公說：「很好，這本來不是我跟你要說及的，但你說到了這個問題，我因此也就告訴你。我想招致各國諸侯，然而諸侯不到，對此該如何辦呢？」中婦諸子說：「從我如果不給他人服事，便不能獲得錦綢之物來看，您是不是或許還有不明悉此中道理之處呢？」第二天，管仲朝見，桓公將這件事告訴了他。管仲說：「這真是聖人的言論，您必須遵行。」

管仲寢疾，桓公往問之，曰：「仲父之疾甚矣，若❶不可諱也。不幸而不起❷此疾，彼政我將安移之？」管仲未對。桓公曰：「鮑叔之為人何如？」管仲對曰：「鮑叔，君子也。千乘之國，不以其道予之，不受也。雖然，不可以為政。其為人也好善，而惡惡已甚❸，見一惡終身不忘。」桓公曰：「然則孰可？」管仲對曰：「隰朋可。朋之為人，好上識❹而下問。臣聞之，以德予人者謂之仁，以財予人者謂之良。以善勝人者，未有能服人者也；以善養人者，未有不服人者也。於國有所不知政，於家有所不知事，必則❺朋乎！且朋之為人，居其家不忘公門，居公門不忘其家；事君不二其心，亦不忘其身。舉齊國之幣，握❻路家❼五十室，其人不知也。大仁也哉，其朋乎！」公又問曰：「不幸而失仲父也，二三大夫者，其猶能以國寧乎？」管仲對曰：「君請矍已乎❽？鮑叔牙之為人也好直，賓胥無之為人也好善，寧戚之為人也能事，孫宿❾之為人也善言。」公曰：「此四子者，其孰能一？人之上也。寡人併而臣之，則其不以國寧，何也？」對曰：「鮑叔之為人，好直而不能以國詘❿；賓胥無之為人也，好善而不能以國詘；寧戚之為人，能事而不能以足息⓫；孫宿之為人，善言而不能以信默⓬。臣聞之，消息盈虛⓭，與百姓詘信⓮，然後能以國寧勿已⓯者，朋其可乎！朋之為人也，動必量力，舉必量技。」言終，喟然而歎，曰：「天之生朋，以為夷吾舌也；其身死，舌焉得生哉！」管仲曰：「夫江、黃之國近於楚，為⓰臣死乎，君必歸之楚而寄之；君不歸，楚必私⓱之。私之而不救也，則不可；救之，則亂自此始矣。」桓公曰：「諾。」管仲又言曰：「東郭有狗嘊嘊⓲，旦暮欲齧，我枷而不使⓳也。今夫易牙⓴，子之不能愛，將安能愛君？君必去之。」公曰：「諾。」管子又言曰：「北郭有狗嘊嘊，旦暮欲齧，我枷而不使也。今夫豎刁㉑，其身之不愛，焉能愛君？君必去之。」公曰：「諾。」管子又言曰：「西郭有狗嘊嘊，旦暮欲齧，我枷而不使也。今夫衛公子開方，去其千乘之太子而臣事君，是所願也，得於君者，是㉒

將過其千乘也。君必去之。」桓公曰：「諾。」管子遂卒。卒十月，隰朋亦卒。桓公去易牙、豎刁、衛公子開方。五味不至㉓，於是乎復反易牙；宮中亂，復反豎刁；利言卑辭不在側，復反衛公子開方。桓公內不量力，外不量交，而力伐四鄰。公薨。六子皆求立。易牙與衛公子內與豎刁，因共殺群吏，而立公子無虧。故公死六十七日㉔不斂，九月不葬。孝公奔宋，宋襄公率諸侯以伐齊，戰於甗㉕，大敗齊師。殺公子無虧，立孝公而還。襄公立十三年，桓公立四十二年。

【章　旨】此章言管仲抱病勸戒桓公任賢、除奸、止亂之策，及桓公昏亂之後的悲慘結局。

【注　釋】❶若　此；這。❷不起　不癒。起，病癒。❸惡惡已甚　憎惡邪惡之人太甚。已，太；過。甚，超過；過頭。❹好上識　即好遠識。愛作長遠謀慮。尹知章注：「好上識，謂好知遠大之事。」❺則　是；乃是。❻握　通「渥」。沾溉。❼路家　即「露家」。羸敗之家。❽君請矍已乎　許維遹謂：「『矍』字引申義為『未得之貌』，全句『猶言君問而不得止已，與下文『勿已者』字異而義同』。」矍已，不能止。❾孫宿　即曹孫宿。又稱蒙孫。原文為「孫在」。劉師培謂：「『孫在即〈小匡〉曹孫宿，『宿』訛為『在』，又上脫『曹』字。」❿以國詘　為國而屈。詘，同「屈」。此指稍作委屈。下句「詘」同此義。⓫能事而不能以足息　尹知章謂：「寧戚善於農植，貪於積聚，不能知足而息也。」以足息，因足而息；適可而止。⓬以信默　因已取信，便沈默而不再多言。尹知章謂：鮑叔等「四子，皆矜能太過，不能與時屈伸，故國不寧也」。⓭消息盈虛　即消長盈虧。指事物兩相對立的形勢。⓮詘信　即「屈伸」。引申為進退、得失。⓯勿已　不止；無盡。⓰為　如果；倘若。⓱私占　為私有；吞併。⓲嚾嚾　狗齜牙露齒欲咬人之狀。⓳枷而不使　枷住而不縱任。原文為「猳而不使」。許維遹謂：「『猳』當為『根』，形近之誤也。『根』與『枷』古字通用。」⓴易牙　雍人，名巫，亦稱雍巫，一作狄牙。長於調味，善於逢迎，曾烹其子為羹以獻桓公。故下句有「子之不能愛」之責。尹知章作注，憤然謂：「東郭之狗，喻易牙，言其人殘忍同於狗矣。」

㉑豎刁　或作「豎刀」、「豎貂」。自宮為寺人，為桓公執掌內人及女宮之戒令。故下句有「其身之不愛」之譏。㉒是　同「實」。實在；實際。㉓不至　不是極美；未臻極境。至，極；最。㉔六十七日　原文為「七日」。陶鴻慶謂：「『七日』當作『六十七日』」，「《史記・齊世家》『桓公尸在床上六十七日，尸蟲出於戶』，故此云六十七日而斂也」。劉師培謂：「《左傳・僖公十七年》云『冬十月乙亥齊桓公卒。十二月乙亥赴。辛巳夜殯』，計期適六十七日，與《史記》合。」㉕甗　齊國地名。在今山東濟南歷城境。《左傳・僖公十八年》：「五月戊寅，宋師及齊師戰於甗，齊師敗績。」

【語譯】管仲臥病，桓公前往慰問，說：「仲父的病很嚴重了，這是不可隱諱的。如果不幸而治不好此病，那些治國大政，我將如何轉託呢？」管仲沒有回答。桓公問道：「鮑叔的為人如何？」管仲回答說：「鮑叔是君子。即使是千輛兵車的國家，不按他的原則送給他，他也不會接受。雖然如此，但他不可以執掌治國大政。他為人愛好善良，但憎惡邪惡太過分，見人一點惡行，便會終身不忘。」桓公問：「這樣說來，那麼誰人可以？」管仲回答說：「隰朋可以。隰朋的為人，愛作長遠謀慮，而又不恥下問。我聽說，給人德澤稱為仁愛，給人財惠稱為善良。使用行善來壓服人，沒有能夠使人順服的；使用行善來教育人，沒有不使人心悅誠服的。對於治國，有其不管的政務，對於治家，有其不知的家事，必然是隰朋這樣的人才能做到。而且隰朋的為人，居家不忘朝廷，居朝廷不忘在家時事；事奉君主不懷二心，也不忘記自己的身分。他曾用齊國的錢幣救濟過贏敗之家五十戶，這些人都不知道他是誰。大仁人呀，大概就是隰朋吧。」桓公又問道：「如果不幸而失去了仲父，其他幾位大夫，他們還能夠使國家穩定嗎？」管仲回答說：「您的問話不可止嗎？鮑叔牙的為人，愛好正直，賓胥無的為人，愛好善良，寧戚的為人，善於辦事，孫宿的為人，善於言辭。」桓公說：「這四個人，誰能得到一個？得到一個就已是人上人。而我全都用為大臣，卻還不能使國家穩定，是什麼原因呢？」管仲回答說：「鮑叔為人愛好正直，卻不能為國家受委屈；賓胥無為人愛好善良，但也不能為國家受委屈；寧戚為人善於辦事，卻不能知足而息；孫宿為人善於言辭，卻不能因已取信便適時沈默。我認為，能夠依據事物的發展、消長盈虧的規律，與百姓共同屈伸進退，然後使國家長治久安的，隰朋大概可以勝任吧。隰朋的為人，行動一定要估量實力，辦事一定要考慮才能。」管仲說完，深為嘆息道：「老天降下隰朋，本是給我作口舌的；這條身軀將死，口舌怎麼能夠活著呢？」管仲接著說：「江、黃兩國與楚近鄰，如果我死了，您必須使它們歸附楚國而有所依託；您若不使它們歸附，楚國必然要吞併它們。吞併它們而我不救援，便不應該；倘去救援，禍亂便將從此開始了。」桓公說：「就這樣做。」管仲又說道：「東城有條狗，齜牙露齒，從早到晚想要咬人，我已枷住而沒縱任。現在您身邊的易牙，連兒子都不疼愛，又怎能愛護您呢？您必須去掉他。」桓公說：「好。」管子又說道：「北城有條狗，齜牙露齒，從早到晚想要咬人，我已枷住而沒縱任。現在您身邊的豎刁，連自己的身軀都不愛護，又怎能愛護您呢？您必須去掉他。」桓公說：「好。」管子又說道：「西城有條狗，齜牙露齒，從早到晚想要咬人，我已枷住而沒縱任。現在您身邊的衛公子開方，拋棄千乘之國太子的尊位，來為臣事奉您。這說明他的欲望，是想從您手中獲得的權力，實際上將超過千乘之國。您必須去掉他。」桓公說：「好。」管子死了。他死後十個月，隰朋也死了。桓公革去易牙、豎刁、衛公子開方。但由於食物烹調的味道不美，因此重新召回易牙；內宮紊亂，重新召回豎刁；順耳諂媚的言辭不在耳邊，重新召回衛公子開方。桓公對內不估量實力，對外不考慮結交，而全力征伐四方鄰國。桓公一死，六個兒子都想立為君主。易牙夥同衛公子勾結豎刁，乘機一道殺害百官，擁立公子無虧為君。因而桓公死後六十七天不曾入殮，九個月不曾安葬。孝公逃奔宋國。宋襄公率領諸侯攻伐齊國，在甗會戰，大敗齊軍，殺了公子無虧，擁立孝公，而後回國。宋襄公在位十三年，桓公在位四十二年。

地圖 第二十七

【題解】此為《管子》第二十七篇，題為「地圖」。地圖，即指地理形勢。因首段中兩次提到「地圖」二字，故以此名篇。

這是一篇軍事論文。作者明確提出，用兵之學，必須首先審知地形，不失地利。有了這個基礎，則應進而「知形」、「知能」、「知意」。「形」指外在條件；「能」指潛在能量；「意」指心理動向。三者盡知，方能兼具眾長，發揮最大限度的主觀能動作用。但欲取勝，單從指揮角度而言，還需具備綜合條件，即必須「主明」、「相知」、「將能」：君主明於「主兵」，國相智於「治兵」，將帥賢於「用兵」，這是舉兵的先決要義。三者兼具，方可穩操勝券。

本文是《管子》中的短篇，簡明地提出了「主明」、「相知」、「將能」的「三具」原則及其各自的具體職責，精鍊地揭示了《管子》的「主兵」之道。論點鮮明，甚有創見，是《管子》軍事思想極為重要的組成部分。

凡兵主❶者，必先審知地圖。轘轅之險❷，濫車之水❸，名山、通谷、經川❹、陵陸❺、丘阜❻之所在，苴草❼、林木、蒲葦之所茂，道里之遠近，城郭之大小，名邑、廢邑❽、困殖之地❾，必盡知之。地形之出入相錯❿者，盡藏⓫之。然後可以行軍襲邑，舉錯⓬知先後，不失地利。此地圖之常也。

人之眾寡，士之精麤❶，器之功苦❷，盡知之，此乃知形者也。知形不如知能，知能不如知意。故主兵必參具❸者也。主明、相知❹、將能之謂參具。故將出令發士，期❺有日數矣；宿定所征伐之國，使群臣、大吏、父兄、便辟❻左右❼不能議成敗，人主之任也。論功勞，行賞罰，不敢蔽賢有私；行用貨財，供給軍之求索，使百吏肅敬，不敢懈怠行邪，以待君之令，相室之任也。繕器械，選練士，為教服❽，連什伍❾，遍知天下，審御機數，此兵主之事也。

【章旨】此章言軍中主帥，必須審察地理形勢的有關事項及意義。

【注釋】❶兵主　軍中主帥。❷轘轅之險　指窄如車轅而又環曲的險道。轘，同「環」。尹知章注：「謂路形若轅而又轘曲，緱氏東南有轘轅道是也。」❸濫車之水　指能浮泛戰車的險要河道。尹知章注：「其水深渺能泛車。」❹經川　指常流不斷的江河。❺陵陸　大土山。此指高原。❻丘阜　小土山。此指丘陵。❼苴草　枯草。《楚辭・九章・悲回風》：「草苴比而不芳。」王逸注：「生曰草，枯曰苴。」❽廢邑　破敗的城市。❾困殖之地　指荒瘠地與可耕地。尹知章注：「困，謂其地墝埆不可種藝；殖，謂壤田可播植者也。」❿出入相錯　參差不齊，互有交錯。⓫藏　儲存。尹知章注：「藏，謂苞蘊在心。」⓬舉錯　即「舉措」。舉止。

【語譯】凡是軍中主帥，必須首先詳查明曉地圖。盤旋的山路，浮車的水道，名山、大谷、江河、高原、丘陵所在的位置，苴草、林木、蒲葦茂密的地方，路程的遠近，城郭的大小，名城、廢市、貧瘠的荒野、可耕的田園等等，必須全部明悉。邊境地形的出入參差，互有交錯，也必須含蘊在心。然後才可以行軍襲邑，舉止先後相宜，不致錯失地利。這些，都是審察地理形勢，要經常注意的。

【章　旨】此章言主兵的「三具」原則及君主、相室、將帥的具體任務。

【注　釋】❶精麤　即「精粗」。指質地的優劣。麤，「粗」的異體字。❷功苦　精善與粗劣。《荀子・王制》：「論百工，審時事，辨功苦。」楊倞注：「功謂器之精好者，苦謂濫惡者。」❸參具　即「三具」。下文所謂「主明、相知、將能」三項條件齊備。尹知章注：「明知能三者合，故謂之參具。」❹知　同「智」。聰敏。❺期　限度；規定。❻便辟　即「便嬖」。君主親愛寵幸的人。❼左右　近侍；近臣。❽教服　訓練、演習。尹知章注：「設教令使士服習。」❾連什伍　編連什伍。什伍，軍隊的基層組織。尹知章注：「使其什伍各相鉤連，有所統屬。」

【語　譯】人數的多少，士兵素質的高低，器械質量的優劣，全都瞭解，這就是所謂「知形」。知形不如「知能」，知能不如「知意」。所以，執掌用兵之事，必須三項條件齊備。君主英明，國相聰敏，將帥賢能，叫做三項條件齊備。所以，對將帥出令、發兵，規定有時間範圍；預先確定所攻伐的國家，使群僚、大官、父兄、寵臣、近侍不能妄議成敗，這是君主的職責。評定功勞，施行賞罰，不埋沒賢才、懷私偏愛；調撥財物，供應軍需，使百官嚴肅慎重，不敢懈怠，行為不端，隨時準備完成君主使命，這是相國的職責。整治器械，挑選士卒，實施教練，編連什伍，全面瞭解各國形勢，明悉與掌握時機及策略，這些便是軍中主帥的職事。

參患 第二十八

【題解】此為《管子》第二十八篇，題為「參患」。參患，即謂檢驗治亂禍患之由，而謀取補救之道。尹知章解題時曾謂「太彊亦有患，太弱亦有患，必參詳彊弱之中，自致於無患也」。意即人君為政，既不可過於殘暴，也不可過於仁慈，當參考於二者之間，方可鞏固君權，免遭內亂外患。尹氏這番詮釋，與本文首章內容雖大體相符，與二、三、四章旨義，則不盡相合。

二、三、四章，都是論說「兵事」。作者先言「兵」是尊主安國之「經」，內可禁邪，外可除暴，至為重要。次言用兵費資甚巨，一次興師，得耗十年蓄積，一次大戰，將盡數代之功；因而君主用兵，不可不慎重嚴肅而預為計畫。最後談用兵之道，認為必須兵精、士勇、將賢、主聖，方可穩操勝券。作者特別強調、凸顯「兵精士勇」的巨大作用和「攻心為上」的神奇策略，認為若能使敵人無心於戰，無心於守，無心於聚，則敵軍皆能為我所用，我必戰無不勝，攻無不取，眾無不摧了。根據二、三、四章的內容來看，這便是一篇珍貴而精妙的談「兵」文字了，與「參患」二字又何以相屬呢？

所以，豬飼彥博謂首章為「他篇之錯簡」；張佩綸謂若「以〈法法〉『知擅備患』一節，移置此篇，則所謂『參患』者，乃參考用兵之患與廢兵之患耳。前後既有條不紊，章指亦如絲不棼」；郭沫若謂「張說近是」，唯移錄文字「當起自『世無公國之君，則無直進之士』」云云。筆者摘錄於此，以待「後之君子詳焉」。

凡人主者，猛毅❶則伐❷，懦弱❸則殺❹。猛毅者何也？輕誅殺人之謂猛毅。懦弱者何也？重誅殺人之謂懦弱。此皆有失彼此。凡輕誅者殺不辜，而重誅者失有罪。故上殺不辜，則道正者不安；上失有罪，則行邪者不變。道正者不安，則才能之人去亡❺；行邪者不變，則群臣朋黨❻。才能之人去亡，則宜有外難；群臣朋黨，則宜有內亂。故曰猛毅者伐，懦弱者殺也。

【章　旨】此章言君主之舉，既不能猛毅，也不能懦弱，否則，便會帶來外患或內亂。

【注　釋】❶猛毅　此指兇暴殘忍。《國語・楚語下》：「強忍犯義，毅也。」❷伐　此指被人攻伐。❸懦弱　此指怯軟姑息。❹殺　指遭人弒殺。❺去亡　指棄國逃奔。尹知章注：「能士去亡，必構鄰來伐，故有外難也。」❻群臣朋黨　指群臣拉朋結黨，互相傾軋。尹知章注：「群臣朋黨，則狗變為虎，篡殺常因是生，故有內亂也。」

【語　譯】大凡君主，猛毅，便被人攻伐；懦弱，便被人弒殺。猛毅的表現是什麼呢？輕易誅殺，叫做猛毅。懦弱的表現是什麼呢？姑息誅殺，叫做懦弱。二者各有所失。凡是輕易誅殺的，定會濫殺無辜；凡是姑息誅殺的，定會漏失當罪。君主濫殺無辜，道德純正的人，就會惴惴不安；君主漏失當罪，行為邪僻的人，就會不思改變。道德純正的人惴惴不安，賢能之士就會去國離鄉；行為邪僻的人不思改變，群臣就會拉朋結黨。賢能之士去國離鄉，國家當有外患；群臣拉朋結黨，國家當有內亂。所以說，猛毅的君主被人攻伐，懦弱的君主被人弒殺。

君之所以卑尊，國之所以安危者，莫要於兵。故誅暴國❶必以兵，禁辟民❷必以刑。然則兵者外以誅暴，內以禁邪。故兵者尊主安國之經❸也，不可廢也。若夫世主則不然，外不以兵，而欲誅暴，則地必虧矣；內不以兵，而欲禁邪，則國必亂矣。

【章　旨】此章言軍隊，是使主尊國安的法寶，當善為運用。

【注　釋】❶暴國　指暴虐而慣於侵伐之國。❷辟民　邪僻之人。辟，通「僻」。❸經　法典；法寶。《周禮・天官・大宰》：「以經邦國。」注：「經，法也。」

【語　譯】君主所以被卑視或尊重，國家所以能安定或危亡，沒有什麼比軍隊的作用更為重要的了。誅伐暴虐的國家，必須動用軍隊；制止邪僻的人，必須借助刑罰。這樣，軍隊的作用，便是對外用來誅伐暴虐之國，對內用來制止邪僻的人。因而軍隊是使主尊國安的法寶，不能廢棄。至於當代的君主，則不以為然。他們對外不動用軍隊，卻想誅伐暴虐之國，則國土必然喪失；對內不借助刑罰，卻想制止邪僻的人，則國家必然動亂。

故凡用兵之計❶，三驚❷當一至，三至當一軍❸，三軍當一戰。故一期之師❹，十年之蓄積殫❺；一戰之費，累代❻之功盡。今交刃接兵而後利之❼，則戰之自勝❽者也。攻城圍邑，主人易子而食之，析骸而爨❾之，則攻之自拔者也。是以聖人小征而大匡❿，不失天時，不空地利，用日維夢⓫，其數不出於計。故計必先定而兵出於竟⓬。計未定而兵出於竟，則戰之自敗，攻之自毀者也。

【章　旨】此章言必須事先作好全面的籌劃，方可與兵出境。

【注釋】❶計　計算。包括行動計畫及軍費預算。❷驚　震駭。猶言軍事演習。尹知章注：「驚，謂耀威示武，能驚敵使懼。如此者三，可當師之一至敵國。」❸軍　此指包圍。《說文》：「軍，圜圍也。」《廣雅・釋言》：「軍，圍也。」❹一期之師　當作「一師之期」，與下文「一戰之費」相應。指一次軍事演習的開支。《莊子・庚桑楚》：「志乎期費。」注：「期，卒也，費耗也。」❺殫　竭盡。❻累代　疊代；數代。❼利之　利於軍備；加強軍備。❽自勝　指自己戰勝自己。或謂當改為「自敗」。其實不改義亦同。尹知章注：「交刃接兵，必卒喪刃折，貨財空耗。雖未被敵勝，先已自勝。」❾爨　生火煮飯。❿匡　通「恇」。恐懼；警惕。⓫用日維夢　石一參謂：「用日維夢」當為「用兵雖多」四字。維夢，指謀劃在先夜。維，通「惟」。考慮；計度。夢，本義為不明之夜，故與「日」相對。《說文》：「夢，不明也。」⓬竟　通「境」。國境。

【語譯】凡是用兵的計算，三次演習，相當於一次出征，三次出征，相當於一次圍敵，三次圍敵，相當於一次交戰。一次興師演習的耗費，十年的蓄積將會用光，一次交戰的耗費，幾代的勳勞成果，將要盡付東流。而今若是已經交刃接兵而後加強軍備，那麼，戰爭定然是自取失敗的。如果城邑遭到圍攻，守護者已是交換子女而食，斲拆屍骨來炊飯，那麼，攻防定然是自己拔除的。因此，聖人對待小小征伐，也是大加警惕，不失天時，不毀地利，用兵在白天，籌謀在先夜，各種方略，都不超出原有預算。所以，計算必先確定，而後才可興兵出境。計算沒有確定而興兵出境，交戰便會自取失敗，進攻便會自取毀滅。

得眾而不得其心，則與獨行者同實；兵不完利，與無操者同實；甲不堅密，與俴者❶同實；弩不可以及遠，與短兵同實；射而不能中，與無矢者同實；中而不能入，與無鏃者同實；將徒人❷，與殘者❸同實；短兵待❹遠矢，與坐而待死者同實。故凡兵有大論❺，必先論其器，論其士，論其將，論其主。故曰：器濫惡不利者，以其士予人也；士不可用者，以其將予人也；將不知兵者，以其主予人也；主不積務於兵者，以其國予人也。故一器成❻，往夫❼具，而天下無戰心；二器成，驚夫❽具，而天下無守城；三器成，游夫❾具，而天下無聚眾。所謂無戰心者，知戰必不勝，故曰無戰心；所謂無守城者，知城必拔，故曰無守城；所謂無聚眾者，知眾必散，故曰無聚眾。

【章旨】此章言用兵，是對武器、士兵、將領、君主諸多情況的檢驗。

【注釋】❶僟者　無甲單衣者。❷徒人　指沒有經過訓練的士兵。安井衡謂：為「白徒」。❸殘者　指自我殘殺。原文為「僟者」。張佩綸謂：「『僟』當為『殘』」，「言如自殘殺之也。《論語》『不教民戰，是謂棄之』，即此意」。❹待　防備；抵禦。❺大論　大考評；大檢驗。❻成　盛。極點；頂端。《釋名》：「成，盛也。」❼往夫　勇往直前的士兵。張佩綸謂當作「征夫」。郭沫若謂當作「枉矢」。錄供參考。❽驚夫　智勇驚眾的士兵。郭沫若謂「驚夫」二字當作「弩矢」，「字之誤也」。❾游夫　才辯遊說之士。郭沫若謂「游夫」當為「游矢」二字之誤。

【語譯】擁有眾多的士卒，而不能使之同心，便跟單獨行動一樣；兵器既不完備又不堅利，便跟沒拿兵器一樣；盔甲不堅牢嚴密，便跟沒有披甲僅穿布衣一樣；弓弩不可以射向遠處，便跟握著短兵器一樣；射箭不能中的，便跟有弓無箭一樣；射中不能穿入，便跟沒有箭頭一樣；率領沒有經過訓練的士卒作戰，便跟自我殘殺一樣；用短兵抵禦遠箭，便跟坐而待斃一樣。所以凡是用兵，都有幾項大檢驗，而且必然是首先檢驗武器，檢驗士兵，檢驗將帥，檢驗君主。所以說：武器粗劣不堅利，等於是把士卒送給敵人；士兵不能發揮作戰功用，等於是把將帥送給敵人；將帥不懂得用兵之道，等於是把君主送給敵人；君主不積學盡力於用兵之道，就等於是把國家送給敵人。所以某個國家，如果有一項武器達到了最高水平，而且具有勇往直前的士卒，天下各國，便沒有跟它作戰的信心；有兩項武器達到了最高水平，而且具有智勇驚眾的士卒，天下各國，便沒有可守的城池；有三項武器達到了最高水平，而且具有才辯遊說之士，天下各國，便沒有人聚眾出征。所謂沒有作戰信心，是知道了戰爭必然不能取勝，所以說沒有敢戰的決心；所謂沒有可守的城池，是知道了城池必然被攻取，所以說沒有可以防守的城池；所謂沒人聚眾出征，是知道了兵眾必然逃散，所以說也就沒人敢於率眾出征了。

制分 第二十九

【題解】 此為《管子》第二十九篇，題為「制分」。「制」即立法定制，「分」即等級名分，石一參謂為「上下內外名義之辨」。總括而言，「制分」即「制天下有分」，意謂為天下立法定制，欲統一天下，建立霸王之業，必須要有君臣百官、士農工賈的等級名分。

為了達到統一天下，建立霸王之業這一目的，作者提出，首先要把國內的事情辦好，做到「治」、「富」、「強」——安定、富裕、強盛，然後才能進而戰勝敵國，定制天下；同時還論述了四者之間的聯繫與區別，既指出了「治」為「富」之道、「富」為「強」之道、「強」為「勝」之道、「勝」為「制」之道，又指出了「治國有器，富國有事，強國有數，勝國有理，制天下有分」，各有條件，不容含混。這些論述，觀點鮮明，語言簡鍊，是一段頗為精要的政治學說。

但全文僅此一章與題相合，其餘二章，則都是討論戰爭之事。雖議論甚有見地，然而終覺離題太遠，所以，疑是錯簡之文。

凡兵之所以先爭❶，聖人賢士，不為愛尊爵❷；道術知❸能，不為愛官職；巧伎❹勇力，不為愛重祿；聰耳明目❺，不為愛金財。故伯夷、叔齊非於死之日而後有名也，其前行多修矣；武王非於甲子之朝❻而後勝也，其前政多善矣。

【章旨】 此章言兵事所爭之先著，在於得人而用；為了得人之心，用人之力，不宜吝嗇尊爵重祿。

【注釋】❶凡兵之所以先爭　尹知章注：「謂欲用兵所當先而爭為者。」先爭，指首先應當爭取的要務。❷聖人賢士二句　尹知章注：「有聖人賢士，則以尊爵加之，而不愛惜也。」愛尊爵，吝嗇尊高的爵位。❸知　通「智」。智謀。❹伎　通「技」。技藝；本領。❺聽耳明目　此指偵察情報人員。❻甲子之朝　指武王伐紂，一戰大捷的日子。

【語譯】大凡用兵，首先應當爭為的要務是：有了聖人賢士，就不要為此而吝惜爵位；有了精於道術智謀的人才，就不要為此而吝惜官職；有了富於技藝勇力的人員，就不要為此而吝惜重祿；有了長於偵察情報的人員，就不要為此而吝惜錢財。古代的賢士伯夷、叔齊，並非到了死的那天之後，才有美名的，他們生前的行為，就富有美好的聲譽了；周武王也並非到了甲子這天之後，才取得勝利的，他以前的施政，就多有善舉了。

故小征，千里偏知❶之。築堵❷之牆，十人之聚，日五間❸之。大征，偏知天下，日一間之❹。散金財，用聰明也。故善用兵者，無溝壘而有耳目。兵不呼儌❺，不苟聚❻，不妄行，不強進。呼儌則敵人戒，苟聚則眾不用，妄行則群卒困，強進則銳士挫。故凡用兵者，攻堅則軔❼，乘瑕❽則神❾。攻堅則瑕者堅，乘瑕則堅者瑕。故堅❿其堅者，瑕⓫其瑕者。屠牛坦⓬朝解九牛，而刀可以莫鐵⓭，則刃游間⓮也。故天道不行，屈⓯不足從；人事荒⓰亂，以十破百；器備不行，以半擊倍。故軍爭者，不行⓱於完⓲城池，有道者不行於無君⓳。故莫知其將至也，至而不可圉⓴；莫知其將去也，去而不可止。敵人雖眾，不能止待㉑。

【章旨】此章言用兵之術，貴在善於避堅乘瑕。

【注釋】❶偏知　普遍瞭解。偏，「遍」字異體，下同。尹知章注：「古者，諸侯大國有五百里者。今既舉眾而征，己國與敵國皆當知之，故偏知千里。」❷堵　牆一重，稱為一堵。❸閒　今作「間」。間候。此指為人主司監視之役者。借以喻指軍事偵察。❹日一閒之　謂「大征」之事，興師甚為重大，應當每日作一次偵探。郭沫若謂「一」為「五」字之誤，「『五』蓋言其多」。閒，即今之「間」字。意即偵察探聽。❺儆　警備；戒備。❻苟聚　草率聚集。尹知章注：「無事徒聚，眾必不用，若周幽之偽烽也。」❼軔　阻塞車輪轉動的器具。猶今之三角木。引申為阻塞、挫折。❽瑕　本指罅隙，此與「堅」相對。意為薄弱、鬆脆。❾神　神速；神奇。❿堅　此處用為動詞。使之堅牢。意即穩住。⓫瑕　此處用為動詞。使之薄弱。意即削弱。⓬坦　屠牛者之名。⓭莫鐵　削鐵。莫，通「劘」。磨；削。⓮游閒　即「游間」。謂刀刃避開堅硬而運轉於間隙之際。⓯屈　窮盡。此指窮寇。⓰荒　荒淫；迷亂。〈戒〉：「從樂而不反者，謂之荒。」⓱行　行軍；進攻。⓲完　堅牢。⓳無君　指國君新喪。《司馬法・仁本》：「不加喪，不因兇，所以愛夫其民也。」⓴圉　阻擋。㉑止待　禁阻；抵擋。

【語譯】率領諸侯兵眾的征戰，應當全面瞭解千里之內的軍情。好比構築一重牆垣，僅有十人聚集勞作，主人每天也要多次察看一樣。率領天下兵眾的征戰，更要全面瞭解各國的軍情，應當每天作一次偵察。花費錢財，就是為了運用偵察手段獲得情報。所以善於用兵的人，沒有深溝高壘，而有情報偵察。軍隊不可聲張警戒，不可輕率集結，不可盲目行軍，不可勉強進擊。聲張警戒，則敵軍知所戒備；輕率集結，則兵眾不肯聽命；盲目行軍，則多數士卒困頓；勉強進擊，則精銳兵士受挫。所以，大凡用兵，強行攻擊堅壘，便容易受挫；乘機襲取薄弱，便收效神速。強行攻擊堅壘，薄弱部分也會堅牢；乘機襲取薄弱，堅牢部分也會削弱。因而應當穩住敵方的堅牢部分，削弱敵方的薄弱環節。屠牛坦一連剖解了九頭牛，而屠刀還可用來削鐵，就是因為刀刃能避開堅硬而運轉在骨肉肌理的空隙之間。所以，天道不順，雖是力已窮盡的敵軍，也不可追逐；一旦敵國人事迷亂，便能以十破百；敵國兵器不施，便能以半擊倍。精於軍事爭奪的人，不向堅牢的城池攻擊，有道義的人，不進攻君主新喪的國家。沒有誰知道將要到來，到來了便不可抵禦；沒有誰知道將要離去，離去時便不可阻擋。這樣，敵軍即使兵多士眾，也是不能禁阻和抵禦於我的。

治者，所道❶富也，治而未必富也；必知富之事❷，然後能富。富者，所道強也，而富未必強也；必知強之數❸，然後能強。強者，所道勝也，而強未必勝也；必知勝之理❹，然後能勝。勝者，所道制也，而勝未必制也；必知制之分，然後能制。是故治國有器❺，富國有事，強國有數，勝國有理，制天下有分。

【章　旨】此章言治國、富國、強國、戰勝敵國，以及控制天下，均有其道。

【注　釋】❶所道　經由的道路。❷事　事宜措施。❸數　方法；策略。❹理　義理。❺器　軍隊；軍備。

【語　譯】安定，是使國家走向富裕的道路，但安定不一定就會富裕；必須懂得致富的措施，然後才能致富。富裕，是使國家走向強盛的道路，但富裕不一定就會強盛；必得懂得致強的方法，然後才能致強。強盛，是使國家走向戰勝敵國的道路，但強盛不一定就會戰勝敵國；必須懂得致勝的義理，然後才能致勝。戰勝敵國，是走向統一天下的道路，但戰勝敵國，不一定就能統一天下；必須懂得使天下統一的名分，然後才能統一天下。因此，使國家安定，要有軍備；使國家富裕，要有措施；使國家強盛，要有方法；戰勝敵國，要有義理；統一天下，要有等級名分。

君臣上 第三十

【題解】此為《管子》第三十篇，題為「君臣上」。全文內容豐富，涉及君道、臣道及君主與臣民之間的關係等問題，主旨則是論述為君之道。

環繞「君道」這一中心，作者提出了一系列要點，即：君主之道，在於執道、明法、使臣、導民；君主之明，在善於「論材、量能、謀德」，能使賢才得舉；君主使臣，當審美察善，因業乘事，依度稽察賞罰；君主對於賞罰，宜當機立決，重在施行，不能聲實相間，口稱而實不至；君主導民，要在身立德正，不失綱紀；君主導民，旨在讓善於上，使民無爭。在此基礎上，作者進而提出「君據法而出令，有司奉命而行事，百姓順上而成俗」，以期實現「君明，相信，五官肅，士廉，農愚，商工愿」，君臣同心，與民一體的局面。這雖然只是一幅為帝王政治制度設計的理想圖案，但對於研究帝王政治學說，仍然是一份彌足珍貴的資料。

為人君者，修官上之道❶，而不言其中❷；為人臣者，比❸官中之事，而不言其外❹。君道不明，則受令者疑；權度不一，則修❺義者惑。民有疑惑貳豫❻之心，而上不能匡，則百姓之與間❼，猶揭表❽而令之止❾也。是故能象其道❿於國家，加之於百姓，而足以飾官⓫化下者，明君也。能上盡言於主，下致力於民，而足以修義從令者，忠臣也。上惠⓬其道，下敦⓭其業，上下相希⓮，若望參表⓯，則邪者⓰可知也。

【章旨】此章言明君、忠臣，宜各循其道。

【注釋】❶官上之道　指統帥朝廷百官的方法。尹知章注：「君在眾官之上，但修此官上之道而已。」❷其中　即下文「官中之事」。指朝廷眾官的具體政務。❸比　考校；研究處理。❹外　指本職以外之事。❺修　講求；研習。與上文「修官上之道」中「修」字同義。王念孫謂：「『修』當為『循』，下文『而足以修義從令者』同。下文曰：『下之事上不虛，則循義從令者審也。』是其證也。」錄供參考。❻貳豫　遲疑猶豫。貳，懷疑；不信任。《書・大禹謨》：「任賢勿貳，去邪勿疑。」❼間　間隔；隔膜疏遠。❽揭表　高舉標幟。尹知章注：「表，謂以木為標，有所告示也。」❾止　停步不前。❿象其道　把君道作為法式。象，即「像」。法像；法式。⓫飾官　整頓官治。飾，整治；整頓。⓬惠　和順；順從。⓭敦　勉力。⓮希　通「睎」。瞻望。引申為觀察。⓯參表　檢測日影計時的木製標杆。參，檢驗。⓰邪者　指偏斜處。邪，通「斜」。

【語譯】當君主的，要研究管理朝廷百官的方法，而不談朝廷眾官的具體職事；作人臣的，要考校職責範圍內的任務，而不談論本職以外的事情。君道不明確，奉命辦事的人，就會有疑慮；權度不統一，講求正道的人，就會生迷惑。民眾有了疑惑猶豫的心理，而君主不能加以匡正，百姓與君主，便會隔膜疏遠，就好比高舉標幟，命令百姓止步不前一樣。因此，在全國範圍內，能把君道作為法式，施加給百姓，而且能夠用來整治官府、感化下民的，就是聖明的君主。能夠上對君主盡言，下對百姓盡力，而且能夠講求正道、遵從法令的，就是忠誠的臣子。君上順行君道，臣下勉力職守，君臣互相觀察，好像共同望著檢測日影的標杆一樣，稍有偏斜，就可以發現了。

吏嗇夫❶任事，民嗇夫❷任教。教在百姓，論❸在不撓❹，賞在信誠，體之以君臣，其誠❺也以守戰。如此，則民嗇夫之事究❻矣。吏嗇夫盡有訾❼程❽事律❾，論法辟❿、衡權、斗斛、文劾⓫，不以私論，而以事為正⓬。如此，則吏嗇夫之事究矣。民嗇夫成教，吏嗇夫成律之後，則雖有忠信敦慤⑬者，不得善⑭也，而戲豫⑮怠傲者，不得敗也。如此，則人君之事究矣。是故為人君者，因其業，乘其事，而稽⑯之以度。有善者，賞之以列爵之尊，田地之厚，而民不慕⑰也。有過者，罰之以廢亡之辱、僇⑱死之刑，而民不疾⑲也。殺生不違，而民莫遺其親⑳者，此唯上有明法，而下有常事也。

【章　旨】此章言吏嗇夫與民嗇夫各有職守，君主當因業乘事，依度稽察賞罰。

【注　釋】❶吏嗇夫　官職名稱。尹知章注：「吏嗇夫，謂檢束群吏之官也，若督郵之比也。」❷民嗇夫　官職名稱。原文為「人嗇夫」。張佩綸謂：「『人』當作『民』，唐諱。」尹知章注：「人嗇夫，亦謂檢束百姓之官。」❸論　判定罪刑。❹不撓　不枉曲。意謂不枉法徇私。❺誠　古通「成」。成果；成效。❻究　窮；盡；終極。《詩・大雅・蕩》：「靡屆靡究。」毛傳：「究，窮也。」❼訾　限量。❽程　定度；規章。❾律　法式。❿法辟　法度與刑罰。尹知章注：「辟，刑也。」石一參注：「辟者僇也。」⓫文劾　書面檢舉彈劾他人的罪狀。尹知章注：「文劾，言據文而舉劾。」⓬正　通「證」。憑證。⓭慤　忠厚；誠篤。⓮善　通「繕」。修治。⓯戲豫　逸豫；嬉遊逸樂。《詩・大雅・板》：「無敢戲豫。」毛傳：「戲豫，逸豫也。」⓰稽　考核；審察。⓱慕　思慕。引申為計較、攀比。⓲僇　通「戮」。殺戮。⓳疾　非毀。《禮記・緇衣》：「毋以嬖御人疾莊后，毋以嬖御士疾莊士大夫卿士。」鄭玄注：「疾亦非也。」⓴遺其親　指遺棄父母。意謂殺生既有法度，百姓就有所遵循，不會輕易違法，外出流亡，鋌而走險而棄離父母。

【語　譯】吏嗇夫擔任督察的職事，民嗇夫擔任教化的職事。教化是針對百姓，論罪則不枉法徇私，行賞則講求信誠，能體現君臣之道，並能從守禦與攻戰方面見出成效。這樣，民嗇夫的職責就盡到了。吏嗇夫全部掌握著計量規章與辦事法式，論定刑罰、權衡、斗斛、舉劾，當不憑主觀臆斷，而是以事實作為憑證。這樣，吏嗇夫的職責就盡到了。民嗇夫制訂規訓，吏嗇夫制訂律令之後，即使是忠信敦厚的人，也不容增益；而嬉戲怠傲的人，更不容敗壞。這樣，君主的職守就盡到了。因此，當君主的，要根據吏嗇夫與民嗇夫的業務和職守，按照法度加以考核。有善舉的，用尊貴的爵位、豐厚的田產加以獎賞，人們也不會攀比。有過錯的，用廢黜的羞辱與殺戮的重刑加以懲處，人們也不會非毀。生殺予奪，不違法度，百姓安定而不棄離父母，這唯有君主有聖明的法度，臣僚有固定的職守，才能做到。

天有常象，地有常形，人有常禮，一設而不更，此謂三常。兼而一之，人君之道也；分而職❶之，人臣之事也。君失其道，無以有其國，臣失其事，無以有其位。然則上之畜❷下不妄❸，而下之事上不虛矣。上之畜下不妄，則所出法制度❹者，明也；下之事上不虛，則循義從令者，審也。上明下審，上下同德，代❺相序也。君不失其威，下不曠其產❻，而莫相德❼也。是以上之人務德，而下之人守節❽，義禮❾成形❿於上，而善下通於民，則百姓上歸親於主，而下盡力於農矣。故曰：君明，相信，五官⓫肅，士廉，農愚⓬，商工愿⓭，則上下一體，而外內別也；民性⓮因⓯，而三族⓰制也。

【章　旨】此章言君行其道，臣守其職，上明下審，則民生有所依憑。

【注　釋】❶職　執掌；主管。❷畜　畜養；對待。❸不妄　不虛妄；不欺詐。《法言・問神》：「無驗而言之謂妄。」❹所

出法制度　指頒布的律令和制訂的法度。郭沫若謂：「『出法制度者明也』與『循義從令者審也』相對為文」，「不應有『所』字」。錄供參考。❺代　更替；循環往復。❻產　生計；職守。❼德　此指感恩懷德。❽節　法度。❾義禮　即儀禮。指禮儀制度。義，通「儀」。❿成形　即成型。指形成了規範。形，通「型」。模型；規範。⓫五官　指司徒、司馬、司空、司士、司寇等五種官職的合稱。⓬愚　此為褒義詞。意謂質樸。⓭愿　謙謹；忠厚。《說文》：「愿，謹也。」《廣雅・釋言》：「愿，愨也。」⓮民性　即民生。《通論》：「性者，生也。」⓯因　依據；倚託。⓰三族　眾說不一，似當指農、工、商三類行業。族，品類；族類。尹知章注：「三族，謂農、商、工也。言因上下有體，內外有別，故此三族各得其制也。」

【語譯】天有經常的氣象，地有經常的形體，人有經常的禮儀，一經定型就不改易，這就稱為三常。能兼顧全局，統一籌劃，是君主的道術；分門別類，各司其事，是臣子的職事。君主喪失了道術，就無法保持自己的國家；臣子背離了職守，就無法保持自己的官位。既然如此，那麼君主對待臣子，若不欺詐，臣子侍奉君主，便不會虛妄。君主對待臣子不欺詐，所頒布的律令和制訂的規章，就會很明智；臣子侍奉君主不虛妄，遵循義理，服從命令，就會態度審慎。君上明智，臣下審慎，上下同心一德，循環往復，就形成了秩序。君主不喪失威信，臣子不荒忽職守，彼此就不用感恩懷德了。因此，君主講求德惠，臣子就會遵守法度；禮儀制度，在朝廷形成了規範，善舉便可向下貫通於民眾之中。這樣，百姓便會向上歸附親近於君主，向下盡力於農事了。所以說：君主明智，輔相信實，官吏端肅，士子正直，農民質樸，商賈工匠忠厚，君臣上下，便能融為一體，朝廷內外，便會井然有別；民生就有了倚託，農、工、商各業，也就有所管理了。

夫為人君者，廕德❶於人者也；為人臣者，仰生於上者也。為人上者，量功而食之以足；為人臣者，受任而處之以教❷。布政有均，民足於產，則國家豐矣。以勞受❸祿，則民不幸生。刑罰不頗❹，則下無怨心。名正分❺明，則民不惑於道。

道也者，上之所以導民也。是故道德出於君，制令❻傳於相，事業程❼於官，百姓之力也，胥❽令而動者也。是故君人也者，無貴如其言；人臣也者，無愛如其力。言下力上，而臣主之道畢矣。是故主畫❾之，相守❿之；相畫之，官守之；官畫之，民役⓫之；則又有符節⓬、印璽⓭、典法、筴籍⓮以相揆⓯也。此明公道而滅奸偽之術也。

【章　旨】此章言君主之道，就在於使臣、導民。

【注　釋】❶蔭德　以德庇蔭；施予德澤。❷教　劉師培謂：「『教』字疑當作『敬』。」語譯依此。敬，謹慎；嚴肅。❸受　通「授」。授予。❹不頗　不偏頗；不出偏差。❺分　職分；職責。❻制令　君令。《史記・秦始皇本紀》：「命為『制』，令為『詔』。」❼程　考核；計算。❽胥　通「須」。等待。❾畫　謀劃；籌劃。❿守　奉行；遵循。⓫役　服役；奔走效力。⓬符節　用竹或木製成，朝廷用作憑證的信物。《周禮・地官・掌節》：「門關用符節。」⓭印璽　指朝廷用作憑信的印鑑。《周禮・地官・掌節》：「貨賄用璽節。」鄭玄注：「璽節者，今之印章也。」《獨斷》：「秦以前，民皆以金玉為印，龍虎紐，唯其所好。然則秦以來，天子獨以印稱璽，又獨以玉，群臣莫敢用也。」⓮筴籍　冊籍；書冊簿籍。筴，通「冊」。⓯揆　掌管；管理。尹知章注：「符節印璽，所以示其信也；典法策籍，所以示其制也。凡此，可以考其真偽，定其是非，故曰以相揆也。」

【語　譯】作君主的，就是施德於民眾的人；作人臣的，就是仰仗君主而生活的人。作君主的，應考校功績而給予優厚的俸祿；作人臣的，應承擔職事而審慎地設教。施政均平，民眾財富充足，國家便富裕了。根據勞績授予俸祿，人們便不會僥倖偷生。刑罰不偏頗，下民便沒有怨怒。名正責明，人們對於君主之道，就不會疑惑了。所謂「道」，就是君主用來引導民眾的措施。因此，君道、德澤，由君主發出；君令，由輔相傳達；

事業，由官吏核定；百姓的力役，須待命而行動。因而君臨民眾的人，沒有什麼會像他的言論一樣貴重；作為人臣，沒有什麼會像他的才力一樣值得珍愛。言語施於臣下，才力應於君上，君臣之道就完備了。所以，君主籌劃，輔相奉行；輔相籌劃，官吏遵循；官吏籌劃，民眾奔走效力；而且又有符節、印璽、典法、冊籍加以驗核管理。這些都是彰明公道、消滅奸偽的措施。

論材、量能、謀德而舉之，上之道也；專意一心，守職而不勞❶，下之事也。為人君者，下及官中之事，則有司不任❷；為人臣者，上共專❸於上，則人主失威。是故有道之君，正其德以蒞民❹，而不言智能聰明。智能聰明者，下之職也；所以用智能聰明者，上之道也。上之人明其道，下之人守其職，上下之分不同任，而復合為一體❺。

【章　旨】此章言君臣名分不同，職責也不同，彼此不宜取代。

【注　釋】❶不勞　此指不超越權限。尹知章注〈小匡〉：「犧牲不勞」謂「過用謂之勞」。❷不任　此指不便負責任。尹知章謂：「下及官中之事，則君奪臣職，故有司不任也。」❸共專　共分君主專擅的權力。劉績謂：「此言臣奪君職，共專其令。」❹蒞民　君臨人民；統治人民。蒞，臨視。❺一體　意謂一個整體。尹知章注：「君為元首，臣為股肱，故曰一體。」

【語　譯】評斷資質，衡量才能，考慮德譽，而舉用人才，是君主的道術；專心專意，奉行職守，而不超越權限，是臣下的職事。作為君主，如果向下管到官府中的具體事務，官吏便無法負責；作為人臣，如果向上共分國君獨有的權力，君主便會喪失威嚴。因此，擁有道術的君主，注重端正自己的德行，來治理臣民，而不去講求智能聰明。講求智能聰明，是臣下的職事；講求運用臣下的智能聰明的方法，則是君主之道。君主明瞭自己的道術，臣下奉行自己的職守，君臣名分不同，職責也不同，卻又可以融合為一個整體。

是故知善，人君也。身善，人役也。君身善，則不公❶矣。人君不公，常惠於賞，而不忍於刑，是國無法也。治國無法，則民朋黨而下比❷，飾巧以成其私。法制有常，則民不散而上合，竭情以納其忠。是以不言智能，而朝事治❸，國患解，大臣之任❹也。不言於聰明❺，而善人舉，奸偽誅，視聽者眾也。

【章　旨】此章言君主當識察善美，明審賞罰，若徒求躬行善事，則不足為政。

【注　釋】❶不公　即不通。指不能通曉全局。《玉篇》：「公，通也。」尹知章注：「不公，則不識理之正。」❷下比　在下面相勾結。❸朝事治　朝廷之事，得以治理。原文為「順事治」。郭沫若謂：「當是『朝事治』，方與『國患解』對文。」❹大臣之任　即「大臣是任」。任用大臣。❺不言於聰明　張文虎謂：「『不言於聰明』，『於』字衍，句法與上『不言智能』一例。」

【語　譯】因此，能識察美善，方可以為人君，只是注重自身行善，僅足以為人服役。如果君主只注重躬行善事，便不能通曉全局了。人君不能通曉全局，常常惠於行賞，而不忍於刑罰，這樣，國家就沒有了法制。治國沒有法制，臣民便會拉朋結黨，在下面相勾結，文飾巧詐，成全私利。如果法制行之有素，臣民便不會分崩離析，而自然趨合於君上，盡心獻納忠誠。所以，君主不講求智能，而朝廷政事得以治理，國家憂患得以消除，這是由於任用了大臣的緣故。君主不講求聰明，而善良賢能之士得舉，奸詐虛偽之徒被誅，這是由於監視聽察的人眾多的緣故。

是以為人君者，坐❶萬物之原❷，而官❸諸生之職者也。選賢論材，而待之以法。舉而得其人，坐而收❹，其福不可勝收也。官不勝任，犇❺走而奉❻，其敗事不可勝救也。而國未嘗乏於勝任之士，上之明適❼不足以知之。是以明君審知勝任之臣者也。故曰：主道得，賢材遂❽，百姓治。治亂在主而已矣。

【章　旨】此章言明君之所以為明君，在於善察勝任之臣，能使賢才得舉。

【注　釋】❶坐　守定；掌握。張文虎謂：「『坐』疑『主』字之譌。」錄供參考。❷原　根本。石一參謂：「君為萬政所從出，故曰坐萬物之原。」❸官　授予官職。❹坐而收　郭沫若謂：「『坐而收』當作『坐而牧』與『奔走而奉』為對。」錄供參考。收，收納；獲取。❺犇　即「奔」。❻奉　事奉；從事。❼適　只；但。于省吾謂：「金文『適』字通作『啻』，適、啻字通」，「『適』猶特也」。❽遂　進用；舉薦。

【語　譯】因此，作為君主，是掌握萬事根本，授予眾人職事的。選拔賢才，評斷資質，並且依照法度對待他們。舉拔適得其人，便可安坐受益，好處不可盡收。所授官職不能勝任，即使奔走從事，壞事也無法全部補救。然而國家並不曾缺乏勝任職事的人才，只是君主的眼力不能夠全部察知。因此，聖明的君主，就是能夠詳盡察知勝任之臣的人。所以說：君道得宜，賢才便得舉薦，百姓便得治理。國家的安定與動亂，只在君主而已。

故曰：主身者，正德之本也；官治者，耳目之制也。身立而民化，德正而官治。治官化民，其要在上。是故君子不求於民。是以上及下之事謂之矯❶，下及上之事謂之勝❷。為上而矯，悖也；為下而勝，逆也。國家有悖逆反迕❸之行，有土主民者❹，失其紀也。是故別交正分❺之謂理，順理而不失之謂道。道德定而民有軌矣。有道之君者，善明設法而不以私防者也。而無道之君，既已設法，則舍❻法而行私者也。為人上者，釋法而行私，則為人臣者，援私以為公。公道不違，則是私道不違者也。行公道而托其私焉，寖❼久而不知，姦心得無積乎？姦心之積也，其大者有侵偪❽殺上之禍，其小者有比周❾內爭之亂。此其所以然者，由主德不立，而國無常法也。主德不立，則婦人能食❿其意；國無常法，則大臣敢侵其勢。大臣假於女之能⓫，以規⓬主情；婦人嬖寵⓭假於男之知⓮，以援⓯外權。於是乎外夫人⓰而危太子，兵亂內作，以召外寇。此危君之徵也。

【章　旨】此章言君主當身立德正，不失綱紀。

【注　釋】❶矯　拂逆；違背。《淮南子・俶真》高誘注曰：「矯，拂也。」❷勝　欺淩；超越。《易・漸》六四「終莫之勝」虞注曰：「勝，陵也。」❸迕　違反；背逆。❹有土主民者　即〈牧民〉之「有地牧民者」。意指君主。❺別交正分　尹知章謂：「別上下之交，正君臣之分。」交，關係。分，職分。❻舍　通「捨」。拋棄。❼寖　逐漸。❽侵偪　即「侵逼」。威逼欺淩。❾比周　緊密勾結。❿食　通「飼」。蓄養。此指逢迎助長。⓫能　親善；親近。《廣韻》：「能，善也。」⓬規　通「窺」。窺伺；刺探。⓭嬖寵　嬖幸寵愛。⓮男之知　指大臣的智謀。知，通「智」。⓯援　援引；攀附。⓰外夫人　廢黜夫人。外，除去。《淮南子・俶真》：「達則嗜欲之心外矣。」高誘注：「外，棄也。」

【語　譯】所以說：君主自身，是匡正德行的根本；對於官吏的管理，好比對於耳目的制約。君主自身立德，民眾便會受到教化；君主德行端正，官吏便能得到管理。管理官吏，教化民眾，樞要在於君主。所以，君子不責求民眾。因此，上面干預下面的職事，叫做拂逆；下面干預上面的職事，叫做凌越。在上位的人拂逆，就是謬誤；在下位的人凌越，就是背逆。國家有了狂悖違抗的行為，就是擁有國土、掌管民眾的君主，失去綱紀的結果。因此，分清上下關係，匡正君臣職分，這就叫做「理」；順理而為，不失規矩，這就叫做「道」。道德規範確立，人民就有正道可循了。有道的君主，是善於明確設立法制，而不因一己私意橫加阻礙的人。然而無道的君主，即使已經設立法制，也要捨棄法制，而強行個人意見的。作君主的人，拋開法制而強行私意，那麼，作臣子的人，就會引進私心，充作公道。所謂不違公道，也就是不違私道了。藉行公道而寄寓私心，逐漸年深日久而不被察知，那麼姦邪之心，能不愈積愈重嗎？姦邪之心累積，往大處說，便會釀成威逼僭越、弒戮君主的災難，往小處說，也會發生相互勾結、彼此爭鬥的禍亂。這類現象造成的緣由，正是因為君主的德行沒有樹立，而且國家沒有固定的法度。君主的德行不確立，女人便能逢迎助長他的私意；國家沒有固定的法度，那麼大臣便敢於侵奪他的權力。大臣借助女人能親近君主的便利，來刺探君主的內情，被寵幸的女人借助大臣的智謀，來攀附外官的權勢。在這種情況下，就會廢黜夫人，危害太子，兵變內起，引來外敵。這些都是危及君主的徵兆。

是故有道之君，上有五官以牧其民，則眾不敢踰軌而行矣；下有五橫❶以揆其官，則有司不敢離法而使矣。朝有定度衡儀❷，以尊主位，衣服緷絻❸，盡有法度，則君體法而立❹矣。君據法而出令，有司奉命而行事，百姓順上而成俗，著久而為常；犯俗離教者，眾共姦之❺；則為上者佚❻矣。

【章　旨】此章言君主「牧民」、「撿官」之道。

【注　釋】❶五橫　官名。負監察職責。尹知章注：「橫，謂糾察之官，得入人罪者也。五官各有其橫，曰五橫。」章炳麟謂：「『五橫』即『五潢』，假天象以名官也。」❷衡儀　平正的準則。尹知章注：「衡，正。」❸緷絻　衣帶、帽子。《博雅》：「緷，束也。」《荀子・正名》「乘軒戴絻」注：「絻與冕同。」❹體法而立　依據法度而臨政。立，蒞政；視政。❺姦之　以之為姦。姦，邪惡。❻佚　通「逸」。安閒；逸樂。

【語　譯】因此，有道的君主，上設五官，用來治理民眾，民眾便不敢越軌行事了；下設五橫，用來監察官吏，官吏便不敢離法弄權了。朝廷有固定的規章、平正的準則，用來尊奉君主的地位；君主的衣服、束帶、冠冕，全部都有制度。這樣，君主便可以依據法度蒞政視事了。君主據法發令，官吏奉命行事，百姓順從成為風尚，彰明的時日一久，便可成為常規；違犯習俗、背離教化的人，群眾便會共同指斥為姦邪之徒。這樣，作為君主，就可以逸樂無憂了。

天子出令於天下，諸侯受令於天子，大夫受令於君，子受令於父母，下聽其上，弟聽其兄，此至順矣。衡石一❶稱，斗斛一量，丈尺一綧制❷，戈兵一度，書同名❸，車同軌，此至正也。眾❹順獨逆，眾正獨辟❺，此猶夜有求而得火也，姦偽之人，無所伏矣。此先王之所以一民心也。是故天子有善，讓德於天；諸侯有善，慶❻之於天子；大夫有善，納之於君；民有善，本❼於父，慶之於長老❽。此道法之所從來，是治本也。是故歲一言❾者，君也；時省者，相也；月稽者，官也；務四支⑩之力，修耕農之業以待令者，庶人也。是故百姓量其力於父兄之間，聽其言於君臣之義；而官論其德能而待之；大夫比官中之事，不言其外；而相為常具⑪以給之。相總要⑫，者官⑬謀士量實義美⑭，匡請所疑。而君發其明府之法瑞⑮以稽之，立三階⑯之上，南面而受要。是以上有餘日，而官勝其任；時令不淫⑰，而百姓肅給。唯此上有法制，下有分職也。

【章旨】此章言國欲得治，宜上有法制，下有分職；且宜倡導讓善於上，使民無爭。

【注釋】❶一　統一；一致。❷綧制　標準限度。尹知章注：「綧，古准字。准節律限度也，謂丈尺各有准限也。」❸名　此指文字。《周禮・春官・外史》：「掌達書名於四方。」鄭玄注：「古曰名，今曰字。」❹眾　原文為「從」。豬飼彥博謂：「當作『眾』。」若此，則句中「眾」與「獨」，「順」與「逆」，均能相對成文。下句「眾」字同此例。❺辟　通「僻」。偏邪。❻慶　幸福。此指託福、受福。❼本　尋根；溯源。❽長老　年高輩尊者。❾歲一言　指歲首布憲，只有一次，不可過繁。❿四支　即四肢。支，通「肢」。⓫常具　指祿賞。⓬總要　總領樞要事宜。⓭者官　諸官；眾官。者，通「諸」。石一參《管子今詮》作「百官」。⓮量實義美　郭沫若謂：「『量實』就內質言，『議美』就外態言。」譯文依此。義，豬飼彥博謂：「當作『議』。」⓯法瑞　指符信。⓰三階　三重臺階。代指路寢。即君主處理政事的宮室。尹知章注：「君之路寢前有三階。」⓱不淫　不過限度；頗有節制。淫，過度；無節制。

【語譯】天子向天下各國發布命令，諸侯從天子那裡接受命令，大夫從君主那裡接受命令，兒子從父母那裡接受命令，下級聽從上級，弟弟聽從兄長，這是最為通順的道理。衡石統一稱計，斗斛統一量度，丈尺統一標準，戈兵統一規格，書寫統一文字，車轍統一寬窄，這是最為正當的規矩。眾人都順，一人獨逆，眾人都正，一人獨偏，這就好比在黑夜中找尋什麼而得到火炬一樣，行姦作偽之徒，是無處隱藏的。這就是先代聖王要統一民心的緣由。因此，天子有了善舉，要把功德歸讓於上天；諸侯有了善舉，要託福於天子；大夫有了善舉，要歸功於君主；百姓有了善舉，要溯源於父親，並託福於長輩。這就是「道」、「法」產生的根源，這也是治國的根本。因此，歲首作一次布憲的，是君主；按四時省察官吏的，是輔相；按月稽查民事的，是官吏；用盡四肢筋力，從事耕種之業，而依據時令勞作的，是庶民。所以，對於百姓，應當在父兄之間評量其盡力狀況，在君臣大義方面考察其言論；對於官吏，應當評定其道德、才能，而待用舉拔；對於大夫，應當衡量其職責以內的事務，而不論及職責範圍之外；輔相則核定祿賞給予臣民。輔相總攬樞要，百官謀士量其功實，議其美善，匡正解答疑惑。君主只需發出明府符節而加以核對，站在三級臺階之上，朝南受理輔相上呈的政事樞要。因此，君主饒有餘暇，百官勝任職事；依時行令不無節制，百姓敬肅地完成對於朝廷的供給。這些，都只是因為上有法制，下有職責的結果。

道者，誠人之姓❶也；非，在人也。而聖王明君，善知而道❷之者也。是故治民有常道，而生財有常法。道也者，萬物之要也。為人君者，執要而待之，則下雖有姦偽之心，不敢殺也。夫道者虛設❸，其人在則通，其人亡則塞者也。非茲❹是❺無以理人，非茲是無以生財。民治財育，其福歸於上。是以知明君之重道法而輕其國也。故君一國者，其道君之也；王天下者，其道王之也。大王天下，小君一國，其道臨之也。是以其所欲者，能得諸民；其所惡者，能除諸民。所欲者能得諸民，故賢材遂；所惡者能除諸民，故姦偽省❻。如冶之於金，陶之於埴❼，制在工也。

【章　旨】此章言道為萬物之要，君主宜執而重之。

【注　釋】❶姓　《纂詁》作「性」，《管子新詮》亦作「性」。指本性。譯文依此。❷道　說明；宣傳。尹知章注：「道，猶言也。聖王善知道理，故言而相告也。」❸虛設　存在於無形之中。尹知章注：「道無形而善應，故曰虛設。」❹茲　此。指「道」。❺是　則。《爾雅》：「是，則也。」❻省　省察；發覺。❼埴　黏泥。

【語　譯】道，的確是人類的本性；如果無道，責任在人。聖王明君，是善於瞭解道和宣傳道的人。因此，治理民眾有常道，生產財富有常法。道，是萬事的樞要。當君主的，如能掌握這個樞要來處理事物，那麼，屬下即使有作姦為非的想法，也是不敢弒君的。道，存在於無形之中。行道的君主在，道就能暢通；行道的君主不在，道就會阻塞。沒有道，就無法治理民眾；沒有道，就無法生產財富。民眾得到治理，財富得到增長，福祿應歸功於君主。由此可知，聖明的君主，是看重道法，而看輕國君的地位的。所以，統治一個國家，是君道在統治；統治整個天下，是王道在統治。大道統治天下，小道統治一國，都是道在發揮作用。因此，他所希望的，都能從民眾中得到；他所憎惡的，都能從民眾中消除。所希望的能從民眾中得到，所以賢能的人才，能夠舉拔；所憎惡的能從民眾中消除，所以作姦為非之徒，能夠被察覺。就像治金匠對於金屬，陶瓦匠對於黏泥，製作掌握在他們手中。

是故將與❶之，惠厚不能供；將殺❷之，嚴威❸不能振❹。嚴威不能振，惠厚不能供，聲實有間❺也。有善者不留❻其賞，故民不私其利；有過者不宿❼其罰，故民不疾其威。威罰❽之制，無踰於民，則人歸親於上矣。如天雨❾然，澤下尺，生上尺。

【章　旨】此章言君主賞罰，重在實行，當機立決；且其制宜與應得者相當，方能使民心服。

【注　釋】❶與　給予。此指賞賜。❷殺　殺戮。此指施以刑罰。❸嚴威　嚴厲的威刑。指刑罰過重。❹振　振揚；實行。❺開　距離。❻留　留滯；遲疑。❼宿　停滯；延緩。❽威罰　或謂當作「賞罰」，或謂當作「威福」。實則所謂「福」、「威」、「賞」、「罰」全包涵其中。❾雨　此為動詞。下雨。

【語　譯】因此，將要賞賜時，又覺得澤惠太厚而不能給予；將要懲處時，又覺得刑罰過重而不能施行。認為刑罰過重而不能施行，認為澤惠太厚而不能給予，這都是由於聲言和實施有距離的關係。有了善舉，不留滯應給的賞賜，人們便不會考慮私利；有了罪過，不延緩應施的懲罰，人們便不會疾怨威刑。福威賞罰的制令，不超越當事者所應得，人們便會歸附與親近於君主了。這就好像天下雨一樣，時雨下潤一尺，作物就會上長一尺。

是以官人不官，事人不事，獨立而無稽者，人主之位也。先王之在天下也，民比之神明之德。先王善牧❶之於民者也。夫民別而聽之則愚❷，合而聽之則聖❸。雖有湯、武之德，復合於市人❹之言。是以明君順人心，安情性，而發於眾心之所聚。是以令出而不稽❺，刑設而不用。先王善與民為一體。與民為一體，則是以國守國，以民守民也。然則民不便為非矣。

【章　旨】此章言君主治國，宜兼聽並觀，順應人心，與民一體。

【注　釋】❶牧　牧養；治理。陶鴻慶謂：「『牧』當為『收』字之誤。」收，吸收；收羅意見。錄供參考。❷愚　愚蠢。尹知章謂：「別而聽之，則各信其一方，暗莫之發，故愚。」❸聖　聖明。尹知章謂：「合而聽之，則得失相轉，可否相濟。芻蕘之言，聖賢不能易，故聖也。」❹市人　眾人。「市」為人眾會聚之處，故可謂「眾」。❺稽　留滯；遲延。

【語　譯】因此，授人官職而自己不居官職，給人職事而自己不任職事，獨自行使權力而無人稽核的，這就是君主的職位。先代聖王治理天下的時候，人們把他的才德，比作神明。這是由於先代聖王善於治理民眾的緣故。對於民眾的意見，只是個別地聽取，決策便將是愚蠢的；如果綜合地聽取，決策便一定會聖明。即使有商湯王、周武王那樣的才德，也還應全面地聽取眾人的意見。所以，聖明的君主能順從民心，適應民情，考慮問題，能從民眾共同關心的方面出發。因而政令發出，能暢行無阻，刑罰雖設，能閒置不用。這是由於先代聖王善與民眾融合為一體。能與民眾融合為一體，這便是借助全國的力量保衛國家，借助全民的力量保衛民眾。這樣，民眾就不便為非作惡了。

雖有明君，百步之外，聽而不聞；閒❶之堵牆❷，窺而不見也。而名為明君者，君善用其臣，臣善納其忠也。信以繼信，善以傳善。是以四海之內，可得而治。是以明君之舉其下也，盡知其短長，知其所不能益，若❸任之以事。賢人之臣其主也，盡知短長與身力之所不至，若量能而授❹官。上以此畜下，下以此事上，上下交期於正，則百姓男女，皆與治焉。

【章　旨】此章言君臣同心，上下交期於正，則百姓得治。

【注　釋】❶間　間隔。❷堵牆　指一重牆垣。牆一重為「堵」。❸若　乃；然後。《國語・周語》：「必有忍也，若能有濟也。」韋昭注：「若，猶乃也」。石一參謂：「若者，然後二字之合音。齊語如此。」下文「若」同。❹授　通「受」。接受。

【語　譯】雖然是聖明的君主，距離在百步之外，也會聽不到；隔上一重牆，也會看不見。然而所以能夠稱為明君，這是因為作為君主，他善於任用自己的臣下，他的臣下，也善於進獻自己的忠誠。用誠信延續誠信，用善美傳導善美。因而四海之內，都能治理得太平。所以，明君舉用他的臣下，總要全部瞭解他的短處與長處，以至瞭解到他才能的最高限度，然後才委任職事。賢臣事奉自己的君主，也總要完全認識自己的短處與長處，明確自身力量不能達到的限度，然後估量能力，接受職事。君主依照這個原則對待臣下，臣下依照這個態度事奉君主，君臣共同期約公正，百姓男女，便都能治理了。

卷十一

君臣下　第三十一

【題解】此為《管子》第三十一篇，題為「君臣下」。全篇內容，甚為廣泛，諸如國家的形成，君臣、君民關係的確立，君主、輔相、大夫、群臣的分工，確立禮制的原則依據，國家亂亡的原因以及施政治民之道等等，無不論及。重點則是後者。如何施政治民？作者提出了不少重要見解。

一、君主治民之道，在於德威兼施，通過賞善罰惡、經常強化性的教育，可以彰明義禮。民明義禮，則可以「居治、戰勝、守固」。

二、君主治民，應當講究決塞之道。決之使行，塞之使止，「導」、「阻」兼用，「君子行於禮」，「小民篤於農」，「上尊而民順」，「財厚而備足」，便可成就王業，統一天下。

三、欲治民，須治臣。君主立相、擇臣、任官，亟宜「陳功而加之以德，論勞而昭之以法」，「舉德以就列」，「舉能以就官」，堅持才德兼備、舉拔循章的原則。只有這樣，才能防止奪實、奪威、脅君、幽君現象的發生，使「國平而民無慝」。

四、欲治臣，先治己。君主宜率先垂範，「道德定於上，則百姓化於下」。若「知失諸民」，則應「退而修諸己」。同時還應「正名稽疑」，懲處「疑妻之妾」、「疑適之子」，以免身邊起火，殃及全局。

這些都是關於君主執政經驗的總結。作者認為唯其如此，方能形成一種君主執本，輔相執要，群臣執事，吏民執業，內宮無疑妻奪嫡之嫌，外廷皆知以社稷為重。這樣，「頃時而王不難矣」。

石一參鑑於歷來學者，多疑管氏未嘗明王道，而極力推崇此篇，嘆為「王言在是矣」。並且說：「管子非不能為王道者也。說之以王言而不行，則以霸言進之。此管子用世之苦衷，而其言終不可廢也。」這番闡釋，對於研究管氏學說，是一個很有益的啟迪。

古者未有君臣上下之別，未有夫婦妃匹❶之合，獸處群居，以力相征。於是智者詐愚，強者凌弱，老弱孤獨，不得其所。故智者假眾力以禁強虐，而暴人止。為民興利除害，正民之德，而民師之。是故道術德行，出於賢人。其從義理兆❷，形於民心，則民反道❸矣。名物處違是非之分❹，則賞罰行矣。上下設，民生體❺，而國都立矣。是故國之所以為國者，民體以為國；君之所以為君者，賞罰以為君。

【章　旨】此章言國家形成與君臣、君民關係確立的原因及過程。

【注　釋】❶夫婦妃匹　指男女配偶。妃，配偶。《左傳·桓公二年》：「嘉耦曰妃，怨耦曰仇。」❷從義理兆　指順從義理的內心跡象。兆，跡象；徵候。丁士涵謂：「『理』上脫『順』字。」郭沫若謂：「正文無『順』字，則亦不當有『從』字。『其』指『道術德行』言。」錄供參考。❸反道　即「返道」。歸返正道。❹名物處違是非之分　此指民眾初有順從義理之心，但尚未成習，因而言行往往離違是非界線。名物，名與實；思與行。處，常。分，分限；界線。或當作「名物處，是非分」或「韙非分」。處，猶「辨」也。錄供參考。❺體　通「禮」。秩序；制度。

【語　譯】在古代，沒有君臣上下的分別，也沒有男女配偶的結合，人們像野獸一樣成群居處，憑強力互相攻奪。因而聰明的欺詐愚笨的，強梁的侵凌弱小的，老弱孤獨的生活，得不到保障。所以，聰明的人借助民眾的力量，來禁止強暴殘害行為，暴虐的人便平息了。這些聰明的人，進而替民眾興利除弊，並規正人們的道德，因而人們把他們當作導師。因此，道術德行，是由聖賢倡導的。於是順從義理的跡象，在民眾的頭腦裡形成，而人們便歸返正道了。但人們的言行，還往往會違背是非的界限，於是賞罰就開始施行了。由於上下等級的設立，在民眾中也就形成制度，國都也因之建立起來了。因此，國家之所以成為國家，是由於民眾有了制度才成為國家；君主之所以成為君主，是因為能執行賞罰，所以才成為君主。

致賞❶則匱，致罰則虐。財匱而令虐，所以失其民也。是故明君審居處之教❷，而民可使居治、戰勝、守固者也。夫賞重，則上不給❸也；罰虐，則下不信也。是故明君飾❹食飲弔傷❺之禮，而物屬❻之者也。是故厲❼之以八政❽，旌❾之以衣服，富之以國裹❿，貴之以王禁⓫，則民親君可用也。民用，則天下可致⓬也。天下道其道⓭則至，不道其道則不至也。夫水波而上，盡⓮其搖而復下，其勢固然者也。故德之以懷也，威之以畏也，則天下歸之矣。有道之國，發號出令，而夫婦盡歸親於上矣；布法出憲，而賢人列士⓯，盡歸功能於上矣。千里之內，束布⓰之罰，一畝之賦，盡可知也。治斧鉞者，不敢讓⓱刑，治軒冕者，不敢讓賞，墳然⓲若一父之子，若一家之實，義禮明也。

【章旨】此章言君主治民之道，在兼施德威，彰明義禮賞罰。

【注釋】❶致賞 極賞。指賞祿過度。致，極；盡。下句中「致」字同此例。❷居處之教 此指日常的教育感化。居處，平常；平時。❸不給 不富足。即上言所謂「乏匱」。給，豐足；富裕。❹飾 通「飭」。整飭；整頓。❺食飲弔傷 尹知章注：「飲食，謂享燕；傷，謂喪祭也。」食飲，指饗宴。弔傷，即弔喪。❻物屬 謂民眾歸附。❼厲 通「勵」。勸勉；勉勵。❽八政 指八種政事、官職。《書·洪範》：「八政：一曰食，二曰貨，三曰祀，四曰司空，五曰司徒，六曰司寇，七曰賓，八曰師。」❾旌 表彰。❿國裹 指朝廷掌管的俸祿。裹，裹藏。尹知章注：「裹，謂財貨所苞裹而藏也。」王引之謂：「『裹』當為『稟』」，即「古『廩』字。『富之以國稟』，謂食以國之廩粟。」錄供參考。⓫王禁 朝廷法制。《廣韻》：「禁，制也。」⓬致 引來；歸向。⓭道其道 施行君道。前「道」字為動詞。指行道。⓮盡 盡勢。指波浪頂端。⓯列士 即「烈士」。泛指有志功業或器重信念而視死如歸之士。⓰束布 一束布。喻指輕微之物。許維遹謂：「『布』當作『矢』，字之誤也。」蓋古時行罰常令出以束矢，〈小匡〉即有「入一束矢以罰之」句。錄供參考。⓱讓 通「攘」。攘奪；竊取。下句「讓」字同此例。⓲墳然 順貌。陳奐謂當作「隤然」。石一參謂：當作「填然」。錄供參考。

【語譯】祿賞過度，便會導致國庫匱乏，刑罰過度，便會導致治政暴虐。財力匱乏，政令暴虐，是造成喪失民心的原因。因此，明君審慎地對待日常的教化，促使民眾平時有秩序，出戰則取勝，防守則堅牢。祿賞過重，朝廷就不會富足；刑罰暴虐，下民就不會信服。因此，明君又整治饗宴、弔喪的禮儀，而使民心歸附。因而又推行八政來激勵人民，用不同品秩的服飾，來旌表人民，用國家俸祿，來滿足人民，用朝廷法度，來抬舉人民，人民便會親附君主，便能為君主所用。臣民願為君主所用，那麼，天下就可以歸附了。能行君道，天下就會歸附；不行君道，天下就不會歸附。這就好比波濤湧起，到了頂峰又會跌落下來，正是必然的趨勢。所以，用恩澤來懷柔人民，用權威來震懾人民，天下就會歸心了。施行君道的國家，通過發號施令，男男女女，便全會親附君上了；通過頒布法令憲章，賢才烈士，便全會效力朝廷了。千里之內，即使是一束布的懲罰，一畝地的稅收，君主全部都要能夠瞭解。主管處決大權的人，不敢竊奪刑殺的權限，主管賞賜大權的人，不敢竊奪行賞的權限，人們順從君主，就像一個父親的兒子，就像一個家庭的實際情況。這是因為義禮分明的緣故。

夫下不戴❶其上，臣不戴其君，則賢人不來。賢人不來，則百姓不用。百姓不用，則天下不至。故曰：德侵❷則君危，論侵❸則有功者危，令侵❹則官危，刑侵❺則百姓危。而明君者，審禁淫侵者也。上無淫侵之論，則下無異幸❻之心矣。

【章　旨】此章言君主當審禁淫侵行為。

【注　釋】❶戴　尊奉；擁護。《國語．周語上》：「庶民不忍，欣戴武王。」韋昭注：「戴，奉也。」❷德侵　指君主施行德澤的權力被侵奪。尹知章謂：「君德見侵，不危何待？」❸論侵　君主論功行賞的權力被侵奪。如此，則功過不分，有功者反因遭忌而危。❹令侵　君主發號施令的權力被侵奪。如此，則官吏號令無依，故有危殆。❺刑侵　君主決定刑罰的權力被侵奪。尹知章謂：「刑侵則無辜受戮，故百姓危也。」❻異幸　即「冀幸」。貪取僥倖。戴望謂：「宋本、朱本作『冀幸』，異、冀古字通。」

【語　譯】下屬不擁護上司，臣民不尊奉君主，賢才就會隱而不出。賢才不出來主事，百姓就不會效力。百姓不肯效力，天下就不會歸附。所以說：施行君德的權力被侵奪，君主的地位就危險；君主論功行賞的權力被侵奪，有功的人處境就危險；君主發號施令的權力被侵奪，官吏辦事就危險；君主決定刑罰的權力被侵奪，無辜的百姓就危險。英明的君主，是懂得防禁超越界限、侵奪權力的行為的。朝廷沒有侵越君權的議論，臣下就不會有貪取僥倖的心理了。

為人君者，倍道❶棄法，而好行私，謂之亂。為人臣者，變故易常，而巧官❷以諂上，謂之騰❸。亂至則虐，騰至則北❹。四者❺有一至，敗，敵人謀之。故施舍優猶以濟亂❻，則百姓悅。選賢遂材，而禮孝弟❼，則姦偽止。要❽淫佚，別男女，則通亂隔。貴賤有義❾，倫等❿不踰，則有功者勸。國有常式⓫，故法⓬不隱，則下無怨心。此五者，興德、匡過、存國、定民之道也。

【章旨】此章言君主興德、匡過、存國、定民之道。

【注釋】❶倍道　即「背道」。指違背君道。倍，通「背」。❷巧官　巧於營官。王引之謂：「『官』當為『言』，字形相似而誤。」錄供參考。❸騰　凌駕；僭越。尹知章注：「騰，謂凌駕於君。」❹北　通「背」。違逆；背叛。❺四者　指「亂」、「虐」、「騰」、「北」。❻故施舍優猶以濟亂　原文為「則故施舍優猶以濟亂」，「則」字顯係衍文，故刪。優猶，即「優游」。從容自得、裕如不迫貌。❼禮孝弟　敬重孝悌之人。弟，同「悌」。❽要　通「邀」。攔截；禁止。❾義　通「儀」。禮儀。此指講究禮儀。❿倫等　人倫差等；等級秩序。⓫常式　常法；經常的規範。⓬故法　成法；常法。

【語譯】當君主的人，背離君道，拋棄法制，而愛行私意，叫做昏亂。當人臣的人，變更舊章，改易常則，而取巧營官，諂媚君主，叫做僭越。昏亂行為惡性發展，便會暴虐。僭越行為惡性發展，便會叛逆。這四種現象發生一種，朝政就會敗壞，外敵就會圖謀這個國家。所以，君主注重施捨德澤，從容不迫地防止禍亂，百姓便會高興。君主注重選拔舉用賢才，禮遇講求孝悌的人，為姦作偽之徒，便會止息。禁止淫亂放蕩，區分男女界限，私通姦淫的行為，就會被阻隔。貴賤之間講究禮儀，等級秩序不相踰越，有功之臣，就會受到激勵。國家頒有確定的行為規範，常法也不作隱匿，公諸於眾，民眾便沒有怨心。這五項，都是振興道德、匡正過失、保存國家、安定民眾的方法。

夫君人者有大過，臣人者有大罪。國所有也，民所君也，有國君民，而使民所惡制❶之，此一過也。民有三務❷，不布，其民非其民❸也。民非其民，則不可以守戰，此君人者二過也。夫臣人者，受君高爵重祿，治❹大官❺。倍其官，遺其事，穆❻君之色，從其欲，阿❼而勝❽之，此臣人❾之大罪也。君有過而不改，謂之倒；臣當罪而不誅，謂之亂。君為倒君，臣為亂臣，國家之衰也，可坐而待之。是故有道之君者執本，相執要，大夫執法以牧其群臣，群臣盡智竭力以役其上。四守者得則治，易則亂。故不可不明設而守固❿。

【章　旨】此章言君主、輔相、大夫、群臣，各司其守，則國家得治。

【注　釋】❶制　控制；管理。❷三務　春夏秋三時農事。❸非其民　民眾不願為之效力，等於非其子民。❹治　司；主管。❺官　職事。❻穆　順從貌。❼阿　曲從；迎合。❽勝　克制；挾制。❾臣人　此當作「臣人者」。郭沫若謂：「『臣人』下當奪『者』字。」❿明設而守固　明確規定而堅持遵行。尹知章注：「明設上四法，固而守之。」

【語　譯】作人君的，可能有大過失；作人臣的，也可能有大罪孽。國土歸君主擁有，民眾歸君主統轄；擁有國土，統轄民眾，卻派人民所厭惡的人去治理，這就是君主的第一大過失。人民有春夏秋三時農事，君主不及時布令生產，這個國家的民眾，就不會是君主的民眾了。民眾不再是君主的民眾，就不可用來衛國出戰，這就是君主的第二大過失。作人臣的，得到了君主的高官厚祿，主管重大職事。卻背離職守，放棄責任，順應君主臉色，服從君主私欲，採用百般逢迎的伎倆，達到為己挾制的目的，這就是人臣的大罪孽。君主有了過失而不思改正，叫做倒行；人臣應當處罪而不予誅罰，叫做亂法。君主是倒行逆施之君，人臣是違紀亂法之臣，國家的衰敗，便自然可待了。因此，有道的君主，要能執持治國的根本，輔相要能執掌治政的綱要，大夫要能執掌朝廷的法律而管理群臣，群臣要盡心竭力地為君主服務。這四項職守能夠堅持，國家便會安定；任意改變，國家便會混亂。所以，不能不明確規定而堅持遵行。

昔者，聖王本❶厚民生，審知禍福之所生。是故慎小事微，違非索辯❷以根❸之。然則躁作、姦邪、偽詐之人不敢試也。此禮❹正民之道也。

【章旨】此章言先代聖王，制禮正民之道。

【注釋】❶本　此為動詞。即作為根本。❷辯　治理；整頓。《左傳・昭公元年》：「主齊盟者，誰能辯焉。」杜預注：「辯，治也。」❸根　根止；根除。尹知章注：「謂有違非，必尋索分辯得其根而止之也。」❹禮　此指制禮。尹知章注：「制禮者以此道正人也。」

【語譯】從前，聖明的君王，總是以富裕民生作為施政根本，著意審察禍福產生的原因。因此，慎持小節，從事微末，對於違禮非法之事，務必搜索根源，加以治理，力求根除。這樣，輕舉妄動，弄姦為邪，作偽行詐之徒，便不敢以身輕試了。這就是制禮正民之道。

古者有二言：「牆有耳，伏寇❶在側。」牆有耳者，微謀❷外泄之謂也。伏寇在側者，沈疑❸得民之道❹也。微謀之泄也，狡婦❺襲❻主之請❼，而資游慝❽也。沈疑之得民也者，前貴而後賤者為之驅也。明君在上，便僻不能食其意，刑罰亟近❾也；大臣不能侵其勢，比黨者誅，明也。為人君者，能遠讒諂，廢比黨，淫悖行食之徒❿，無列爵於朝者，此止詐、拘姦、厚國、存身之道也。

【章旨】此章言君主止詐、拘姦、厚國、存身之道。

【注釋】❶伏寇　潛伏、暗藏的賊寇。❷微謀　隱謀；機密的謀劃。❸沈疑　指暗中僭越之徒。沈，隱伏；潛藏。疑，通「擬」。僭擬；模仿。❹道　義同「謂」。說。❺狡婦　狡黠的妃妾。❻襲　竊取。❼請　通「情」。內情。❽游慝　遊說為姦之徒。慝，邪惡。❾亟近　謂刑罰從近臣開始。亟，通「急」。急迫；急於。❿行食之徒　指說客遊士。尹知章注：「行食，游食。」

【語譯】古時有兩句警語：「牆壁也有耳朵，暗藏的賊寇就在身旁。」牆壁也有耳朵，是說機謀可能洩露。暗藏的敵寇就在身旁，是說暗行僭越之徒收攬民心。機謀之所以外洩，是因為狡黠的妃妾竊取君主活動的內情，幫助遊說為姦之輩。暗行僭越之徒之所以能夠收攬民心，是因為從前尊寵而後卑微之輩，願意為其馳驅。聖明的君主在位，寵臣近侍不敢刺探君主的意向，因為處以刑罰從近臣開始；大臣不能侵奪君主的權力，因為比周結黨之徒將被誅戮，這是很明確的。作君主的，能夠疏遠進讒獻媚，廢除比周結黨，使得淫亂悖逆、遊食好辯之徒，不能忝列朝廷為官，這就是防禁詐偽，限制姦邪，鞏固政權，保存君位的根本辦法。

為人上者，制群臣，百姓通，中央之人❶和❷。是以中央之人，臣主之參❸。制令之布於民也，必由中央之人。中央之人，以緩為急，急可以取威；以急為緩，緩可以惠民。威惠遷於下，則為人上者危矣。賢不肖之知於上，必由中央之人。財力之貢於上，必由中央之人。能易賢不肖而威黨❹於下，有❺能以民之財力上啗❻其主，而可以為勞於下。兼上下以環❼其私，爵制而不可加，則為人上者危矣。先其君以善者，侵其賞而奪之實❽者也。先其君以惡者，侵其刑而奪之威者也。訑言於外者，脅❾其君者也。鬱❿令而不出者，幽⓫其君者也。四者一⓬作，而上不知⓭也，則國之危，可坐而待也。

【章　旨】此章言君主宜慎用中央左右之人，嚴防奪實、奪威、脅君、幽君現象發生。

【注　釋】❶中央之人　指左右親貴、左右大臣。❷和　謂宮府協調，君臣一氣。丁士涵謂：「和」為衍文。錄供參考。❸參　參錯；間廁。意謂中間環節。❹威黨　意謂施威、結黨。王念孫謂：「『威』當作『成』，謂成朋黨於下也。」錄供參考。❺有　通「又」。❻啗　利誘；誘惑。郭沫若謂：「明刻趙本仍作『陷』，清刻始作『啗』。」此依清刻本。❼環　通「營」。謀求。❽實　實惠。丁士涵謂：「『實』當作『惠』，『惠』對下文『威』字，上文亦『威』『惠』對文。」錄供參考。❾脅　脅迫；脅持。尹知章謂：「假說妖妄之言以惑眾，如此者，欲脅君也。」❿鬱　阻塞；抑制。⓫幽　禁閉；封鎖。⓬一　皆；全。⓭上不知　指君主不曾察覺。原文為「上下不知」。王念孫謂：「『上下不知』當從朱本作『上不知』。」

【語　譯】作君主的，想要駕馭群臣，民情通達，必須左右大臣協調一體。因此，左右大臣是群臣與君主之間的重要環節。君令向民眾頒布，必須經由左右大臣。左右大臣可以把緩辦的命令改為急辦，利用急辦，可以獵取權威，也可以把急辦的命令改為緩辦，利用緩辦，可以向民眾施以恩惠。君主的權威與恩惠，下移到左右大臣手中，作君主的便會危險了。官吏賢明與不肖的情況上達君主，必須經由左右大臣。把各地財富與民力貢獻給君主，也必須經由左右大臣。左右大臣，既能利用變換賢明與不肖實情的手段，在下面作威結黨，又能借助民眾的財力向上誘惑君主，向下賣弄功勞；兼顧君臣上下，兩頭謀取私利，等到官爵和君令對他們都已經不能發揮作用時，那麼作君主的就危險了。先於君主施行賞善，是侵犯君主的獎賞大權與攘奪君主的施惠政策。先於君主施行懲惡，是侵犯君主的刑罰大權與攘奪君主的行威手段。向外面散布謠言，這是在脅持君主。壓制君令不使發出，這是在幽閉君主。如果四種現象已全部發生，君主卻未察覺，那麼，國家的危亡，便可坐以等待了。

神聖者王，仁智者君，武勇者長，此天之道，人之情也。天道人情，通者質❶，寵者❷從，此數之因❸也。是故始於患❹者不與❺其事，親其事者不規❻其道。是以為人上者，患而不勞也，百姓勞而不患也。君臣上下之分素❼，則禮制立矣。是故以人役上，以力役明，以刑役心❽，此物之理也。心道進退，而刑道滔迂❾。進退者主制，滔迂者主勞。主勞者方，主制者圓。圓者運，運者通，通則和。方者執，執者固，固則信。君以利和，臣以節信，則上下無邪❿矣。故曰：君人者制仁⓫，臣人者守信，此言上下之禮也。

【章　旨】君臣上下的等級名分，是確立禮制的原則依據。

【注　釋】❶質　主體。尹知章注：「質，主也。能通於天道人情者，可以為主。」❷寵者　受尊寵者。尹知章注：「但寵貴之者，可以為從，謂臣也。」丁士涵謂：「『寵』當為『窮』，『通窮』猶尊卑也。」錄供參考。❸數之因　意謂氣數的依據。❹患　謀度；憂慮。❺與　通「預」。干預；參預。❻規　規劃。❼分素　指名分確定。❽以人役上三句　劉績謂：「『以人役上』，自君臣言。『以力役明』，自等類言。『以形役心』，自一身言。」人，指臣民。明，指賢人。王念孫謂：「『以力役明』，所謂『君子勞心，小人勞力』也。」刑，通「形」。形體；身軀。下文「刑道」句中「刑」字同。❾滔迂　借指身軀的俯仰屈伸。滔，指流通、流變。迂，指曲折。原文為「赶」。劉師培謂為「迂」字之訛，當為形近致誤。石一參則謂「滔赶」當為「趨蹈」二字之倒誤。⑩邪　通「斜」。偏斜；偏差。⑪制仁　指駕馭群臣時宜考慮仁愛的原則。

【語　譯】神聖的人當帝王，仁智的人當君主，威武勇敢的人當官長，這就是天道人情。按照天道人情的這個原則，通顯的人為君主，受尊寵的人為大臣，這就是氣數的依據。所以，最先謀劃的人，不參預事務性活動，親身擔負具體事務的人，不規劃總體原則。因此，作君主的只謀劃思慮而不參預勞作，作百姓的只從事勞作而不參預謀劃思慮。君臣上下職分確定，禮儀制度也就設立了。因此，百姓服事君主，勞力服事賢明，軀體服事心靈，這就是事物的原則。心靈主管前後上下，形體負責俯仰屈伸。主管前後上下的，負責施發號令；負責俯仰屈伸的，承擔具體勞作。承擔勞作的要端正，負責號令的要圓通。圓通便可以運轉，運轉便可以變通，變通便可以和諧。端方便會專一，專一便會堅持，堅持便會信誠。君主用爵祿協調，群臣持符節守信，上下之間便無偏斜了。所以說：作為人君，駕馭群臣要講求仁愛；作為人臣，奉行君令要堅守信誠，這就是所說的君臣之間的禮儀原則。

君之在國都也，若心之在身體也。道德定於上，則百姓化於下矣。戒心形於內，則容貌動於外矣。正❶也者，所以明其德。知得諸己，知得諸民，從其理也。知失諸民，退而修諸己，反其本也。所求於己者多，故德行立。所求於人者少，故民輕給之。故君人者上注，臣人者下注❷。上注者，紀❸天時，務民力。下注者，發❹地利，足財用也。故能飾大義，審時節，上以禮神明，下以義❺輔佐者，明君之道。能據法而不阿，上以匡主之過，下以振❻民之病❼者，忠臣之所行也。

【章旨】此章言明君之道與忠臣之行。

【注釋】❶正　通「政」。治政。❷君人者上注二句　尹知章注：「上注，謂注意於上天」，「下注，謂注意於下地」。上注，指專注於天時。❸紀　綜理；掌握。❹發　發掘；開闢。❺義　此為動詞。意謂公正合理地對待。❻振　通「賑」。救助。❼病　困苦。

【語譯】君主在國都的作用，好比心靈在全身的作用一樣。道德表率樹立在朝廷，而百姓在下面就會受到教育感化了。如同儆戒意識形成在內心，表情、動作就會在外面顯露出來。正的作用，就是用來彰明君主德行的。懂得怎樣適合於自己，也就懂得怎樣適合於臣民，這就是順從事理。發覺自己有失於臣民，回過頭來修正自己，這就是返回根本。對於自己責求甚多，德行因而樹立；對於他人責求甚少，民眾也就容易供給。所以，作人君的應當專注於上天，作人臣的應當專注於大地。所謂專注於上天，就是掌握天時，盡心民力。所謂專注於大地，就是開發地利，豐足財用。所以能夠整飭治道政理，審度天時節候，向上恭敬地對待神祇，向下合理地對待大臣，這就是聖明君主的原則。能夠依據法令而不曲從逢迎，向上用以匡正君主的過錯，向下用以賑救民眾的困苦，這就是忠臣的應有行為。

明君在上，忠臣佐之，則齊民❶以政刑牽❷於衣食之利。故愿而易使，愚而易塞❸。君子食於道，小人食於力，分也❹。威無勢❺也，無所立，事無為也，無所生。若此，則國平而姦省矣。

【章旨】此章言君子食道，小人食力，各守職分，則國家安定，壞人減少。

【注釋】❶齊民　意即平民。❷牽　牽繫；關心。❸塞　堵塞；控制。❹分也　指職分、本分。原文為「分民」。李哲明謂：「『民』當為『也』。言君子食道，小人食力，分固然也。《孟子》『治人者食於人，治於人者食人，天下之通義也』，此節語意正同。」❺勢　權力；權勢。

【語譯】明君執政，忠臣輔佐，平民因為畏服政令和刑罰的緣故，便會都來關心生活實惠。這樣，民眾便忠厚而容易使喚，愚樸而容易控制。君子依靠治國之道過活，平民依靠出力勞動為生，這就是職分。威嚴若沒有權力，便無法樹立；治事若沒有作為，便無法生財。如果依據這個職分行事，便能國家安定，壞人減少。

君子食於道，則義審而禮明。義審而禮明，則倫等不踰。雖有偏卒❶之大夫，不敢有幸心，則上無危矣。齊民食於力則作本❷，作本者眾，農以聽命。是以明君立世，民之制於上，猶草木之制於時也。故民迂則流之，民流通則迂之。決之則行，塞之則止。雖❸有明君，能決之，又能塞之。決之則君子行於禮，塞之則小人篤於農。君子行於禮，則上尊而民順。小人篤於農，則財厚而備足。上尊而民順，財厚而備足，四者備體❹，頃時而王不難矣。

【章旨】此章言君主「決」、「塞」之道。

【注釋】❶偏卒　此指握有兵權者。《左傳．成公七年》杜預注引《司馬法》：「百人為卒，車九乘為小偏，十五乘為大偏。」❷作本　務本；勉力農事。❸雖　通「唯」。唯獨。❹備體　齊備而且形成體統。

【語譯】君子都靠治國之道生活，國家便會義理詳審，禮制彰明。義理詳審，禮制彰明，人倫等次就不會僭越。縱使握有士卒兵車的大夫，也不敢有僥倖悖亂之心，君主也就沒有危險了。平民都靠出力勞動為生，便會勉力農事。勉力農事的人眾多，耕種時也就會聽從命令。因此，明君治理社會，民眾接受君主的制約，就像草木接受天時的制約一樣。所以，民眾如果過於拘謹，便要引導他們變通；如果過於變通，便要引導他們謹慎。給予引導，便行進；加以阻禁，便停止。唯有明君，既能引導，又能阻禁。引導，便能使君子遵行禮制；阻禁，便能使平民盡心農事。君子遵行禮制，便能君主尊嚴，民眾順服。平民盡心農事，便能財力豐厚，儲備充足。君主尊嚴，民眾順服，財力豐厚，儲備充足，這四項條件齊備而且形成了一定格局，在較短的時間內欲統一天下，就不會困難了。

四肢六道❶，身之體也。四正❷五官，國之體也。四肢不通，六道不達，曰失。四正不正，五官不官，曰亂。是故國君聘妻❸於異姓，設為姪娣❹、命婦❺、宮女，盡有法制，所以治其內也。明男女之別，昭❻嫌疑之節❼，所以防其姦也。是以中外不通，讒慝不生，婦言不及官中之事，而諸臣子弟無宮中之交。此先王所以明德圉姦，昭公威❽私也。

【章　旨】此章言君主明德禁姦，昭公滅私之道。

【注　釋】❶六道　指六脈，即心、肝、腎、肺、脾、命。尹知章注：「六道，謂上有四竅，下有二竅也。」即指耳、目、口、鼻、前陰、後陰。錄供參考。❷四正　指君、臣、父、子。石一參注：「四正，謂君臣、父子、兄弟、夫婦，所以理家也。」錄供參考。❸聘妻　娶妻。聘，指訂婚。❹姪娣　諸侯的女兒出嫁，從嫁的本國或同姓國的姪女和妹妹稱為姪娣。《公羊傳‧莊公十九年》：「諸侯娶一國，則二國往媵之，以姪娣從。姪者何？兄之子也；娣者何？弟也。」❺命婦　對有封號的婦女的稱謂。此指宮中的妃嬪等。❻昭　彰明；明確。❼節　節制；禁忌。❽威　本義為滅火，引申為滅亡、消除。原文為「威」。丁士涵謂：「『威』乃『威』字誤。《詩・正月傳》『威，滅也』。」

【語　譯】四肢六脈，是講個人的軀體。四正五官，是講國家的軀體。四肢不靈便，六脈不暢達，叫做身體失調。四正不端正，五官不稱職，叫做國政混亂。因此，君主從異姓國家娶妻，以及設置姪娣、命婦、宮女，全有法度規章，藉以治理內宮。彰明男女的界限，昭示嫌疑的禁忌，用來防備姦邪。所以，宮內宮外，不准私自往來，讒毀邪惡，因之也就不會發生，妃嬪言語，不准涉及朝廷政事，群臣子弟，不准與內宮交往。這些就是先王藉以顯揚德行，防禁姦邪，彰明公道，消除私圖的辦法。

明立寵設❶，不以逐子❷傷義。禮私愛驩❸，勢❹不並倫。爵位雖尊，禮無不行。選為都佼❺，冒❻之以衣服，旌之以章旗❼，所以重其威也。然則兄弟無間郄❽，讒人不敢作矣。

【章　旨】此章言君主當明確樹立嫡長子的崇高地位，使庶嫡之間沒有嫌隙可乘。

【注　釋】❶明立寵設　意謂嫡長子，當明確設定，使之地位崇高。寵，尊崇。關於此句的詮說，歷來甚為紛歧。近世多遵郭沫若說。郭謂當作「明立女寵后」。意即明立女寵之子為后。錄供參考。❷逐子　爭占太子地位。逐，競爭；角逐。對於「逐子」之釋，亦甚紛歧。張佩綸謂：「『逐子』乃『適子』之誤。」章炳麟謂：「『逐』為『冑』字之借，指嫡長子。」錄供參考。❸禮私愛驩　此指君主對餘子的禮待歡愛。❹勢　指庶子情勢。李國祥謂：「即有所私歡之子，而禮之愛之，不得與嫡同等。」❺都佼　意謂首要。都，首領。佼，特出。❻冒　覆蓋。❼章旗　彩旗。章，文章；文彩。❽郄　同「郤」。空隙；嫌隙。

【語　譯】君主應當明確樹立嫡長子的崇高地位，使餘子不因為爭逐太子尊位而傷害大義。君主即使私悅餘子而欲厚遇厚愛，情勢也不能與嫡長子同等；給予他們的爵祿秩位雖高，這立嫡尊長的禮制也不可不加遵行。擇立嫡長子之後，嫡長子的地位便是崇高的，應當用美衣麗服來裝飾他，用有文彩的旗幟來顯揚他，用以加重他的威望。這樣，他與兄弟之間的差異，就不會存有嫌隙，讒諂之徒，也就不敢生事作亂了。

故其立相也，陳功而加之以德，論勞而昭之以法，參伍❶相德❷而周舉❸之，尊勢而明信之。是以下之人無諫死之諅❹，而聚立者無鬱怨❺之心。如此，則國平而民無慝矣。其選賢遂材也，舉德以就列，不類❻無德；舉能以就官，不類無能。以德弇勞❼，不以傷年❽。如此，則上無困，而民不幸❾生矣。

【章　旨】此章言君主立相任官的原則。

【注　釋】❶參伍　錯綜比驗；反覆比較。❷相德　即「相得」。相宜；適合。德，通「得」。契合。❸周舉　公舉。周，普遍。❹諅　通「忌」。忌憚；顧慮。尹知章注：「君明相賢，必從說如流，故無諫死之忌也。」❺鬱怨　憂悶怨望。❻不類　不以為類；不視為同列。❼以德弇勞　謂將德行放在首位。弇勞，遮蓋勞績。即置於勞績之上。弇，遮蔽。❽傷年　受損於年齡資歷。尹知章謂：「苟有德，雖年未至，而亦將用之，不以年少為之傷也。」❾幸　僥倖。《國語・晉語》：「德不純而福祿並至謂之幸。」

【語　譯】所以，君主任命輔相的時候，要宣布他的功業，而且加上德行；要詳述他的勞績，而且彰明法度。經過反覆考核認定合適，而且能得臣僚公舉的，才加重他的權力，坦誠地予以信任。因而下臣沒有怕因進諫而死的顧慮，群臣沒有憂悶怨恨的心理。這樣，國家便能太平，民眾也就沒有姦邪了。君主選賢任能的時候，要起用有德行的人就任爵位，沒有德行的人不能視為同列；要起用有才能的人擔負官職，沒有才能的人不能視為同列。而且要把德行放在勞績之上，不因年齡資歷而受到傷損。這樣，君主便沒有困擾，臣民也就不會有貪圖分外福祿的想法了。

國之所以亂者四，其所以亡者二。內有疑❶妻之妾，此宮亂也。庶有疑適❷之子，此家亂也。朝有疑相之臣，此國亂也。任官無能❸，此眾❹亂也。四者❺無別❻，主失其體❼。群官朋黨，以懷其私，則失族矣。國之幾臣❽，陰約閉謀以相待也，則失援矣。失族於內，失援於外，此二亡也。故妻必定，子必正❾，相必直立以聽，官必中❿信以敬。故曰：有宮中之亂，有兄弟之亂，有大臣之亂，有中民⓫之亂，有小人之亂。五者一作，則為人上者危矣。宮中亂曰妒紛，兄弟亂曰黨偏，大臣亂曰稱述⓬，中民亂曰讋謘⓭，小民亂曰財匱。財匱生薄⓮，讋謘生慢，稱述、黨偏、妒紛生變。

【章旨】此章言導致亂亡的原因。

【注釋】❶疑 同「擬」。類似；僭擬。下文「疑」字同此例。❷適 通「嫡」。此指嫡長子。❸任官無能 指任職官員沒有才能。郭沫若謂：因與上下文不相屬，此句當為「官有疑主之態」。態，即態臣。指巧敏佞說、善於取悅君主之徒。錄供參考。❹眾 此指群吏。❺四者 指上述四種情況。即疑妻之妾、疑適之子、疑相之臣、無能之官。❻無別 不能辨別。❼體 通「禮」。制度；規章。❽幾臣 近臣。❾正 指嫡長子。❿中 同「忠」。忠誠。⓫中民 指群吏。即上文之所謂「眾」。尹知章注：「中民，謂百吏之屬也。」⓬稱述 稱頌權謀。這是君主之事，大臣稱述則亂生。述，通「術」。權謀。⓭讋謘意氣沮喪，忿言悖逆。讋，《說文》謂「失氣言」。誖，原文為「諄」，乃「誖」字之訛。即「悖」。悖逆。下文同。⑭薄 薄行；不厚道。石一參謂：「匱窮則爭奪起。」

【語　譯】國家所以敗亂，有四個原因；所以喪亡，有兩個原因。內宮有僭擬正妻的姬妾，這就會造成內宮的敗亂。家族有僭擬嫡長的庶子，這就會造成宗族的敗亂。朝臣有僭擬輔相的大臣，這就會造成國政的敗亂。任事的官員沒有才能，這就會造成群吏的敗亂。君主對於上述四種情況不能識別，就會喪失制度規章。眾官拉朋結黨，各營私利，君主就會失去宗族的擁護。朝廷近臣暗中相約，祕密私謀，而等待時機，君主便會失去臣民的援助。內部失去宗族的擁護，外部失去臣民的援助，這就是國家之所以喪亡的兩個原因。因此，妻妾必須明定嫡妻，諸子必須立嗣嫡長，輔相必須正道直行處理朝政，百官必須忠誠信實而且慎行政務。所以說：有內宮之亂，有兄弟之亂，有大臣之亂，有群吏之亂，有平民之亂。五種爭亂一齊發生，作君主的就危險了。內宮之亂，是起於妻妾的嫉妒紛爭，兄弟之亂，是起於庶嫡諸子的結黨營私，大臣之亂，是起於彼此的稱頌權術，百吏之亂，是起於相互的忿言違逆，平民之亂，是起於各自財用的匱乏。財用匱乏，就會發生失德爭奪的現象，忿言違逆，就會發生怠忽朝政的現象，大臣稱頌權術、諸子結黨營私、妻妾嫉妒紛爭，就會發生宮廷變亂的事態。

故正名稽疑❶，刑殺亟近，則內定矣。順大臣以功，順中民以行，順小民以務，則國豐❷矣。審天時，物地生❸，以輯❹民力，禁淫務❺，勸農功，以職其無事❻，則小民治矣。上稽之以數❼，下十伍❽以徵，近其罪伏❾，以固其意。鄉樹之師，以遂❿其學，官之以其能，及年而舉，則士反行⓫矣。稱德度功，勸其所能，若⑫稽之以眾風⑬，若任以社稷之任。若此，則士反於情⑭矣。

【章　旨】此章言君主定內、強國、治民之本。

【注　釋】❶正名稽疑　即循名核實。稽疑，即「稽擬」。查察僭擬行為。❷豐　強大；強盛。《玉篇》：「豐，大也。」❸物地生　觀測土地性質。物，察看。《左傳・昭公三十二年》：「物土方。」杜預注：「物，相也。」生，通「性」。屬性。❹輯　聚集；集合。❺淫務　淫侈之事。尹知章注：「繡文刻鏤，淫務。」❻職其無事　使無事者各有職業。❼數　此指按戶籍核計的人口數。❽十伍　即「什伍」。居民基層組織。❾罪伏　處以罪罰，使之服從。伏，通「服」。屈服；服從。郭沫若謂：「『近其罪伏』，語意難解」，當作「近其巽升」，意謂將「選升之期縮短」。錄供參考。❿遂　成就。⓫反行　意謂返回到修養德行方面來。⓬若　乃；於是。下句同。⓭眾風　眾人的議論。風，通「諷」。議論。⓮情　誠；真實誠信。

【語　譯】所以，端正名分，查察僭擬行為，懲處誅戮有罪的親幸之徒，內宮就會安定。依據功勞任命大臣，依據德行任命官吏，依據勞動狀況安排民眾，國家就會強盛。審察天時，觀測地利，集中民力，禁絕淫侈事務，獎勵農業生產，使無業平民各有職事，那麼百姓就會安定了。朝廷依據民力狀況稽核徵用，官吏通過「什伍」加以徵發，對敢於抗拒的親近戚屬，處以罪罰，使之畏服，用來固結民心。各鄉設置教師，以利士子成就學業，然後依據才能任命官職，到了年限便加以舉用，這樣，士子便會歸向修養德行的途徑。衡量德行，核計功績，獎掖才能，進而訪察眾人的議論，然後授以治國的重任。像這樣，士子便會歸向真誠信實了。

小稱 第三十二

【題解】此為《管子》第三十二篇，題為「小稱」。尹知章注：「稱，舉也。小舉其過，則當權而改之。」意謂小舉桓公過失，促其積極改正。然全文五章，前三章盡是管子正面論說：首章謂眾人譽毀，係隨一己善惡而來，為人君者，不可不畏民罪；次章謂明君治民之道，在於能用自己的善行影響民眾，所謂垂範以正民風；第三章謂「恭遜敬愛之道」，可以改造名物，作用簡直「如天如地」。通觀三章，並無「小稱」之意，全為修養之言。石一參因加編述，命為「修身」，並說：「《管子》原書，列有『修身』一目，而展轉闕失，讀者惜之。今從『小稱篇』提出，玩其文，以罪身畏民，修恭遜、敬愛、辭讓而除怨、無爭為主，小之可以治一人，大之足以理天下，盡之矣！」（《管子今詮．修身》）後二章，則一是管仲臨終，勸諫桓公應疏遠小人，如易牙、豎刁、堂巫、公子開方之輩，一是鮑叔牙舉杯祝願桓公能居安思危，都是當面忠告，尚屬切近「小稱」之意。

本篇題文雖然不甚相合，但所提出的，諸如眾民可畏、唯政在人、居安思危之類的經驗，還是相當有益的。其中詳為記敘的桓公不信管仲之言，遂為群小所害一段慘痛事實，給人教訓尤為深刻。

管子曰：「身不善之患❶，毋患人莫己知❷。丹青❸在山，民知而取之；美珠在淵，民知而取之。是以我有過為，而民毋過命❹。民之觀也察❺矣，不可遁逃以為不善。故我有善，則立譽我；我有過，則立毀我。當民之毀譽也，則莫歸問於家矣。故先王畏民❻。操名從人，無不強也；操名去人，無不弱也。雖有天子諸侯，民皆操名而去之，則捐其地而走矣。故先王畏民。在於身者孰為利？氣與目為利❼。聖人得利而託焉，故民重而名遂。我亦託焉。聖人託可好，我託可惡。我託可惡，以來❽美名，又可得乎？愛❾且不能為我能❿也。毛嬙⓫、西施⓬，天下之美人也，盛怨氣於面，不能以為可好。我且惡面而盛怨氣焉。怨氣見⓭於面，惡言出於口，去⓮惡充⓯，以求美名，又可得乎？甚矣！百姓之惡人之有餘忌⓰也。是以長者斷之，短者續之，滿者洫⓱之，虛者實之。」

【章旨】此章言民之譽毀，隨己之善惡而來，為人君者，不可不畏民修己。

【注釋】❶不善之患 即「不善是患」。謂值得憂慮的，是自身修養的不完善。❷人莫己知 即「人莫知己」。別人不瞭解我。這篇首二句，即《論語・學而》「不患人之不己知，患不知人也」語意。❸丹青 指丹砂和青雘兩種可作顏料的礦物。❹過命 超出實際的稱謂。命，名。名稱；稱謂。引申為評論、評價。❺察 詳審；精明。《新書・道術》：「纖維皆審謂之察。」❻畏民 敬畏民眾。尹知章注：「民之毀譽，必當其過、善，故畏之。」❼氣與目為利 指人的精神狀態與眼光神色最為敏感。方苞謂：「『氣與目』能感人，故於身為利。」郭沫若謂：「當作『耳與目為利』，聲與氣俱身外物，不能言『在於身者』。」錄供參考。❽來 招致；招徠。❾愛 指可愛者。❿能 取；得。⓫毛嬙 春秋末年美女。《莊子・齊物論》：「毛嬙、麗姬，人之所美也。」《釋文》：「司馬（彪）云：『毛嬙，古美人，一云越王美姬也。』」⓬西施 又作「先施」。春秋末年美女，越國苧羅（今浙江諸暨南）人。由越王句踐獻給吳王夫差，成為夫差最寵愛的妃子。傳說吳國滅亡後，與范蠡偕入五湖。⓭見 同「現」。表現；顯露。⓮去 通「弆」。藏。《漢書・蘇武傳》：「掘野鼠去屮實而食之。」顏師古注：「去，謂藏之也。」⓯惡充 即惡實、醜惡之實。《詩・山有扶蘇》毛傳：「子充，良人也。」正義曰：「充者，實也。」⓰忌 禁戒。引申為法禁、刑罰。謂眾口鑠金，其可畏有甚於刑罰處。⓱洫 出空；泄導。

【語譯】管子說：「應當憂慮的是自身修養的不完善，不要擔心別人不瞭解。丹青埋在高山，人們能夠發覺，並且把它開採出來；美珠藏在深淵，人們能夠發覺，並且把它淘洗出來。因此，我們可能有過當的行為，人們卻不會有過當的評價。人們的觀察是很精明的，誰也不可逃避監視而為非作惡。所以，我們有了善舉，人們便會隨即讚譽我們；我們有了過失，人們便會隨即批評我們。面對人們的批評與讚譽，就不必回去問自己的家人了。所以先王是很敬畏民眾的。操守名聲都順應民心，沒有不強盛的；操守名聲都背離民心，沒有不衰敗的。雖然有天子諸侯的權位，如果民眾都因其操守名聲不好而背離他，他就只有拋棄國土而逃跑了。所以，先王很畏服民眾。在人身上什麼最敏銳呢？神氣與目光最敏銳。聖人得以利用它，倚重它，因而民眾尊重，聲名遠達。我們也都倚重它。但聖人倚重它，便是行好；我們倚重它，卻是行惡。我們如果倚重它來行惡，卻想招致美名，又怎可得到呢？即使是可愛者，也不能替我們求得美名。毛嬙、西施，是天下有名的美女，但臉上充滿怨氣，也不能認為就是美好。我們卻是面目醜陋而充滿怨氣。怨氣流露在臉上，惡言又從嘴裡發出來，懷藏醜陋之實，藉以求取美好聲名，又怎可得到呢？問題太嚴重了！民眾批評的壓力有勝過刑罰的地方。因此，過長的應當截斷，過短的應當接續，過滿的應當泄導，虛空的應當加以充實。」

管子曰：「善罪身者，民不得罪也；不能罪身者，民罪之。故稱❶身之過者，強也；治身之節者，惠❷也；不以不善歸人者，仁也。故明王有過則反之於身，有善則歸之於民。有過而反之於身，則身懼；有善而歸之於民，則民喜。往❸喜民，來❹懼身，此明王之所以治民也。今夫桀紂不然，有善則反之於身，有過則歸之於民。歸之於民則民怒，反之於身則身驕。往怒民，來驕身，此其所以失身也。故明王懼聲以感耳，懼氣以感目。以此二者，有天下矣，可毋慎乎？匠人有以感斤欘❺，故繩可得料❻也。羿❼有以感弓矢，故彀❽可得中也。造父❾有以感轡筴❿，故遫⓫獸可及，遠道可致。天下者，無常亂，無常治。不善人在則亂，善人在則治。在於既⓬善，所以感之也。」

【章旨】此章言明王治民之道，在於能用自己的善行影響人們。

【注釋】❶稱　聲言；公開說明。❷惠　通「慧」。聰慧。❸往　歸向；歸於。即「有善而歸之於民」。❹來　招來；承認。即「有過而反之於身」。❺斤欘　指斧頭。斤，斧。欘，《說文》：「一曰斤柄，性自曲者。」❻料　處理。此指裁截。《廣雅・釋詁二》：「料，理也。」❼羿　射獵英雄。傳說堯時十日並出，草木枯死，長蛇猛獸為害。羿扳弓搭射，連射九日，殺掉猛獸長蛇，為民殲除大害。❽彀　張滿弓弩。❾造父　駕車能手。曾為周穆王駕車，日馳千里，大破徐偃王。❿筴　即「策」。馬鞭。⓫遫　同「速」。迅速。⓬既　盡；全。

【語譯】管子說：「善於歸罪自身的，人民不會責怪；不肯歸罪自身的，人民必然譴責。所以，公開說出自身錯誤的，是強者；修養自身節操的，是聰明人；不把不善之舉歸罪他人的，是仁人。因而聖明的君王有了過錯，便責備自己，有了善舉，便歸功於民眾。有了過錯而責備自己，自己便會引為警惕；有了善舉而歸功於民眾，民眾便會喜悅。歸功於民眾而使民眾高興，承認過失而使自身警惕，這就是聖明的君王所持以治理民眾的原則。到了桀紂，就不是這樣，有了善舉，便歸功於己，有了過錯，便歸罪於民。歸罪於民，民眾便憤怒；歸功於己，自身便更驕橫。歸罪於民而使民眾憤怒，歸功於己而使自身驕橫，這就是他們亡國喪身的原因。所以聖明的君王，總是警惕是否有怨惡之聲讓自己聽到，總是警惕是否有憤怒之氣讓自己看到。因為這二者都有關天下的得失，能夠不謹慎嗎？工匠有辦法影響斧斤，所以通過繩墨可以裁截木料。后羿有辦法影響弓箭，所以張滿弓弩可以射中目標。造父有辦法影響轡頭馬鞭，所以能夠駕馭快馬，馳騁遠道。天下沒有永久不變的動亂，也沒有永久不變的安定。壞人當政便動亂，好人當政則安定。當治理達到完美的地步，是因為賢人內外的修為盡善，人民被感化的緣故。」

管子曰：「修恭遜、敬愛、辭讓、除怨、無爭，以相逆❶也，則不失於人矣。嘗試多怨爭利，相為不遜，則不得其身。大哉！恭遜敬愛之道。吉事可以入祭❷，凶事可以居喪。大以理天下而不益也，小以治一人而不損也。嘗試往之中國❸、諸夏❹、蠻夷❺之國，以及禽獸昆蟲，皆待此而為治亂。澤❻之身則榮，去之身則辱。審❼行之身毋怠，雖夷貉❽之民，可化而使之愛。審去之身，雖兄弟父母，可化而使之惡。故之❾身者，使之愛惡；名者，使之榮辱。此其變名物也，如天如地，故先王曰道。」

【章　旨】此章言「恭遜敬愛之道」的巨大作用。

【注　釋】❶逆　迎接；對待。❷祭　指祭祀。原文為「察」。清刻趙本為「祭」。此依清刻本。❸中國　此指京師、京城。《詩・大雅・民勞》：「惠此中國。」傳：「中國，京師也。」❹諸夏　指中原諸國。❺蠻夷　指四方少數民族所居之地。❻澤　化妝用的脂膏。此處借指塗飾妝點。❼審　果真；確實。❽夷貉　泛指四方少數民族。貉，同「貊」。古指北方民族。❾之　是；此。尹知章注：「之，是也。同是此身，有恭遜敬愛則愛，無之則惡。」

【語　譯】管子說：「修養恭遜、敬愛、辭讓、除怨、無爭的品德，彼此友好相待，便不會失去人心。試行多怨爭利，彼此不相謙讓，便不能保全自身。恭遜敬愛之道的作用，真是巨大！如有吉祥之事，可以遵此精神主持祭祀；如有不幸之事，可以遵此精神主持居喪。從大處而言，可以用來治理天下而不必增益；從小處而言，可以用來修養一身而不必減損。試行擴展到京都、中原、四方各族所居之地，乃至禽獸昆蟲之物，都等待這種精神來決定治亂。本身有此修養，則帶來榮譽，無此修養，則招來羞辱。果真躬行而不懈怠，雖然是邊遠各族人民，也可以感化而使彼此相愛。果真加以拋棄，雖然是兄弟父母，也可以變化而使彼此憎惡。所以，同是此身，既可以使之產生愛心，也可以使之生出仇怨；同是此身之名，既可以使之獲得榮譽，也可以使之蒙上羞辱。這種精神改變名物愛惡榮辱的作用，有如天地間的自然生滅，因而先王把它稱作『道』。」

管仲有病，桓公往問之，曰：「仲父之病病❶矣，若不可諱而不起❷此病也，仲父亦將何以詔❸寡人？」管仲對曰：「微君之命臣也故❹臣且謁❺之。雖然，君猶不能行也。」公曰：「仲父命寡人東，寡人東；令寡人西，寡人西。仲父之命於寡人，寡人敢不從乎？」管仲攝衣冠起，對曰：「臣願君之遠易牙、豎刁、堂巫、公子開方。夫易牙以調和❻事公。公曰：『惟烝嬰兒之未嘗。』於是烝其首子而獻之公。人情非不愛其子也，於子之不愛，將何有於公？公喜內❼而妒，豎刁自刑❽而為公治內。人情非不愛其身也，於身之不愛，將何有於公？公子開方事公，十五年不歸視其親；齊衛之間，不容數日之行。於親之不愛，焉能有於公❾？臣聞之，務為❿不久，蓋虛不長。其生不長⓫者，其死必不終。」桓公曰：

「善。」管仲死，已葬。公憎四子者，廢之官。逐堂巫而苛病起⑫，逐易牙而味不至，逐豎刁而宮中亂，逐公子開方而朝不治。桓公曰：「嗟！聖人固有悖⑬乎？」乃復四子者。處期年⑭，四子作難，圍公一室不得出。有一婦人，遂從竇⑮入，得至公所。公曰：「吾飢而欲食，渴而欲飲，不可得。其故何也？」婦人對曰：「易牙、豎刁、堂巫、公子開方，四人分齊國，塗十日不通矣。公子開方以書社七百⑯下衛⑰矣，食將不得矣。」公曰：「嗟茲乎！聖人之言長乎哉！死者無知則已，若有知，吾何面目以見仲父於地下？」乃援素幭⑱以裹首而絕。死十一日，蟲出於戶，乃知桓公之死也。葬以楊門之扇⑲。桓公之所以身死十一日，蟲出戶而不收者，以不終用賢也。

【章旨】此章言桓公不終用賢的慘痛教訓。

【注釋】❶病病 病情加重。第二個「病」字指病重。《儀禮・既夕禮》：「疾病，外內皆埽。」鄭玄注：「疾甚曰病。」❷起 病癒。❸詔 示告；教導。多用於上告下。此處破例，以示尊敬。❹故 通「固」。本來；理當。❺謁 說明；陳述。《戰國策・秦策一》：「臣請謁其故。」高誘注：「謁，白也。」❻調和 烹調；調味。《呂氏春秋・去私》：「庖人調和而食之。」❼喜內 意謂好色。原文為「喜宮」。朱本作「喜內」。此依朱本。❽自刑 自宮。指自宮為寺人。❾於親之不愛二句 原文無此二句，而《群書治要》有。王念孫謂為脫文。❿務為 弄虛作假。為，通「偽」。虛偽。⓫不長 戴望謂：「『長』當作『良』，聲之誤。」語譯依從此說。⓬苛病起 精神錯亂、言語恍惚的病態發作。林圃謂：「今山東方言謂人精神錯亂，言語恍惚者為『苛』，亦曰『撞苛』。」原文為「苛病起兵」。王念孫謂：「不當有『兵』字」，「《群書治要》、《呂氏春秋》皆無「兵」字。⓭悖　謬誤。⓮期年　週年。⓯竇　孔穴；牆洞。⓰書社七百　七百個社的土地和人力。古時群居，二十五家為一社，書社人姓名於冊籍，稱為書社。⓱下衛　屈事衛國。尹知章注：「謂用此七百之書社降下於衛也。」⓲素幭　白色頭巾。《方言》：「襎裷謂之幭。」郭璞注：「即帊幞也。」帊幞，今言頸巾。⓳葬以楊門之扇　尹知章注：「謂用門扇以掩屍也。」葬，《呂氏春秋》作「蓋」。高誘注：「楊門，門名。扇，屏也。邪臣爭權，莫能舉喪事；六十日而殯，蟲流出戶，不欲人見，故掩以楊門之扇也。」楊門，《水經注》作陽門。即指南門。《韓非子・十過》：「桓公渴餒而死南門之寢、公守之室。」

【語譯】管仲有病，桓公前去看望他，說：「仲父的病情很重了，倘不諱言而此病不癒，仲父還將有哪些意見可以教導我呢？」管仲回答說：「不是您來問我，我本來也會有話要講明的。雖然如此講明，您還是不能施行的。」桓公說：「仲父叫我向東，我便向東；叫我向西，我便向西。仲父對於我的教導，我敢不聽從嗎？」管仲整頓衣冠，起身回答說：「我希望您疏遠易牙、豎刁、堂巫、公子開方。易牙操烹調事奉您。您說：『只有蒸煮的嬰兒味道沒有嘗過。』易牙便蒸了自己的大兒子敬獻給您。人的本心沒有不痛愛自己的兒子的，但易牙對兒子尚且不愛，對您又怎能真愛呢？您喜愛女色而防忌他人，豎刁自宮為寺人而給您管理宮女。人的本心沒有不愛護自己的身體的，但豎刁對於自己的身體尚且不愛，對您又怎能真愛呢？公子開方事奉您，十五年不回家看望父母；齊國到衛國的距離，不過幾天的行程。公子開方對於父母尚且不愛，對您怎能有真愛呢？我聽說過，弄虛作假，不能持久；掩飾巧偽，不能久長。活著存心不良的人，死必不得善終。」桓公說：「我將好好遵行。」管仲死了，業已安葬。桓公憎惡堂巫等四人，廢黜了他們的職事。但是，趕走了堂巫，桓公卻苛病發作；趕走了易牙，卻感到口味不佳；趕走了豎刁，卻內宮生鬨；趕走了公子開方，卻朝政紊亂。桓公說：「啊！聖人難道也有謬誤嗎？」於是恢復四人的職事。過了一年，四人發難，把桓公圍困在一個房間裡不讓外出。有一個宮女從牆洞鑽入到了桓公住所。桓公說：「我飢餓想吃，口渴想喝，都得不到。這是什麼原因呢？」宮女回答說：「易牙、豎刁、堂巫、公子開方，四人分爭齊國，路途已經十天不通了。公子開方把七百個社的土地和人口送給了他的衛國，食物是得不到了。」桓公說：「啊，原來如此呀！聖人的話意義長遠啊！死後沒有感知則罷，倘若有知，我有什麼臉面到黃泉去見仲父呢？」於是拿過頭巾捆頸氣絕。死後十一天，屍蟲從門縫爬出，才知道桓公死了。用楊門門扉掩蓋了桓公屍首。桓公之所以死後十一天，蛆蟲從門縫爬出而無人收殮，是因為不堅持信任賢人的結果啊！

桓公、管仲、鮑叔牙、甯戚四人飲。飲酣，桓公謂鮑叔牙曰：「闔不❶起為寡人壽❷乎？」鮑叔牙奉杯❸而起曰：「使公毋忘出如莒時❹也，使管子毋忘束縛在魯❺也，使甯戚毋忘飯牛車下❻也。」桓公辟席❼再拜曰：「寡人與二大夫能無忘夫子之言，則國之社稷必不危矣。」

【章旨】此章言鮑叔牙勉勵桓公及管、甯居安思危。

【注釋】❶闔不　何不。闔，通「盍」。何。❷壽　進酒祝福、祝頌。❸奉杯　捧杯；舉杯。❹出如莒時　指齊襄公死，齊國內亂，公子小白隨鮑叔牙逃奔莒國時事。❺束縛在魯　指管仲奉公子糾與公子小白爭立，糾敗，仲為魯執，幾被殺。❻飯牛車下　指甯戚曾在車下餵牛，扣牛角而歌：「南山矸，白雲爛，生不逢堯與舜禪，短布單衣適至骭。從昏飯牛薄夜半，長夜漫漫何時旦？」齊桓公聽見了，舉用甯戚為卿。❼辟席　即「避席」。指離席。以示敬意。辟，通「避」。離開。

【語　譯】桓公、管仲、鮑叔牙、甯戚曾在一起飲宴。飲到沈酣暢快時，桓公對鮑叔牙說：「為什麼不起身為我祝福呢？」鮑叔牙舉杯而前，說：「祝您不忘逃奔莒國之時，願管子不忘關押在魯之時，願甯戚不忘在車下餵牛之時。」桓公離座拜謝，說：「我與二位大夫能夠不忘先生的這番話，齊國就必定沒有危險了。」

四稱 第三十三

【題　解】此為《管子》第三十三篇，題為「四稱」。稱，舉也。「四稱」，即列舉有道之君、無道之君、有道之臣、無道之臣，四方面的內容加以闡述，藉以作為執政者的借鑑。全文採用正反對比的寫法，把四種類型的君臣行為，予以揭示，頌揚「有道」，指斥「無道」，觀點鮮明，議論具體，頗有表現力。

管子治政，很注重一個「道」字。從本文而言，「道」在治理方面，既指規律、原則，也指個人作風、素質，內涵十分豐富。通過反覆議論，作者意在說明君臣有道，國家則興，君臣無道，國家則亂。前車之鑑，後事之師，這是一個不可忽視的經驗。

就取材而言，這是一篇關於君臣日常談話的紀錄。桓公虛心下問，管仲知無不言。君臣一體之狀，共圖霸業之心，於此歷歷可見。

桓公問於管子曰：「寡人幼弱惛愚，不通諸侯四鄰之義，仲父不當盡語我昔者有道之君乎？吾亦鑒焉。」管子對曰：「夷吾之所能與不能，盡在君所❶矣，君胡有❷辱令？」桓公又問曰：「仲父，寡人幼弱惛愚，不通諸侯四鄰之義，仲父不當盡告我昔者有道之君乎？吾亦鑒焉。」管子對曰：「夷吾聞之於徐伯曰，昔者有道之君，敬其山川、宗廟、社稷，及至先故❸之大臣，收聚以忠❹，而大富之。固其武臣，宣用其力。聖人在前，貞廉在側，競稱❺於義，上下皆飾❻。

形正❼明察，四時不貸❽，民亦不憂，五穀蕃殖。外內均和，諸侯臣伏❾，國家安寧，不用兵革。受❿其幣帛，以懷其德；昭受其令，以為法式。此亦可謂昔者有道之君也。」桓公曰：「善哉！」

【章　旨】此章言有道之君的經驗。

【注　釋】❶所　處所；範圍。尹知章注：「言已能不（否）皆盡之於君，無所隱藏。」❷有　通「又」。❸先故　先朝故舊大臣。尹知章注：「先故之臣，謂祖考時舊臣也。」❹忠　指曾忠誠國事。張文虎謂：「『忠』疑『悳』字之誤。」悳，古「德」字。施德。錄供參考。❺競稱　爭相稱舉。❻飾　通「飭」。整治。❼形正　通「刑政」。刑法；政務。❽貸　通「忒」。失誤；差錯。❾伏　通「服」。服從。❿受　通「授」。給予。下文「受」字同。

【語　譯】桓公向管子問道：「我生性幼稚懦弱糊塗愚笨，不能通曉與諸侯四鄰交往的原則，仲父不應當把從前有道之君的經驗盡量告訴我嗎？我也好有個借鑑哩。」管子回答說：「我的才能與缺陷，全部都在您的掌握之中，又何勞辱您還讓我嘮叨呢？」桓公又問道：「仲父，我生性幼稚懦弱糊塗愚笨，不能通曉與諸侯四鄰交往的原則，您不應當把從前有道之君的經驗盡量告訴我嗎？我也好有個借鑑哩。」管子回答說：「我從徐伯那裡聽說過，從前的有道之君，敬祭山川、宗廟、社稷，對於先朝故舊大臣，因其忠誠國事，而接進京城優加奉養，使其富有。鞏固武將的權位，充分發揮他們的能力。聖人在前面引導，貞廉之士在左右支撐，爭相稱舉行義，上下都注重修養。刑法政務明察，四時役使無誤，人民沒有憂慮，五穀生長繁茂。內外和睦一體，諸侯像臣民一樣服從，國家安定，不必發動戰爭。把幣帛贈給鄰國，使它們因感德而歸附；把政令昭示給鄰國，用來作為它們的法度。這也就可以稱為從前的有道之君了。」桓公說：「講得妙啊！」

桓公曰：「仲父既已語我昔者有道之君矣，不當盡語我昔者無道之君乎？吾亦鑒焉。」管子對曰：「今若君之美好而宣通❶也，既官職美道❷，又何以聞惡為？」桓公曰：「是何言邪❸？以繢❹緣繢，吾何以知其美也？以素緣素，吾何以知其善也？仲父已語我其善，而不語我其惡，吾豈知善之為善也？」管子對曰：「夷吾聞之徐伯曰，昔者無道之君，大其宮室，高其臺榭，良臣不使，讒賊是舍❺。有國❻不治，借人為圖，政令不善，墨墨若夜，辟❼若野獸，無所朝處❽。不修❾天道，不鑒四方，有家不治，辟若生狂，眾所怨詛，希❿不滅亡。進其俳優⓫，繁其鐘鼓，流於博塞⓬，戲其工⓭瞽⓮。誅其良臣，敖⓯其婦女，獠獵畢弋⓰，暴遇諸父⓱，馳騁無度，戲樂笑語。式政⓲既輮⓳，刑罰則烈。內削其民，以為攻伐，辟猶漏釜，豈能無竭⓴？此亦可謂昔者無道之君矣。」桓公曰：「善哉！」

【章旨】此章言無道之君的行徑。

【注釋】❶宣通　賢明通達。《國語‧晉語》：「武子宣法以定晉國。」韋昭注：「宣，明也。」❷官職美道　明察善道。許維遹謂：「『官職』猶明識，《古微書》引《春秋元命苞》云『官之言宣也』，宣，明也。職、識古字通。」❸邪　同「也」。此為表疑問語氣的助詞。❹繢　同「繪」。此指彩色畫。原文為「繪」。《冊府元龜》引作「繢」。王念孫謂：「『繪』當為『緇』。」緇，黑色。錄供參考。下「繢」字同此。❺舍　止宿；挽留。尹知章注：「舍，止也。謂止讒賊於其旁，與之近也。」❻國　原文為「家」。《冊府元龜》引作「國」。從上下文意看，作「國」義較長。❼辟　通「譬」。比方。下文中「辟若生狂」、「辟猶漏釜」，「辟」字同此。❽無所朝處　謂彼此不相統屬，不像在朝廷中處理政務。郭沫若謂：「朝處」，「當依《元龜》作『就處』，野獸無所歸宿即亂也」。錄供參考。❾修　遵行。《國語・晉語》：「晉為明主，而不修天罰，將懼及焉。」韋昭注：「修，行也。」❿希　稀少；稀疏。⓫俳優　指以樂舞諧戲為業的藝人。原文為「詼優」。朱本為「俳優」。此依朱本。⓬博塞　或作「簙簺」。一種賭博遊戲。《莊子・駢拇》：「問穀奚事，則博塞以游。」成玄英疏：「行五道而投瓊曰博，不投瓊曰塞。」⓭工　此指樂人。⓮瞽　此指樂官。⓯敖　嬉戲；調戲。《廣雅・釋詁》：「敖，戲也。」⓰獠獵畢弋　指無休止地畋獵。獠，夜間打獵。畢，用長柄網捕取禽獸。弋，用繩線繫在箭上射獵。⓱諸父　天子對同姓諸侯、諸侯對同姓大夫，皆尊稱為「父」，多數則稱為「諸父」。⓲式政　治政；行政。式，用。⓳輮　通「煣」。用火烘木，使之彎曲。引申為邪曲、不公正。⓴竭　淨盡。尹知章注：「漏釜則江海不能滿，故必有竭也。」

【語譯】桓公說：「仲父既已把從前有道之君的經驗告訴了我，不應當把從前無道之君的行徑也全部告訴我嗎？我也好有個借鑑啊。」管子回答說：「現在像您這樣本質完美而生性賢明通達，既已明察善道，又為什麼還要聽說醜惡行徑呢？」桓公說：「這是說的哪裡話呢？用彩色緣飾彩色，我怎能識別它的美麗呢？用素雅襯托素雅，我怎能識別它的優秀呢？您已經把優秀的標準告訴了我，而不把醜惡的表現告訴我，我怎能懂得優秀之所以成為優秀呢？」管子回答說：「我聽那徐伯說過，從前的無道之君，大建宮室屋宇，高築亭臺樓閣，良臣不用，讒賊挽留。擁有國土不事治理，借助別人加以謀劃，政令混亂，漆黑如夜，譬如野獸恣意橫行，彼此沒有什麼統屬。不講求天道，不借鑑四方；有家族不加以治理，親屬好比發了狂病一樣，眾人怨恨詛咒，很少不遭滅亡。收納俳優雜耍，廣設鐘鼓音樂，沈溺賭博遊戲，玩賞工瞽娛樂。誅戮良臣，戲弄美女。無休無止地畋獵，暴虐地對待諸父。行為放縱，無所節制，終日嬉戲遊樂，調笑謔語。施政邪曲，刑罰酷烈。對內刮削民財，作為對外攻伐資本，好比水注漏鍋，民力怎能不盡？這些也就可以稱為從前的無道君主的行徑了。」桓公說：「講得透徹啊！」

桓公曰：「仲父既已語我昔者有道之君，與昔者無道之君矣，仲父不當盡語我昔者有道之臣乎？吾以鑒焉。」管子對曰：「夷吾聞之徐伯曰，昔者有道之臣，委質❶為臣，不賓事❷左右。君知則仕，不知則已。若有事，必圖國家，偏其發揮。循其祖德❸，辯❹其順逆，推育❺賢人，讒慝不作。事君有義，使下有禮，貴賤相親，若兄若弟，忠於國家，上下得體。居處則思義❻，語言則謀謨❼，動作則事❽。居國則富，處軍則克，臨難據❾事，雖死不悔。近君為拂❿，遠君為輔，義以與交，廉以與處。臨官則治，酒食則慈⓫。不謗其君，不諱⓬其辭。君若有過，進諫不疑；君若有憂，則臣服⓭之。此亦可謂昔者有道之臣矣。」桓公曰：「善哉！」

【章旨】此章言有道之臣的表現。

【注釋】❶委質　屈身下拜。以示敬意。《左傳．僖公二十三年》：「策名委質。」孔穎達疏：「質，形體也。拜則屈膝而委身體於地，以明敬奉之也。」❷賓事　事奉；敬事。尹知章注：「賓，敬也。」❸祖德　先祖德行；傳統道德。❹辯　通「辨」。辨別。❺推育　舉薦扶植。❻思義　意謂反思是否合宜。張文虎謂：「上下文三十句皆四字句有韻。」此句與下句「獨五字不相叶。蓋『義』字（與下句）『謨』字後人妄增。」錄供參考。❼謀謨　意謂考慮方式、方法。謨，計策；方略。《冊府元龜》無「謨」字。❽事　樹立；建樹。❾據　位；處。❿拂　通「弼」。輔佐。⓫酒食則慈　謂有酒食必以分人，以見慈惠。慈，慈愛；慈惠。或謂「慈」作「辭」。意謂拒絕大肆吃喝。錄供參考。⓬不諱　不隱諱。原文為「不毀」。《冊府元龜》作「不諱」。⓭臣服　以臣禮事君。此指竭力為君主奔走效勞。尹知章注：「服，行之。」

【語　譯】桓公說：「仲父既已告訴了我有關從前有道之君與無道之君的情形，不也應當把從前有道之臣的情形全部告訴我嗎？我也好有個借鑑呢。」管子回答說：「我聽那徐伯說過，從前的有道之臣，自從屈身下拜為臣，從不去趨奉左右大臣。君主相知，便出來作官；君主不相知，便毅然作罷。倘有急難，必定為國家著想，充分發揮自己的才智。遵循傳統美德，明辨方向，薦舉賢才，不容壞人得逞。事奉君主講義道，使用下屬有原則，貴賤皆親，如同兄弟。忠心耿耿對待國家，上下各得其體。靜居則反思言行是否合宜，說話則考慮方式、方法，辦事則力求有所建樹。治理國家則富，指揮軍隊則勝，臨難處事，死而無悔。在君主身邊是輔佐之臣，遠離君主也是輔佐之臣，以『義』為原則交往，以『廉』為原則處事。面對職事，則獨任其勞，遇到酒食，則分人共享。不指責君主，不隱瞞言辭。君主倘有過失，進諫而不遲疑；君主倘有憂患，則竭力為君主排難解憂。這些，也就可以稱為從前有道之臣的表現了。」桓公說：「講得好極了！」

桓公曰：「仲父既已語我昔者有道之臣矣，不當盡語我昔者無道之臣乎？吾亦鑑焉。」管子對曰：「夷吾聞之於徐伯曰，昔者無道之臣，委質為臣，賓事左右，執說以進，不蘄亡己❶；遂進不退，假❷寵鬻❸貴。尊其貨賄❹，卑其爵位；進曰輔之，退曰不可；以敗其君，皆曰非我。不仁群處，以攻賢者，見貴若貨❺，見賤若過。貪於貨賄，競於酒食，不與善人，唯其所事❻。倨敖❼不恭，不友善士，讒賊與通❽。不彌❾人爭，唯趣❿人訟⓫，湛湎⓬於酒，行義⓭不從⓮。不修先故，變易國常，擅創為令，迷惑⓯其君。生奪之政，保貴寵⓰矜。遷損⓱善士，捕⓲

援貨人。入則乘等⑲，出則黨駢⑳。貨賄相入，酒食相親，俱亂其君。君若有過，各奉其身。此亦謂昔者無道之臣。」桓公曰：「善哉！」

【章　旨】此章言無道之臣的情狀。

【注　釋】❶不蘄亡己　意謂念念不忘自己。蘄，通「祈」。祈求。亡，通「忘」。忘卻。《莊子・天地篇》：「有治在人，忘乎物，忘乎天，其名為忘己。忘己之人，是之謂入於天。」❷假　憑藉；借助。❸鬻　販賣；兜售。❹貨賄　泛指錢財、財物。❺見貴若貨　貴，指有權勢者。原文為「賢」。俞樾謂當為「貴」，「『見貴若貨』與下句『見賤若過』，相對成義。謂見貴者則趨之若貨財然，見賤者則若行者之相過不相顧也」。❻事　事奉。尹知章注：「人有曲而事己，與之交也。」❼敖　通「傲」。傲慢。❽通　交往；勾結。原文為「鬥」。趙用賢謂：「一本作『通』。」據此而改。❾彌　通「弭」。止息。《周禮・春官・小祝》：「彌災兵。」孫詒讓正義：「漢時通用弭為彌，此經例用古字作彌」，「凡云彌者，並取安息御止之義」。❿趣　催促；促使。⓫訟　爭訟；訴訟。原文為「詔」。《冊府元龜》引作「訟」，據此而改。⓬湛湎　即「沈湎」。沈溺，多指飲酒無度。《書・泰誓上》：「沈湎冒色。」孔穎達疏：「人被酒困，若沈於水，酒變其色，湎然齊同，故沈湎為嗜酒之狀。」⓭行義　即「行儀」。舉止儀容。⓮從　順修；整理修治。尹知章注：「從，順也。」⓯迷惑　迷亂。原文為「迷或」。古本作「迷惑」。此依古本。⓰寵　驕縱；放縱。⓱遷捐　改換；捐棄。原文為「遷損」。戴望謂：「『損』當為『捐』字之誤，『遷』猶去也。」⓲捕　同「搏」。拾取；引進。郭沫若謂為「『輔』字之誤耳」。錄供參考。⓳乘等　陵越等次。《國語・周語》：「乘人不義。」韋昭注：「乘，陵也。」⓴黨駢　私黨駢植。

【語　譯】桓公說：「仲父既已告訴了我有關從前有道之臣的表現，不也應當把從前無道之臣的情形全部告訴我嗎？我也好有個借鑑呢。」管子回答說：「我聽那徐伯說過，從前的無道之臣，自從屈身下拜為臣，便極力趨奉左右大臣，用邪說求取晉升，念念不忘自己；只求進而不知退，進而依仗君主的寵信來兜售自己的權勢。看重錢財，看輕官爵身分；上朝輔佐國君，退朝妄加誹議；敗壞君主聲譽，又都說非我所為。與不仁之徒，糾合一氣，攻擊賢人；對待有權勢的人，就像追逐財寶一般，對待無權勢的人，就像路人一樣，伴身而過，卻不相顧。貪取錢財，爭於酒食；不親近賢才，只結交曲事自己的人。傲慢不恭，不與善士為友，只與讒賊勾結。不止息人們的糾紛，只促使人們爭訟。沈溺於飲酒作樂，舉止儀容，不注意修治端正。不遵行先祖章法，變改國家常規，擅自創立法令，迷亂矇騙君主。進而奪取國家政務，依仗權勢而恣意放縱。捐棄善士，援引市儈。在朝廷內部，陵越等次，在朝廷外面，駢植私黨。使貪財賄賂的風氣，侵入朝廷，彼此關係，憑酒食親近，滿朝都來迷亂國君。君主若有過失，又都各自保身了。這些，也就可以稱為從前的無道之臣的情形了。」桓公說：「講得深刻啊！」

正言 第三十四（亡）

卷十二

侈靡 第三十五

【題解】《管子》第三十四篇，題為「正言」，文已亡佚。此為《管子》第三十五篇，題為「侈靡」。「侈」謂張大，「靡」謂奢侈多費；合而言之，意謂提倡奢侈性的生活消費。

本文為何提出如此奇異的論題？作者認為：一、這是形勢發展的需要。在諸侯紛爭中，齊桓公想稱霸天下。但此時的齊國，已是土地珍貴，人口劇增，民生凋敝，食養不足。在這種情況下，欲度時興化，謀求發展，「莫善於侈靡」，藉擴大生活消費來增長經濟實力。二、這是農業發展的需要。農為立國之本，但發展農業要有資金。而積財之法，一在於擴大消費，二在於促進流通。「上侈而下靡」，「君臣之財不私藏」，資金流入市場。通過市場刺激，便可帶來工商末業的發展，進而促成農業的發展。不刺激，則「末事不起」；不侈靡，則「本事不得立」。三、這是協調矛盾的需要。其時之齊，君臣士民、富者貧者之間，矛盾頗深。「上侈而下靡」，則「君、臣、相上下相親」；「通於侈靡，而士可戚」；「富者靡之，貧者為之」，則富人愉悅而不致生怨，窮人就業而不致流散。如此，諸多矛盾便可得以緩和。

這種倡導高消費的議論，不但是一種極為新鮮的消費經濟學見解，也是一種極為大膽的經濟改革設想。它突然出現在自古以來崇尚儉約的傳統觀念面前，不能說不具有振聾發聵的作用。另一方面，這種理論，也帶有明顯而嚴重的缺陷。比如沒有分清保障生活必需與追求享樂的界限，沒有分清合理消費與奢侈浪費的界限，一味主張飲食、車馬、遊樂，乃至喪葬都要奢侈，蛋類要彩繪然後煮食，木柴要雕鏤然後焚燒，墓葬要盡量擴大規模。如果照此辦理，短時間內也許會因擴大社會消費而促進社會生產發展；長此以往，無疑又會因為嚴重耗費社會財富，而造成社會經濟狀況的凋蔽。這種實質性的、短期行為的觀點不能說不是眼光短視的表現。

本文篇幅甚長，有四十一章之多，涉及政治、軍事、經濟、哲學各個領域，但其中心內容，是闡述消費學說。篇名〈侈靡〉，「題」與「文」還是頗相符合的。

問❶曰：「古之時❷與今之時同乎？」曰：「同。」「其人同乎，不同乎？」曰：「不同，可與政誅❸。俈堯之時❹，混吾之美❺在下，其道非獨出人也。山不童❻而用贍❼，澤不弊❽而養足。耕以自養，以其餘應養天子❾，故平。牛馬之牧不相及，人民之俗不相知，不出百里而求足❿，故卿而不理⓫，靜也。其獄一踦腓⓬一踦屨而當死。今周公斷指滿稽，斷首滿稽，斷足滿稽，而死民不服⓭，非人性也，敝⓮也。地重人載⓯，毀敝而養不足，事末作⓰而民興之，是以下名而上實⓱也。聖人者，省諸本而游諸樂，大昏⓲也，博夜⓳也。」問曰：「與時化⓴若何？」「莫善於侈靡。」

【章旨】此章言度時興化，宜重視奢侈性的生活消費。

【注　釋】❶問　當指桓公發問。本文也是採取問答形式展開議論，可看作由桓公發問，由管仲作答。❷時　指天時。與下文中的「人」（即人事）相對為文。❸可與政誅　原句為「可與政其誅」。但古本無「其」字，故刪。與，於；從。誅，懲罰。此指刑罰。❹俈堯之時　指帝嚳、帝堯時代。亦即本文所謂「古之時」。❺混吾之美　昆吾美玉。另說指昆吾美金。即赤銅。混吾，通「昆吾」。山名。❻童　指山無草木。《釋名・釋長幼》：「山無草木亦曰童。」❼贍　充裕。❽弊　盡。尹知章注：「弊，竭也。」❾以其餘應養天子　尹知章注：「以其自養之餘，應天子之食。」原文為「應良」。俞樾謂：「『應良天子』義不可通，『良』疑即『養』之壞字，『應』之言承也。」應養，承養；奉養。❿求足　需求充足。原文為「來足」。王念孫謂：「『來』當為『求』。」此依王說。⓫卿而不理　意謂雖設公卿，卻無需治理。⓬腓　通「屝」。草鞋；麻鞋。《釋名》：「齊人謂草屨曰屝。」王引之云：句謂「足著一隻屨，一隻草屨，明罪人之屨異於常人也」。⓭斷指滿稽四句　郭沫若謂「『稽』當假為『階』」，意謂「所斷之指滿階、所斷之首滿階、所斷之足滿階，人人可見，然而民不畏死」。⓮敝　破敗；困窮。⓯載　充滿；增多。⓰事末作　指從事奢侈品的生產與流通。⓱下名而上實　意謂輕視虛名而看重實效。⓲大昏　日暮以至昏黑。指代整日。⓳博夜　大夜；長夜。指代整夜。⓴興時化　度時興化；根據時勢改變作法。

【語　譯】桓公問道：「古代的天時跟當今的天時相同嗎？」管仲回答道：「相同。」「人事同呢？不同呢？」回答是：「不同。這可以從政務與刑罰兩方面來看。帝嚳、帝堯時代，昆吾山的美玉埋在地下無人開採，這奧祕並非獨出什麼人的心裁。而是因為山上的樹木不需砍光而用材富餘，湖澤的水產不需撈完而供養充足。人們躬耕自養，用剩餘的部分奉養天子，所以天下太平。牛馬的放牧互不相遇，人們的習俗互不相知，不超出百里範圍而需求可以滿足，因而雖然設有公卿而不必辦理政務，生活十分平靜。那時的訟事，使罪犯一腳穿草鞋、一腳穿常履，便可以代替死刑。當今的周公時代，斷指滿階，斷首滿階，斷足滿階，然而被處死的人仍不畏服，這並非人性不怕死，而是困窮的緣故。土地珍貴，人口增加，生活破敗而且食養不足，發展工商末業，人民生活便振興起來，這是因為不重虛名而注重實效的結果。高明的君主，關注農業生產和娛樂事業，整天如此，深夜如此。」問：「如何根據時勢發展變化呢？」回答是：「沒有比發展奢侈性的生活消費更好的辦法了。」

「賤有實❶，敬無用❷，則人可刑❸也。故賤粟米而敬珠玉❹，好禮樂而賤事業，本之始也。珠者，陰之陽也，故勝火❺；玉者，陽之陰❻也，故勝水❼。其化如神。故天子臧❽珠玉，諸侯臧金石，大夫畜狗馬，百姓臧布帛。不然，則強者能守之，智者能牧之，賤所貴而貴所賤。不然，鰥寡獨老不與得焉。」

【章旨】此章言調整政令與教化，是發展農業的新起點。

【注釋】❶有實　指下文中的「粟米」與「事業」。❷無用　指下文中的「珠玉」和「禮樂」。二者本來寒不可衣，飢不可食，故稱「無用」。❸刑　通「型」。陶鑄；制約。意謂珠玉作為貨幣，可以制約人們的經濟生活；禮樂作為政教手段，可以規範人們的政治生活。❹而敬珠玉　原文為「而如敬珠玉」。下句中「而賤事業」，原文為「而如賤事業」。兩句中「如」字均為衍文。❺勝火　珠生於水，為陰，而其形圓，故曰「陰之陽」；珠屬水，水能克火，故謂「勝火」。此與下文「勝水」都是假借五行生克之說強調珠玉的作用。❻陽之陰　陽，原文為「陰」。王念孫謂：為「陽」，「玉生於山，為陽，而其形方，故曰『陽之陰』」。❼勝水　玉生於山，屬土，土能克水，故謂「勝水」。❽臧　通「藏」。儲藏。

【語譯】「看輕『有實』之物，重視『無用』之物，民眾的活動便可以加以制約。因而看輕糧食而看重珠玉，提倡禮樂教化而看輕生產活動，是發展農業的新起點。珍珠是陰中之陽，所以能『勝火』；寶玉是陽中之陰，所以能『勝水』。它們的化民作用有如神力。因而天子儲藏珠玉作為貨幣，諸侯便儲藏金石作為樂器，大夫便畜養狗馬作為玩好，百姓便儲備布帛作為生活物資。不然的話，強者便會把持珠玉，智者便會操縱珠玉，任意壓低珠玉價格而哄抬糧食價格。不然的話，鰥寡孤獨老弱之人，就不可獲得生計了。」

「均❶之始也，政與教孰急？」管子曰：「夫政教相似而殊方。若夫教者，摽然❷若秋雲之遠，動人心之悲；藹然❸若夏之靜雲❹，乃及人之體；窵然❺若皜月❻之靜，動人意以怨；蕩蕩若流水，使人思之，人所生往❼。教之始也，身必備之，辟❽之若秋雲之始見，賢者不肖者化焉。敬而待之，愛而使之，若樊❾神山祭之。賢者少，不肖者多，使其賢，不肖惡得不化？今夫政則少別❿，若夫成形之徵⓫者也。去，則少可使人乎？」

【章　旨】此章言教化與政令各有其作用。

【注　釋】❶均　均衡；衡量。❷摽然　高揚貌。形容秋雲。❸藹然　油潤貌。形容夏雲。❹夏之靜雲　郭沫若謂：「含雨之雲也，如山中濃霧，離人甚近，故云『乃及人之體』。」❺窵然　深邃貌。原文為「鵰然」。郭沫若謂：「『鵰』字乃從月鳥聲，或即『窵』字之異。」❻皜月　即「皓月」。明月。原文為「謞」。郭沫若謂當作「皜月」，「以秋雲、夏雲、皓月、流水形容教化之感人，意雖平列而句法錯綜，甚有詩意」。❼生往　生發嚮往之心。往，歸向。❽辟　通「譬」。比方。❾樊　樊籬。此指用樊籬維護。❿少別　稍有區別。原文為「少則」。劉師培謂：「『則』字疑當作『別』，冢上『相似而殊方』言。」⓫成形之徵　即「成刑是徵」。意謂唯問成法。形，通「刑」。刑法。徵，問。

【語　譯】「衡量影響起點的兩個因素，政令與教化哪個最為緊要？」管子說：「政令與教化相似而旨趣不同。教化，好像秋雲高揚遠翥，能夠激發人們沈思；又好像夏雲含雨溼潤，能夠浸及人們體膚；深幽得像皓月的寧靜，能夠觸發人們的怨慕；悠悠如流水，引人遐思，令人神往。教化的首要因素，是在上者，必須以身作則，好比秋雲初現，賢者和不肖者，都會潛移默化。莊重地對待人們，慈愛地役使人們，就像在神山上設護樊籬，祭祀神靈一樣。賢者雖少，不肖者雖多，如果促使人們向賢者轉化，不肖者怎能不受感化呢？至於政令，便略有區別，它是很講求遵循成法的。丟掉這個特點，它對人們還可稍加驅使嗎？」

「用貧與富，何如而可？」曰：「甚富不可使，甚貧不知恥。水平而不流，無源則遬❶竭；雲平而雨不甚，無委雲❷，雨則遬已；政平而無威則不行；愛而無親則流❸。親左有用❹，無用則辟之❺，若相為有兆怨❻。上短下長❼，無度而用，則危本。」

【章旨】此章言使民之道，在調節貧富，善行其威，善施其愛，有度而用。

【注釋】❶遬　同「速」。迅速。尹知章注：「停水無源，必速竭。」❷委雲　堆積的雲團；濃雲。❸流　浮泛。尹知章注：「但行泛愛，無所偏親，則其愛流漫，賢智不盡力。」❹親左有用　意謂親近賢臣。左，臨近；左近。有用，指有用之材。❺辟之　同「避之」。迴避、疏遠小人。❻兆怨　意謂有很多的仇怨。兆，眾多。《韻會》：「兆者，眾數，言大眾所在也。」❼上短下長　即尚短棄長。指用人不當。上，通「尚」。尊重。

【語譯】「採用貧與富的政策，怎樣才算恰當？」回答是：「太富了，不可驅使；太窮了，不知羞恥。水太平，便不流動；沒有泉源，便會很快乾枯。雲太平，雨便不大；沒有濃雲，雨便很快會停止。政令平和而沒有威嚴，便不能推行；仁愛而沒有親疏之別，便會形成浮泛。應當親近有作為的賢才；對於沒有作為的庸人，便應疏遠，好像是跟他們有很深的仇怨一樣。如果崇尚庸才，輕視賢人，用人沒有法度，便會危及國家根本。」

「不稱而祀，譚❶。次祖❷犯詛❸，渝盟傷言❹。敬祖禰❺，尊始也。齊約之信❻，論行也。尊天地之理，所以論威也。薄德之君之府❼，囊也。必因成形而論於人，此政行也。」

【章　旨】此章言敬、信、威、刑並用，政令方可施行。

【注　釋】❶不稱而祀二句　郭沫若謂：「『譚』同『誕』，『不稱而祀，誕』，即『非其鬼而祭之，諂也』。」譚，通「誕」。荒謬。❷次祖　即「趑趄」。且前且卻，猶豫不進。❸詛　盟誓。❹言　意同「詛」。誓約。《禮記・曲禮》：「士載言。」注：「言，謂會同要盟之辭。」❺祖禰　指祖先。禰，亡父在宗廟中立主之稱。❻齊約之信　即「齊約是信」。意謂信守莊嚴的盟約。《正韻》：「齊，莊也，肅也。」❼府　朝廷收藏財物的處所。《禮記・曲禮》：「在官言官，在府言府。」鄭玄注：「府，謂寶藏貨賄之處。」

【語　譯】「不當其位而加以祭祀，是荒唐行為。猶疑不決，會觸犯盟誓；違背誓約，也會損害盟誓。敬祀祖先，就是尊重根本；信守盟約，就是講究德行。信奉天尊地卑的原則，是用來昭示君主的威嚴。缺乏仁德的君主的府庫，則是一個只顧搜括財富的大口袋。必須依據成法來處理人事，這樣，政令才可施行。」

「可以❶王乎？請問用之若何？」「必辨於天地之道，然後功名可以殖❷。辨於地利，而民可富；通於侈靡，而士可戚❸。君親自好事❹，強以立斷，仁以好任人。君壽以政平❺，百姓不夭厲❻，六畜遮育❼，五穀遮熟，然後民力可得用。鄰國之君俱不賢，然後得王。」

【章　旨】此章言成就王業的基本條件。

【注　釋】❶可以　即「何以」。可，《石鼓文》：「其魚隹可？」《風雅廣・逸注》：「隹可，讀作『惟何』，古省文也。」❷殖　樹立。❸戚　親近。❹親自好事　即「親以好事」。躬臨政務。《集韻》：「自，已也。」已，同「以」。❺壽以政平　年壽久長，政治清平。原文為「壽以政年」。據石一參《管子今詮》改「年」為「平」。❻夭厲　遭病疫而短命。厲，通「癘」。

染疾疫。尹知章注：「厲，發疾也。」❼遮育　繁育。遮，通「庶」。眾多。

【語　譯】「怎樣成就王業呢？請問具體的做法如何？」「必須明辨天尊地卑的原則，然後功業與名聲才可以樹立。明辨地利，而後可以使民眾富庶；通曉侈靡的真諦，而後可以使士人親附。君主必須親手處理政務大事，辦事剛毅果決，仁愛而善任人才。再加上君主年壽久長，政局太平，百姓不遭災疫，六畜繁育，五穀豐登，然後民力便可役用。遇上鄰國君主都不賢明的天時，便能夠成就王業了。」

「俱賢若何？」曰：「忽然易卿而移❶，忽然易事而化❷，變而足以成名。承弊❸而民勸之，慈種❹而民富，應言❺待感，與❻物俱長。故日月之明，應風雨而種，天之所覆，地之所載，斯民之良❼也。不有而醜❽天地，非天子之事也。民變而不能變，是梲之傅革❾；有革❿而不能革，不可服⓫。民死信⓬，諸侯死化⓭。」

【章　旨】此章言君主當善於承人之弊，因時變化。

【注　釋】❶易卿而移　指諸侯各國，因人事變革不慎，而使政局向壞的方面發展。❷易事而化　指因政務處理不慎，而使政局向壞的方面變化。❸承弊　救助疲困。承，通「拯」。拯救。❹慈種　即種慈、積德。指施行仁政。❺應言　意謂順應。言，語助詞，義同「焉」。然張文虎謂為「旹」，古「時」字。張佩綸謂為「『變』之壞字」。一併錄供參考。❻與　幫助；促進。❼斯民之良　即「斯民是良」。意謂使民眾和悅。良，和順；和悅。❽醜　比同；匹配。❾梲之傅革　指木棒包以皮革。比喻內外不通。梲，木棒。傅，通「附」。黏附；包裹。❿革　此為動詞。指變革。此句中另一「革」字，義同。⓫服　順服。此指民心歸附。⓬民死信　指不思變通的人死於固守陳規。⓭死化　死於向壞的方面變化。

【語　譯】「如果鄰國的君主，都很賢明又怎麼辦呢？」回答說：「總會有偶然因人事變換不慎，而使政局向壞的方面變化的時候，或者有偶然因政務處理不當，而使局勢向壞的方面發展的時候。乘時而變，便可以成就聲名。拯救疲困，可以使民眾得到激勵；施行仁政，可以使民眾走向富庶；順應時勢，利用感化，可以促進事態向有利方向發展。所以如果有日月之明，並能應時而播風雨，在天地之間，便可使萬民和悅。沒有這些業績，而想德配天地，便不是天子可為之事了。人民已起變化，而自己不善於變通，這好比是木棒裹以皮革；人民有了變革，而自己不善於變革，終究不能使民心歸服。人民往往死於固守陳規，國君則往往敗亡於不斷向壞的方面變化。」

「請問諸侯之化。」「弊弊也❶者，家❷也。家也者，以因人之所重而行之。吾君長❸來獵，君長虎豹之皮；用功力之君，上❹金玉幣；好戰之君，上甲兵。甲兵之本，必先於田宅。今吾君戰，則請行民之所重。」

【章　旨】此章言使國家向好的方面變化的要道，在於多興辦人們所重視的事情。

【注　釋】❶弊弊也　即弊弊然。指辛苦經營之狀。❷家　此指王者以天下為家，非私於一己。❸長　時常；經常。下句中「長」字，義同「上」。❹上　通「尚」。崇尚；看重。

【語　譯】「請問促進國家向好的方面變化的方法是什麼？」「君主所辛苦經營的，是以天下為家。治家，是依據君主重視的對象而運轉。我們的君主若經常打獵，就會重視虎皮豹皮；愛用功利的君主，重視金玉貨幣；愛好打仗的君主，重視盔甲戈矛。而盔甲戈矛的來源，又首先在於農田宅院。如今我們的君主，要想從事戰備，便需興辦民眾所重視的事情。」

「飲食者也，侈樂者也，民之所願也。足其所欲，贍其所願，則能用之耳。今使衣皮而冠角，食野草，飲野水，孰能用之？傷心者不能致功❶。故嘗至味❷而❸，罷至樂❹而，雕卵然後瀹❺之，雕橑❻然後爨❼之。丹砂❽之穴不塞，則商賈不處❾。富者靡之，貧者為之。此百姓之怠生❿，百振⓫而食，非獨自為也，為之畜化⓬。」

【章　旨】此章言用民之道，在於保障其基本生活需要，滿足其基本生活願望。

【注　釋】❶致功　盡力。❷至味　最美的調味。至，至善。❸而　作助詞。表語氣，略同「矣」。❹罷至樂　劉績謂：「別本注『罷至樂，謂耳倦絲竹也』。」罷，通「疲」。勞累。❺雕卵然後瀹　謂將蛋彩畫以後煮食，以顯示富豪。《玉燭寶典》：「古之豪家，食稱畫卵，今世猶染藍蒨雜色，仍加雕鏤，遞相餉遺，或置槃俎。」瀹，以湯煮物。❻橑　柴薪。❼爨　燒火煮飯。❽丹砂　即「辰砂」，又稱「朱砂」。礦物名。道家煉藥多用此物。❾不處　不止息。❿怠生　即「怡生」。愉快地活著。《韻會》：「怠，音怡，義同。」⓫百振　指百業振興。⓬畜化　加強管理，促其變化。

【語　譯】「飲食、極樂，是人們的意願。滿足他們的需求，滿足他們的願望，便能夠役使他們。假使只讓人們披獸皮，戴牛角，吃野草充飢，喝生水解渴，誰又能役使他們呢？內心悲憤的人，是不會盡力的。所以，要允許人們嘗食美味，縱情娛樂，把蛋加以彩畫然後煮吃，把薪木加以雕刻然後焚燒。不封閉挖丹砂的礦洞，商販便會川流不息。富人大量消費，窮人就能擴大就業。這百姓安樂，百業振興，能有飯吃的局面，並非百姓單方面努力可以做到，而是必須由君主加以管理，促其變化。

「用其臣者，予而奪之，使而輟之；徒以❶而富之，父繫❷而伏之；予虛爵而驕❸之，收其春秋之時而消之❹；有雜禮義而居之❺，時舉其強者以譽之。強而可使服事：辯以辯辭❻，智以招請❼，廉以摽人❽。堅強以乘下❾，廣❿其德以輕上位，不能使之而流徙：此謂國亡之郄⓫。故⓬法而守常，尊禮而變俗，上信而賤文⓭，好緣而奸駔⓮：此謂成國之法也。為國者，反⓯民性，然後可以與民戚。民欲佚而教以勞，民欲生而教以死。勞教定而國富，死教定而威行。

【章 旨】此章言用臣御民之道。

【注 釋】❶徒以 即以徒。與徒；賜與徒眾。❷父繫 即「斧繫」。斧鉞與縲絏。代指刑戮。郭沫若謂：「『父』乃『斧』之初文，此用其本義，即斧鉞之謂。『繫』謂縲絏。『父繫』猶刑戮，故言『伏之』也。」❸驕 盛旺。此猶振奮精神。❹收其春秋之時而消之 意謂春時缺糧，秋時多穀，富者往往貴賣賤買，牟取時利。今則官府加以控制，削減其利。時，指時利。❺有雜禮義而居之 謂採用繁雜的禮儀制度加以約束。有雜禮義，即「又雜禮儀」。禮義，原文為「禮我」。王引之謂：「當為『禮義』，脫其上半耳。」❻辯辭 此指長於口才的外事工作。❼招請 此指招徠、請謁等接待事宜。❽摽人 即「標人」。為人表率。指示範、督導之類的事宜。❾乘下 凌下；欺凌下屬。原文為「乘六」。俞樾謂：「『六』乃『下』字之誤，草書相似故也。」❿廣 通「曠」。空缺；缺乏。⓫郄 通「隙」。空隙。引申為漏洞、縫隙。⓬故 通「固」。固守；堅持。⓭賤文 輕蔑文飾巧偽。⓮好緣而奸駔 原文為「好緣而好駔」。石一參謂：「當為『好緣而奸駔』。『好』與『奸』，形近致誤。」緣，柔順；順從。奸，通「干」。冒犯；抵制。駔，通「粗」。粗暴；粗疏。丁士涵謂：「『緣』，順也。『駔』，麤也。」⓯反 翻轉；轉變。

【語 譯】「駕馭臣下，當既有賜予，又有剝奪；既有驅使，又有停息；既賜給徒眾讓其富有，又施加斧鉞刑罰使之畏服；既給予虛浮的爵位而讓其振奮精神，又收取春秋時利而削其財富；既採用繁雜的禮儀加以約束，又經常拔舉精明強幹的人物加以稱揚。強幹的人，可以使其任事：雄辯的，委以長於口才的涉外事務；聰慧的，委以招徠、請謁之類的接待事務；廉明的，委以示範、督導之類的事務。執拗強橫而欺凌下屬，缺乏德行而輕蔑上司，這樣的人，則不加使用，而要流徙外地：因為這些人，是促使國政敗亡的漏洞。堅守法制而奉行常規，尊重禮儀而變革民俗，崇尚誠信而輕視巧偽，愛好柔順而抵制粗暴：這些都是成就國事的原則。治理國家，要轉變民眾的常情陋習，然後才可以與民相親。人們求安逸，則要教其勤勞；人們貪生，則要教其敢死，勤勞的教育已成定習，國家便可以富庶；敢於拼死的教育已成定習，君主的威令便可以施行。

「聖人者，陰陽之理❶，故平外而險中❷。故信❸其情者傷其神，美其質者傷其文，化之美者應其名，變其❹美者應其時；不能兆其端者，菑及之❺。故緣地之利，承從天之指❻；辱舉其死❼，開國閉❽辱。知其緣地之利者，所以參天地之吉綱❾也。承從天之指者，動必明。辱舉其死者，與其失人同；公事則，道必行。開其國門者，玩❿之以善言。奈其斝辱⓫，知神次者⓬，操犧牲與其圭璧，以執其斝。家小害⓭，以小勝大⓮。員⓯其中，辰⓰其外，而復畏⓱強長其虛，而物正以⓲，視⓳其中情⓴。」

【章　旨】此章言聖君協調矛盾之道。

【注　釋】❶陰陽之理　燮理陰陽；掌握事物的正反兩個方面，協調處理矛盾。原文為「陰陽理」。郭沫若謂：「當依古本作『陰陽之理』，『之』猶是也。」❷險中　約己卑謙。險，同「儉」。卑謙貌。❸信　聽憑；隨意。❹其　用同「之」。❺不能兆其端者二句　尹知章注：「來事之端，不知其兆者，常失於幾，故災及之。」端，端倪；頭緒。菑，即「災」。災禍。❻指通「恉」。意恉。❼辱舉其死　逆舉將亡。尹知章注：「辱，逆也。逆地天以舉事則死也。」❽閉　關閉；堵塞。❾吉綱　綱紀；規律。❿玩　研討；琢磨。⓫斝辱　即「駕辱」。意謂處理違逆之事。《正韻》：「斝，音駕，義同。」駕，駕馭；處理。下文「以執其斝」之「斝」，酒器。⓬知神次者　尹知章謂指「巫祝知神之次秩者」。⓭小害　指用於祭祀的微小耗費。⓮勝大　克制大災。⓯員　即「圓」。通達；圓通。⓰辰　伸展。《釋名》：「辰，伸也，物皆伸舒而出也。」⓱畏　通「威」。威服。⓲正以　即「正已」。匡正；端正。⓳視　通「示」。顯露。⓴中情　內情；內心。

【語譯】「聖明的君主，善於處理事物的矛盾，所以能治外平和而約己卑謙。因而放任情性的，將損傷精神；美化本質的，便損傷文彩；轉化最好的，是合乎名分；變革最好的，是適應時勢；不能預見事物發展先機的，必然遭逢災禍。所以，辦事應當順應地利，服從天理；違逆地利天理行事，必遭敗亡，敞開國門，察納善言，便能堵絕違逆之事。懂得順應地利，是因為能夠參悟天地的規律。服從天理的人，辦事必能明瞭天時。違理行事而遭敗亡的，跟喪失民心的情況相同；朝廷辦事遵循原則，其道必能施行。敞開國門，是為了研討察納善言。對於處理違逆事宜，則只能由懂得神位秩次的巫祝，進獻牛羊、圭璧等物，捧執酒杯謝過。在家使用祭祀的微小耗費，就可以克制大的災禍。內中得以圓通，外部便可伸展，進而震懾強橫，扶助卑謙，這樣便能匡正萬物，使臣民坦示內心而相親附。」

公曰：「國門則❶塞，百姓讙敖❷，胡以備之？」「擇天之所宥❸，擇鬼之所富❹，擇人之所戴❺，而亟付其身，此所以安之也。」「強與短❻而立齊❼，國之若何❽？」「高予之名而舉之，重予之官而危❾之，因責其能以隨之。猶❿僬⓫則疏之，毋使人圖⑫之；猶疏則數⑬之，毋使人曲⑭之，此所以為之⑮也。」

【章　旨】此章言防備百姓喧嘩及保護良臣之法。

【注　釋】❶則　倘若。❷百姓讙敖　原文為「百姓誰敢敖」。宋本「敢」作「衍」字，故為「百姓誰敖」。丁士涵謂「誰」乃「讙」之誤。《荀子・彊國篇》亦云「百姓讙敖」。讙敖，喧嘩呼噪。敖，謂嗷嗷呼叫之聲。❸天之所宥　原句為「天下之所宥」。王念孫謂：「當作『天之所宥』，『天』與『人』『鬼』對文，不當有『下』字。」宥，通「祐」。庇祐。《漢書・禮樂志・郊祀歌》：「神若宥之。」顏師古注：「宥，祐也。」❹富　福助。《詩・大雅・瞻卬》：「何神不富？」毛傳：「富，福也。」尹知章注：「謂為神所福助者也。」原文為「當」。王念孫謂：「『當』宜為『富』，字之誤也。」❺擇人之所戴　原句為「擇人天之所戴」。「天」字顯涉上文「天下」而衍。戴，愛戴；敬仰。尹知章注：「謂為人所戴仰者也。」❻強與短　指大臣的才識優劣。❼立齊　即「位齊」。位秩相等。❽國之若何　意即朝廷將奈何。郭沫若謂「國」為「圖」字之誤。錄供參考。❾危　高聳貌。此指突出。❿猶　通「由」。來自。⓫慽　同「戚」。指親屬。⓬圖　猜度；圖議。⓭數　密。親密；密切。⓮曲　指曲意挑唆。⓯為之　助其成功。為，助。

【語　譯】桓公問道：「國門若已阻塞，百姓喧嘩不安，怎樣加以防備？」「選拔皇天福祐、鬼神降福、民眾敬仰的人，盡快付以重任，這就是用來安定百姓的辦法。」「如果賢臣與庸才位秩相等，朝廷對於這種情況，將如何辦呢？」「給予崇高的聲名，來提高賢臣的地位，給予重要的官職，來凸顯賢臣的才能，這是根據他們的賢能而給予的待遇。賢臣若是來自親屬，便應稍加疏隔，不使他人妄加非議；若是來自關係疏遠，便應倍加親密，不使他人曲意挑唆。這就是用來助其成功的辦法。」

「大有臣❶甚大，將反為害。吾欲優患❷除害，將小能察大，為之奈何？」

「潭根之毋伐❸，固事之毋入❹，深黨❺之毋涸❻，不儀之毋助❼，章明之毋滅❽，生榮之毋失❾。十言者不勝此一。雖凶必吉，故平而滿。」

【章　旨】此章言大臣勢盛難制，宜察其小而早作圖除。

【注　釋】❶大有臣　指富有權勢之臣。❷優患　寬解憂患。《詩・大雅・瞻卬》：「天之降罔，維其優矣。」毛傳：「優，渥也。」鄭箋：「優，寬也。」❸潭根之毋伐　尹知章注：「潭，深也。此以大樹喻惡也。譬若大樹，深根不可伐。大臣根黨盤，亦未可卒誅。」潭根，深根。潭，通「覃」。深入。❹固事之毋入　尹知章注：「既未能誅，且固事之，無得入同其惡也。」入，此指混同。❺鬻　探查；觀察。❻涸　通「護」。回護；包庇。《正韻》：「涸，音護，義同。」❼不儀之毋助　尹知章注：「儀，善也。彼為不善，無得佐助之也。」不儀，不宜；不善。❽章明之毋滅　尹知章注：「當發明不善，令人皆知之，無使昧滅也。」章明，彰明；顯明。滅，淹沒；掩蓋。❾生榮之毋失　尹知章注：「謂生篡殺之心，若草木之生榮。此其可誅之時，必不得失之。」生榮，生長繁茂。喻指野心畢露。

【語　譯】「富有權勢之臣，一旦權勢更大，反將造成逼君之害。我想寬解憂患，消除禍害，並且希望由小處便能明察其野心，應怎麼辦呢？」「對其深根不要隨意鋤伐；依然讓他擔任職事，不要與其同流合污；深入探查，不要庇護；不善行為，不要助長；彰明惡行，不要掩蓋；一旦野心膨脹暴露，便不失時機，加以誅戮。他人即使進獻十條善言，也不會勝過此中之一。雖遇凶災，必能化吉，因而將是平靜而圓滿的。」

「無事而總❶，以待有事，而為之若何？」「積者立餘食❷而侈，美車馬而馳，多酒醴❸而靡，千歲毋出食。此謂本事❹。縣人❺有主人，此治用。然而不治，積之市。一人積之下，一人積之上，此謂利無常。百姓無寶，以利為首。一上一下，唯利所處。利然後能通，通然後成國❻。利靜❼而不化，觀其所出，從而移之。

【章　旨】此章言朝廷積財之法，一在滿足人民的需求，一在促進流通。

【注　釋】❶總　聚積；積累。❷立餘食　意謂設置餘糧消費措施。原文為「立餘日」。古本則為「立餘食」。此據古本改。❸酒醴　指甜美的酒食。醴，甜酒。❹本事　根本性措施。❺縣人　即「懸民」。吸引人們。縣，即「懸」。牽掛；吸引。❻國　都城；城市。❼靜　靜止；呆滯。

【語　譯】「太平時積累財富，用以防備戰事，應當怎樣作呢？」「要求積蓄，就要拿出餘糧讓人消費，裝飾車馬讓人馳騁，多釀美酒供人享用。這樣，便會有千年之食，無需出境求人。這就是增加朝廷積蓄的根本措施。要維繫民眾，就要有主管積財的人。這就是管理的作用。然而有些情況不便管理，就要引導人們到市集上去積財。有的積財少，有的積財多，這叫做營利無常。百姓沒有什麼訣竅，只是把實惠放在首位。或多或少，唯利是趨。有財利然後能流通，能流通然後成城市。如果財利呆滯而交易不旺，就要觀察出產物品的情況，從而改變門路。

「視其不可使，因以為民等❶。擇其好名，因使長民❷；好而不已，是以為國紀❸。功未成者，不可以獨名；事未道❹者，不可以言名。成功然後可以獨名，事道然後可以言名，然後可以承致酢❺。

【章　旨】此章言官吏任免，當視事功為依據。

【注　釋】❶以為民等　以之與民等同。即視為百姓。❷長民　為民之長；官長。❸國紀　治理國家的人。❹道　治理。❺承致酢　接受君主賜給的祭肉。酢，同「胙」。祭福肉。古時朝廷大祭之後，有功之臣，可以得到君主賞賜的祭肉。

【語　譯】「發現不堪任職的官員，便削為平民。選擇那些具有良好名聲的人作為官吏；能長久保持良好名聲的人，可以任用他治理國家。功業未成的人，不可以獨享名位；政事未治的人，不可以議及名位。功業成就以後，可以獨享名位，政事治理以後，可以議及名位；然後可以接受君主賞賜的祭肉。

「先其士者之為自犯，後其民者之為自贍❶。輕國位者國必敗，疏貴戚者謀必泄。毋仕異國之人，是為失經❷。毋數❸變易，是為敗成。大臣得罪，勿出封❹外，是為漏情。毋數據大臣之家而飲酒，是為使國大消❺。三堯在❻，臧於縣❼，返於連比❽，若是者，必從是櫐亡❾乎！辟之若尊譚❿，未勝其本⓫，亡流而下不平。令苟不下治，高下者不足以相待，此謂殺⓬。」

【章　旨】此章言治理政事，當先民後士，為固勝的根本。

【注　釋】❶贍　通「澹」。薄；削弱；減輕。郭沫若謂：「『贍』當讀為『黷』，《說文》云『大污也』。」錄供參考。❷失經　背離常法。尹知章注：「異國之人，所謂非我族類者也。今而仕之，其心異，此謂失國之經也。」❸數　屢次；頻繁。❹封　疆界；範圍。❺消　消損；減削。尹知章注：「飲酒於臣家，則威權移焉。物不兩盛，故臣強則國消也。」❻三堯在　假設之辭。意謂有三個聖明如堯帝者同時執政。❼縣　指天子所居之地。即王畿。❽連比　指經常親近者。即上文所謂「數據飲酒」的「大臣之家」。尹知章謂為「連比之臣」。❾櫐亡　漸趨敗亡。原文作「嚻亡」。尹知章注為：「國從是嚻敗而亡乎！嚻即鼻字也。」唐蘭云：「嚻、鼻兩字並字書所無者」，「『鼻』殆『櫐』之譌耳。」❿尊譚　即「罇罈」。酒器。張佩綸謂：「當作『尊觶』。」錄供參考。⓫未勝其本　謂罇罈底部不堅牢完善。張佩綸謂：「『未勝其本』當作『末勝其本』。」意謂罇罈上部大而底部小。錄供參考。本，根本；根底。⓬殺　衰敗；敗亡。

【語　譯】「治理政務，把士大夫放在首位，是自己干犯自己；把民眾放在後面，是自己削弱自己。輕視國君之位的君主，國政必然敗壞；疏忽貴戚的君主，機謀必然洩露。不要任命外國人士當官，這是背離常法。不要頻繁更改政令，這是毀壞成業。大臣有了罪，不要逐出境外，這會洩漏內情。不要經常盤據在大臣家裡飲酒歡宴，這會使國運大大消損。即使有三個聖明如堯帝的君主同時執政，倘若只是深藏於王宮，往返於親近的大臣之家，像這樣，國家必將從此漸趨敗亡！好比一個罇罈，底部若不堅牢完善，既流失酒漿，又不會平穩。政令如果不能向下通達，上下不足以相當，這叫做朝政衰敗。」

「事立而壞，何也？兵遠而不畏❶，何也？民已聚而散，何也？輟❷安而危，何也？」「功成而不信者，殆；兵強而無義者，殘；不謹於附近，而欲求遠者，兵不信；略近臣合於其遠者，立亡國之起❸，毀國之族❹，則兵遠而不畏。國小而修大，仁而不利❺，猶有爭名者，累哉是也。樂聚之❻力，以兼人之強，以待其害，雖聚必散。大王不恃❼眾而自恃，百姓自聚；供而後利之，成而無害。疏戚而好外，企以仁而謀泄，賤寡而好大，此所以危。」

【章旨】此章言國事危敗之因。

【注釋】❶畏 通「威」。威懾敵人。❷輟 中斷；停止。❸亡國之起 句殊費解。張佩綸謂為「亡國之紀」。意即喪失了國家的紀綱。❹族 宗族；公族。❺不利 無利；沒有功利。❻之 其。指自己。張文虎謂：「『之』字蓋『己』之譌。」錄供參考。❼恃 憑藉；依賴。

【語譯】「事業將成而中途夭折，為什麼？兵臨遠地而不能威懾敵方，為什麼？人民已經聚居而又逃散，為什麼？安定局面忽然中止，而又轉為危殆，為什麼？」「功業雖成，卻不守信用，是危險的；兵力強盛，卻不講正義，是殘暴的；不慎重親附近鄰，卻求征服遠國，軍隊不會有威信；疏忽近臣，而親近遠者，會很快地失掉國家紀綱，毀敗國家宗族，因而兵臨遠地，而不能震懾敵方。如果國家很小，偏行大國之政，施行仁政沒有功效，卻還有與別國爭名之心，這必然是自找麻煩。如果熱衷於搜刮自己的國力，用來求取超過他人的強大，便是等待災害。這樣，百姓雖然已經聚居，必然又會逃散。盛王不依賴搜刮民眾，而依靠立足自身，百姓自然歸附；施給而後有利治國，功成而後無人加害。疏遠親近之臣而結好外族，企圖施行仁政而機謀多所洩露，輕視小舉而好求大功，這些就是造成國事危敗的原因。」

「眾❶而約❷，實取而言讓，行陰而言陽，利人之有禍，言❸人之無患。吾欲獨有是❹，若何？」「是故之時❺陳財之道❻，可以行。今也利散而民察，必放之身❼，然後行。」公曰：「謂何？」「長喪❽以毀❾其時，重送葬以起身財❿。一親往，一親來，所以合⓫親也。此謂眾約。」問：「用之若何？」「巨瘞培⓬，所以使貧民也；美壟墓，所以使文明⓭也；巨棺槨，所以起木工也；多衣衾，所以起女工也。猶不盡，故有次浮⓮也，有差樊⓯，有瘞藏⓰。作此相食，然後民相利⓱，守戰之備合矣。」

【章　旨】此章言厚葬有裨於養民。

【注　釋】❶眾　眾多。引申為富有。❷約　節儉。引申為貧困。❸言　即「欣」。喜悅；欣幸。《禮記・玉藻》：「二爵而言言斯。」《集韻》：「言，亦作訢。」訢，即「欣」。❹有是　施行這套辦法。有，通「為」。施行。❺故之時　古代。故，從前；往古。❻陳財之道　放開財源的辦法。《廣韻》：「陳，張也。」張，放開。❼放之身　擴展到安葬方面。身，此指葬身、安葬。❽長喪　久喪。指延長辦理喪事的時間。❾毀　毀損；消磨。原文為「黜」。何如璋謂：「黜字，字書未收，疑乃『毀』之誤。謂設為三年之喪以毀其時也。」❿起身財　耗取安葬費用。丁士涵謂：「『身』疑『其』字誤，與上文對。」錄供參考。⓫合　投契；融洽。⓬巨瘞培　巨造墳坑墓室，實行厚葬，以裨貧民就業。瘞，埋葬。培，土坑。⓭文明　指從事雕畫的工匠。明，通「氓」。即「民」。⓮次浮　謂棺槨壟墓外的遊飾。見尹知章注。⓯差樊　壟外植木為樊，以示廣狹差別。⓰瘞藏　明器之類。⓱利　和協。《說文》：「利者，義之和也。」

【語　譯】「內懷富有而外示貧困，實求取得而言為禮讓，行為隱祕而言詞公開，利用有的人死喪的災禍，使有的人慶幸而能無憂患。我想獨行這樣的措施，應當怎麼辦呢？」「這是古代分散財源的辦法，那時可以施行。當今財利的分散，人們看得很清楚，必須擴展到安葬方面，然後才能行得通。」桓公問：「說的是什麼意思？」「延長喪事，以消磨時間，隆重葬禮，以增耗安葬費用。時而親往，時而親來，藉以促進相互之間的融洽親密。這是眾人的相約成俗。」又問：「具體運用當怎麼辦呢？」「挖大墳坑墓穴，藉以使用貧民勞力；美化墳墓建築，藉以使用雕工畫師技藝；構造大型棺槨，藉以多用木匠；增加葬用衣衾，藉以多用女工。這還不夠，另有墳墓以外各種規格的遊飾，各種等級的護墓樊籬，多種陪葬的明器。用這些辦法養民，然後使人們彼此同心協力，這樣，國家的守戰設施，也就包含其中了。」

「鄉殊俗，國異禮，則民不流❶矣。不同法，則民不困。鄉丘❷老不通，覩誅流散，則人不眺❸。安鄉樂宅饗祭，而謳吟、稱號者皆誅，所以留民俗也。斷方井田之數，乘馬甸❹之眾，制之；陵谿立鬼神而謹祭；皆以能別以為食數，示重本也。

【章　旨】此章言止民流散之法。

【注　釋】❶民不流　尹知章注：「流，移也。俗禮殊異，則人各得其所安，故不流移也。」流，流散；遷徙。❷丘　相當於十六井的地域。屋三為井，四井為邑，四邑為丘。❸眺　眺望；觀望。❹乘馬甸　指一甸的軍賦，需交納四匹馬。乘，四。甸，十六井為丘，四丘為甸。

【語　譯】「鄉野保持不同的習俗，都城保持不同的禮儀，人們就不會流動遷徙了。各地有各自不同的法規，人們便不會感到困惑。鄉丘之間人們老死不相交往，只見誅罰流散之民，人們便不會徘徊觀望。讓人們安居本土，樂棲庭院，饗祭先祖，而借題謳歌吟唱，稱舉召喚外逃之徒都被誅罰：這都是保留民俗的辦法。確定井田的畝積，軍賦的數量，並使之成為定制；在高山深澗，敬封鬼神，莊嚴祭祀；讓人們都憑能力等差，獲取相當的衣食來源：這些都是表示重視農業生產的措施。

「故地廣千里者，祿重而祭尊。其君無餘地與地若一❶者，從而艾❷之。君始者❸艾若一者，從乎殺❹。與於殺者❺，一若❻從者艾若一者❼，從於殺。與於殺者❽，一若❾從無封❿始王事者止⓫。王者上事⓬，霸者生功⓭，言重本是為⓮。十禺⓯分地而不爭，言先人而自後也。

【章　旨】此章言分地建國，宜上事先功，先人後己。

【注　釋】❶地若一　指土地尚未開墾，一片荒蕪。原文為「他若一」。郭沫若謂「他」為「地」字之誤，「『地若一』者，謂地未經墾闢，如原始者然」。❷艾　通「刈」。割伐。此指墾闢。❸始者　即「始諸」。開始於。者，通「諸」。下文「一若從者」，亦即「一若從諸」。❹殺　減少；衰退。❺與於殺者　指祿賞與祭祀規格被削減者。者，原文為「若」。從郭沫若說改。❻一若　一如；同樣。原文為「一者」。從郭沫若說改。❼艾若一者　郭沫若謂「艾」為衍字。❽與於殺者　原文為「與於殺若」。從郭沫若說改。❾一若　原文為「一者」。從郭沫若說改。❿無封　指庶人。意謂逐級削減，卿同於大夫，大夫同於士，士同於庶人。⓫始王事者止　意即至服王事者止。止，原文為「上」。李哲明謂：「『上』乃『止』之訛。」郭沫若謂：「『王事者上』乃衍文，即下文『王者上事』之誤倒而複者。」錄供參考。⓬上事　即「尚事」。重視政務。上，通「尚」。尊尚；重視。⓭生功　丁士涵謂為「上功」。郭沫若謂為「先功」。皆言以戰功為重。⓮重本是為　重視農事，贊成有所作為。⓯十禺　尹知章注：「謂十里之地。每里為一禺，故曰十禺。」郭沫若謂「十禺」為「甲寓」。意指寓兵於農。錄供參考。

【語　譯】「擁有千里領土的君主，臣下的俸祿重，而祭祀的規格高。沒有餘地，而僅有荒地的君主，只好進而開墾。剛開始開墾荒地的君主，給予臣下的俸祿和祭祀規格，自然隨著削減。被降低待遇的臣下，如同從事於墾荒的君主一樣，是跟著逐級下降。被逐級降低待遇的臣下，到最後一級，將如同剛開始接觸王事的庶民一樣。想成就王業的君主，重視政務，想成就霸業的君主，看重戰功，這說明都很重視農事，贊成有所作為。自己雖然只有十里土地，但分地建國時卻不爭，這是說，由於能先人而後己所致。

「官禮之司❶，昭穆❷之離❸，先後功器❹。事之治，尊鬼❺而守故。戰事之任❻，高功而下死。本事，食功❼而省利。勸臣❽，上義而不能與小利。五官❾者，人爭其職❿，然後君聞⓫。

【章　旨】此章言國事管理得法，可使君主聲名遠揚。

【注　釋】❶官禮之司　尹知章注：「言國官禮各有私。」依此，司，當作「私」。偏愛；側重。❷昭穆　指宗廟、墓地先祖秩次的排列。始祖居中，第二、四、六世居左稱昭，第三、五、七世居右稱穆。此處借指宗族戚屬。❸離　區別。尹知章注：「離，謂次位之別也。」❹先後功器　即以功器為先後。器，器識；才能。❺尊鬼　尊敬鬼神，重視祭祀。祭祀天地山川宗祖，是重視農事的表現。❻任　擔任；管理。❼食功　即「飼功」。酬賞有功者。食，通「飼」。給人俸食。❽勸臣　勸勉激勵臣下。❾五官　即「五管」。指上述五個方面的管理。官，通「管」。管理。❿職　盡職。⓫聞　名聲；聲譽。

【語　譯】「朝廷官吏禮秩的側重，宗族戚屬位次的區分，要以功績、才能作為排定先後的標準。政事的管理，要重視祭祀而堅守常法。戰事的管理，要崇尚立功而輕視白白送死。對於農事，要酬賞實功，省察實利。激勵臣下，要重視大義而不能施予小利。這五方面的管理，可使人人爭盡其職，然後君主的聲譽，可以遠揚四方。

「祭之❶，時❷上賢❸者也。故君臣掌❹。君臣掌，則上下均❺，此以知上賢無益也，其亡茲適❻。上賢者亡，而役賢❼者昌。上義以禁暴，尊祖以敬祖，聚宗以朝殺❽，示不輕為主也。」

【章　旨】此章言君主，當善於用賢，掌管要務，不宜包辦政務。

【注　釋】❶祭之　此言君主尚至察。《尚書大傳》：「祭之言察也。察者，至也，言人事至於神也。」❷時　通「是」。❸上賢　此指君主自以為賢明。下句中「上賢」，同此義。❹君臣掌　謂君與臣共同管理具體事務。掌，掌管。❺上下均　言君臣地位均等，似無主從與分工。均，均等；均一。❻適　歸向；趨往。❼役賢　使用賢臣。❽朝殺　即「明殺」。精於安排宗族戚屬的秩次。章炳麟謂：「『朝』當借為『昭』。《左氏春秋》昭十五年經『蔡朝吳出奔鄭』，《公羊》作『昭吳』，是『朝』『昭』通之證。」

【語　譯】「君主至察具體事務，這是自以為賢明的表現。這會導致君臣共同管理事務。君臣共管事務，便會出現君臣地位均等的狀況，由此而知君主自信賢明，無益於國事，而且敗亡也會因此而來。自信賢明則敗亡，而善用賢臣則昌盛。崇尚正義而禁止暴行，尊重先祖而敬祀先祖，凝聚宗族而分明等次，這樣才可表明不輕為一國之主。」

載祭❶明置，高子聞之，以告中寢諸子❷。中寢諸子告「寡人舍朝❸不鼎饋」。中寢諸子告宮中女子曰：「公將有行，故不送公？」公言：「無行。女安聞之？」曰：「聞之中寢諸子。」索中寢諸子而問之：「寡人無行，女安聞之？」「吾聞之先人，諸侯舍於朝、不鼎饋者，非有外事，必有內憂。」公曰：「吾不欲與汝及若❹，女言至焉，不得毋與女及若言。吾欲致諸侯，諸侯不至若何哉？」「女子不辯❺於致諸侯，自吾不為污殺❻之事人，布織不可得而衣。故雖有聖人，惡用之？」

【章　旨】此章言致諸侯之道。

【注　釋】❶載祭　行祭。載，通「事」。從事；進行。❷中寢諸子　內宮官名。〈戒〉作「中婦諸子」。❸舍朝　外舍朝中。〈戒〉作「外舍」。❹及若　說及此事。若，此。❺辯　通「辨」。明辨；區分。❻污殺　孫詒讓調校之〈戒〉，「疑即『持接』之誤」。（此章與上下文義不甚相屬，且與前〈戒〉「桓公外舍，而不鼎饋」章內容大體相似，故治《管》學者，多謂此為錯簡。為求體例一致，姑妄語譯於後）

【語　譯】桓公主祭剛公開準備行裝，大夫高子知道了，告訴中寢諸子說「君主在外面歇宿，不列鼎進食」。

中寢諸子告訴宮中女子道：「桓公將有外事，為什麼不準備給桓公送行？」桓公說：「我沒有外事。你們從哪裡聽到的這個消息？」宮女回答說：「從中寢諸子那裡聽到的。」桓公召來中寢諸子問道：「我沒有外事。你是哪裡聽到的呢？」「我聽前人講過，諸侯在外面歇宿，又不列鼎進食的，要是沒有外事，就是必有內憂。」桓公說：「我本來不想跟你談及此事，但你既然談到了這點，我便不得不跟你說明。我想召會各國諸侯，而諸侯不到，怎麼辦呢？」「我們女子對於召會諸侯的事，不能明辨，但我們若不作服侍人的事，便不能得到布帛絲織作衣服穿。以此推論，倘不予以實惠，即使是聖人，又怎能役使諸侯？」

「能摩❶故道新道，定國家，然後化時乎？」「國❷貧而鄙❸富，莫美於朝❹；國富而鄙貧，莫善如市❺。市也者，勸也。勸者，所以起。本善而末事起。不侈，本事不得立。」

【章　旨】此章言農業與工商末業的發展，可以互相促進。

【注　釋】❶摩　揣摩；琢磨。❷國　指都城。❸鄙　指鄉村。❹莫美於朝　對於朝廷，沒有更美的事了。意謂都市貧而鄉村富，則國家稅源豐富。原文為「苴美於朝市國」。何如璋謂：「『苴』當作『莫』，與下對。『市國』二字衍。」❺莫善如市　對於市場，沒有更有利的事了。意謂都市富而鄉村貧，可導致市場活躍。即鄉村需要以物換錢，城市需要增加消費。善，原文為「盡」。何如璋謂：「『盡』乃『善』之譌。」如，義同「於」。

【語　譯】「能夠琢磨舊辦法與新辦法，使國家安定，然後改變時勢嗎？」「都市貧而鄉村富，對於朝廷收入，沒有更美的事了；都市富而鄉村貧，對於活躍市場，沒有更有利的事了。市場，是一種激勵因素。激勵，是用來振興生產的辦法。農業管理得好，工商末業，便可興盛。但如果工商業不發達，農業生產的基礎，也便不能鞏固。」

「選賢舉能不可得，惡得伐不服❶？用百夫無長，不可臨❷也；千乘有道，不可修❸也。夫紂在上，惡得伐不服❹？鈞❺則戰，守❻則攻。百蓋❼無築，千聚❽無社，謂之陋❾，一舉而取。天下有一事之時❿也。萬諸侯鈞，萬民無聽，上位不能為功更制，其能王乎？」

【章旨】此章言欲成王業者，必須善於選賢舉能，因時建功改制。

【注釋】❶不服　指不願歸附的國家。❷臨　面對；對待。❸修　治理；處治。❹惡得伐不服　原文為「惡得伐不得」。張佩綸謂「當作『惡得伐不服』」。❺鈞　通「均」。指勢均力敵。下文中「鈞」字，義同此。❻守　此指處於守勢之敵。❼蓋　原指編茅蓋屋，此處代指屋舍。❽聚　村落；村莊。❾陋　粗劣；破敗。❿一事之時　意指偶然成事的時機。一，偶或；偶然。

【語譯】「選賢舉能的願望不能實現，怎麼能征伐不願歸附的國家呢？因為即使僅百人之眾，如果沒有首領，也不可輕易對付；如果千乘之國，治理有方，更不可輕易處治。像商紂那樣的君王執政，怎能征伐不順服的國家？雙方處於實力相當則戰，一方退居守勢則攻。上百的房舍沒有建造完成，上千的村莊沒有土地神，這叫做破敗景象，這樣的國家，一舉便可以攻取。天下是有偶然成事的時機的。萬國諸侯紛爭力敵，萬民無可聽從，在這種時候，如果君主不能建立功績，變更法制，還能成就王業嗎？」

「緣故修法❶，以政治道❷，則鈞殺於吾君❸，故取夷吾謂替❹。」公曰：「何若？」對曰：「以同。其日久臨❺，可立而待。鬼神不明❻，囊橐之食❼無報❽，明厚德也。沈浮❾，示輕財也❿。先立象而定期，則民從之。故為禱朝⓫縷綿⓬，明輕財而重名。」公曰：「同臨⓭？」「所謂同者，其以先後智渝⓮者也。鈞同則爭⓯，倍則說⓰，十則從服，萬則化。成功而不能識⓱，而民期⓲然後成形⓳，而更名則臨矣。」

【章旨】此章言同化之道。

【注釋】❶修法　承上文「更制」而言。此指修制新法。❷以政治道　謂匡正治國之道。政，通「正」。❸鈞殺於吾君　指各國諸侯均弱於桓公。鈞，通「均」。原文為「約殺子吾君」。張佩綸謂：「『約』當作『鈞』，『子』當作『于』。」❹替　取代。❺臨　指自上而下的觀察管理。❻鬼神不明　指鬼神之道幽微。郭沫若謂自此「以下至『明輕財而重名』四十二字乃錯簡，當在上文『聚宗以朝殺，示不輕為主也。載祭明置』之下」。錄供參考。❼囊橐之食　指祭品。❽無報　不求報答。❾沈浮　指祭水儀式。《爾雅．釋天》：「祭川曰浮沈。」❿示輕財也　祭禮以牲或玉之類沈於河，故謂「示輕財也」。⓫禱朝　祈禱之日；祭祀之日。⓬縷綿　指賞賜之物。⓭同臨　意指同化與統轄。⓮以先後智渝　言因先覺與後覺之間，才智差異相導引。渝，《集韻》：「音裕，義同。」⓯鈞同則爭　才智等同者必爭。鈞同，即均同、等同。原文為「鈞同財爭」。郭嵩燾謂：「『財』字當為『則』字之譌，言勢力均則有爭勝之心。」⓰倍則說　才智超越一倍則對方心悅誠服。倍，原文為「依」。何如璋謂：「『依』當作『倍』，觀下有『十』字『萬』字可證。」⓱成功而不能識　謂成功於對方不知不覺之中，意指「同化」過程有潛移默化的功效。識，識察。⓲民期　民心嚮往。⓳成形　此指成就王業的形勢。

【語譯】「參照舊規，修制新法，匡正治國之道，諸侯各國，便都會弱於您的國力。這就是採取我管夷吾所說的『取代』政策。」桓公問：「應當如何作呢？」管仲回答說：「使用同化政策。時日持久，堅持觀察治理，而後可以立見成效。鬼神之道幽微，獻上囊橐之食等祭品，不求報償，用以表明重視德行。舉行祭川儀式，表明輕視財物。先立法象，確立標準，民眾便會遵循。因而應當確定祭祀及賞賜制度，表明輕視財物，器重聲名。」桓公又問：「怎樣能同化及治理？」回答說：「所謂同化，這要以先覺與後覺之間的才智差異相導引。雙方才智等同，必然爭鬥；相差一倍，對方便會悅服；相差十倍，對方便會順從；倘若相差萬倍，對方便會被同化。成功於對方不知不覺之中，民心歸向，然後能成就王業，而後正名，便可以君臨治理了。」

「請問為邊❶若何？」對曰：「夫邊日變，不可以常知❷觀也。民未始變而是變，是為自亂。請問諸邊而參❸其亂，任之以事，因其謀。方百里之地，樹表❹相望者，丈夫走禍，婦人備食，內外相備。春秋一日，敗❺曰千金，稱❻本而動。候人❼不可重❽也，唯交於上、能必於邊之辭❾。行人可不❿有私？不。有私所以為內因⓫也。使能者有主⓬矣，而內事⓭。」

【章　旨】此章言治邊之道。

【注　釋】❶為邊　治邊；守禦邊境。❷常知　常智；一般見識。❸參　參驗；驗證。❹表　此指報警的標誌。❺敗　損耗。尹知章注：「春秋種穫，尤為農要。此二時而有戰，但經一日，敗費千金。」❻稱　稱量；權衡。❼候人　即斥候。偵察人員。❽重　即「動」。指擅離崗位。郭沫若謂：「『重』亦『動』字，古金文以『童』或『重』為『動』。」❾必於邊之辭　專心於邊事是治；專心治理邊事。必，專。辭，同「嗣」。即「治」字。❿不　同「否」。下文「不」字，同此例。⓫內因　內部憑藉。即內應。⓬有主　為主掌管邊事。有，通「為」。⓭內事　此指國內事務。

【語　譯】「請問應當怎樣守禦邊境？」回答說：「邊境事態常變，不可憑常人見識觀察。邊民沒有變亂而認為是變亂，這是庸人自擾。應當請教邊民，弄清變亂原因，任用邊民擔負職事，依靠他們進行謀劃。每方百里範圍，建樹警報標誌以相瞭望，以利男子準備奔跑救患，婦女供應飯食，內外都有戒備。春秋農事最急，戰爭一日，等於耗損千金，所以應當權衡農業情況而動干戈。偵察人員不可擅離職守，應當隨時向上通報敵情，能專心治理邊事。外事人員，可否帶有私心呢？不可。有私心，就可能成為內應。應當使用賢能的人為主掌管邊事，並且作好內部事務。」

「萬世之國，必有萬世之寶❶。必因天地之道，無使其內，使其外，使其小，毋使其大，棄其國寶。使其大，貴❷一與❸而聖❹，稱其寶❺；使其小，可以為道❻。能則專❼，專則佚❽。椽❾能踰，則椽於踰❿。能宮⓫，則不守而不散。眾能，伯⓬；不然，將見對⓭。」

【章　旨】此章言用官使能之道。

【注　釋】❶寶　指傳國之寶。原文為「實」。古本作「寶」。此依古本。❷貴　尊重；珍視。❸一與　給予全部責權。❹聖　成就聖賢功業。❺稱其寶　意謂被稱頌為治國寶器。❻道　通「導」。先導。❼專　指於事必能專攻。❽佚　佚樂。❾椽　本指安裝在梁上支架屋面和瓦片的木條，此處借指極高處。❿椽於踰　疑為「踰於椽」，意謂使之盡其所能，跨越椽條。⓫宮　此指作屏障。⓬伯　管轄一方的長官。⓭見對　給予對抗；造成對抗。

【語　譯】「傳承萬代的國家，必有傳承萬代的法寶。這法寶，就是堅持遵循自然規律，不妄意委臣從事內政，從事外務，或只許擔負小職，而不讓擔負大任，以致拋棄治國寶器。因材委以重任，給予尊重，給予責權，使立聖人功業，而成為治國寶器；因材委以小職，也可以使其成為民眾的先導。因能授職，於事必能專攻；於事有專，辦事必能佚樂。屋椽能夠跨越，就當讓其跨越屋椽。善於作為屏障，即使不親臨掌管，兵眾也不會散亂。民眾認為賢能，就當委任為管轄一方的長官；倘不如此，便可能造成對立。」

「君子❶者，勉於糺人❷者也，非見糺者也。故輕者輕，重者重，前後不慈❸。凡輕者操實❹也，以輕則可使，重不可起❺，輕重有齊❻。重以為國❼，輕以為死❽。毋全❾祿，貧國而用不足；毋全賞，好德惡亡❿使常。」

【章　旨】此章言君主使用祿賞，宜掌握輕重尺度，切忌全祿全賞。

【注　釋】❶君子　此指執政者。《尚書·無逸》「君子，所無逸」中「君子」，即此義。❷糺人　即匡正臣民。❸慈　吳志忠謂：「當作『愆』，『愆』古字作『僁』，與『慈』字形近致誤。」愆，過失；錯亂。譯文依此。❹實　此指祿賞。❺重不可起　原句為「重不可起輕」。古本等無「輕」字。此依古本。起，發動；調動。❻齊　通「劑」。分割；分別。❼為國　治國；主執國柄。❽為死　指願意效死君主。❾全　完備。此指過重、過廣。下文「全」字同此義。❿亡　通「無」。

【語　譯】「作為執政者，應當是勤於匡正臣民的人，而不是被臣民匡正的人。輕者當輕，重者當重，前後位置不能錯亂。輕，講的是掌握祿賞尺度。施用較輕，便可以駕馭臣民，若是過重，則反而不利調動臣民。孰輕孰重，要區別對待。重則可以主執國柄，輕則可以效死君主。不能施用過重的俸祿，它將造成國家貧窮，財用不足；不能施用過廣的賞賜，它會使臣民認為君主好施德澤，而埋怨君主不能使自己常有所得。」

「請問先❶合於天下而無私怨，犯強而無私害，為之若何？」對曰：「國雖強，令❷必忠以義；國雖弱，令必敬以哀❸。強弱不犯，則人欲聽矣。先人而自後，而無以為仁也，加❹功於人而勿得❺，所橐❻者遠矣，所爭者外❼矣。明無私交，則無內怨。與大❽則勝，私交眾則怨殺❾。夷吾也，如以予人財者，不如無奪時；如以予人食者，不如毋奪其事。此謂無內外之患。」

【章旨】此章言邦交之事。

【注釋】❶先　率先；倡導。❷令　辭令。❸哀　憐愛。❹加　施加；加以。❺勿得　即「勿德」。不居德；不以德自居。❻橐　囊橐。喻指包容、包藏。❼外　廣遠。《說文》：「外，遠也。」❽與大　交與廣泛。❾怨殺　因怨多而衰敗。

【語譯】「請問率先聯合天下，而不致結下私怨，抗禦強暴，而不致帶來私害，想作到這樣，應當怎樣辦呢？」回答說：「對方雖是強暴之國，自己的辭令，也必須忠誠而正義；對方雖是衰弱之國，自己的辭令，也必須敬重而愛憐。強弱都不冒犯，人家就會信服了。先人後己，而不以仁自居，施功於人，而不以德自居，所容納的境界，就會很廣闊，所爭取的範圍，就會很遠大。彰明自己沒有私交，人家便不會心懷疾怨，交與廣泛便能勝利，私交眾多，便會因疾怨甚多而導致衰敗。在我管仲看來，如果施予錢財，不如不奪農時；如果施予糧食，不如不誤農事。這些都可稱為消除內外憂患的措施。」

「事故❶也，君臣之際❷也；禮義❸者，人君之神❹也。且君臣之屬，義❺也；親戚❻之愛，性也。使君親之察❼同索❽，屬故也。使人君不安者，屬際也，不可不謹也。賢不可威，能不可留❾，杜事於前，易也。水鼎❿之汩⓫也，人聚之；壤地之美也，人死之。若江湖之大也，求珠貝者，不令⓬也。逐神而遠熱⓭，交觶⓮者不處⓯，兄⓰遺利夫？事左⓱，中國⓲之人，觀危國過君，而弋⓳其能者，豈不幾於危社主⓴哉？

【章　旨】此章言君主，當尊賢使能，慎於國事。

【注　釋】❶事故　指國事掌故。郭沫若謂：「『事故』二字當是『忠敬』之訛。」錄供參考。❷際　交會接合處。❸禮義　即「禮儀」。❹神　神物；精神支柱。❺義　道義；道德與義理。❻親戚　此指父母。❼察　借為「際」。❽索　絞合；聯結。❾留　淹滯；埋沒。❿水鼎　水流盛大處。此指江河。⓫汨　疏通；通暢。⓬不令　不需下達命令。意即：「天下熙熙，皆為利來；天下攘攘，皆為利往。」洪頤煊謂：「『令』當作『舍』。」錄供參考。⓭遠熱　即遠爇。謂逐神時，燃火炬以傳遠。《釋名》：「熱，爇也，如火所燒爇。」⓮交觶　指歡飲。觶，酒器。《說文・角部》：「觶，鄉飲酒角也。」⓯處　停止。⓰兄　同「況」。何況。⓱事左　此指行事不順民心。左，不順。⓲中國　國中；舉國。⓳弋　射。引申為追求、顯示。⓴危社主　危害社稷。社主，指社稷之神。

【語　譯】「國事掌故，是君臣之間的交會接合處；典章制度，是君主的精神支柱。君臣的聯繫，靠的是道義；父母的愛撫，則是出於天性。要使君臣的關係和父子的關係，同樣聯結牢固，只能靠成章舊例。使君主不安的原因，正就是君臣之間，只能靠道義相聯結，這是不可不慎重對待的。賢者不可威脅，能者不可埋沒，把這類事情杜絕在發生之前，還是容易的。江河暢通地帶，人們樂於聚居；土地肥美區域，人們願意老死相守。這好比大江大湖，尋求珠貝的人，不需下令自然都會到來。逐神時燃放火炬，歡飲者也會停杯往逐，求取福佑，何況尋求遺利的人們呢？君主行事，若不順民心，舉國之民，盡觀四夷君主展現他們的能力，豈不近於危害國家嗎？

「利不可法❶，故民流❷；神不可法，故事之。天地不可留，故動化，故從新。是故得天者，高而不崩，得人者，卑而不可勝。是故聖人重之，人君重之。故至貞❸生至信，至言❹往，至絞❺生。至自有道，不務以文勝情，不務以多勝少，不動則望有廧❻，旬身行❼。」

【章　旨】此章言君主，當重視財利、鬼神，以得人為治。

【注　釋】❶法　郭沫若謂：「金文以『法』為『廢』字。」下文「法」字同此。❷流　流通。❸至貞　最純正。貞，通「正」。正直；純正。❹至言　深切中肯的言語。❺至絞　深厚的交誼。絞，交結。❻不動則望有廧　尹知章注：「君子儼然不動，則望者如牆焉。」❼旬身行　意謂君子立身行事，宜均平正直。旬，均平；周密。

【語　譯】「財利不可廢置，因而人們從事流通；神祇不可拋棄，因而人們虔誠供奉。天地間的新陳代謝，不可停滯，因而經常運動變化，日夜求新。所以，得天道者，位高而不崩塌，得民心者，處低也不可戰勝。是以聖人重視這個道理，君主也重視這個道理。最純真的舉動，將產生最大的信任；深切中肯的言語傳出，深厚的交誼就會到來。這類最高境界的形成，自有其中的道理，不必藉文飾掩蓋真情，不須用量多壓過量少，君子莊嚴不為外物所動，均平正直地立身行事就是了。

法制度量，王者典器也。執故義❶道，畏變也。天地若夫神之動，化變者也，天地之極❷也。能與化起而王❸，用則不可以道❹山❺也。仁者善用，智者善用，非其人則與神往❻矣。

【章　旨】此章言法制度量，當隨時勢發展而變化。

【注　釋】❶故義　陳舊的法度。故，陳舊；過時。義，通「儀」。法度。❷極　最高處。此指最大的特徵。❸王　王有天下。❹道　指常道、常理。❺山　宣發；說明。《說文》：「山，宣也。」❻神往　一心嚮往。

【語　譯】法制規章，是帝王治國的準則和工具。固守陳舊的法度和道德，便是畏懼變革。宇宙好比有神靈在推動，不停地變化，就是它的最大特徵。能夠順應變化，跟隨振起，便能王有天下；其所運用，簡直不可用常道形容。仁者善於運用，智者也善於運用。不是仁者智者，則只能跟隨常人心生嚮往而已。

「衣食之於人也，不可以一日違❶也，親戚可以時大❷也。是故聖人萬民艱處而立焉。人死則易云❸，生則難合也。故一為賞，再為常，三為固然。其小❹行之則俗❺，久之則禮義❻。故無使下當。上必行之，然後移❼。

【章　旨】此章言獎賞，不但必行，而且宜善於因時改移。

【注　釋】❶違　離開。❷大　即「同」。聚合；團聚。《莊子・天地篇》：「不同，同之之謂大。」❸死則亦云　俞樾謂：「古人族葬，故有『死則易云』之說。」云，親近；友善。次下章「多賢可云」、「則士云矣」諸句中「云」字，均同此義。❹小　指短時間。與「久」為對文。❺俗　認為是俗氣、不大方。❻禮義　即「禮儀」。制度。❼移　改移；轉變。

【語　譯】「衣食對於人們，不可以一日相離，父母兄弟，則可以依時團聚。因此聖人教育百姓節衣縮食，艱苦自立。但人死則易於親善，活著則難於投契。初次行賞，人們看作是『賞賜』；再次行賞，便看作是常規；三次行賞，便看作是本當如此了。若是短時間的行賞，人們便會認為是俗氣；時間長了，又會認為是禮法制度。所以，不要使臣民視行賞為當然。君主應以堅持行賞為前提，然後因時加以改變。

「商人於國，非用人❶也。不擇鄉而處，不擇君而使❷，出則從利，入則不守。國之山林也，則❸而利之。市廛❹之所及❺，上❻依其本❼。故上侈而下靡，而君、臣、相上下相親，則君臣之財不私藏❽，然則貧動肢❾而得食矣。徙邑❿移市⓫，亦為數⓬一。」

【章旨】此章言發展商業，擴大消費的益處。

【注釋】❶用人　此即「庸人」。指無作為者。❷使　治事；事奉。❸則　即；立刻。❹市廛　代指集市。市場人眾塵囂，故有此說。《左傳・昭公三年》：「景公欲更晏子之宅，曰：『子之宅近市，湫隘囂塵，不可以居。』」孫星衍謂：「『塵』當作『廛』。」錄供參考。❺所及　指市場稅收所得。❻上　君主。原文為「二」。李哲明謂：「古『上』字作『二』，因訛為『二』矣。」❼本　此指加強農業。❽私藏　指收進私家府庫。❾貧動肢　貧民從事勞作。原文為「貪動枳」。張佩綸謂「貪」當作「貧」，「枳」當作「肞」，即肢。❿徙邑　指增加城市。⓫移市　即「侈市」。擴大市場。移，通「侈」。《禮記・表記》：「衣服以移之。」鄭玄注：「移，猶廣大也。」⓬數　方法。

【語譯】「商人對於國家，並非無所作為之輩。他們居處不選擇鄉土，事奉不選擇君主，出售貨物，是為了謀利，買進貨物，從不保守。國家的山林資源，通過他們，立刻可以營利。市場的稅收，君主可以依靠它加強農業。朝廷上下擴大消費，君、臣、相交往相親，君臣的錢財，便不會收藏不用，這樣一來，貧民便會有事做、有飯吃了。增加城邑，擴大市場，也是解決就業問題的辦法之一。」

問曰：「多賢可云❶？」對曰：「魚鼈之不食餌❷者，不出其淵；樹木之勝霜雪者，不聽於天；士能自治者，不從聖人。豈云哉？夷吾之聞之也，不欲，強能❸不服，智而不牧❹。若旬❺虛期於月，津若❻出於一明，然則可以虛❼矣。故阨❽其道而薄其所予，則士云矣。不擇人而予之，謂之好人❾；不擇人而取之，謂之好利。審此兩者，以為處行，則云矣。」

【章　旨】此章言親賢之法。

【注　釋】❶可云　即「何云」。如何親近。可，「何」省。❷餌　釣餌。原文為「咡」。孫星衍謂當作「餌」。❸能　猶「而」。❹牧　治理。此指駕馭。❺旬　盈；滿。《漢書・翟方進傳》：「旬歲間，免兩司隸。」注：「師古曰：『旬，滿也。旬歲，猶言滿歲也。』」❻津若　津然；明潤貌。❼虛　通「舒」。遲緩。此指從容不迫。❽阨　同「厄」。困窮。❾好人　此指濫施仁義。《釋名》：「人，仁也。」

【語　譯】桓公問道：「眾賢如何親近呢？」管仲回答說：「不貪吃釣餌的魚鱉，不會脫離深潭；禁得住霜凌雪壓的樹木，不會聽信天時；能夠自作安排的賢士，不會服從君主。還可親近嗎？我管仲聽說的是，無所需求的人，強力不能壓服，智巧不能駕馭。若是盈虧之期限，定在一月之中，整個天空的光亮，只顯現於一輪明月，便可以從容而待了。所以，控制其發展道路，較輕地給予俸祿，賢士便會親近了。不選擇對象，而施予祿賞，叫做濫施仁德；不選擇對象，而加以斂取，叫做濫取財利。明白這兩條，並作為辦事原則，便可以使賢士親近了。」

「不方❶之政，不可以為國；曲靜❷之言，不可以為道。節時於政，與時往❸

矣。不動❹以為道，齊❺以為行，避世之道，不可以進取。」

【章旨】此章言所施政教，當順時變化。若靜止不動，任其自然，則難於進取。

【注釋】❶方 端正；正確。❷曲靜 曲意巧飾。《書・堯典》：「靜言庸違。」孔安國傳：「靜，謀也。」此有巧飾之意。❸與時往 指順應時勢發展。尹知章注：「凡為節度，當合於時，所施政教，與時俱往。」❹不動 意即無為。❺齊 齊一；任其自然。即田駢、慎到「齊萬物」，莊周「齊死生」之類。

【語譯】「不正確的施政措施，不可以治理國政；曲意巧飾的言論，不可以作為理論原則。掌握時代特點，施於政教，便可以順應時代發展了。把靜止不動作為施政原則，把任其自然作為行事準繩，這種消極避世之道，是不可以進取的。」

「陽者❶進謀，幾者❷應感，再殺❸則齊❹。然後運可請❺也？」對曰：「夫運謀者，天地之虛滿也，合離也，春秋冬夏之勝❻也。然有❼知強弱之所尤❽，然後應❾諸侯取交❿，故知安危國之所存。以時事⓫天，以天事神，以神事鬼，故國無罪，而君壽，而民不殺⓬，智運謀而離橐刃⓭焉。其滿為感，其虛為亡，滿虛之合，有時而為實，時而為動⓮。陰陽時貸⓯，其冬厚⓰則夏熱，其陽厚則陰寒。是故王者謹於日至⓱，故知虛滿之所在，以為政令。已殺生⓲，其合而未散，可以決事。將合，可以禺其隨行⓳以為兵，分⓴其多少以為曲政㉑。」

【章 旨】此章言善為政者，因時而動，進取咸協機宜。

【注 釋】❶陽者 指顯明的事物。尹知章注：「顯明其事者，欲進而為謀。」❷幾者 指隱微的事物。❸殺 制勝。《爾雅·釋詁》：「殺，克也。」❹齊 通「濟」。成功。❺可請 即「何情」。何種情形。請，通「情」。❻勝 舉。此指交替。❼有 通「又」。❽尤 特異。尹知章注：「尤，殊絕也。」❾應 應付；應對。❿取交 即「趨交」。交往。取，通「趣」。趨；趨向。⓫事 事奉。此指祭祀。⓬民不殺 指人口不減少。殺，衰減。⓭離櫜刃 遠離戰禍。櫜，箭袋。尹知章注：「櫜，韜也。」原文為「雜櫜刃」。趙用賢謂：「『雜』一作『離』。」⓮其滿為感五句 郭沫若謂：「『感』讀為『減』，『亡』讀為『萌』」。滿者損之始，虛者生之基。方生方死，方死方生，盈虛相合，因是而為實有，因是而為進化。」感，通「減」。減損。亡，通「萌」。萌發；生長。⓯陰陽時貸 原句為「地陽時貸」。丁士涵謂：「當作『陰陽時貸』。」時貸，經常交替。貸，通「代」。更替。⓰厚 過度。尹知章注：「厚，謂過於寒熱。」⓱日至 指冬至日與夏至日。⓲殺生 指稱秋季。⓳禺其隨行 指配合時勢的發展趨向。禺，通「偶」。配合。隨行，足趾行蹤。喻發展動向。⓴分 分辨；考慮。㉑曲政 曲制政令。

【語 譯】「對於明顯的事物，施以謀劃；對於隱微的事物，應時感驗；經過一再制勝而成功。然後進而運用謀略，是何種情形呢？」回答說：「運用謀略，要掌握天地的虛滿，陰陽的合散及春秋冬夏的交替。又要懂得各國強弱狀況的差異，然後應付與諸侯的交往。這樣就會懂得國家安危的關鍵所在。依據時令祭祀上天，依據祭天的時節祭祀神靈，依據祭神的時節祭祀鬼魂，這樣便會國無災禍，君主長壽，人口不致減少；再加上聰明地運用智謀，就可以遠離刃兵之苦了。滿將轉化為衰減，虛將轉化為新生。滿虛的結合過程，有時成為事物的實體，有時表現為運動狀態。陰陽經常在交替運動，冬天太冷，則必夏熱，陽氣過重，則必陰寒。因此，欲成就王業的君主，很注意冬至和夏至，藉以預測虛滿狀況，據此制定政策法令。到了深秋，陰陽凝結而不散，便可決行獄訟。二氣初合時節，可以配合時勢的發展趨向，而謀動干戈，弄清人力多少，而編制部伍，發布政令。」

「請問形有時而變❶乎？」對曰：「陰陽之分❷定，則甘苦之草生❸也。從其宜，則酸鹹和焉，而形色定焉，以為聲樂❹。夫陰陽進退，滿虛亡時❺，其散合可以視歲❻。唯聖人不為歲❼，能知滿虛，奪餘滿，補不足，以通政事，以贍民常。地之變氣❽，應其所出❾；水之變氣，應之以精❿，受之以豫⓫；天之變氣，應之以正⓬。且夫天地之精氣有五⓭，不必為沮⓮，其亟⓯而反。其重陔動毀之進退⓰，即此數之難得⓱者也，此形之時變也。」

【章　旨】此章言事物偶然性的災變。

【注　釋】❶有時而變　指有因天時造成的偶然性災變。❷分　分量。❸甘苦之草生　比喻陰陽二氣的配合狀況，對自然界有直接影響。尹知章注：「陰陽之分定於吉，則有甘草生，薺是也；定於凶，則苦草生，葶藶是也。」❹從其宜四句　意謂天地間一切生物，其味其色，其聲其質，莫不秉受陰陽五行之氣，以定其甘苦酸鹹與形色聲音之別。若順應四時之宜，則能和酸鹹，定形色，成和聲而使人悅樂。宜，指四時之宜。聲樂，指和聲使人悅樂。❺亡時　即「無時」。沒有定時。❻視歲　察知年成。尹知章注：「可視知歲之豐荒也。」❼不為歲　不狃於數；不為歲（年成）所囿。❽地之變氣　尹知章注：「謂地見災變之氣。」變氣，指顯出災變氣象。❾應其所出　尹知章注：「應其所出之處，設法以禳之。」即用祈禱辦法解決問題。❿精　精誠。尹知章注：「當應之以精誠。」⓫受之以豫　尹知章注：「當受之者，須預有所防備之也。」豫，通「預」。事先有所準備。⓬天之變氣二句　尹知章注：「天見災變之氣，唯守正以應之也。」正，正道。⓭五　五行。即金、木、水、火、土。⓮不必為沮　意謂五行之氣，如果運行無規律，便會造成事物沮敗。⓯亟　通「極」。頂點；盡頭。⓰重陔動毀之進退　石一參注：「重陔，謂氣之通閡；動毀，謂形之起滅；進退，謂勢之消息。」重陔，即「動閡」。暢通與阻閡。重，通「動」。陔，通「閡」。之，猶「與」。和。⓱難得　意謂難得而知。

【語　譯】「請問事物有因天時而造成的災變嗎？」回答說：「由於陰陽二氣配合的不同分量所決定，草也會長出甘苦之別來。順應四時變化，便能酸鹹調和，形色穩定，形成和聲而使人悅樂。但陰陽二氣，或長或消，盈虛無時，從其離合狀況，也可以察看年成的豐歉。只有聖人，不為年成的豐歉所局限，善於掌握豐足與缺欠，取富餘，補不足，使政事通暢，民用充足。地上顯現災變氣象，要隨即從其所出之處，祈禱解決；水中顯現災變氣象，要用精誠態度對待，並需事先有所準備；天空顯現災變氣象，要用堅守正道的辦法來對待。天地之間的精氣有五種，如果運行無規律，便會造成事物的沮敗；發展到盡頭，又會周流如環。至於氣之通閡，形之起滅及勢之消長，凡此種種，都是災敗氣數中所難得而知的。這樣，事物就將出現因天時造成的災變了。」

「沮平氣之陽❶，若如辭靜❷？餘氣❸之潛然而動，愛氣❹之潛然而哀，胡得而治❺動？」對曰：「得❻之衰時，位❼而觀之，佁美❽然後有煇❾。修之心，其殺❿以相待，故有滿虛、哀樂⓫之氣也。故書之帝八⓬，神農不與存⓭，為其無位，不能相用。」

【章　旨】此章言當用五德相勝相生之說，來對待危局。

【注　釋】❶沮平氣之陽　謂有邪惡勢力妨害平正之氣的發揮。沮，敗壞；妨害。陽，通「揚」。發揚；發揮。❷若如辭靜　意謂當如何去制止阻力。若，奈；如何。如，往；去。辭，即「治」字。治理；制止。❸餘氣　指殘餘之氣、災變之氣。❹愛氣　指隱蔽之氣、暗藏勢力。愛，通「薆」。隱蔽貌。❺治　與上文「辭」字同義。❻得　通「德」。指金、木、水、火、土五德。或謂五行。其時盛行五德相勝相生，五德終始之說。❼位　此指依循五行相勝相生的次序。即水勝火，火勝金，金勝木，木勝土，土勝水，木生火，火生土，土生金，金生水，水生木等。❽佁美　深思完善。尹知章注：「佁，深思貌，謂深得其美理。」❾有輝　即「又運」。又可向前發展。輝，通「運」。運轉。❿殺　指五行相勝之說。⓫滿虛哀樂　指由滿而虛，由哀而樂，由垂老轉向新生。上文所謂「其滿為感（減），其虛為亡（萌）」、「愛氣」而哀、「平氣之陽」為樂，可證此意。⓬帝八　即古時的八個帝王。尹知章注：「《易》之所序五帝，謂伏羲、神農、黃帝、堯、舜，《書》之所記三王夏、殷、周。」石一參注：「書之帝八，蓋於五行各自一帝之外，增天、地、人。或曰伏羲、燧人、黃帝、少昊、顓頊、帝嚳、帝堯、帝舜也。」⓭不與存　沒有並存八帝之列。石一參注：「神農氏兼用八氣，以調四時，故處虛位，而不與八帝之列焉。」

【語　譯】「若有邪惡之氣，妨害平正之氣的發揮，如何去制止這種阻力呢？若有災變之氣在暗中蠢動，隱蔽之氣在暗中哀怨，怎樣才能制止這種動勢呢？」回答說：「主德衰敗之時，要依循五行相勝相生的次序進行觀察，深思完善，然後又可向前發展。修養心性，運用五德相勝之說，來處理問題，便會有由滿而虛、由哀而樂的氣象出現。經籍所載的八位帝王，神農氏不在其列，因為他不在五德之位，所以不能用來說明五德終始的原則。」

問：「運之合滿❶安臧❷？」「二十歲而可廣❸，十二歲而聶廣❹，百歲傷神❺。周鄭之禮❻移矣，則周律之廢❼矣，則中國之草木❽有移於不通之野者。然則人君聲服變❾矣，則臣有依駟❿之祿。婦人為政，鐵之重反旅金⓫，而聲好下曲，食好鹹苦。則人君日退⓬，亟⓭則谿陵山谷之神之祭更⓮，應國之稱號亦更⓯矣。視之亦變⓰，觀之風氣。古之祭，有時而星⓱，有時而熺⓲，有時而熰⓳，有時而昫⓴。鼠應廣㉑之，實㉒陰陽之數也；華若落㉓之，名㉔祭之號也。是故天子之為國，圖具其樹物㉕也。」

【章　旨】此章旨在預卜國運前程。章炳麟謂：為管子所定之讖，託桓公之問以明之；郭沫若則謂：為漢人託諸管仲而以預言出之。細繹文意，後者似更可信。

【注　釋】❶合滿　指散合虛滿。❷安臧　問所藏何處。尹知章注：「問自今之後，運之合滿何所藏隱，可得知之乎？」❸可廣　郭沫若謂：「『可廣』者，『可』假為『柯』，謂權勢廣大也。」❹攝廣　即「攝廣」。謂攝政之權強大。尹知章注：「代將亂而攝其廣。」❺百歲傷神　尹知章注：「百歲之後，天下分崩，鬼神之祀絕。」❻周鄭之禮　指周代禮樂。李哲明謂：「周禮獨重，此合鄭言者，『周室東遷，晉鄭焉依』，鄭又密邇周畿，故得並舉。」❼周律之廢　即「周律是廢」。指周代法律遭逢廢弛。❽中國之草木　喻指中原文化的英華。李哲明謂：「『草木』猶言『英華』。」❾聲服變　尹知章注：「聲，謂樂聲。眾亂，則聲服俱變。」聲服，指音樂、服飾。❿依騆　張佩綸謂為「『千騆』之誤」。石一參謂為「倍騆」之誤。均指以臣代君之勢。⓫婦人為政二句　尹知章注：「君幼則母后為政。鐵者所以為兵器，當重之，謂下流卑識，不重鐵，反旅陳於金而玩之者也。」或謂「旅」為「於」字之誤，句謂鐵的價值反貴於青銅。錄供參考。鐵之重反旅金，意謂本當重視鐵兵器，卻反而大量使用青銅兵器。鐵之重，即「鐵是重」。旅，陳列；大量使用。⓬退　指地位下降，權力漸失。⓭亟　急；快。⓮祭更　指山川改祭，變換朝代。⓯稱號亦更　指國號改變，國體已異。⓰亦變　大變。亦，通「奕」。大。俞樾謂：「『亦』乃『天』字之誤。」錄供參考。⓱有時而星　指夜中現星而祭。⓲有時而熺　謂晨色熹微而祭。熺，同「熹」。即黎明。⓳有時而熰　謂日中而祭。熰，灼熱。尹知章注：「熰，熱甚也。」⓴有時而昫　謂平明初現煦光而祭。昫，溫暖。《說文・日部》：「昫，日出溫也。」原文為「朐」。俞樾謂為：「『昫』字之誤。」㉑鼠應廣　憂愁隨之擴展。鼠，隱憂。《詩・小雅・雨無正》：「鼠思泣血，無言不疚。」箋云：「鼠，憂也。」㉒實　是；此。㉓華若落　謂稱美之事或許會走向衰頹。㉔名　指稱。㉕樹物　朱長春謂：「『圖具樹物』，樹是山川壇墠封樹之變，三社松、柏、栗之類；物是文章服色之易，三代青、白、赤之尚。此皆世代之更，改步改物之謂也。此後世讖數緯符之說，推背代運之圖，意未必管氏之書。聖不語神，理不及數，所謂『六合之外，存而不論』可也。」依此，樹，當指封樹；物，當指文章服色。

【語 譯】問：「國運散合虛滿的奧祕何在？」「二十年內，政權將發展壯大，而後十二年攝政之權勢將擴大。但此後百年，則令人感到心神沮傷。周代的禮樂制度改變了，周代的法律也遭到廢弛。中原的文化英華，將轉移到偏遠落後的地區，這樣一來，君主的聲樂、服飾改變了，臣下可以享有車馬成倍增長的俸祿。女人執政，本當重視鐵製兵器，卻反而大量使用青銅，而且好聽低靡聲曲，好嘗卑惡之味。君主的地位日益下降，急遽地發展到谿陵山谷的祭祀更換，隨之而來的，是國家的稱號也就改變了。審察大變，要觀察風尚習俗的變化。古代的祭祀，有時是夜空現星而祭，有時是晨色熹微而祭，有時是日中而祭，有時是平明初現煦光而祭。隱憂隨之擴展，這是由陰陽變化的規律所造成的。被稱美的事物或許會走向衰頹，這指的是山川改祭，直至國號更換。因此，歷代天子掌管國家，都謀求具備本朝祭祀所用的、固定的封樹和文章服色。」

古籍今注新譯叢書

書種最齊全
注譯最精當

【哲學類】

新譯四書讀本	謝冰瑩等編譯
新譯學庸讀本	王澤應注譯
新譯孝經讀本	賴炎元等注譯
新譯論語新編解義	胡楚生編著
新譯易經讀本	郭建勳注譯
新譯周易六十四卦經傳通釋	黃慶萱注譯
新譯乾坤經傳通釋	黃慶萱注譯
新譯易經繫辭傳解義	吳　怡著
新譯禮記讀本	姜義華注譯
新譯儀禮讀本	顧寶田等注譯
新譯孔子家語	羊春秋注譯
新譯老子讀本	余培林注譯
新譯帛書老子	趙　鋒注譯
新譯老子解義	吳　怡著
新譯莊子讀本	黃錦鋐注譯
新譯莊子讀本	張松輝注譯
新譯莊子本義	水渭松注譯
新譯莊子內篇解義	吳　怡著
新譯列子讀本	莊萬壽注譯
新譯管子讀本	湯孝純注譯
新譯墨子讀本	李生龍注譯
新譯公孫龍子	丁成泉注譯
新譯晏子春秋	陶梅生注譯
新譯鄧析子	徐忠良注譯
新譯荀子讀本	王忠林注譯
新譯尹文子	徐忠良注譯
新譯尸子讀本	水渭松注譯
新譯鶡冠子	趙鵬團注譯
新譯鬼谷子	王德華等注譯
新譯韓非子	傅武光等注譯
新譯呂氏春秋	朱永嘉等注譯
新譯韓詩外傳	孫立堯注譯
新譯淮南子	熊禮匯注譯
新譯春秋繁露	朱永嘉等注譯
新譯新書讀本	饒東原注譯
新譯新語讀本	王　毅注譯
新譯潛夫論	彭丙成注譯
新譯論衡讀本	蔡鎮楚注譯
新譯申鑒讀本	林家驪等注譯

新譯人物志　吳家駒注譯
新譯張載文選　張金泉注譯
新譯近思錄　張京華注譯
新譯傳習錄　李生龍注譯
新譯呻吟語摘　鄧子勉注譯
新譯明夷待訪錄　李廣柏注譯

文學類

新譯詩經讀本　滕志賢注譯
新譯楚辭讀本　林家驪注譯
新譯楚辭讀本　傅錫壬注譯
新譯文心雕龍　羅立乾注譯
新譯六朝文絜　蔣遠橋注譯
新譯世說新語　劉正浩等注譯
新譯昭明文選　周啟成等注譯
新譯古文觀止　謝冰瑩等注譯
新譯古文辭類纂　黃　鈞等注譯
新譯樂府詩選　溫洪隆注譯
新譯古詩源　馮保善注譯
新譯千家詩　邱燮友等注譯
新譯詩品讀本　成　林等注譯
新譯花間集　朱恒夫注譯
新譯南唐詞　劉慶雲注譯
新譯絕妙好詞　聶安福注譯
新譯唐詩三百首　邱燮友注譯
新譯宋詩三百首　陶文鵬注譯
新譯宋詞三百首　汪　中注譯
新譯宋詞三百首　劉慶雲注譯
新譯元曲三百首　賴橋本等注譯
新譯明詩三百首　趙伯陶注譯
新譯清詩三百首　王英志注譯
新譯清詞三百首　陳水雲等注譯
新譯唐人絕句選　卞孝萱等注譯
新譯唐才子傳　戴揚本注譯
新譯拾遺記　石　磊注譯
新譯搜神記　黃　鈞注譯
新譯唐傳奇選　束　忱等注譯
新譯宋傳奇小說選　束　忱注譯
新譯明傳奇小說選　陳美林等注譯
新譯容齋隨筆選　朱永嘉等注譯
新譯明散文選　周明初注譯
新譯明清小品文選　鄭　婷注譯
新譯人間詞話　馬自毅注譯
新譯白香詞譜　劉慶雲注譯
新譯幽夢影　馮保善注譯
新譯菜根譚　吳家駒注譯
新譯小窗幽記　馬美信注譯
新譯圍爐夜話　馬美信注譯
新譯郁離子　吳家駒注譯
新譯歷代寓言選　黃瑞雲注譯
新譯賈長沙集　林家驪注譯
新譯揚子雲集　葉幼明注譯
新譯曹子建集　曹海東注譯
新譯建安七子詩文集　韓格平注譯
新譯阮籍詩文集　林家驪注譯
新譯嵇中散集　崔富章注譯
新譯陸機詩文集　王德華注譯
新譯陶淵明集　溫洪隆注譯
新譯江淹集　羅立乾等注譯
新譯庾信詩文選　歸　青注譯
新譯初唐四傑詩集　李福標注譯
新譯駱賓王文集　黃清泉注譯
新譯王維詩文集　陳鐵民注譯
新譯孟浩然詩集　楊　軍注譯
新譯李白詩全集　郁賢皓注譯
新譯李白文集　郁賢皓注譯
新譯杜甫詩選　張忠綱等注譯
新譯杜詩菁華　林繼中注譯
新譯高適岑參詩選　孫欽善等注譯

新譯昌黎先生文集　周啟成等注譯
新譯劉禹錫詩文選　閻　琦注譯
新譯柳宗元文選　卞孝萱等注譯
新譯白居易詩文選　陶　敏等注譯
新譯元稹詩文選　郭自虎注譯
新譯李賀詩集　彭國忠注譯
新譯杜牧詩文集　張松輝注譯
新譯李商隱詩選　朱恒夫等注譯
新譯范文正公選集　王興華等注譯
新譯蘇洵文選　羅立剛注譯
新譯蘇軾文選　滕志賢注譯
新譯蘇軾詞選　鄧子勉注譯
新譯蘇轍文選　朱　剛注譯
新譯曾鞏文選　高克勤注譯
新譯王安石文選　沈松勤注譯
新譯唐宋八大家文選　鄧子勉注譯
新譯柳永詞集　侯孝瓊注譯
新譯李清照集　姜漢椿等注譯
新譯陸游詩文集　韓立平注譯
新譯辛棄疾詞選　聶安福注譯
新譯歸有光文選　鄔國平注譯
新譯唐順之詩文選　馬美信注譯
新譯徐渭詩文選　周　群等注譯

新譯薑齋文集　平慧善注譯
新譯顧亭林文集　劉九洲注譯
新譯納蘭性德詞　馮　乾注譯
新譯方苞文選　鄔國平等注譯
新譯鄭板橋集　朱崇才注譯
新譯袁枚詩文選　王英志注譯
新譯李慈銘詩文選　潘靜如注譯
新譯聊齋誌異選　任篤行等注譯
新譯閱微草堂筆記　嚴文儒注譯
新譯浮生六記　馬美信注譯
新譯弘一大師詩詞全編　徐正綸編著

【歷史類】

新譯史記　韓兆琦注譯
新譯漢書　吳榮曾等注譯
新譯後漢書　魏連科等注譯
新譯三國志　吳樹平等注譯
新譯資治通鑑　張大可等注譯
新譯史記—名篇精選　韓兆琦注譯
新譯尚書讀本　吳　璵注譯
新譯尚書讀本　郭建勳注譯
新譯周禮讀本　賀友齡注譯
新譯逸周書　牛鴻恩注譯

新譯左傳讀本　郁賢皓等注譯
新譯公羊傳　雪　克注譯
新譯穀梁傳　顧寶田注譯
新譯春秋穀梁傳　周　何注譯
新譯戰國策　溫洪隆注譯
新譯國語讀本　易中天注譯
新譯說苑讀本　左松超注譯
新譯說苑讀本　羅少卿注譯
新譯新序讀本　葉幼明注譯
新譯吳越春秋　黃仁生注譯
新譯西京雜記　曹海東注譯
新譯列女傳　黃清泉注譯
新譯越絕書　劉建國注譯
新譯燕丹子　曹海東注譯
新譯東萊博議　李振興等注譯
新譯唐六典　朱永嘉等注譯
新譯唐摭言　姜漢椿注譯

【宗教類】

新譯金剛經　徐興無注譯
新譯高僧傳　朱恒夫等注譯
新譯碧巖集　吳　平注譯
新譯百喻經　顧寶田注譯

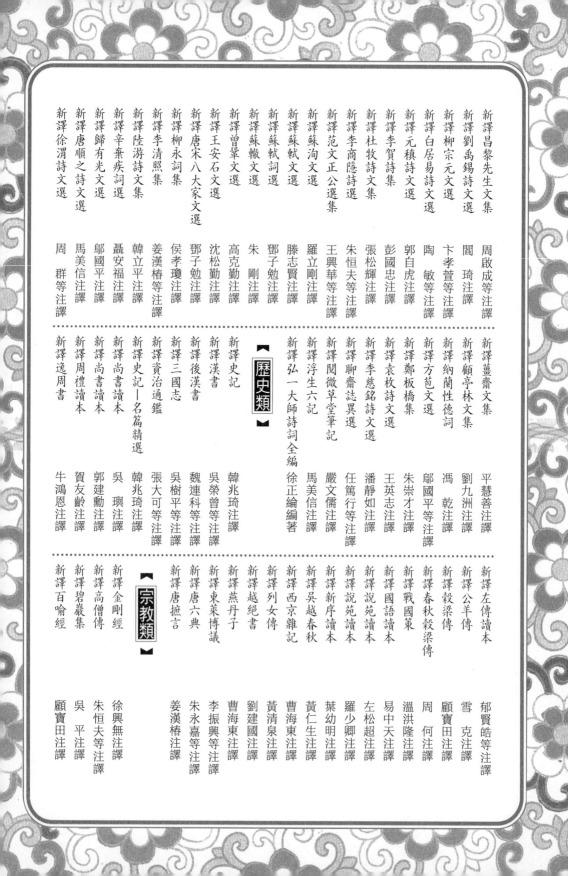

新譯楞嚴經	賴永海等注譯
新譯梵網經	王建光注譯
新譯圓覺經	商海鋒注譯
新譯法句經	劉學軍注譯
新譯六祖壇經	李中華注譯
新譯禪林寶訓	李中華注譯
新譯維摩詰經	陳引馳等注譯
新譯經律異相	顏洽茂注譯
新譯阿彌陀經	蘇樹華注譯
新譯無量壽經	邱高興注譯
新譯無量壽經	蘇樹華注譯
新譯妙法蓮華經	張松輝注譯
新譯景德傳燈錄	顧宏義注譯
新譯大乘起信論	韓廷傑注譯
新譯釋禪波羅蜜	蘇樹華注譯
新譯八識規矩頌	倪梁康注譯
新譯永嘉大師證道歌	蔣九愚注譯
新譯華嚴經入法界品	楊維中注譯
新譯地藏菩薩本願經	李承貴注譯
新譯悟真篇	劉國樑等注譯
新譯无能子	張松輝注譯
新譯坐忘論	張松輝注譯
新譯列仙傳	張金嶺注譯
新譯抱朴子	李中華注譯
新譯神仙傳	周啟成注譯
新譯性命圭旨	傅鳳英注譯
新譯老子想爾注	顧寶田等注譯
新譯周易參同契	劉國樑注譯
新譯道門觀心經	王　卡注譯
新譯養性延命錄	曾召南注譯
新譯樂育堂語錄	戈國龍注譯
新譯沖虛至德真經	張松輝注譯
新譯長春真人西遊記	顧寶田等注譯
新譯黃庭經・陰符經	劉連朋等注譯

軍事類

新譯司馬法	王雲路注譯
新譯尉繚子	張金泉注譯
新譯三略讀本	傅　傑注譯
新譯六韜讀本	鄔錫非注譯
新譯吳子讀本	王雲路注譯
新譯孫子讀本	吳仁傑注譯
新譯李衛公問對	鄔錫非注譯

教育類

新譯爾雅讀本	陳建初等注譯
新譯顏氏家訓	李振興等注譯
新譯聰訓齋語	馮保善注譯
新譯曾文正公家書	湯孝純注譯
新譯三字經	黃沛榮注譯
新譯百家姓	馬自毅等注譯
新譯幼學瓊林	馬自毅注譯
新譯增廣賢文・千字文	馬自毅注譯
新譯格言聯璧	馬自毅注譯

政事類

新譯商君書	貝遠辰注譯
新譯鹽鐵論	盧烈紅注譯
新譯貞觀政要	許道勳注譯

地志類

新譯山海經	楊錫彭注譯
新譯水經注	陳橋驛等注譯
新譯佛國記	楊維中注譯
新譯大唐西域記	陳　飛等注譯
新譯洛陽伽藍記	劉九洲注譯
新譯徐霞客遊記	黃　珅注譯
新譯東京夢華錄	嚴文儒注譯

◎新譯韓非子

賴炎元、傅武光／注譯

韓非乃集先秦法家之大成者，其思想影響後世至深且鉅，《韓非子》一書即其傳世之作。由於傳統社會大抵服膺孔子仁義之說，對於韓非之鄙薄仁義，很難接受，然近世各門學科獨立發展，韓非思想已獲較多之肯定，尤其是他看出政治的本質是權力而非道德，極力主張尚法精神和中人之治，在今天更顯出其洞見。本書除正文之題解、注釋、語譯詳贍易讀外，書前之「導讀」一篇更條分縷析，對韓非其人其書、思想淵源、學說體系及評價，皆有完整而獨到之介紹，允稱今人研讀《韓非子》之最佳選擇。